CB006732

FAKE NEWS E INTELIGÊNCIA ARTIFICIAL
O PODER DOS ALGORITMOS NA GUERRA DA DESINFORMAÇÃO

FAKE NEWS E INTELIGÊNCIA ARTIFICIAL
O PODER DOS ALGORITMOS NA GUERRA DA DESINFORMAÇÃO

MAGALY PRADO

70

FAKE NEWS E INTELIGÊNCIA ARTIFICIAL
O PODER DOS ALGORITMOS NA GUERRA DA DESINFORMAÇÃO

© Almedina, 2022

Autora: Magaly Prado

Diretor da Almedina Brasil: Rodrigo Mentz
Editor de Ciências Sociais e Humanas e Literatura: Marco Pace
Assistentes Editoriais: Isabela Leite e Larissa Nogueira
Estagiária de Produção: Laura Roberti
Revisão: Gabriela Leite

Diagramação: Almedina
Design de Capa: Roberta Bassanetto

ISBN: 9788562938658
Julho, 2022

Dados Internacionais de Catalogação na Publicação (CIP)
(Câmara Brasileira do Livro, SP, Brasil)

Prado, Magaly
Fake news e inteligência artificial : o poder dos algoritmos
na guerra da desinformação / Magaly Prado.
São Paulo : Edições 70, 2022.

Bibliografia
ISBN 978-85-62938-65-8

1. Jornalismo; Publicidade; Jornais 2. Algoritmos 3. Jornalismo
4. Inteligência artificial 5. Meios de comunicação de massa
6. Notícias eletrônicas – Coleta 7. Notícias falsas
8. Plataforma digital 9. Publicidade I. Título.

22-107017   CDD-302.231

Índices para catálogo sistemático:

1. Fake News : Mídias sociais : Meios de comunicação 302.231

Maria Alice Ferreira – Bibliotecária – CRB-8/7964

Este livro segue as regras do novo Acordo Ortográfico da Língua Portuguesa (1990).

Todos os direitos reservados. Nenhuma parte deste livro, protegido por copyright, pode ser reproduzida, armazenada ou transmitida de alguma forma ou por algum meio, seja eletrônico ou mecânico, inclusive fotocópia, gravação ou qualquer sistema de armazenagem de informações, sem a permissão expressa e por escrito da editora.

Editora: Almedina Brasil
Rua José Maria Lisboa, 860, Conj. 131 e 132, Jardim Paulista | 01423-001 São Paulo | Brasil
www.almedina.com.br

AGRADECIMENTOS

Este livro foi constituído em cinco partes:

Em 2017, comecei a preparar o curso "Análise e monitoramento de redes sociais", no Mestrado Profissional em Comunicação e Mercado da ESPM – Escola Superior de Propaganda e Marketing. Durante o percurso, o vigor dos debates travados sobre as fake news recém-afloradas acabou por atropelar o cronograma de aulas. Foi preciso entender melhor o assunto que nos abalroou em cheio. Sou grata pelas acaloradas discussões iniciais com a classe de 14 estudantes que me levaram a querer estudar o fenômeno com mais profundidade.

No ano seguinte, veio a boa parte dos artigos acadêmicos que publiquei ao longo dos estudos do meu pós-doutorado, sob a supervisão de Eugênio Bucci, no departamento de Informação e Cultura, da Escola de Comunicações e Artes (ECA), da Universidade de São Paulo (USP). Meu enorme agradecimento ao Eugênio por me acolher, me dar inspiração e sempre pontuar e direcionar aqui e ali minha pesquisa de forma precisa e certeira. A leitura de seus escritos me agitou e foi um norteador estampado nestas páginas. Ainda reconheço o benefício da minha participação no grupo de estudos sobre inteligência artificial, do Instituto de Estudos Avançados (Idea), da Unicamp, durante 2019, no qual convivi e discuti com notáveis pesquisadores, o que colaborou para o aperfeiçoamento nos temas relacionados ao estudo deste livro.

A quarta parte da minha pesquisa ocorreu durante a gestão da catedrática Lucia Santaella, com a coordenação acadêmica de Eugênio Bucci, na cátedra Oscar Sala, do Instituto de Estudos Avançados da USP (com bolsa de estudos do IEA-CGI/NIC.br). Aparece neste livro o quanto fui influenciada pelas conversações e reflexões sobre a simbiose humano-tecnologia encabeçadas pela pensadora, reverberadas por seus convidados nos encontros ao longo de 2021/22 e repercutidas pela equipe e pelo grupo de estudos de 60 pesquisadores de todas as regiões do Brasil, o qual também sou grata pela troca de saberes. Agradeço a Lucia por iluminar e aguçar meus pensamentos, além da honra de ter sido sua assistente na cátedra.

Em paralelo, ainda com a Lucia, sou estimulada também em nossas atividades de pesquisa no grupo Sociotramas (do Tidd-PUC-SP) há mais de uma década – neste livro esboço especialmente as reflexões que tivemos sobre inteligência artificial e as redes (2018-19); *blockchain* (2019-20) e *deepfake* (2020-21).

As partes desmembram-se em repositórios com informação aumentada dos temas arrolados neste livro, especialmente em formatos multimidiáticos (textos, vídeos, áudios, documentários, infográficos etc.) e links para conteúdo multiplataforma.

Deixo, então, que vocês leitores possam acessá-los e conseguir mais material.

1) sobre a temática específica do livro em <algoritmosdefakenews.wordpress.com> e
2) de temas da Cátedra Oscar Sala, que oferecem reflexão adicional neste último ano (4-2021/4-2022) em <catedraoscarsala.wordpress.com>

Sou grata por ter amizades presentes para ajudar, reconfortar, aguentar meus desabafos, representadas aqui por Francisco de Assis e Eun Yung Park. Exalto (no sentido de energia mesmo) o apoio incondicional do Marcos Augusto Campos Resende, sempre ao meu lado, e torno-me engrandecida por ter a Jacqueline Prado Caverzan, mesmo

AGRADECIMENTOS

de longe, mas constantemente perto para o que for preciso. Por fim, agradeço aos mestres que abriram meus olhos para um pouco do que tentei alinhavar neste livro e, obviamente, aos autores, especialmente escolhidos, referenciados aqui, que me auxiliaram a expor o que acredito ser pertinente como discussão contínua.

RECADO DA AUTORA

Aproveito para lembrá-los que optei por deixar de lado parte das regras da ABNT no sentido de deixar a leitura mais leve, ou seja, não coloquei em caixa alta os sobrenomes dos autores ao longo do texto, mesmo sabendo das normas. Ainda, em um mesmo parágrafo, não repeti seus nomes para não ficar redundante e evitar a quebra do fluxo da leitura. Quando não houver número de página é porque a referência é online, assim, evitei a repetição do termo. Acrescento: os links disponíveis nas referências foram checados entre 17 e 19 de fevereiro de 2022.

PREFÁCIO

A INTELIGÊNCIA DEMASIADO HUMANA DE UMA ESTUDIOSA ENGAJADA

Este livro da Dra. Magaly Prado resulta de quatro anos de pesquisa no programa de pós-doutorado no Departamento de Informação e Cultura (CBD) da Escola de Comunicações e Artes (ECA) da Universidade de São Paulo (USP), sob minha supervisão. De 2018 a 2022, ela investigou áreas de conhecimento de big data, tecnologias de machine learning, o emprego de ferramentas complexas e muito recentes, como plataforma blockchain, envolvidas nos ataques da desinformação contra a democracia ou em promessas para mitigá-los. Esses recursos de imenso poder – um poder ainda não devidamente assimilado em suas reais dimensões – não se prestam tanto, como talvez fosse de esperar, para evitar a propagação de mentiras, mas, no mais das vezes, para o oposto: a Inteligência Artificial e suas extensões têm ajudado a conceber, empacotar e disseminar as mensagens fraudulentas e diversas outras formas de confundir e ludibriar, com os piores propósitos, as pessoas e a opinião pública.

Obstinada, a pesquisadora coletou uma imensidão de dados, armazenou-os em repositórios virtuais abertos, esquadrinhou tudo sob diversos ângulos e criou moldes analíticos para extrair pistas e tendências válidas. Simultaneamente, mergulhou em leituras da bibliografia mais atualizada (o que leitores e leitoras poderão verificar na extensão da bibliografia arrolada neste volume), e esteve presente em seminários, congressos e encontros acadêmicos no Brasil e no exterior. Vale destacar, entre outros pontos altos, seu engajamento em projetos de ponta nessa área, como a Cátedra Oscar Sala (uma parceria entre o Comitê Gestor da Internet no Brasil, o CGI, o NIC.br, que administra o domínio ".br", e o Instituto de Estudos Avançados, o IEA, da USP) e o Center for Artificial Inteligence (C4AI), sediado no Inova-USP. Na Cátedra Oscar Sala, Magaly é bolsista pós-doc, com um desempenho que só colhe elogios tanto pelo compromisso como pela qualidade de sua contribuição. No C4AI, participa da equipe dedicada aos estudos das Humanidades, com notável rendimento. Além disso, ela se dedicou fortemente a apoiar atividades do departamento que a abrigou, o CBD da ECA-USP, e se filiou ao grupo de pesquisa Jornalismo, Direito e Liberdade (JDL), vinculado ao IEA e à ECA-USP. Nessas frentes complementares, atua de modo a dar aos seus estudos prioridade absoluta, em tempo integral. Agora, este livro, "Fake News e Inteligência Artificial", vem coroar seu esforço.

O quadro geral da ameaça das fake news atreladas à Inteligência Artificial é sombrio, pesado, sufocante. O presente volume não deixa de considerar as possibilidades de superação desse terrível problema instalado nas democracias contemporâneas; em diversas passagens, sobretudo ao final, a autora comenta, sempre criticamente, medidas regulatórias: "Mesmo que rebaixem ou derrubem sites e perfis de má-fé aqui e ali, estes voltam de novo. Portanto, é inevitável e fundamental que possamos debater a justiça dos dados, as leis que vão reger quem provoca a desordem informacional. Talvez punições para quem estarrece com FN" e soluções tecnológicas que prometem alguma saída positiva, mas o problema de que tratamos aqui, contudo, é de uma gravidade monstruosa. A desinformação corrói por dentro as instituições do Estado Democrático de Direito, assim como vai minando, de modo consistente, a confiança das pessoas nas referências estabelecidas do saber, da justiça, da liberdade e da verdade factual. Não é coincidência que, no bojo da indústria das fake news, esteja em marcha um processo intencional de sabotagem da credibilidade da imprensa (encarregada do registro da verdade factual), da ciência e da filosofia (em grande parte dedicadas ao saber), das artes (território de experimentação das liberdades do espírito e do corpo), da universidade (templo do estudo, da pesquisa, da formação de quadros e do desenvolvimento do pensamento) e de todo o Poder Judiciário (que, no Brasil, apesar de seus numerosos defeitos, vem conseguindo firmar anteparos contra os discursos e as práticas que confluem para o recrudescimento de um estilo de mando marcadamente autocrático e violento). O ataque movido pelas agremiações de extrema direita contra aqueles que se dedicam a cuidar do meio ambiente é também parte de uma estratégia mais ampla que tem como alvo a democracia pautada pelo tratamento racional dos impasses da sociedade, com base no reconhecimento da verdade factual. Estamos vivendo, sem o menor exagero, um período sem precedentes de bombardeio continuado da razão e da empatia, do pensamento e dos direitos humanos. E o vetor principal de tamanha força desagregadora e destrutiva emerge da desinformação e sua superindústria.

Essa vertente obscurantista se observa em todos os continentes, bem o sabemos, mas, no Brasil, onde este livro de Magaly Prado foi elaborado, ela se intensifica de modo particularmente trágico. Diz a autora: "Há o fator de como aguçam a polarização política da mensagem, movida à raiva, que acaba por amplificar ainda mais a divisão ideológica e a desinformação, muitas vezes, de forma proposital. No Brasil, o gabinete do ódio é o exemplo comezinho. Grupos têm o ambiente do ciberespaço para entrar em choque de interesses e aproveitam as FN para o ataque provocador, na tentativa de rechaçar o outro lado como um inimigo mortal em alto potencial viral". Entre nós, é possível atestar in loco e a céu aberto como se entrelaçam, num coro mais ou menos afinado, as crenças histriônicas e absurdas, porque negacionistas, de que a Covid-19 não passaria de uma gripezinha que só abateria os fracos, de que as mudanças climáticas e o aquecimento global são pura invencionice de ONGs vendidas para grupos de interesse estrangeiros interessados em roubar minérios do Brasil, de que as urnas eletrônicas não passam de um aparelho destinado a roubar votos e eleições, de que a imprensa nada mais faz do que espalhar inverdades, de que todos os artistas são parasitas de verbas públicas, ou, ainda, de que a Terra é plana. Neste país, o governo federal lança mão de mentiras para atentar permanentemente contra a Constituição (como quando ministros ou mesmo o presidente da República elogiam o golpe militar de 1964 e enaltecem o regime ditatorial que a ele se seguiu) e, sem cerimônia, atenta de forma sorrateira contra as reservas indígenas, enquanto estimula economicamente a circulação de armas de fogo e inibe a circulação de livros. Tudo isso se faz com o apoio de fortes campanhas de desinformação, enquanto a lógica de milícias invade os organismos de Estado. A ignorância mais selvagem é elogiada, sempre por meio de estratégias desinformativas, ao passo em que a cultura e as artes são criminalizadas.

Não podemos negligenciar o fato de que, nos nossos dias, o alastramento das fake news está muito longe da mera propagação de boatos, superstições ou calúnias descaradas. Se não levarmos em conta que estamos lidando com uma indústria de enorme impacto – uma superindústria, na verdade –, jamais alcançaremos a real envergadura do que se passa. Os procedimentos superindustriais implementados para combater a verdade factual e a razão envolvem uma complexa divisão do trabalho, combinada com investimentos bilionários, compondo uma gigantesca máquina que abduz corações e mentes. Poderíamos dizer que são corações ressentidos e mentes aprisionadas, mas isso não resolve a questão. O que conta, isto sim, é que são milhões e milhões de corações e mentes, apenas no Brasil, que se deixaram fanatizar pela superindústria das fake news – e o que conta ainda mais é que as engrenagens da enganação e do obscurantismo se instalaram como fundamento e extensão da extrema-direita declaradamente antidemocrática. É forçoso sublinhar que essa superindústria da desinformação tem um lado muito claro – isto é, muito obscuro – e esse lado é o da destruição da democracia. Não há como deixar de anotar que essa grande máquina de difusão de fraudes informativas e de discursos de ódio vem conseguindo esvaziar a política e, no lugar dela, vem conseguindo implantar o fanatismo. A autora comenta que "temos os chamados influencers de todos os tipos e lados. Os mais prejudiciais são os que alimentam as hordas fanáticas reforçando as

FN bolsonáricas e iludindo populações suscetíveis, bem no limite entre o mero *trolling* e o discurso tóxico, tentando controlar ou cercear os mais ingênuos". Se o fanatismo substituir de fato a política, a civilização terá recebido uma sentença de morte.

É nesse contexto que devemos dar as boas-vindas para o presente livro de Magaly Prado. Esta obra vem para nos ajudar a conhecer o pesadelo em que estamos embarcados – e para nos ajudar a encontrar maneiras de ultrapassar a treva que se avoluma. As próximas páginas nos trazem luzes valiosas. Façamos justiça, portanto, a essa autora. Magaly é uma acadêmica devotada à pesquisa e ao conhecimento, com uma formidável capacidade de trabalho. Como professora, já deu muitas vezes prova de que se entrega à causa de suas alunas e seus alunos. Seu empenho em cerrar fileiras com colegas de pesquisa mostra sua humanidade radical. Existe nela, em grandes doses, a humanidade que nos falta em tantas esferas distintas – sobretudo no mundo da tecnologia. Definitivamente, não há muita gente como Magaly Prado na universidade. Por sorte, podemos hoje contar com sua presença na USP. O livro que ela agora nos entrega merece as melhores atenções de cada um e cada uma de nós.

EUGÊNIO BUCCI
Professor titular da Escola de Comunicações e Artes (ECA),
da Universidade de São Paulo (USP).

SUMÁRIO

APRESENTAÇÃO		23
Categorias das fake news		26
Das inúmeras hipóteses		33
Propósitos		35
Jornalista pode errar, mas não produz fake news		36
1.	ALGORITMOS E INTELIGÊNCIA ARTIFICIAL	49
	Das várias definições de algoritmo	56
	Teoria matemática da comunicação ou teoria da informação	62
	Entropia na medida da desordem	66
	Espaço cibernético – espaço de controle	71
	Insights da teoria crítica da informação e outras teorias lincadas	73
	Teoria ator-rede, seus rastros e dados e a sociologia das associações	76
	Máquinas algorítmicas na era dos vazamentos e da dataficação	79
	Algoritmo nas plataformas e plataformas algorítmicas	82
	Algoritmo de recomendação	84
	Algoritmo de personalização em buscas	87
	Algoritmo indecifrável	90

Algoritmo genético.................................... 93
Algoritmo preditivo................................... 96
Agência algorítmica e quem está por trás............... 100
Trabalho digital gratuito............................. 102

2. ALGORITMO COMO CULTURA...................... 105
Transparência *x* caixa-preta......................... 110
Manipulação algorítmica............................. 112
Cultura algorítmica.................................. 116
Novidade mesmo é o big data........................ 117
"Somos nossos dados"............................... 119
Dados sobre nós: arena em disputa contínua........... 121
Tomada de decisão algorítmica....................... 121
A complexidade ética................................ 127
Ética de dados por design........................... 132
Todos somos responsáveis pelas informações que
    compartilhamos................................. 133
Pós-verdade.. 137

3. APRENDIZADO DE MÁQUINA, APRENDIZADO
PROFUNDO, COMPUTAÇÃO COGNITIVA............. 143
Redes neurais não são capazes de fornecer alguma
    explicabilidade................................... 155
O poder da IA para uma série de experiências
    dos problemas do mundo real..................... 158

4. FAKE NEWS E A PLATAFORMIZAÇÃO................ 161
Algoritmos nas plataformas de mídia social............ 173
Algoritmo de curadoria de plataforma na distribuição
    de notícias....................................... 173
Economia digital.................................... 177
Economia da atenção................................ 182
Tempo corrido...................................... 185
Filtro do filtro....................................... 186

Bolha informática, bolha de filtro, bolha epistêmica,
     bolha coletiva.................................... 187
Opiniões de todos os lados nos ecossistemas de informação   195
Polarização está concatenada com a desinformação....... 198
Além da desinformação............................... 203

5. TECNOLOGIAS DE PUBLICIDADE.................... 209
   Publicidade-propaganda 217
   Interatividade na web, terreno fértil para implantar
       técnicas publicitárias........................... 223

6. ANÁLISE DE MÍDIAS SOCIAIS COMO SISTEMAS
   EXTRATIVOS DE IA................................ 233
   Rastros... 237
   Captura de dados.................................. 245
   Categorização..................................... 247
   Metadados.. 252
   Grafos.. 255
   Relação entre dados................................ 261
   Emoções.. 266
   Accountability algorítmica 270

7. MECANISMOS QUE FAZEM AS ESCOLHAS
   DE SUGESTÕES.................................... 273
   Mecanismos invisíveis 274
   O escândalo da Cambridge Analytica................. 277
   Mediações.. 294
   Métricas para a otimização de conteúdo............... 298
   Webjornalismo, jornalista pós-humano e a reportagem
       automatizada................................... 300
   Objetividade e o jornalismo algorítmico............... 311
   Robôs, bots, ciborgues e a obscuridade algorítmica....... 314

8. INTELIGÊNCIA ARTIFICIAL IMITATIVA............... 321
   Formas de escrever um algoritmo 325

Da IA para a ampliação de inteligência e infraestrutura
 inteligente 326
 GPT-2 e GPT-3 326
Liberação do código. 328
Deepfake áudio e *deepfake* vídeo 333
Deepfake de áudio: mídia sintética de clonagem e geração
 de voz usa técnicas de DL. 338

9. EXTREMISMOS NA DINÂMICA PATOLÓGICA
 DA DESINFORMAÇÃO 343
Design e design centrado no ser humano 350
Tecnopolítica e o *mind hack*. 356

10. USO DA TECNOLOGIA COM MAIS TECNOLOGIA
 CONTRA O PODER DESINFORMADOR 361
"Mas expressão não é informação" 367
Plataforma *blockchain* pode ser uma possibilidade. 370
Algoritmos de consenso formam a base das tecnologias
 de rede *blockchain*. 374
Conceitos na esfera da *blockchain* 377
Pontos cruciais: como se proteger e ainda impedir a censura 380
Observações sobre uso de *blockchain* 381
"IA não é nem artificial nem inteligente" 382

CONSIDERAÇÕES NO *ZEITGEIST* 391

REFERÊNCIAS 399

APRESENTAÇÃO

> [A Máquina Analítica] pode agir sobre outras coisas além do número... supondo, por exemplo, que as relações fundamentais dos sons agudos na ciência da harmonia e de composição musical eram suscetíveis de tais expressões e adaptações, o motor pode compor peças de música elaboradas e científicas de qualquer grau de complexidade ou extensão.
>
> (Ada Lovelace, 1842)

Mal sabia Ada Lovelace (1815-1852), ao criar o primeiro algoritmo para uma máquina de computar, o que o seu feito se tornaria cerca de um século e meio depois. Grosso modo, um algoritmo consiste em uma sequência lógica de instruções que devem ser seguidas para resolver um problema ou executar uma tarefa. Obviamente, os reducionistas podem tachá-lo de mera operação matemática, abstraindo sua evolução e seu desenvolvimento exponenciais, especialmente quando passa a se acoplar à inteligência artificial (IA) – também conhecida como aprendizado de máquina – nos tempos gerados pela cibernética (ciência de governar).

Se você estiver ao menos dando uma primeira olhadela neste livro (ou em uma simples chamada sobre ele) no modo numérico – seja no celular, tablet ou computador – os engines que analisam seus dados já deixam claro que você se interessa pelo assunto dele; sim, os mesmos engines que vão exatamente detectar seus gostos e preferências. Ainda bem que é apenas um sistema de recuperação de informação, porque hoje a divulgação das coisas é online.

Este estudo não tem a pretensão de destrinchar o que é um algoritmo de inteligência artificial na sua totalidade e muito menos como ele funciona em todas as suas aplicações consabidas entre aqueles da área de Exatas. Não é o caso também de elucubrar a exegese da inteligência, antes de entrar na IA propriamente dita. Centra apenas em insights em relação ao uso das maquinações na curva do diagrama da disseminação tóxica das fake news (FN) – tanto dos disparos em massa por meio de não humanos quanto das ações individuais ou em *clusters* ativadas por meras crenças ordinárias. Não vamos abordar os feitos e desfeitos da IA na saúde, na agricultura, na educação etc., pois não se trata de elencar exemplos. A ideia que dá liga é apenas fazer referência aos algoritmos de IA (e suas limitações) no decorrer das FN e nos danos algorítmicos na esfera política, muitas vezes já automatizada. Aliás, os assuntos no cerne comportamental da informação vão aparecer *tout court* aqui e ali e quando ocorrer será, principalmente, no âmbito das dimensões-chave eleitoreiras, que tanto prejudicam o bom andamento da democracia e assolam a ética envolvida. Garanto que a preferência seria investigar os algoritmos da poesia, a máquina Eureka, de John Clark, versos aleatórios etc., no entanto, fica para uma próxima pesquisa.

É bom deixar claro que, além de não ser de todos os assuntos, também não são FN de todos os tempos (como as dos Protocolos dos Sábios de Sião). Feito o *disclamer*, a tentativa é de entender o mecanismo por trás das FN e, obviamente, o que as pessoas fazem – tendo consciência ou não de riscos eminentes, permitindo ou não a utilização de seus dados – em meio ao poderio das tecnologias de IA cotidianas, por vezes manipulativas e influenciadoras, mas nem sempre perceptíveis ao olhar humano. Falta transparência na maré da desinformação no Brasil, já que sabemos de antemão que, em sociedades polarizadas, as FN proliferam mais nas mídias sociais, nos games e nos sites zumbis.

Ao começar a estudar as (mal) chamadas fake news, em 2017, já com uma certa fadiga do assunto pelo seu forte espalhamento no ciberespaço – digamos, em ascensão, principalmente, na sua gênese desde 2016 –, tal cansaço se deu mais por achar de forma crédula (no sentido da falta de malícia mesmo) no que se refere à prática das FN não ser confundida com jornalismo pela maioria e, sim, apenas por um público igualmente crédulo – como aquele que acredita em qualquer pessoa, que diz ou faz postagens falsas. Ledo engano. As pessoas comuns não sabem diferenciar a informação produzida por profissionais sem procedimentos jornalísticos. Puxando a sardinha para minha brasa, deixo patente que este estudo está no contexto jornalístico com uma pista na justiça da informação.

As FN atingem, diariamente, milhões de pessoas, tumultuando a cultura democrática e desacreditando o jornalismo. Claro que sabemos que em qualquer profissão existem desvios e, sim, alguns jornalistas erram e erram feio. Mas não é a regra. Antes de tudo, a expressão fake news não pode ser traduzida ao pé da letra, porque se são fakes não são news, pois, no Jornalismo, em princípio, não existe notícia falsa, tanto que uma das normas é a checagem dos fatos antes da publicação, conforme evidenciado em estudos anteriores (Prado, 2021b, p. 48). Mas é assim que são conhecidas as informações, ou melhor dizendo, mensagens fraudulentas proliferadas na atual era da pós-verdade pela qual o mundo vem passando de forma descontrolada. O adjetivo "fake" ("falso", em português) sequer coaduna com o substantivo news (no caso, significando notícias). Portanto, por motivos óbvios: para um fato se tornar notícia, a prioridade, entre as várias regras éticas da imprensa, é que ele seja verdadeiro, isto é, uma verdade factual – expressão cunhada por Hannah Arendt (1906-1975) no ensaio "Verdade e Política", publicado na revista *New Yorker*, em 1967.

Eugênio Bucci (2019) discorre sobre a expressão:

> Hannah Arendt ressalta que a verdade factual é pequena, frágil, efêmera. Como um primeiro registro dos acontecimentos, um primeiro – e precário – esforço de conhecer o que se passa no mundo, a verdade factual é mais vulnerável a falsificações e manipulações. Mesmo assim, a verdade factual é facilmente reconhecível por todos, pelos homens e mulheres normais, comuns. [...] No nível dos fatos, dos acontecimentos, dos eventos que todos vemos e que todos temos condições de verificar e comprovar no uso das habilidades e das faculdades comuns dos seres humanos comuns, não há ninguém que não saiba divisar as distinções entre a verdade factual e a invenção deliberada de falsidades com o objetivo de esconder os fatos (Bucci, 2019, p. 22).

A notícia falsa, logo, não é notícia, tenta ser um simulacro de notícia, mas isso não a impede de circular e nem de ter consequências, mesmo sabendo que a responsabilidade algorítmica não está tão à vista.

A expressão "fake news" (FN) abrange diversas categorias. Todas ameaçam a qualidade do jornalismo, seus meios de subsistência e, por conseguinte, a formação da opinião coletiva. É bom deixar claro que não é possível discorrer filosoficamente sobre o que é verdade, muito menos verdade absoluta (se é que ela realmente existe); daria um outro livro inteiro sobre o tema e, talvez, uma vida toda para tentar descobrir sua essência.

Categorias das fake news

De modo geral, as pessoas confundem notícias e informações com FN. Mensagens fraudulentas ou frágeis; mensagem falsa (em geral, com fontes forjadas), manipulada, adulterada ou fabricada (com a intenção de enganar); desinformação (criada para prejudicar) ou má informação (sem apuração ou mal apurada [*misinformation*] ou mesmo usando a verdade, muitas vezes fora de contexto, para causar danos [*mal-information*]); notícias antigas requentadas; sensacionalismo (próprio dos tabloides); mentiras, maquiagens, boatos, *hoax*, fatos alternativos etc. e com a carga que trazem, em geral perspicaz (por conta da penetração de vista), porque geram todo tipo de emoção (boa ou ruim, dependendo da crença de cada um), fazem com que grande parte não desvie o olhar, tamanha é a atratividade.

Apesar de acreditarmos que a melhor denominação quando se trata de FN é mensagem falsa e não informação nem notícia, entre as diversas características das FN arroladas ao longo deste livro, é acertado citar as de Edson C. Tandoc Jr., Zheng Wei Lim e Richard Ling (2017) em uma revisão de como estudos anteriores, em exame de 34 artigos acadêmicos, publicado na revista *Digital Journalism*, definiram e operacionalizaram a expressão "notícias falsas". O estudo resultou em uma tipologia de tipos: "sátira de notícias, paródia de notícias, fabricação, manipulação, publicidade e propaganda. Essas definições são baseadas em duas dimensões: níveis de facticidade e engano". Voltaremos às categorias de forma esmiuçada mais adiante, assim como um capítulo para a publicidade e propaganda circunscritível às FN.

Além disso, permeando as redes sociais, sempre tivemos os rumores, os perfis fakes ou mesmo internautas com publicações *ad hoc* para engrupir. Muitas vezes, isso é feito sem checar, sem ler ou lendo apenas o título, a chamadinha. Ou, ainda, o que é mais imprudente, sucessivamente, disseminando histórias inventadas propositadamente (ou, no jargão jornalístico, "plantadas") de interesse de certas pessoas ou grupos e desenhando os porquês disso para atrair *buzz* ou para atacar outras, resultando em um grande risco.

Como é fácil pressupor, o intuito da disseminação de todo o tipo de desinformação – das informações truncadas, impostoras, às denunciações difamatórias – não é o de informar a sociedade. Ao contrário, é exatamente falsear, embromar, conduzir à ilusão. Em outras palavras – e aqui vamos arrolar várias outras palavras –, busca atingir, de forma rápida e viralizada, determinado público, escolhido por meio de análise de dados. Assim, esse público-alvo (aquele que deverá ser atingido) contagia com as FN os seus pares que pensam de forma semelhante e muito provavelmente não terão olhares de reprovação; e quanto mais pessoas ficarem sabendo, mais a desordem informacional é reverberada, assim como a possibilidade da intenção de induzir, embutir e manipular para fins ideológicos.

Por conseguinte, como um engodo, tal desordem faz com que a falsidade seja replicada pelas pessoas, muitas vezes até com a consciência de que não é verdade e sabendo de antemão que estão sendo ludibriadas. Quando isso ocorre, ou seja, fazem ouvidos moucos, quando o compartilhamento é deliberado mesmo assim, caracteriza uma crendice arraigada naquilo desejável que aconteça, algo fortalecido pelo intuito de evitar a ansiedade. Para cientistas como Raymond Nickerson (1998), esse fenômeno é denominado "viés de confirmação", o qual conota a busca ou a interpretação de evidências de maneira que são parciais às crenças existentes.

Verdade revelada ou dissimulada. "Não importa se é verdade ou mentira. Pensamos que se apenas oferecermos informação de qualidade, vai ficar tudo bem, e nos esquecemos de que se trata muito mais de fatores psicológicos e sociais do que de uma demanda racional por precisão", constata Claire Wardle em entrevista, em 2018, a Ione Aguiar, da revista *Veja*. Senda para a dissonância cognitiva.

No fundo, em meio ao mal-estar em que estamos inseridos, falta treinamento na vida para o autoconhecimento, dispor de mecanismos de enfrentamento de conflitos íntimos, abrir espaço para imprescindíveis momentos de ceticismo e admitir cogitar sobre o lugar de fala do pensamento crítico interior. Walter Lippmann (2008, p. 83) afirmava categoricamente que "Os fatos que vemos dependem de onde estamos posicionados e dos hábitos de nossos olhos".

As perguntas povoam nossas cabeças, afinal, o que é humano e o que é robô? Quem fala a verdade? No caso deste estudo, qual é a interação humano-computador? Portanto, investigar o submundo da desinformação, a ética dos dados, a discussão (ou a falta dela) das regulamentações, a falta de alfabetização midiática em larga escala etc., na universidade – esfera em que se analisam certos problemas de forma imparcial – é de grande importância para se conseguir pensar criticamente e tentar acessar o conhecimento científico produzido pelo comportamento da informação na cultura algorítmica (a expressão "cultura algorítmica" foi cunhada por Alexander Galloway em 2006).

Afora isso, as FN fizeram com que os jornalistas (mesmo que isso não fosse, até então, responsabilidade nem função específica deles) perdessem mais tempo na infindável força-tarefa de, FN após FN, verificar fatos para, ao provar as fraudes, mostrar detalhadamente o que realmente é uma verdade factual e o que é uma mera mentira deslavada, para tentar demonstrar exaustivamente (e pacientemente [até quando, não se sabe]) toda a carga de danos suscitados pelas FN. Vamos deixar claro que jornalistas fiscalizam os governos, checam e rechecam o próprio material de produção de suas reportagens, essa sim é função primordial. A novidade dos tempos atuais é checar material alheio. Tudo isso apesar de os jornalistas e os denominados agentes de checagens (*fact checkers*) – que surgem com a era do desarranjo informacional e, consequentemente, da necessidade de pôr o olho minuciosamente nas FN – saberem de antemão que a tarefa árdua de análise de conteúdo e de contexto, para a checagem das barbaridades disseminadas de forma viral, não seria suficiente para saná-las. Isso por não terem o mesmo volume e a mesma velocidade das FN, conjurando fakers humanos e não humanos, nem o mesmo alcance das plataformas de redes sociais, impulsionado pelos algoritmos a transmitir exatamente o que os internautas querem deglutir (goela abaixo) e a mediar o debate público na ciberesfera. Até parece que é uma tentativa de humanizar os algoritmos! O ideal é que tivéssemos ferramentas de IA que cruzassem as checagens das mentiralhadas de forma automatizada para garantirmos um efeito mais consistente. A opção foi arrolar, ao longo dos capítulos, algumas ferramentas que cumprem o papel de aumentar a informação e torná-la atrativa e envolvente tanto para produtores de informação quanto para a audiência.

A mencionada fadiga da expressão FN estava apenas no começo da distopia digital e ainda hoje – esse "hoje" serve para qualquer dia, tamanha é a desconfiança nas informações, como por exemplo, no interregno da pandemia, convivendo com negacionismo e teorias anticiência no âmbito não apenas da saúde, como também do ambiente, com o ápice das queimadas refutadas ou na ciberesfera eleitoreira manipulada, como este estudo (amparado em levantamento bibliográfico) se dispõe a tratar – não demonstra cessação, mesmo porque as FN são um tanto quanto previsíveis.

No entanto, no período pandêmico, com início em 2020, mas que não sabemos até quando se estenderá, o uso tóxico das FN (sem contar o perigo das teorias de conspiração e todo tipo de informação irrelevante) ganhou novo fôlego para continuar atacando – especialmente a crise sanitária ocasionada pelo coronavírus, por afetar diretamente a vida das pessoas – como um vírus informacional (expressão usada pelo médico Miguel Nicolelis). Além de provocar mais confusão entre os desinformados com seus disparates, as FN em série levaram a mortes (sem exageros, sabe-se de casos de pessoas que tomaram medicamentos não validados cientificamente para o [suposto] tratamento da Covid-19, por exemplo, e morreram) e fizeram com que a infodemia (termo cunhado pela Organização Mundial de Saúde – OMS) fosse mais politizada do que intrinsecamente é, atraiçoando ainda mais a concepção de democracia.

A Covid-19 e seus dados sensíveis "dramatizou a importância deste trabalho. Dados de saúde de qualidade têm sido vitais para os esforços bem-sucedidos de 'achatar a curva'. Em políticas menos afortunadas, os dados de saúde são politizados, ignorados ou manipulados", alegaram Benedetta Brevine e Frank Pasquale (2020). Na medida em que a coleta, a análise e o uso de dados "são transparentes e responsáveis, podemos imaginar uma 'grande barganha para big data': análise rápida de novas fontes de dados para fins de saúde pública, em troca de promessas executáveis de que os dados também serão anônimos quanto possível, e serão usados apenas para esses fins". No entanto, enunciam os autores, "muito desse trabalho está sendo feito em 'sociedades caixa-preta': jurisdições onde a análise e o uso de dados são opacos, não verificáveis e incontestáveis".

APRESENTAÇÃO

Adiante voltaremos aos tópicos sobre big data, caixa-preta, opacidade, assimetrias da informação, factoides etc. Contudo, ao pesquisar – excluindo a parte histórica de que, obviamente, elas sempre existiram e que é algo requentado, sabemos disso –, a ideia aqui é priorizar o suceder dos tempos especificamente na trajetória da internet, com a eclosão da interatividade nas redes sociais e nos mensageiros instantâneos, da atroz recentidade que põe em risco a credibilidade do jornalismo – já padecendo da perda de audiência para o espaço numérico desde a emergência da própria internet, dos sites e da blogosfera (Prado, 2019a, p. 165).

Tentar entender minimamente o estado da arte foi o gancho para a criação de um

repositório (algoritmosdefakenews.wordpress.com [entre no *QR-Code* acima] neste momento com cerca de 700 postagens e mais algumas centenas de vídeos, áudios, gráficos etc.) sobre FN, algoritmos, IA, para depois destinar o propósito que foi partir das escolhas de público que se pretende atingir – por ser, obviamente, olimpicamente o mais afetado. Este público se dá por meio de raspagens na segmentação algorítmica e posterior análises de dados para a personalização e o direcionamento (e mesmo o microdirecionamento) de FN específicas, no intuito de modelar o pensamento e o comportamento de determinadas pessoas, principalmente aquelas de fácil manipulação, como as indecisas, as ingênuas, as ignorantes, as crédulas, as alienadas, as perturbadas emocionalmente, as despolitizadas, as descontentes, as mazeladas, as cabeças ocas, as privadas de direitos, entre muitas outras, apenas estimuladas por perfis de má índole (as quais nem sempre sabem desse detalhe sórdido).

Bucci (2015a) traz Celso Lafer (1997) nas conclusões de "A reconstrução dos direitos humanos: a contribuição de Hannah Arendt" quando enumera os temas de direitos humanos que atuariam como "fatores impeditivos da emergência de um 'estado totalitário de natureza'". São eles "o direito à cidadania, concebido na fórmula hoje célebre como 'o direito a ter direitos', a repressão ao genocídio, os direitos de associação e de autodeterminação dos povos, incluindo a vertente da desobediência civil", e, por fim, "o direito à informação, 'essencial para a manutenção de um espaço público democrático', não por acaso ladeado pelo direito à intimidade, 'indispensável para a manutenção da vida humana na esfera privada'".

É preciso avisar que a questão da personalização transpassará essa obra do início ao fim, tamanha é sua veemência para o embasamento dos tópicos legitimados aqui. Ao fim e ao cabo, importa descobrir de que forma e com que intensidade o fenômeno dos algoritmos de FN abala a qualidade da cultura democrática difundida nas redes sociais, nos mensageiros conversacionais – nativos do mobile –, nos blogs, nos portais e nos pseudo-sites que não utilizam expediente jornalístico, bem como as sequelas desse fenômeno – cujo esgotamento é difícil de se imaginar, inclusive.

Uma problemática relevante para esse contexto, levantada por Soroush Vosoughi, Deb Roy e Sinan Aral (2018) em um artigo para a revista *Science*, pode ser uma pista para tomarmos e averiguarmos com o propósito de entender o comportamento das pessoas fantasiosas que acreditam em FN. Estudos sobre a disseminação de FN "estão atualmente limitados a análises de amostras pequenas e *ad hoc* que ignoram duas das questões científicas mais importantes: como a verdade e a falsidade se difundem de forma diferente e quais os fatores do juízo humano que explicam essas diferenças?".

Em um segundo momento, o intento das FN exclusivamente direcionadas é agir no sentido de apelar para a emoção dessas pessoas, tocar fundo no pivô de suas crenças e, assim, imbuídas da sensação de terem recebido uma informação que vai ao encontro daquilo que acreditam (ou querem acreditar), fazê-las compartilhar essas FN entre seus pares nas redes sociais, em mensageiros instantâneos, na blogosfera e mesmo perfurando suas bolhas, em caixas de comentários de páginas dos sites da imprensa de legado, as quais tentam persuadir outros ou mesmo apenas vociferar grosserias (é dito assim porque, nesses casos, o discurso de ódio impera na maioria das vezes e acaba por incitar a violência, se não falarmos o que a bolha quer ouvir), e de sites falsificados, nos quais reafirmam insanidades. Afinal, o contexto da desinformação – cuja odiosidade é vinculada olho por olho – não deixa de ser provocador.

Em uma digressão, é preciso pedir desculpas pelo amontoado de adjetivos, algo execrável na escrita jornalística, mas que aqui se faz necessário para, ao menos, desopilar um pouco quando ficamos estarrecidos com a anomalia informacional na qual vivemos, nos entulhamos e que presenciamos, atados que estamos, impossibilitados de conseguir reverter a situação a contento.

Das inúmeras hipóteses

Este estudo objetiva, e não somente propor uma reflexão sobre como certos elementos comuns ao universo da propaganda servem, como hipótese, para pensar os fluxos de produção das FN. Considera-se, aqui, que o alinhamento das FN às técnicas da propaganda se dá no processamento, no armazenamento de informação, na arquitetura da escolha do público-alvo e no consequente direcionamento da distribuição da informação adulterada, com o intuito de inocular ao modular o pensamento dos selecionados. Veja bem, existe o intuito, mas nem sempre conseguem, ou melhor, de modo geral, a modulação não alcança todos.

Os pressupostos da propaganda, área dedicada a conquistar determinado público – como, por exemplo, quando faz o mapeamento do gosto de um grupo de pessoas para conhecê-lo e assim poder influenciá-lo –, demonstram ser pertinentes para direcionar e manipular. É o que as FN fazem. Assim, recuperam-se elementos comuns às estratégias da propaganda, especialmente aqueles utilizados nas mídias digitais – como a análise, o monitoramento e a raspagem de dados de perfis, impulsionando, assim, a ação dos algoritmos de inteligência artificial, causando ameaças ao campo da informação –, para discutir a questão das FN e pensar como elas operam. A percepção dessa relação vem da concepção, dos usos e das características propagandísticas com a similaridade das ações desinformativas, especialmente no que diz respeito ao campo político.

Não há como negar a ampliação de vozes (em particular as tradicionalmente silenciadas) – como nunca antes vista – e o debate que a internet e, especialmente, as redes sociais propiciam, além do mero opinionismo obstinado, ou seja, entraram para ficar. Na cibercultura compartilhada, as pessoas conectadas em rede escolhem quem seguir, reagem favoritando ou banindo comportamentos e produtos personalizam também o que querem consumir. Por corolário, reforçam posicionamentos e opiniões. As escolhas feitas pelos internautas, por sua vez, geram dados e metadados que informam sucessivamente os algoritmos e os ajudam a formar as bolhas em que se inserem as pessoas. Saber ao certo dar sentido aos dados é tarefa cada vez mais imprescindível.

Quando os algoritmos, de maneira geral, restringem o conteúdo, estão contribuindo para regular e atrapalhar a comunicação digital, o livre fluxo das informações. Além disso, os danos causados por algoritmos específicos das FN podem se alastrar quando acessados por um determinado público. Quem, então, deveria denunciar essas mensagens sem fundamento? A responsabilidade pela checagem das histórias não caberia apenas à imprensa ou às empresas de comunicação e sim às pessoas com um mínimo de instrução, às famílias e ao sistema educacional como um todo, em estudos de letramento e informação crítica.

Outra hipótese a ser defendida é a de que, mesmo com o sucedâneo que trouxe o surgimento das agências de checagem de fatos, a luta para educar os consumidores acerca dessas mensagens engendradas precisa continuar enquanto elas existirem.

Com a constatação do potencial do algoritmo de IA – para o céu de brigadeiro e para turbulências –, a ideia foi buscar auxílio também com autores da área de Exatas para tentar fazer uma ponte com a de Humanas, com o intuito de procurar compreender como se dá o processo da performance algorítmica e tentar pensar possibilidades de brecá-lo quando seu efeito for nefasto. De qualquer forma, até o momento, brecar o efeito dos algoritmos é uma ilusão. Se você chegou na leitura até aqui e quiser largar, fique à vontade. O que vem daqui para a frente são apenas tentativas de entendimento no centro de um processo em plena evolução (dramática). A função é meramente de intermediário na tarefa de pensamento. Muitas vezes pensando fora da caixa. Como se fossem paradados, dados de pesquisa sobre como os dados são compilados para uso no processo dessa pororoca toda que atravessamos dentro da ciência dos sistemas de informação. Aliás, ajudas são muito bem-vindas (enviem para magalypprado@gmail.com).

Propósitos

A proposta é que este estudo verifique de que formas as notícias, os documentos e os dados são utilizados na desinformação, tomando como ponto de partida as relações estabelecidas entre os meios de comunicação, a informática e a informação. Volta-se um olhar específico para as ações das FN nas redes sociais e seus algoritmos complexos. Um segundo intento é descobrir as estratégias implementadas por essas mensagens fraudulentas com o desígnio de engajar e influenciar determinados usuários (termo que lembra os viciados, no entanto). Ainda quanto às redes, pretende-se investigar como se identifica a desinformação publicada em perfis, postagens e comentários a partir da filtragem em meio à explosão de conteúdo. Em resumo, o propósito é refletir não só sobre os usos e práticas das FN, envoltos a emoções e empatia, como também sobre seus temas, seus valores, sua coerência interna e a qualidade (ou melhor, a falta dela) de suas informações. Inclusive, pode-se questionar como, quando e em quais circunstâncias e intenções surgem as FN e seus algoritmos no ambiente digital; e o que significam uma saraivada de expressões (veja glossário acessando o *QR-Code*) como "fato alternativo", "*hoax*", "*deepfake*", "*dark post*", "*clickbait*", entre outras, dentro das lógicas do ciberespaço (comunicação entre redes informáticas) de alta velocidade, utilizadas com técnicas de *pipelining* por desinformantes experientes nos estudos de modelagem da informação.

Jornalista pode errar, mas não produz fake news

A princípio, a pecha de publicar FN recaiu principalmente sobre os ombros dos jornalistas, tamanha era, e ainda é, a semelhança estética entre as FN e as notícias. Difícil diferenciar, especialmente por leigos, quem de fato persegue a ética jornalística e se preocupa com a veracidade das informações, com os fatos do cotidiano e, consequentemente, com a credibilidade, de quem sequer pensa nisso. De qualquer modo, parte-se do princípio de que um jornalista não inventa notícias ou ao menos não deveria fazer isso (Prado, 2011, p. 172). Muitas vezes, ao errar, jornalistas assumem tais falhas e as retificam, tornando-se uma forma de gerar um mínimo de confiança. Sem contar os que agem de má-fé. Mas, são poucos e quando descobertos, demitidos sumariamente.

"Erros na imprensa nem sempre são intencionais, são erros passíveis de correção. Fake news fazem parte de um fenômeno com objetivos próprios de enganar, capitalizar adeptos e atingir adversários", é o que Jessica Pepp, Eliot Michaelson e Rachel Sterken (2019) corroboram. Quando a imprensa erra, mesmo que depois aponte seus erros em alguma seção (erramos) do jornal ou portal, acaba por fazer um grande desserviço informativo, pois funciona do mesmo jeito que as FN. Quem leu (ou ouviu, viu) nem sempre vai receber a errata, pois não será no mesmo segundo, no mesmo lugar, com o mesmo tamanho etc. Podemos lembrar de quando os blogueiros deixavam o ~~erro~~ riscado para mostrar o rastro. Pena que pararam de fazer isso.

APRESENTAÇÃO

"Existe um acordo tácito entre os que escolhem esta profissão de jornalista e o leitor/ouvinte/telespectador que torna possível dar credibilidade ao jornalismo", explica Nelson Traquina (2005, p. 19): "O principal produto do jornalismo contemporâneo, a notícia, não é ficção, isto é, os acontecimentos ou personagens das notícias não são invenção dos jornalistas". Mas ainda tem quem acha mais fácil colocar a culpa das FN nos jornalistas profissionais, querem porque querem achar um bode expiatório.

O pior é que até mesmo os meios em que as FN são publicadas se parecem com os tradicionais espaços da imprensa, uma vez que sites falaciosos são criados para se passarem por jornalísticos (sem os preceitos da imprensa), com design similar: além da arquitetura da interface, usam cores e fontes iguais e, ainda, nomes parecidos com os de veículos existentes, a ponto de confundir os usuários. Ou seja, os tratamentos dados às FN levaram a uma associação equivocada desse conteúdo fraudulento ao trabalho dos jornalistas. Estamos diante de textos (pseudo) noticiosos, sem vínculo com os fatos, que forjam a "imagem" de serem matérias (seria um acinte dizer reportagens) jornalísticas. Os falsários fazem um *twist* adaptando e distorcendo os acontecimentos do dia em jornalismo. São chamados de sites gêmeos ou clones, mas o que clonam é a arquitetura do site (mesmas fontes, layout e, muitas vezes, as mesmas imagens roubadas) e modificam manchetes, títulos, subtítulos e o que mais puderem. Até que as agências com mecanismo de checagens consigam fazer valer o desmascaramento e provar a falsidade, Inês é morta. O cândido público é tapeado, enquanto o público velhaco aproveita a onda para firmar seus pontos de vista dentro de suas crenças e, assim, não se aborrecer, não sair do estado de ataraxia e não ter desalento psicológico. Lá no fundinho, todos somos assim: queremos ficar confortáveis no mundo que acreditamos, com a grande diferença que nem todos nós saímos fabricando ou compartilhando FN, não é mesmo?

Necessário frisar que a tecnologia descrita neste estudo é a tecnologia da informação – e o que vem com ela, especialmente a tecnologia preditiva. "O fácil acesso à tecnologia nos permite manipular conteúdo.

Criar um site, editar um vídeo, manipular digitalmente uma imagem são coisas muito simples e baratas de fazer hoje", ressalta Wardle (citada por Aguiar, 2018) e a outra questão é "que temos mecanismos de comunicação – Facebook, Google, WhatsApp – que permitem que a informação se espalhe muito rapidamente. A combinação dessas duas coisas – é fácil e barato criar, e fácil e barato divulgar – intensifica o problema".

A principal ferramenta utilizada para propagação de desinformação no Brasil é o WhatsApp. Em fevereiro de 2020, a pesquisa sobre mensageria móvel "Panorama *Mobile Time/Opinion Box*" revelou que o aplicativo está instalado em 99% dos smartphones brasileiros. Entre os usuários da ferramenta, 98% disseram que a acessam todos os dias ou quase todos os dias (Galassi, 2021). É bom reforçar que a questão do "zero internet" acaba por beneficiar a inclusão em escala de mais pessoas.

São aplicativos praticamente gratuitos de mensagens instantâneas, bate-papo, chamada de voz e troca de fotos e vídeos como o Viber, o Messenger e o mais popular, lançado em maio de 2009, o WhatsApp (os dois últimos do Facebook (Meta), sendo que o WhatsApp foi comprado por US$ 19 bilhões, em 2014). Mantendo-se sem publicidade na interface, é carinhosamente chamado entre os brasileiros de "zapzap" ou apenas "zap".

O WhatsApp é o aplicativo mais usado no Brasil, segundo um levantamento feito em dezembro pelo site *Mobile Time* e pela empresa *Opinion Box*. O aplicativo de mensagens lidera com 54% entre os 2.036 entrevistados que têm smartphones. O Instagram aparece em segundo lugar, com 15%, e em terceiro o Facebook, com 7%. Na quarta colocação aparece o YouTube, com 2%, outros aplicativos somam 22% (*Mobile Time* citado por Meio, 2021)

A partir disso, o jornalismo profissional deve comprometer-se não só a entender os debates conduzidos nas redes sociais digitais – coisa que muitos já fazem –, como também a criar ferramentas numéricas, de preferência móveis e de tempo real, que ajudem a detectar as FN (a partir de uma ética estrutural), sustentando a triangulação entre qualidade, credibilidade e confiança. Ainda, entre alguns critérios de identificação das mentiras, podem estar a superficialidade; a ausência de informações (de fundo, de contexto ou históricas), por causa, por exemplo, da influência de políticos ou de anunciantes; declarações que não incluem fontes ou que apresentem fontes duvidosas (o amigo ou o amigo do amigo), mancomunadas, inclusive as anônimas ou sigilosas por motivos ilícitos; informações equivocadas sem posteriores retificações e, além disso, mosaicismo de informações opinativas, de informes opinativos comerciais e de conteúdo patrocinado. Ou seja, meros achismos, nada de maneira clara, a olhos vistos.

A incógnita por trás dos algoritmos complexos é de que maneira as FN se propagam estrondosamente e exercem uma ascendência sobre o público, manipulando ao privilegiar determinados grupos em detrimento de outros, chegando a modular sua maneira de pensar. A velocidade da ação algorítmica a nos trazer ilações, é fato.

Wardle (2017) discorre sobre como esse conteúdo fraudulento é divulgado. As pessoas compartilham FN porque não verificam seu conteúdo e retroalimentam a mentiralha. "Parte disso está sendo promovido por grupos que estão deliberadamente tentando influenciar a opinião pública, e outra está sendo disseminada como parte de sofisticadas campanhas de desinformação, por meio de redes de bots e fábricas de trolls" e ela explica: "O termo 'troll' é mais frequentemente usado para se referir a qualquer pessoa que assedia ou insulta outros online. No entanto, também foi usado para descrever contas controladas por humanos que executam atividades semelhantes a bot" (Wardle, 2018). São troladas controladas.

As FN – acionadas tanto por humanos quanto por bots, estes programados por humanos, obviamente – alastram-se exatamente onde a excessiva maioria do público-alvo está: nas redes

sociais (acesse o *QR-Code* para saber mais) e em grupos de mensageria instantânea. Logo, para ajudar na viralização das FN e atingir mais pessoas, inclusive fora das escolhidas, a indústria das FN reforça sua atuação com o uso de bots como arautos da informação. Assim, faz com que a propagação anárquica própria da internet, de todos para todos (*ipsis litteris*, pessoas, ciborgues, dispositivos, animais, coisas), seja acelerada e a alta disseminação da sabotagem tenha alcance irrevogável em uma progressão desmesurada. No entanto, precisamos registrar que nem todos possuem internet. Ainda, 37% da população mundial nunca usou a internet (G1.Globo.com, 2021). Mas, convenhamos, bot sabota.

Para direcionar, inicialmente as plataformas captam por rastreamento a matéria-prima – os dados das ações das pessoas – que forma suas características e seu comportamento nas redes, suas manchas de informação. Posteriormente, e às vezes concomitantemente, trocam esses dados colhidos entre elas (as plataformas). Com o pente fino da extração desses dados (emocionais, biométricos, georreferenciados etc.), a análise prediz padrões comportamentais e, como os rastros de dados provocam outras camadas de dados, é possível fazer correlação para influenciar as próximas ações do público-alvo, uma forma de modular essas pessoas escolhidas para incutir exatamente o que acham que devem incutir.

O quadro a seguir é uma tentativa de colocar tijolo a tijolo, um modelo.

Ordenação:
Definir o objetivo e o problema – Coletar dados + Raspar dados + Fazer a compressão dos dados

APRESENTAÇÃO

+ Preparar os dados + Analisar os dados – Treinar o modelo + Avaliar – Escolher o público + Rotular

Implantar – Direcionar FN para público determinado

+ Monitorar – Manipular seu pensamento + Modular seu comportamento

Compartilhamento de FN + reforço de bots – Viralização

"Modelos são opiniões embutidas em Matemática", só para lembrar o que conjectura Cathy O'Neil (2021). Mas a própria matemática traz o questionamento: como raciocinar com informação incerta e imprecisa? "Em cada caso, devemos nos perguntar não somente quem desenhou o modelo, mas também o que aquela pessoa ou empresa está tentando alcançar", afinal, diz ela: "[...] os modelos, apesar de sua reputação de imparcialidade, refletem objetivos e ideologias" (p. 35).

Apesar das disparidades tecnológicas entre as regiões do Brasilzão, Wardle (citada por Aguiar, 2018) atesta o que sabemos: "O Brasil é fascinante porque é muito polarizado, e por isso a desinformação está se espalhando tão rapidamente" e esclarece: "Quando temos uma sociedade polarizada, as pessoas se conectam por questões emocionais, e se há dois espectros muito distantes, as chances de haver discussões efetivas são menores". Emoção deliberadamente piegas, fingimentos, ou não, há que se pensar se a IA consegue mesmo aferir emoções finas. Além disso, "o Brasil tem um uso altíssimo de WhatsApp, o que significa que as coisas estão se espalhando muito rapidamente em lugares que ninguém mais pode ver, então é praticamente impossível agir contra esses rumores. Isso torna o caso brasileiro preocupante". Criptografado, espalha como um enxame que se move conforme o ambiente, tanto por isso é difícil de mitigar.

Wardle atenta para o fato de que não levamos o WhatsApp a sério o suficiente como um veículo para espalhar informação. "Então temos de pensar de forma diferente sobre nossas estratégias. Porque o Facebook e o Twitter têm uma enorme capacidade de broadcast, mas o WhatsApp é muito diferente, são vários grupos pequenos". Alerta, ainda, que precisamos "pensar em um processo de dispersão de baixo para cima, achar influenciadores que tenham participação em muitos grupos de WhatsApp por todo o País. Precisamos mapear o País dessa maneira, de forma mais estratégica" (Wardle, 2018). De 2018 para cá, prestamos mais atenção, sim, no "zap". Só para registro: o Twitter possui 210 milhões de usuários ativos diários e receitas anuais de US $ 3,7 bilhões e vale US $ 12,5 bilhões, de acordo com a Forbes (Dolan; Wang; Peterson-Withorn, 2021).

Como os algoritmos funcionam separando quem é quem para direcionar conteúdo personalizado? De acordo com a análise de comportamento – um exemplo de *input* e *output*, quando o usuário entra com informações pessoais e a máquina devolve resultados a partir dos dados obtidos –, como um processo de cognição computacional, no qual a máquina interpreta os signos dos internautas. A partir desses dados, o software cruza informações e oferece diversos caminhos para se navegar (Prado, 2009 [sim, 2009 mesmo, não é erro de digitação]) pela emoção dos perfilados – temos usuários com acesso ao que rodeia seus amigos, as comunidades traçando perfis de comportamento, reconhecendo signos semelhantes, combinados, recombinados, estimulando direcionamentos e, ainda, mostrando dados de representação icônica mais íntimos, como fotos e vídeos em situações particulares e por resultados de raspagem de dados (Prado, 2019a, p. 168).

Mesmo com a indústria jornalística ameaçada e a audiência aturdida com a desconfiança no ciberespaço, os jornalistas se postam nas redes como espelho tecnológico e de forma paradoxal, porque não é exatamente seu papel como obrigação, mas acabam por atuar na interpretabilidade para mediar e tentar alertar sobre os malefícios da desinformação e da enxurrada de narrativas escandalosamente odiosas. No entanto, traçando as voltas e reviravoltas: que tipo de relações esses profissionais estabelecem? A partir do momento em que postam nas redes, recebem perguntas e precisam responder, é a lei das redes, quem ignora a audiência é taxado de estar ali só olhando para o seu umbigo e acaba sendo colocado de lado.

APRESENTAÇÃO

Por trás, existe um sistema de aprendizagem para decidir. Nesta abertura, você lê apenas pinceladas dos tópicos que serão deslindados nas próximas páginas.

É bom deixar claro que a reflexão deste estudo se dá, sobretudo, na esfera da informação – problematizando a crescente autonomia dos algoritmos, quando, a partir da análise de dados, passam a categorizar, distribuir e erigir dinamicamente determinados (veja bem, não são todos os sistemas tecnológicos opacos, alguns disponibilizam seus código-fontes em repositórios como o GitHub, por exemplo) tipos de informação e a desempenhar um papel progressivo na formação de experiências de dados. Afirmo isso não apenas para justificar a falta de familiaridade em matemática e em computação (que temos nós de humanas. De mais a mais, a ênfase não será dada na área das Exatas), mas também para pontuar que a intersecção da IA é um tema complexo e relativamente novo dentro das áreas da comunicação e da cultura. Aliás, a expressão "IA" vai percorrer todo este estudo, bem como o termo "algoritmo" e seus derivados. Talvez fique melhor entremear com uma breve linha do tempo das FN (na inter-relação do nosso pano de fundo: as eleições) para não ficar de forma blocada e, consequentemente, monótona. Algumas passagens podem parecer meio repetitivas, pois são complexas para definições fechadas, mas, acredite, é a pura importância de ressaltar como recurso linguístico. Parafraseando Machado de Assis, se quiser, pode saltar alguns parágrafos.

Repetimos uma verdade verdadeira: por um lado, aceitamos esclarecimentos nos tópicos apontados, afinal, somos de humanas e, talvez, ingênuos e mesmo metidos a desvendar o funcionamento de um fenômeno tão matemático. Ou não seria tanto assim! Dúvidas que persistem, ao fim e ao cabo, ocorrem no ciberespaço – gerado por números. Mas não somos uns pitagóricos transfixados no matematismo. Seria necessário mais um período de pesquisa para avançar e experimentar para se chegar a considerações plausíveis. Luitzen Egbertus Jan Brouwer define que não há determinante da verdade matemática fora da atividade do pensamento. Uma proposição só se torna verdadeira "quando o sujeito experimentou sua verdade (por ter realizado uma construção mental apropriada); da mesma forma, uma proposição só se torna falsa quando o sujeito experimentou sua falsidade (ao perceber que uma construção mental apropriada não é possível)", assim, podemos parafraseá-lo que não existem verdades matemáticas não experimentadas.

Portanto, a inexistência de transparência (ter ideia de como os algoritmos produzem resultados) e o consequente ocultamento da explicabilidade (caixa-preta) envolvendo a cultura algorítmica (aqui, a negativa) – e, com ela, não somente o ato de falsear a realidade, mas também outras consequências, como a discriminação resultante da falta de dados suficientes ou mesmo de dados enviesados (inicialmente imputados por humanos, obviamente) – ficarão no campo da necessidade impreterível do direito à ciência dos dados abertos, com o devido alcance para o escrutínio permanente, como um forte apelo ético. Mesmo que a computação faça avanços transformadores em dados orientados a dados, com subdisciplinas como IA e ML (*machine learning*), e testemunhemos, sem precedentes, a informação da sociedade em que vivemos, há também uma crescente conscientização das aplicações emergentes que discriminam muitas populações.

Contudo, reforço que a intenção deste estudo é unicamente atinar sobre os meandros do direcionamento sagaz de quem produz FN em uma sociedade dataficada. Sociedade do conhecimento, bem dizendo. Aliás, a resposta para "quem" comanda essa irresponsável desorganização informacional com o ecossistema de direcionamento de informações forjadas é a chave para o combate efetivo. Conseguiremos descobrir? Mais adiante serão apresentadas as ações de empresas como a Cambridge Analytica; o uso massivo do WhatsApp e das plataformas mais recorrentes no envolvimento dos algoritmos de IA, como Facebook e Google. Cumpre lembrar que o modelo de negócio do Google, de entregar serviço em troca dos nossos dados pessoais, foi seguido à risca por outras.

Em que pese a importância, caberia ainda investigar, mas, infelizmente, não é exatamente o escopo deste trabalho, os interesses políticos, econômicos e culturais envolvidos numa disputa pela relevância – questão que parece central no mercado da extração inadvertida de dados, uma vez que os humanos somente os sistemas cujos algoritmos conseguem dar-lhes "resultados relevantes", como atenta Tarcísio Cardoso (2019). No entanto, grande parte do público que utiliza mídias digitais continua conhecendo muito pouco sobre os filtros e os algoritmos, tão focado que está nos tais resultados relevantes. No máximo, e olhe lá, sabem que eles existem e acreditam que só a parte em que separam conteúdo do imenso lixo rondante na ciberesfera é oferecida e, portanto, pensam que só agem a favor. Assim, podemos, inspirados por Bruno Latour, a partir de Cardoso (2019), levantar uma série quase infinita de questões sobre biopoder: "Que tipo de atores estão sendo invisibilizados pela ênfase nos resultados relevantes? Que efeitos no social essa invisibilização tem? A quem interessa invisibilizar tais atores?". Ainda: "Qual o valor em questão, qual o objeto de disputa quando se trata de governamentalidade algorítmica de ações humanas?". Quando fica o dito pelo não dito?

A noção de mídia, quando relacionada à extração de dados, vai muito além das narrativas da mídia de massa, incluindo também as narrativas sobre cada um dos indivíduos e grupos sociais monitorados. Na sequência do monitoramento e filtragem, vem a intenção de modular a opinião de um grupo específico por direcionamento de FN. A questão da modulação, no sentido de reduzir o campo de visão, é uma das pedras fundamentais deste estudo, até porque o que paira no ar é que podemos estar redondamente enganados a esse respeito.

Há quem denomine o direcionamento de micro, como na reportagem da *Folha de S. Paulo* de Patrícia Campos Mello (2020): "O microdirecionamento usa dados pessoais de usuários" do Facebook (agora com o metaverso e o sistema de imersão hiperfragmentário por realidade virtual, simulando estar em outro lugar, vai colher mais dados das presenças incorporadas [avatares] ainda), Twitter, Instagram, Google, YouTube e TikTok (que já ultrapassou 1 bilhão de usuários globais ativos a cada mês, especialmente agora com o impulso da pandemia. Em comparação, a *megacorp* Facebook (agora [desde outubro de 2021] com *rebrand* para *Meta Platforms*. Ele quer ser visto como uma empresa de metaverso – um mundo de realidade virtual abrangente – e não apenas de mídia social) está na marca de 3,51 bilhões mensais em seus apps [dados de setembro de 2021]) "[...] para decidir quais posts, vídeos ou anúncios essas pessoas verão ou quais serão os resultados de busca que vão aparecer primeiro para cada pessoa". De *Matrix* a *Não olhe pra cima*, existe muita coisa no meio.

Voltemos nossos sentidos para fazermos um parêntesis por conta da implantação do metaverso no Facebook e pipocando em outros lugares, onde os usuários poderão entrar dentro da internet (teletransportados, voando ou não) e não ficar apenas olhando para as telas, como era feito no ambiente tridimensional do Second Life – criado em 1999, lançado em 2003 – e foi para o beleléu para o grande público em 2007 no Brasil e 2008 no mundo, mesmo com dinheiro rolando dentro da vida paralela, o que o fazia ser proibido para menores, além de ter erotismo exacerbado envolvido. A debandada ocorreu muito por conta do sucesso que, nessa época, as redes sociais começavam a fazer. Digamos que o ciberespaço não estava totalmente preparado com as realidades virtuais, aumentadas e mistas, de que é necessário para metaversar. Hoje, o Second Life é restrito aos jogadores (apesar de não ser exatamente um jogo, pois não possui objetivo, missões etc.) e a alguns narcisistas. Bom lembrar a já conhecida existência da interoperabilidade do metaverso em vários jogos (Minecraft, principalmente), ou seja, apesar de ser a maior rede social do planeta, o esquema do metaverso, com simuladores e interatividade de avatares, não é monopólio do Facebook. Sabemos que o metaverso já existe em jogos como Fortnite e Roblox, para citarmos os mais conhecidos entre os da área. Em tempo: foi Neal Stephenson, em seu romance *Snow Crash*, de 1992, quem cunhou o termo. Mas, as falas atuais insistem em dizer que é o ápice da internet. O uso de hoje de plataforma *blockchain*, NFTs (*tokens* não fungíveis [que não se gastam]: peças digitais únicas de propriedade certificada) e criptomoedas são as diferenças gritantes da época da Second Life. Devemos, sobretudo, ter cautela com as realidades alteradas em tudo e quando as deformidades dos nossos corpos fugirem do controle. O pouco que sabemos do que já existe atesta a forte emoção viciante nas imersões. Precisamos recuperar as *muds* de que falava, de forma pioneira, Howard Rheingold, em meados da década de 1990, as comunidades virtuais onde eram criados mundos fantasiosos, como agregados sociais em que famílias inteiras entravam para esquecer da realidade de seus mundinhos e construir outras relações sociais. Eram comunidades de faz de conta do começo do ciberespaço. Imagine lugares gélidos e sem sol em boa parte do ano tendo a possibilidade de ver o pôr do sol quantas vezes quiser! Vamos entrar em um *revival*. E o que dizer da Web3, das NFTs (produtos insubstituíveis), da tokenização, das nossas imagens avatarizadas etc. no atual mundo e no 5G?

Voltemos à vaca fria do tema *in progress*, se bem que o metaverso está para a personalização de conteúdo – cerne de direcionamentos de desinformação – real e ilusório na preservação do conhecimento, com, ao menos, o mapeamento de hipóteses de metaexistencias. De formiga em formiga, entenderemos tudo isso mais adiante. Esperamos por isso.

Como é bem-sabido, a era digital possibilitou, entre outros fatores, a intensidade de participação e expressão das pessoas. Em um mundo de transparência e, em muitos casos, de fonte aberta, no qual qualquer indivíduo pode ser um "veículo" de comunicação, acaba por possibilitar o aumento da desinformação de quem não conhece a prática do jornalismo. O conteúdo qualificado possui apuração, checagem de informações, visualização transparente de dados, fontes à vista, enfim, atua diferente daquele que não cumpre as regras éticas do jornalismo e, muitas vezes, não passa de rumores ou notícias "plantadas" com vantagens escusas.

Portanto, o levantamento deste estudo não somente pontuou a preocupada e essencial participação de atores-actantes somada aos jornalistas (de empresas ou independentes), como também trouxe exemplos desses instrumentos de aumento, aferição, contextualização de informação em movimento, a qualquer tempo, mostrando inclusive as associações e resultados em tempo "real", assim como procurou relacionar todas as "coisas" recorrentes deles à experimentação de pesquisa com a base teórica de autores que pensam o jornalismo, a comunicação (e a comunicação pública) rápida e contínua em que a hipermobilidade está inserida. Não obstante, é pertinente relembrar passagens deste estudo quando realçamos a era em que o jornalismo se alastra em qualquer lugar – da nossa esquina ao mais longínquo recanto – com qualquer pessoa munida de princípios éticos a interagir com relatos de histórias e fatos, a partir de dados de acesso cada vez mais facilmente. Então, como lidar com o trabalho redobrado de checagem do conteúdo (crescente) gerado pelo usuário nos confins? De que modo esses mecanismos de atração dos consumidores são contornados e trabalhados e como influenciam o processo de produção e circulação de conteúdos na área editorial? Eis algumas das questões do estado da arte do jornalismo – que necessita de constante e contínua verificação. Elas não param aqui e vão pipocar ao longo deste livro.

Já deu para perceber que a proposta deste estudo não é se ater à nenhuma teoria pré-definida e à reflexão de um dos temas levantados até aqui isoladamente: propaganda, ética e credibilidade jornalística, mineração (aplicação de algoritmos específicos para extrair padrões e tendências de dados) e manipulação de dados ou mesmo algoritmos, IA, FN e o convencimento de suas crenças e dogmas. O nosso intuito é dar o contexto para fazer uma conexão entre todos esses elementos para tentar verificar seus desdobramentos, seu movimento de refluxo e, por fim, compreender a esfera algorítmica atual para mapear uma próxima agenda.

Antes de começar, trago Manuel Castells – em *Comunicação, Poder e Contrapoder na Sociedade em Rede* – e sua reflexão sobre a maneira como as pessoas pensam e como isso determina o destino das normas e valores sobre os quais as sociedades são construídas: "Ao longo da história, a comunicação e a informação foram fontes fundamentais de poder e contrapoder, de dominação e mudança social. Isso porque a batalha fundamental que está sendo travada na sociedade é a batalha pelas mentes das pessoas" (2015, p. 191).

1.
ALGORITMOS E INTELIGÊNCIA ARTIFICIAL

> "Algoritmo é qualquer conjunto de instruções matemáticas para manipular dados ou raciocínios através de um problema" (Ed Finn, 2017).

Antes mesmo de entrar nas definições, vamos abrir com as FN mediadas por algoritmos. De forma colateral, entre a investigação científica em um contínuo de críticas aos impactos das tecnologias conectivas no ecossistema das notícias – e das FN – com a consequente apropriação (muitas vezes remixada a partir de curadoria de personalização) pela sociedade – considerando que a maioria tanto do noticiário quanto do cipoal das FN está disponível – a robustecer a participação como padrão de comportamento em espaços pessoais nas redes e, enquanto não se acham soluções para barrar ou ao menos inibir os sistemas autônomos de aprendizado de máquina, mesmo sendo um sistema de descobrir como a informação é organizada – na outra ponta, acabam por provocar o encaminhamento perspicaz da abundidade de FN –, alguns recursos podem ser implementados de maneira sistemática.

Diminuir a visibilidade da má informação é tarefa minuciosa que implica, em primeiro lugar, impulsionar a população a obter habilidades de reconhecimento factual e saber interpretar a factização, além de analisar mensagens para adquirir capacidade de distinguir o que é falso (ou imitativo do estilo jornalístico), na interseção da tecnologia com ensino incitando uma educação midiática (saiba mais

entrando no *QR-Code*). Começando desde a aprendizagem na tenra idade, para que cresçam sabendo desconfiar e, consequentemente, checar FN; passando pela adolescência, principalmente, por ser a mais transfixada em viver nas redes, pelo imediatismo desenfreado, cercando-se de atos contestatórios (próprios dessa faixa etária) perante tamanho desrespeito ao direito à informação que todos devem ter, até mesmo, e especialmente, à população mais velha, que replica FN, promovendo o envolvimento crítico daquilo que lhe é facilmente oferecido no ambiente numérico, no intuito de que questionem as informações ou, ao menos, pensem duas vezes.

Enquanto a sociedade – e, em especial, a comunidade jornalística, que recebe farpas de todos os lados, como se estivesse atuando no epicentro do problema da desinformação – estiver à mercê do agravamento dos sistemas pervasivos da hipervigilância cibernética e moderação de informação pelas plataformas, ou seja, empresas comerciais baseadas em algoritmos de IA para interferir e modular o pensamento de um público designado (preferencialmente vulnerável), estaremos de mãos atadas no sentido de ter um freio perante essa intrusão, que vem de sites especializados em FN (por vezes sensacionalistas), mas, especialmente, das redes e suas mais rentáveis plataformas com estratégias antitruste predatórias. Por exemplo, Facebook (com ele WhatsApp e Instagram, e daqui a pouco com muita gente fugindo do mundo real em seu metaverso) e Google (incluso Youtube), que têm milhões de acessos por segundo, nos quais grande parte das pessoas está e que passa por uma era de distribuição – de um lado, com controle de visualizações a seu bel prazer e, de outro, totalmente desordenada de informações, porque qualquer pachorra advinda das brigadas da web tem lugar a ser publicado.

Contra os que fomentam a discórdia, o ideal é replicar as boas práticas. Outra possibilidade é a contrafala como tática de combate. Se todos ajudarem a desmascarar uma tramoia por dia dos fakers, damos um olé nas FN.

Em paralelo, o reforço perene e insistente do que vem a ser a verdade factual, a informação precisa, a estrutura da notícia etc., em contraponto à distância em relação à desinformação, por parte de quem tem a missão (e mesmo a responsabilidade) de informar: a imprensa e as bibliotecas, em parceria com quem faz o papel de vigilância permanente: as emergentes agências de checagem (clique

no *QR-Code* ao lado para conhecê-las mais) – a fazer um trabalho hercúleo de verificação, detecção de fontes e recontextualização de algo, concomitante ao espalhamento veloz de outras FN, FN caleidoscópicas, estorvando possíveis reflexões e produção de respostas, o que, apesar do mérito, constitui o chamado "enxugar gelo". É muita velocidade no que bomba para desarmar.

Afinal, "verificação é o processo de determinar a autenticidade das informações postadas por fontes não oficiais online, especialmente a mídia visual", salienta Wardle (2018). Na era das deepfakes, a atenção aos detalhes é básica. "Ela surgiu como um novo conjunto de habilidades para jornalistas e ativistas de direitos humanos no final dos anos 2000, principalmente em resposta à necessidade de verificar imagens visuais durante a 'Primavera Árabe'".

De qualquer forma, não podemos esquecer que existe, em alguns casos, um aporte financeiro às agências de checagens advindo tanto de empresários de grandes tecnologias quanto das próprias empresas privadas: as plataformas que possuem conteúdo checado. Obviamente, elas dizem ter total liberdade de checagem. Torcemos por isso. Até porque existem códigos de princípios para as agências de checagem atuarem. Muitas delas estão sob escrutínio constante. Um exemplo é a *International Fact-Checking Network* (Rede Internacional de Verificação de Fatos, IFCN na sigla em inglês), do *Poynter,* cujo código de princípios "é uma série de compromissos que as organizações cumprem para promover a excelência na verificação de fatos" (IFCN, s.d.). Eles acreditam que "a verificação de fatos transparente e apartidária pode ser um instrumento poderoso do jornalismo de prestação de contas". Assim, os *fact-checkers* aliados à IFCN comprometem-se com a transparência de seus trabalhos diários de formiguinhas (lembrando que formigas são inteligentes!).

O status de signatário da IFCN pode ser concedido a organizações legalmente registradas, criadas para fins de verificação de fatos que publicam regularmente relatórios não partidários sobre a precisão factual de declarações de figuras públicas e instituições proeminentes e reivindicações amplamente divulgadas em texto, visual e outros formatos focados principalmente em reclamações relacionadas a questões de interesse público.

Ainda assim, especialmente ações de conscientização oriundas da família, dos colegas de profissão e do rol de amizades, ou seja, de onde brotam a confiança dos próprios pares, como um dever de cada um no sentido de alertar o contexto (ou a multiplicidade de contextos) no qual as práticas efetivadas de *gatekeeping* algorítmico operam, preferencialmente mostrando quem está por trás dos ciberataques (quando houver essa informação) e, em ambientes privados ou organizacionais, além de incentivar e pedir, encarecidamente, que não compartilhem nada antes de ter certeza da veracidade, na tentativa de diminuir a desordem informacional que tanto prejudica e desvirtua o diálogo democrático e, por conseguinte, a vida das pessoas.

"Mais de 80 organizações de checagem de fatos de todo o mundo divulgaram uma carta aberta à CEO do YouTube, Susan Wojcicki, acusando a plataforma de ser um dos principais canais de desinformação e propagação de notícias falsas online. O documento lista exemplos de vídeos de diferentes países que causaram danos na vida real e pede que o YouTube amplie esforços contra fake news em idiomas diferentes do inglês. Entre os signatários de mais de 46 países estão o *Africa Check*, o *Washington Post Fact-checker*, dos EUA; *Agência Lupa* e *Aos Fatos*, do Brasil" (Aos Fatos citado por Meio, 2022).

Neste estudo, não houve intenção de se restringir a uma única metodologia utilizada, mas, de certa forma, e como consequência, buscamos uma breve aproximação, enquanto mediação digital, como premissa, à "cartografia de controvérsias" (CC), de Latour, por significar um conjunto de técnicas para explorar, visualizar e descrever questões para a investigação do debate sociotécnico. Nesse caso, a questão-chave da CC aplicada foi o descortinar de partes interligadas (como FN nas propagandas de eleições etc.) no contexto de hipercomplexidade dos algoritmos de IA, no alto da dataficação, movendo a interferência, que lhe é imputada, da extração, do processamento, do treinamento (ML) e da análise de dados acumulados – tão brutos quanto posteriormente refinados da produção social –, como resultado do hibridismo dos humanos e não humanos (axiomaticamente, nem precisaria dizer, de tão implícito que é e foi) nessa imersão automatizada e não automatizada para a consequente comercialização da massa de dados adquirida, raspada, pronta para o uso.

Em tempo, "mediação (*versus* intermediação): Efeito da mobilização de um elemento que provoca um deslocamento no curso de ação ao qual é articulado, tornando-se, portanto, actante ou mediador e não mero intermediário. Toda mediação é uma tradução do programa de ação a que se articula" (André Fabrício da Cunha Holanda, 2014). Os algoritmos, por sua vez, presumem o que acham que devemos saber. Nem sempre acertam.

Afinal, os componentes que ditam uma máquina de IA são decisões tomadas por um ser humano: que tipo de dado foi usado para treinar a máquina, como esses dados foram usados e definidos, a qual entrada um sistema presta atenção etc., afirma Nicholas Diakopoulos (Digilabour, 2019a).

Na perseguição dos rastros deixados pelos dados dos actantes (com ou sem permissão), a CC proporciona transparecer a extensão abarcada de redes encadeadas, transbordando classificações maquínicas de dados muitas vezes enviesados, aliás, como espelho dos próprios preconceitos da sociedade, em muitos casos, desiguais e nos quais estamos inseridos. Porém, mesmo considerando lidar com tecnologias, que sabemos não serem neutras, e do ponto de vista das controvérsias – situações nas quais atores discordam, ou melhor, concordam sobre sua discordância –, ficar de mãos atadas perante as associações prementes, que vão desde a circulação da agência (de modo geral imposta) e seus intermediários, até as caixas-pretas algorítmicas (estariam os algoritmos em correção contínua? Ou somente em erros crassos?), podemos lamentar uma ponta de decepção que, aliás, seria detectada no sistema de reconhecimento emocional da IA, caso pudessem olhar para as nossas expressões faciais agora. Seria certeira mesmo?

No *zeitgeist* do mundo metrificado, nota-se um novo momento algorítmico, tido como objeto de atenção significativa, fenômeno este que tem sido observado por um número crescente de estudiosos, como a pesquisadora Morgan G. Ames:

> Com o aprendizado de máquina novamente em ascensão, em meio a práticas sempre em expansão, para digitalizar não apenas todos os registros importantes de nossas vidas, mas uma quantidade crescente de nossos traços casuais – minerando-os como arqueólogos em ambientes digitais – não é de admirar que a academia também tenha feito uma "virada algorítmica" (Ames, 2018).

Temos conhecimento de que um algoritmo é uma série fixa de etapas previamente determinadas, que um computador executa para resolver um problema ou concluir uma tarefa e é organizado para fazer cálculos exatos. Na definição matemática do dicionário *Houaiss*, uma sequência finita de regras, raciocínios ou operações que, aplicada a um número finito de dados, permite solucionar classes semelhantes de problemas ou ainda, mecanismo que utiliza representações análogas para resolver problemas ou atingir um fim, noutros campos do raciocínio e da lógica; na aritmética: um algoritmo é um sistema de numeração decimal assimilado dos árabes.

FIGURA 1 – **Grafia de *al-Khwārizmī***

A palavra "algoritmo", latinização do nome do matemático persa do século 9, al-Khwārizmī, antecede o computador digital por mais de mil anos (Al-Daffa, 1977 citado por Ames, 2018). "Por muitos desses anos, 'algoritmo' foi um termo obscuro associado com as manipulações algébricas, pelas quais al-Khwārizmī era mais conhecido, ou um substituto para o sistema de números decimais" (Ames, 2018, p. 1). A mudança veio em meados do século 20, "quando o campo emergente da ciência da computação adotou o termo para se referir a uma especificação para resolver um tipo particular de problema que poderia ser implementado por um computador".

> Abu Ja'far Muhammad ibn Musa al-Khwarizmi, conhecido como Al-Khuarismi, viveu aproximadamente entre os anos 780 e 850. O tratado escrito por Al-Khuarismi por volta de 825 sobre o sistema numérico indo-arábico foi traduzido no século XII com o nome *Algoritmi de numero Indorum*, que significa "Algoritmi sobre os números hindu"; "*Algoritmi*" foi a tradução para o latim do nome "Al-Khuarismi". Na obra, ele nos apresenta a essas fórmulas que, devido à tradução do seu nome, acabaram sendo chamadas de algoritmos (Jim Al-Khalili, 2020).

Das várias definições de algoritmo

Apesar de um algoritmo ser algo preciso, os algoritmos falham como os humanos. Sua definição, que foge da simplificação, é a parte mais difícil, talvez por isso, foi empurrada e desviada para frente ainda mais, não no sentido de alheamento, mas sim por pura indecidibilidade, pela falta de padrões de certeza, tamanhas são a complexidade e a ausência de explicabilidade que envolvem a cultura algorítmica dos nossos dias. Sem contar a falta de interpretabilidade (peço desculpas pelo fluxo de palavras terminando em ~ ibilidade ~. Estão em voga, no entanto). Não vamos cair naquela esparrela de que algoritmos podem ser explicados como se fossem uma receita culinária, um mero passo a passo. É simplificar demais. Eles são bem mais complexos. Veja bem, aqui nos referimos aos algoritmos dos nossos dias, não supomos dar conta das definições da origem dos algoritmos primeiros, os clássicos, os concebidos pela matemática Ada Lovelace. Seria muito para nossa cabeça!

O antropólogo Nick Seaver (2017) argumenta que não existe uma definição estável de algoritmos: eles são "múltiplos – objetos instáveis que são decretados por meio das práticas variadas que as pessoas usam para interagir com eles". Cada campo da ciência carrega seus problemas e respectivos algoritmos adequados para resolvê-los.

> Exemplos clássicos são algoritmos de busca, de ordenação, de análise numérica, de teoria de grafos, de manipulação de cadeias de texto, de geometria computacional, de análise combinatória, de aprendizagem de máquina, de criptografia, de compressão de dados e de interpretação de texto (Wikipedia [Algoritmo], s.d.).

A rigor, "algoritmos podem ser entendidos como meras soluções ou instruções lógicas (funções matemáticas) direcionadas para a realização de tarefas ou solução de problemas específicos, posteriormente traduzidas em uma linguagem de programação", em definição de Alcides Peron (2018).

André Henrique Siqueira lembra (2012, p. 154) que, "Em Aristóteles, que fundou a disciplina, a lógica não é uma ciência teórica, como a matemática e a física, mas ciência poiética, isto é, um *organon* ou instrumento da própria ciência, indicando as condições mais gerais que toda ciência deve, em princípio, cumprir". O autor completa: "Em um sentido estrito, que cobre a doutrina do silogismo delineado nos analíticos primeiros, a lógica é uma teoria da construção de formas de raciocínio válido".

IA & Filosofia – Silogismo (Aristóteles, 384 – 322 a.C.). "Segundo o aristotelismo, raciocínio dedutivo estruturado formalmente a partir de duas proposições, ditas premissas, das quais, por inferência, se obtém necessariamente uma terceira, chamada conclusão (p. ex.: 'todos os homens são mortais; os gregos são homens; logo, os gregos são mortais')" (*Houaiss*).

Parecem tranquilas que essas instruções, portanto, "dependeriam de uma entrada de dados que pode se dar de diversas formas (dados de geolocalização, de consumo, comportamentais), por mais variados sensores (câmeras, celulares, sensores biométricos)", assim como "a partir da programação imputada a ele, o que permite que correlacionem e produzam informações novas, como características de consumo, padrões de relacionamento etc." (Peron, 2018). Como se fossem soluções de entraves à predição de comportamentos para tomada de decisões!

SPC: 5,22 bilhões de pessoas usam um telefone celular hoje, o que equivale a **66,6%** da população total do mundo (Dados do *We Are Social*, 2021).

Difícil será ter a dimensão da danação total. "O processo de elaboração de um algoritmo é uma dinâmica complexa, que envolve uma gama de decisões a serem tomadas e que está em relação com diversas outras definições computacionais", conforme William Fernandes Araújo (2017). Além disso, "entre a definição das estratégias computacionais em código até a efetiva implementação de um sistema, existem inevitáveis cadeias de traduções [...] nas quais algoritmos são implementados e se tornam progressivamente difusos e invisíveis". Trata-se de uma situação de caixa-preta.

Logo, o que algoritmos fazem, no sentido computacional do termo, reforça Araújo (2017), não pode ser facilmente localizado em linhas de código de um software, já que suas ações são sempre resultado de "uma rede mal definida de ações sobre ações, como parte de uma complexa relação de poder e conhecimento, na qual consequências inesperadas, como efeitos colaterais do comportamento de um programa, podem se tornar muito importantes." O autor complementa: "[...] entre a descrição de uma tarefa em linguagem de programação e a efetiva realização dessa tarefa por um computador existe uma complexa rede que é composta por diferentes agentes e práticas".

No sentido de abrir ainda mais o leque de definições, do alto da impolidez dos dados e de seu uso incivil, imputados em processos algorítmicos, Giselle Beiguelman (2016) traz à tona a necessidade de a dadosfera passar por uma curadoria, afinal, os computadores não enxergam.

> Algoritmos que se baseiam na verificação de padrões coletados a partir de metadados [...]. Eles permitem que operemos a dadosfera. Mas transformar o dado em informação, e a informação em conhecimento, depende de expertise, análise e interpretação. Isso é curadoria de conteúdo, um privilégio humano, demasiadamente humano (Beiguelman, 2016).

A lógica dos algoritmos é passível de se dizer que é de uma curadoria computacional, no discernimento acurado. São filtragens algorítmicas. Contudo nem sempre se sabe ao certo quem está por trás de determinadas curadorias. Não somente em processos eleitorais, obviamente. Quem são os peixes grandes. Diferentes da curadoria editorial, por exemplo, própria das empresas jornalísticas que possuem proprietários com nome, endereço etc. O que antes era papel da imprensa na mediação, hoje, "à medida que os algoritmos assumem um papel dominante na mediação do poder, torna-se cada vez mais importante considerar até que ponto e de que forma seu poder pode ser resistido", chamam à atenção Julia Velkova e Anne Kaun (2019). "A agência do usuário é frequentemente negligenciada na discussão emergente das consequências da cultura algorítmica, que é cada vez mais envolvida em uma narrativa de drama".

> Acadêmicos, jornalistas e cidadãos levantaram preocupações sobre o fechamento e o isolamento das esferas públicas digitais por meio de divisões geradas pela gestão preventiva do gosto com curadoria de lógicas algorítmicas [...]; a reprodução de preconceitos contra raça e gênero em algoritmos de mecanismo de busca [...] e a supressão da ética e da gestão da experiência cotidiana em favor de lógicas comerciais baseadas em políticas de satisfação e normalização da média (Velkova; Kaun, 2019).

Não é o escopo deste estudo entrar a fundo nas questões de raça, gênero etc., como Velkova e Kaun levantaram, apesar da enorme importância – o que daria outro estudo. De qualquer forma, vamos, sim, pontuar a compreensão em certos momentos da vida algorítmica ao longo deste livro.

Na lógica da lógica, Siqueira (2012, p. 154) argumenta que "a lógica é uma construção das formas de raciocínio válidas. Mas a natureza destas formas válidas ainda é um problema em discussão entre lógicos". Nesse ângulo, "em Frege, tem-se a proposta de ser a Lógica um estudo das condições de verdade, e concebendo tais condições como uma concordância entre as imagens do mundo real, criadas pelos enunciados lógicos, e os próprios fatos".

Diversos tipos de algoritmo surgem, como "para mineração de dados (para classificação, segmentação e associação), para a análise comportamental, como para a solução de problemas de busca e otimização" (Peron, 2018), mesmo sabendo que nem sempre teríamos uma otimização exatamente, no sentido de condições favoráveis que o termo impõe e, sim, o contrário dela, assim como algoritmos "preditivos, que através de classificações, regressões, correlações e análises de dados do passado buscam antever determinados comportamentos no futuro".

Afora o uso de algoritmos preditivos de IA para dar diagnósticos precisos e melhorar a vida das pessoas, é necessário ressaltar que tais classificações preditivas também criam viés, por estarem baseadas em padrões, muitas vezes, já discriminatórios. De modo geral, viés está ligado à falta de representatividade. Bom pontuar que dados nulos também são detectados: cunhado e teorizado por Michael Golebiewski e danah boyd, referem-se a tópicos ou termos exclusivos que resultam em informações mínimas, de baixa qualidade ou manipulativas, de consultas em mecanismos de pesquisa. Os vazios de dados são riscos de segurança social ou técnica, dependendo do assunto da consulta. Afinal, existe uma preocupação das pessoas, conforme Mackenzie Common e Rasmus Kleis Nielsen:

> Isso está de acordo com pesquisas anteriores, que identificaram que o que as pessoas veem como histórias em que os fatos são distorcidos para impulsionar uma agenda (propaganda política), e o que as pessoas veem como exemplos de jornalismo pobre (conteúdo superficial, sensacionalista, impreciso) estão entre os tipos de desinformação potencial que as pessoas na maioria dos países dizem encontrar com mais frequência e que o maior número de pessoas diz que se preocupam (Common; Nielsen, 2021).

Pulemos rumo à década de 1940, para uma ponte, porque vamos tratar de algoritmos de IA na ciberatmosfera. De qualquer forma, definições de alguns algoritmos-chave para melhor entender a incompletude da questão da sobrecarga desinformacional ainda serão arrolados. Obviamente, trata-se de pontuar uma linha do tempo com apenas algumas camadas para situar – e talvez elucidar – como se dá a lógica algorítmica na superficialidade informativa embotada pelas FN de nossa época. A parte teórica será apenas pincelada para nos dar algum embasamento. Os conceitos de informação serão delineados primeiro para que possamos mostrar, mais adiante, o seu oposto, a desinformação e as informações aumentadas.

> Esta autora usa a expressão "informação aumentada" (no jornalismo) em alusão à realidade aumentada (RA) desde 2009. A RA "aumenta" ou "suplementa" a realidade com objetos virtuais, portanto, em todos os momentos é necessário estar em contato com a visão do mundo real, que é a base sobre o qual as aplicações são construídas, segundo Azuma et al. (2001) e Vallino (1998) citado por Gasiglia; Geisler (2007). "O termo foi proposto em 1992 por Tom Caudell e David Mizell, no artigo *Augmented reality: an application of heads-up display technology to manual manufacturing processes*". Segundo Azuma (1997 citado por Lemos, 2012), "a RA é uma variação da Realidade Virtual, caracterizada pela combinação entre real e virtual, pela interatividade em tempo real".

Ademais, Valdemar Setzer (2009) reforça e resume que "os computadores modernos digitais são máquinas matemáticas, lógico-simbólicas, algorítmicas". Isso significa que "o processamento e o efeito de qualquer instrução interpretada em linguagem de máquina (rigorosamente, um computador nunca executa uma instrução, ele a interpreta) pode ser matematicamente descrito, quer dizer, representa uma função matemática". Além disso, "a matemática envolvida é restrita: só trabalha com símbolos tirados de um conjunto finito, discreto, para ao qual sempre se pode atribuir um sistema numérico. Isto é, o espaço de trabalho de um computador é sempre quantificado".

Perante a insuficiência de definições fechadas, uma solução seria tomar alguma definição de especialista como decisiva, já especulava Seaver, em 2015: "deixemos os cientistas da computação definirem 'algoritmos' e depois examinemos como essas coisas interagem com as nossas áreas de especialização". Como muitas soluções diretas, essa tem complicações. Nesse caso, Paul Dourish observa que "os limites do termo algoritmo são determinados por compromissos sociais, e não por restrições tecnológicas ou materiais" (Dourish, 2016, p. 3 citado por Seaver, 2015). Ou seja, pessoas diferentes, em diferentes momentos históricos e situações sociais definiram algoritmos e suas qualidades salientes de forma diferente (Seaver, 2015).

Um cientista de dados analisando perfis no Facebook em 2017, um matemático universitário fazendo uma prova em 1940, e um médico estabelecendo procedimentos de tratamento em 1995, todos podem afirmar, corretamente, estar trabalhando com "algoritmos". Mas isso não significa que eles estão falando sobre a mesma coisa (Seaver, 2015).

"Uma confiança acrítica em especialistas toma como certa sua coerência e corre o risco de obscurecer um interesse-chave de estudiosos críticos: o que acontece nas margens dos regimes de conhecimento", alerta Seaver (2015). É primordial triangularmos os computólogos com as demais especialidades que envolvem o tema.

Teoria matemática da comunicação ou teoria da informação

É conveniente demarcar alguns campos para um mínimo de compreensão dos contornos complexos, incluindo a teoria da comunicação de base pragmática. Tudo em poucas palavras. A teoria matemática da comunicação é um prenúncio da Ciência da Informação (CI), ou seja, enunciou um conceito científico de "informação", é o que frisa Carlos Alberto Ávila Araújo (2009).

O campo da Ciência da Informação teve forte influência do ensaio *As we may think*, publicado em 1945, de Vannevar Bush (1890-1974), no qual a solução do quesito da explosão informacional é delegada às máquinas, ou seja, a taxa de crescimento do volume de dados ou o que é popularmente conhecido como "explosão da informação" (expressão usada pela primeira vez em 1941, de acordo com o *Oxford English Dictionary*), constatam Isabel Lima Santos e Jefferson Veras Nunes (2012, p. 6 citado por Press, 2013). Além deste, para os autores, a obra *Cybernetics or control and communication* (1948), de Norbert Wiener (1894-1964) – creditado como um dos primeiros a teorizar que todo comportamento inteligente era o resultado de mecanismos de feedback, que poderiam ser simulados por máquinas e foi um passo inicial importante para o desenvolvimento da IA moderna –, seguida de *Mathematical theory of communication,* lançada um ano mais tarde pelo matemático, engenheiro e criptógrafo Claude Shannon (1916--2001) e pelo matemático Warren Weaver (1894-1978), caracterizam o prelúdio do que, tempos depois, seria a Ciência da Informação. Tal disciplina, consoante com a concepção de Harold Borko (1968), "teria como finalidade maior investigar as forças que governam os fluxos de informação" (Santos; Nunes, 2012 citado por Press, 2013).

Há que se registrar que aconteceu em 1946 a criação do ENIAC (*Electronic Numerical Integrator and Computer*): o primeiro computador digital eletrônico de grande escala.

Antes de mais nada, este livro não é sobre teoria. As citações são apenas para introduzir definições de comunicação, como esta de Jorge Pedro Sousa, que ressalta que é preciso notar que "nem toda a comunicação, entendida como troca de mensagens, comporta informação. [...] A partilha de informação necessita de um suporte comunicacional para se efetivar. Isto é, a informação depende da comunicação. Não há informação sem comunicação" (2006, p. 24) e cita Sousa, Gill e Adams:

> A comunicação liga-nos à rede de seres humanos, começando na nossa família imediata e continuando pelos nossos amigos (com a ajuda

dos media), pela sociedade e pelo mundo inteiro. A forma como nos desenvolvemos como indivíduos depende muito do grau de sucesso com que construímos essas redes. A comunicação não é apenas uma troca de informações "duras", mas também a partilha de pensamentos, sentimentos, opiniões e experiências (Gill; Adams, 1998, p. 42, citado por Sousa, 2006).

A teoria matemática da comunicação, também chamada teoria da informação – um modelo esquemático linear de um sistema de comunicações que, por ter origem na engenharia, expressa a procura da Ciência da Informação por "um conhecimento objetivo da informação, manifestado principalmente em pesquisas envolvendo a Recuperação da Informação" (Santos; Nunes, 2012, p. 3). Esses autores ainda complementam que, apesar de a teoria matemática da comunicação buscar compreender a informação de maneira pragmática, tal estudo vem colaborar substancialmente para o entendimento "dos principais paradigmas epistemológicos da Ciência da Informação".

Assim como outros autores buscam a raiz do conceito de informação, oriundo da área das exatas, Bucci (2019) discorre sobre a teoria criada por Shannon (1948) e nota "um detalhe interessantíssimo: o conceito é desvinculado da ideia de 'verdade'. A palavra ganha autonomia teórica para designar um objeto científico formal em altíssimo grau de abstração, tanto que pode ser demonstrado por meio de teoremas, com códigos algébricos" (p. 6). Dessa maneira, a linguagem matemática, típica dos teóricos da informação, influencia outras ciências. Ainda, para o autor, "conceitos diversos de informação passam a influenciar a totalidade das ciências. O evolucionista britânico Richard Dawkins defende, então, que a aventura da vida na Terra nada mais é do que uma 'explosão de informação'" e Bucci lembra a acachapante declaração de Yuval Noah Harari (2016) quando "constata que o dogma contemporâneo é o de que todos os seres vivos são algoritmos". Porém Latour (2005) já explanava em sua teoria ator-rede que os seres humanos dão forma a algoritmos e são, simultaneamente, formados por eles, ou seja, humanos e algoritmos são actantes iguais.

Em adição, nasce o conceito matemático de informação, em meados do século 20.

A teoria matemática da informação de Shannon é um marco como referência ao uso comum da informação com suas dimensões semânticas e pragmáticas, ao mesmo tempo em que redefine o conceito no modelo de engenharia, dizem Rafael Capurro, Birger Hjörland, Ana Maria Pereira Cardoso (2007, p. 149).

Ao abrir o leque teórico, na definição do termo "informação", Capurro, Hjörland e Cardoso (2007) nos fazem ver, à luz de Charles Sanders Peirce (1839-1914), que:

> Estudos de como um termo foi usado não podem, entretanto, nos ajudar a decidir como devemos defini-lo. Quando usamos a linguagem e os termos, realizamos algum tipo de ato, com a intenção de realizar algo. Os diferentes significados dos termos que usamos são ferramentas mais ou menos eficientes para nos ajudar a realizar o que queremos realizar. Desse modo, segundo filósofos pragmáticos como Charles Sanders Peirce (1905), o significado de um termo é determinado não apenas pelo passado, mas também pelo futuro (Capurro; Hjörland; Cardoso, 2007, pp. 151-152).

Como uma nota explicativa, a palavra "informação" possui raízes latinas (*informatio*), esclarecem os autores, e atentam que, antes de explorarmos esse tópico, devemos "examinar sua entrada no *The Oxford English Dictionary* (1989)". Com olhos de ver, consideremos "dois contextos básicos nos quais a informação é usada; a saber, o ato de moldar a mente e o ato de comunicar conhecimento. Essas duas atividades estão, obviamente, intimamente relacionadas" (Capurro; Hjörland; Cardoso, 2007, p. 155). Veja bem o que foi dito: "ato de moldar a mente".

Por sistema de comunicação, Shannon se refere a um sistema do tipo indicado esquematicamente (Fig. 2), o qual consiste essencialmente em cinco partes:

FIGURA 2 – **Diagrama esquemático de um sistema comunicacional genérico**

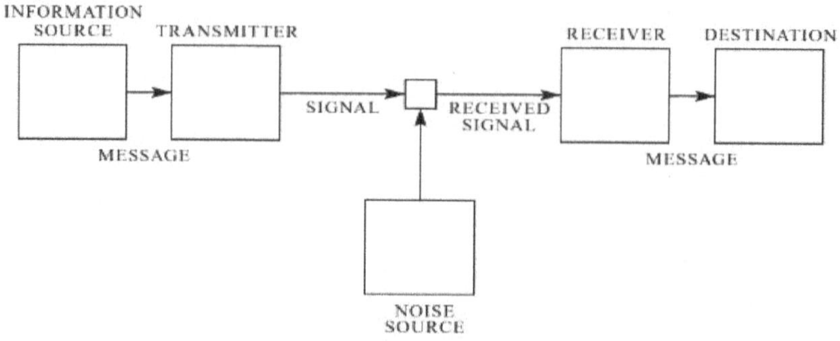

[Diagrama de Shannon: INFORMATION SOURCE → TRANSMITTER → SIGNAL → RECEIVED SIGNAL → RECEIVER → DESTINATION; MESSAGE nas extremidades; NOISE SOURCE influenciando o sinal]

Fonte: (Shannon, 1948, p. 2)

1. Uma fonte de informação que produz uma mensagem ou sequência de mensagens a serem comunicadas ao terminal de recepção. 2. Um transmissor que opera na mensagem de alguma forma para produzir um sinal adequado para transmissão pelo canal. 3. O canal é apenas o meio usado para transmitir o sinal do transmissor ao receptor. 4. O receptor normalmente realiza a operação inversa daquela feita pelo transmissor, reconstruindo a mensagem do sinal. 5. O destino é a pessoa (ou coisa) a quem a mensagem se destina (Shannon, 1948, p. 2).

Parece cheio de noves horas, mas é simples. A teoria matemática da comunicação define os requisitos para a comunicação dos sinais e concebe a redução da entropia como característica imprescindível para o processo de comunicação entre os sistemas (Siqueira, 2012, p. 156).

Entropia na medida da desordem

No entanto, é pertinente entender o que seria uma medida da imprevisibilidade da informação. Santos e Nunes (citados por Press, 2013) trazem explicação de Pelegrini (2009, p. 15) para o que vem a ser entropia dentro dos limites da teoria da informação: "[...] é o conjunto de possibilidades ou, ainda, a variabilidade de eventos e/ou sinais. Assim, a entropia contida em um simples 'cara ou coroa' é relativamente pequena: são dois os estados possíveis. Já em um sorteio de uma letra do alfabeto, a variabilidade é muito maior".

> Na teoria da informação (v.), a partir das obras de Shannon e Wiener, utilizou-se o conceito de entropia para medir a falta de informação sobre os detalhes da natureza de um sistema. Como a entropia é constituída pela equivalência entre as possibilidades de desenvolvimento de um sistema, a informação, ao eliminar algumas dessas possibilidades, é uma entropia negativa. Estabelece-se, assim, a equivalência entre entropia e falta de informação e entre informação e entropia negativa. Mas como, na transmissão de qualquer informação, tem-se uma perda de informação, admite-se que, assim como nos sistemas físicos, a entropia tende a crescer também no campo da informação; por isso, a medida da informação pode ser definida pelo crescimento correspondente da entropia negativa (Abbagnano, 2007, p. 134).

É digno de atenção imbricar (não no sentido de superposição, mas sim de ligação estreita) a Recuperação da Informação – cara à CI – quando Santos e Nunes (2012, p. 7) afirmam que é bem explícita a influência da Teoria Matemática da Comunicação na Recuperação da Informação, "uma vez que a segunda é fortemente influenciada pelo conceito de entropia", em especial no que se refere à precisão e revocação.

Para Shannon (1948), "a pesquisa sobre a natureza matemática da informação tem início com uma pergunta central: Como quantificar a informação? Este problema pareceu-lhe fundamental para a comunicação e processamento de sinais", como consta em Siqueira (2012, pp. 147-148), que adiciona: "A escolha da unidade para tratar e medir a informação recaiu no conceito de entropia física. A entropia quantifica a incerteza envolvida na previsão de um valor para uma variável aleatória".

Inclusive, a entropia é uma das qualidades da informação que, por sua vez, é uma "entidade da ordem da probabilidade", declara Siqueira e ainda acrescenta:

> Tais conceitos, articulados com outros presentes nesta teoria (como os de repertório, estrutura, código, ruído e redundância) dão o tom da problemática geral que a particulariza: como quantificar a informação, para determinar a quantidade ótima, com o grau adequado de redundância, prevendo a interferência do ruído e a capacidade do canal, a ser transferida de um emissor a um receptor (2012, p. 148).

Ao longo de seus trabalhos, Shannon e Weaver reconhecem os diversos níveis e complexidades envolvidos nos problemas relacionados à informação (ou à comunicação da informação) e que envolvem três níveis de problemas, conforme Araújo (2009, p. 193): "O primeiro trata dos problemas técnicos, relativos ao transporte físico da materialidade que compõe a informação (como, por exemplo, o volume do som numa conversa ou a qualidade da impressão em um papel)" e continua: "O segundo nível se refere aos problemas semânticos, isto é, se relaciona com a atribuição de significado". O terceiro nível é o pragmático, relaciona-se com a eficácia. Ao emitir informações para alguém, o desejo do emissor é obter uma resposta do outro, seja de qual modo for, como provocar comportamentos ou causar reações. Por exemplo, "convencer alguém a comprar um produto, eleger um candidato, pedir um favor etc." (p. 3). Produzem uma teoria, contudo, que está voltada apenas para o primeiro nível. Assim, eles tornam possível a construção de um referencial teórico para os problemas relacionados com o transporte físico da informação e é a partir dessa proposição de uma forma "científica" de estudo da informação que se constrói o projeto de uma ciência da informação, arremata Araújo (2009). Shannon e Weaver "descartam a subjetividade como elemento componente da informação, tornando possível uma aproximação dela enquanto um fenômeno objetivo, independente dos sujeitos que com ela se relacionam e, portanto, passível de ser estudada 'cientificamente'" (p. 193).

A informação é definida como uma medida da incerteza – não como aquilo que é informado, mas como aquilo que se poderia informar. Diante de uma pergunta com apenas duas opções de resposta, o grau de informação seria da ordem de 50%. Diante de uma pergunta com mais opções (uma situação com maior grau de incerteza), o valor informativo aumenta. Em situações de alta previsibilidade, o grau informativo é baixíssimo. Tal raciocínio articula diferentes conceitos importados das ciências exatas, tais como o de entropia e o de probabilidade. A informação é uma entidade da ordem da probabilidade, sendo a entropia um de seus atributos (Araújo, 2009, p. 194).

Na CI, a aplicação mais decisiva se dá no campo dos estudos em Recuperação da Informação, enfatiza Araújo (2009, p. 194): "Essa área, que surge na década de 1950 e que chegou a ser entendida, algumas vezes, como sinônimo ou como o núcleo central da CI [Saracevic, 1996], voltou-se prioritariamente para a questão da medição de procedimentos para a recuperação da informação".

É bom sinalizar que, ainda nos anos 1940, um grupo de pesquisadores oriundos de variadas áreas do saber – antropologia, matemática, sociologia, linguística, psiquiatria, entre outras – decide tomar um rumo contrário ao da teoria matemática, criando como alternativa uma teoria da comunicação de base pragmática. Bom lembrar que o Pragmatismo é uma corrente de ideias no qual a validade de uma doutrina é determinada pelo seu bom êxito prático (é especialmente aplicado ao movimento filosófico norte-americano baseado em ideias de Peirce e William James [1842-1910]).

"O pragmaticismo de Peirce é uma teoria do conhecimento baseada na semiótica e na ideia de que os processos sígnicos ocorrem amplamente na natureza e não apenas na esfera humana", assevera Francisco Pimenta em entrevista à Patrícia Fachin (2021). Portanto, conforme refletia Peirce, "nós é que estamos no pensamento, na lógica do universo, e não o pensamento que está em nós" (1877). Essa perspectiva "nos coloca num fluxo lógico que é autônomo em relação ao que pensemos sobre ele e que é regido por uma razoabilidade de caráter ecológico". Ou seja, explica Pimenta, "nossas diretrizes não devem ser grupais ou determinadas por uma certa cultura, e, sim, cada vez mais universais à medida que vamos superando as limitações humanas de percebê-las". Isso favorece "a visão dos fenômenos sociais como processos coletivos nos quais a participação de variadas mentes interpretadoras favorece a aproximação com essa 'razão', ou lógica, do universo" (Pimenta citado por Fachin, 2021).

Luciano Floridi (2019) reflete que, "ao todo, os paradigmas de IA ainda satisfazem a definição clássica" fornecida por John McCarthy, Marvin Minsky, Nathaniel Rochester e Claude Shannon em seu seminal *Proposal for Dartmouth's Summer Research Project in Artificial Intelligence*, o documento fundador e evento posterior que estabeleceu o novo campo da IA em 1955. Na reedição de 2006 (McCarthy et al., 2006, citado por Floridi, 2019), observam que, "Para o presente propósito, considera-se que o problema da inteligência artificial é fazer com que uma máquina se comporte de maneiras que seriam chamadas de inteligentes se um ser humano se comportasse dessa maneira".

A definição clássica permite conceituar IA como um recurso crescente de *agência* interativa, autônoma e frequentemente de autoaprendizagem (no sentido de aprendizado de máquina, que pode lidar com tarefas que de outra forma exigiriam inteligência humana e intervenção para ser executado com sucesso. Isso faz parte do desafio ético apresentado pela IA, porque os agentes artificiais são suficientemente informados, 'inteligentes', autônomos e capazes de realizar ações moralmente relevantes independentemente dos humanos que os criaram (Floridi; Sanders, 2004, citado por Floridi, 2019).

Que baita desafio ético, no entanto, os agentes artificiais precisam tirar de letra tudo que depositam neles.

Espaço cibernético – espaço de controle

O grupo transdisciplinar de pesquisadores, apresentado na seção anterior, não trabalhava a comunicação reduzindo-a a duas ou mais variáveis do ponto de vista linear. Ela era analisada por meio das ciências humanas, considerando os níveis de complexidade e de contextos múltiplos. Eles passam a trabalhar com o modelo circular proposto por Wiener, que cunhou o termo "cibernética" para *avant la lettre* se referir à própria visão de sistemas inteligentes conectivos – uma visão que estava vinculada à pesquisa de operações, estatística, reconhecimento de padrões, teoria da informação e teoria de controle.

> A CI sentirá a influência do sucesso que a Teoria Sistêmica passa a obter nos meios científicos. Originada com Bertalanffy, na década de 1930, tal teoria ganha imensa expressão no campo da CI com a publicação do trabalho de Wiener, em 1948, sobre a cibernética. [...] Enquanto o modelo físico pensava os processos numa lógica essencialmente linear, do transporte de um ponto a outro (e sobre a forma de otimizar esse transporte), a lógica sistêmica privilegia a ideia de ciclo, de circularidade: todo processo sempre representa a saída de alguma entidade, e essa saída vai provocar a formação de novos elementos de entrada – como normalmente expressos nos conceitos de input e output (Araújo, 2009, p. 195).

Ao observar do ponto de vista da Teoria Cibernética (ou Teoria da Informação), a informação é uma medida da incerteza ou entropia num sistema. "A informação é quantificável e lógica" (Littlejohn, 1988, p. 153 citado por Sousa, 2006, p. 25). Sob essa visão, a informação deve poder circular e a sociedade da informação somente pode existir sob a condição de troca sem barreiras. Nesse caso, nem a desinformação poderia ser barrada. O receptor passa a ter um papel tão importante quanto o emissor das mensagens. A situação é muito martelada considerando a emergência da internet, que dá espaço e voz para todos, inclusive aos historicamente sub-representados, e, na rabeira, a frase: todos para todos. Hoje, com a inclusão na linguagem (neutra) em voga: todes para todes.

> A cibernética adota a concepção de que a estrutura da máquina ou organismo é um índice do desempenho que dela se pode esperar. [...] A realimentação é um método de controle de um sistema pela reintrodução, nele, dos resultados de seu desempenho pretérito. Se esses resultados forem usados apenas como dados numéricos para a crítica e regulagem do sistema, teremos a realimentação simples dos técnicos de controle. Se, todavia, a informação que remonta do desempenho for capaz de mudar o método e o padrão geral de desempenho, então teremos um processo a que poderemos denominar aprendizagem (Wiener, 1967).

Então, a partir da cibernética (Ciência da Correção) vislumbrada por Wiener, houve o desdobramento para os fenômenos do ciberespaço (o termo *"cyberspace"* foi cunhado por William Gibson no livro *Neuromancer* [1984]) e da cibercultura. Cabe aqui traçar, em linhas gerais, o sentido desses termos. "A cibernética, para o autor, é o estudo da interação homem-máquina. Diferentes tipos de sistemas comportam-se de modo similar com relação a essa interação, seguindo os princípios de feedback (retroalimentação), controle e comunicação", conforme Lucia Santaella (2016, p. 1). O ciberespaço, formado por pessoas conectadas a computadores em rede, melhor dizendo, na rede das redes ou rede mundial de computadores, implica uma comunicação mediada pelo computador e pela internet, além de tudo que emerge dela: interface, hipertexto, realidade virtual, disputa do real e do virtual, games etc. e, ainda, a possibilidade da comunicação ubíqua e do desenvolvimento da IA (Prado, 2012, p. 34). Podemos afirmar que a infraestrutura da internet é, hoje, indispensável. É para acreditar piamente que não damos mais conta da internet sozinhos. O que não nos desobriga de criticar a IA sempre que houver necessidade e também não tapar os olhos para seus benefícios, claro.

Santaella (2016, p. 1) relata que, ao gênero das novelas de Gibson, se deu o nome "cyberpunk", por volta dos anos de 1980, na época do surgimento (ainda interno) da internet, quando a simbiose entre os seres humanos e as máquinas consistia em mera insinuação – que diferença de hoje, com a IA na vanguarda, em que pensam que as máquinas, pela IA, podem subjugar os humanos. Outra questão levantada, que vem do movimento cyberpunk, e a da ética hacker, com os lemas de que "toda a informação deve ser livre" e "faça você mesmo", aflorando o ativismo e a resistência na rede (Prado, 2012, p. 34).

"O ciberespaço (que também chamei 'rede') é o novo meio de comunicação que surge da interconexão mundial de computadores", alegava Pierre Lévy em 2000 (p. 22). O termo explicita "não apenas a infraestrutura material da comunicação digital, mas também o universo oceânico de informações que ela abriga, assim como os seres humanos que navegam e alimentam esse universo". Lévy continua: "Quanto ao neologismo 'cibercultura', especifica o conjunto de técnicas (materiais e intelectuais) de práticas, de atitudes, de modos de pensamento e de valores que se desenvolvem juntamente com o crescimento do ciberespaço".

Aos olhos de Wiener (1967), "o comportamento dos sistemas poderia ser controlado por meio de feedbacks adequados". Não tardou para que alguns pesquisadores imaginassem o controle da economia e da sociedade de acordo com esse princípio básico. No entanto, esse tipo de tecnologia não estava ainda ao seu alcance (Helbing et al., 2017). Havia muito o que desempacotar. Hoje, não dá para pensar o ciberespaço público informativo desimbricado da economia social, talvez da economia da desinformação.

Insights da teoria crítica da informação e outras teorias lincadas

No campo da Ciência da Informação, a perspectiva marxista é precisamente "a que mais se consolida no âmbito da teoria crítica da informação", conjectura Araújo (2009, p. 5). Na visão dele, os modelos anteriores, principalmente o sistêmico, "de natureza biológica, enfatizavam a estabilidade, a permanência (por meio da definição de leis, do estabelecimento das funções) e a integração (cada parte exercendo seu papel para a manutenção do todo)". Na direção oposta, "a teoria crítica vai enfatizar o conflito, a desigualdade, o embate de interesses em torno da questão da informação – e para tanto, buscará explicar os fenômenos a partir de sua historicidade".

Entrelinhas, o estudo da informação, do ponto de vista dessa teoria, não fica mais atrelado "às condições de eficácia de seu transporte, de suas funções para o equilíbrio social ou dos procedimentos funcionais para seu processamento no âmbito dos sistemas" (Araújo, 2009, p. 6). O autor explica que a informação é entendida, pela teoria crítica, como recurso fundamental para a condição humana e, como tal, a percepção é de uma desigual distribuição entre os atores sociais. Como recurso, a informação é apropriada pelos que garantem para si o acesso, deixando aos demais, a realidade da exclusão.

Assim é que nada foge aos olhos do estudo dessa teoria envolvendo "a questão da democratização da informação, do acesso à informação por parte de grupos e classes excluídos e marginalizados" e ainda, "a criação de formas e sistemas alternativos de informação, e mesmo estudos sobre a contrainformação, como forma de rejeição aos regimes informacionais hegemônicos" (Araújo, 2009, p. 6).

Pelo prisma de Capurro, a informação não seria, então, "o produto último de um processo de representação, nem algo que é transportado de uma pessoa a outra ou mesmo algo específico para uma subjetividade isolada". Ela seria, primordialmente, "uma dimensão fundamental da forma como os seres humanos compartilham o mundo com os outros" (Capurro, 1992 citado por Araújo, 2009, p. 202). A cultura do compartilhamento demonstra, no índice de adesão, uma aceitação explícita e, na esfera eleitoreira, por exemplo, implica em estar de acordo com as bandeiras da política que está sendo retroalimentada na partilha ou um uso provocativo, às vezes irônico, da concorrência ou dos contrários.

Em um universo informativo, a teoria (matemática) do caos demonstra que, por um lado, os modelos nunca podem contemplar todas as variantes dos elementos que interferem em um ato comunicativo porque tudo está inter-relacionado. "Isso seria impossível, exceto para um ser omnisciente. Por outro lado, a mesma teoria demonstra que os modelos não conseguem dar conta de todas as interações estabelecidas entre todos os elementos que interferem no processo de comunicação", esclarece Sousa (2006, p. 77).

Na intenção de ampliar o debate, é crucial a compreensão do primeiro verdadeiro filósofo da informação, Gilbert Simondon (1924-1989) – mais conhecido pela sua filosofia da técnica do que pela sua teoria da individuação, da qual sua reflexão sobre os objetos técnicos é decorrente –, a partir do qual é possível esclarecer o entendimento de levar este estudo a patamares que não dissociam humanos, coisas e máquinas ao escolhermos pontuar algumas reflexões e consequentes considerações, que podem ser utilizadas pelos jornalistas, não jornalistas, softwares automáticos, robôs (com ou sem IA embarcada) etc. (aqui *ipsis litteris*: entre tantas coisas).

Uma das características marcantes da reflexão de Simondon está na importância que ele confere à noção científica de informação, "entidade imaterial que tem propriedades organizacionais, que possui uma estrutura matemática e que reúne a seres vivos em geral, seres humanos em particular e seres artificiais em um mesmo grupo", mas que, para sua total compreensão, "deve ser liberta do esquema hilemórfico [que considera os indivíduos como um encontro entre uma matéria e uma forma], conforme Pablo Rodríguez (2009), citado por Isabel Jungk (2017, p. 13).

Simondon, da mesma maneira que sua tese *A individuação à luz das noções de forma e informação*, de 1958, reabilitou a filosofia da natureza em uma época na qual "a fenomenologia de Merleau-Ponty e o existencialismo de Sartre eram dominantes na França", como observa Jean-Hugue Barthélémy (2012, p. 204, citado por Jungk, 2017). *O modo de existência dos objetos técnicos*, sua tese complementar, defendida e publicada naquele mesmo ano, "reabilitou a técnica em um contexto que era tecnofóbico em grande medida, tecnofobia da qual ainda há muitos resquícios, e à qual Simondon tece uma crítica clara e coerente".

Simondon defende que "o ser técnico, portador de tecnicidade, só pode ser o objeto de um conhecimento adequado se o homem apreende nele o sentido temporal de sua evolução" (Jungk, 2017, p. 105). O tecnólogo aborda os processos de concretização de objetos técnicos, bem como "a natureza do indivíduo técnico que igualmente rompe a dicotomia entre o natural e o artificial". Essa é a base "da perspectiva original de Simondon a respeito do estatuto ontológico dos objetos técnicos e suas inter-relações com os seres humanos".

Teoria ator-rede, seus rastros e dados e a sociologia das associações

A teoria ator-rede (TAR), "como o próprio nome diz, é feita simultaneamente de atores e redes". As autoras Lucia Santaella e Renata Lemos (2010, p. 38) sintetizam: "As atividades dos atores consistem em fazer conexões e alianças com novos elementos de uma rede e, com isso, ser capazes de redefinir e transformar os componentes dessa rede". Os atores-actantes (termo para designar qualquer elemento atuante, seja este humano ou não humano, responsável por algum tipo de transformação no curso de ação dos outros elementos [Holanda, 2014]) na TAR "correspondem a quaisquer espécies de figuras dotadas da habilidade de agir, incluindo pessoas e objetos materiais: inscrições (quaisquer coisas escritas), artefatos técnicos, entidades sob estudo, conceitos, organizações, profissões, dinheiro etc.".

A TAR é uma das teorias que mais se aproxima do que presenciamos nas redes sociais digitais e, consequentemente, no que vem ocorrendo nos últimos anos com a intensa propagação das FN. Pensamos nas redes de atores, e suas conexões e associações híbridas, não exatamente da maneira como Latour e Callon instituíram a TAR, mas sim quando é possível associar humanos (atores ou actantes) a não humanos (dispositivos, aparatos), no intuito de deixar não somente rastros, mas também dados disponibilizados. Isso é o que a similaridade da TAR com o que acontece em uma rede numérica incide e merece detalhamento. Porém, Santaella e Lemos (2010, p. 38) atentam que a exposição de Latour sobre as redes de atores é aparentemente simples: "basta levantar algumas das propriedades das redes e adicionar a elas os atores cujos trabalhos modificam grandemente a rede".

Portanto, ao entrarmos na TAR, é oportuno o que Santaella (2011) deslindou: "Bruno Latour extraiu o conceito de rede da obra *Lê revê d'Alembert* (1769) de Denis Diderot, a qual inclui 27 exemplos da palavra 'rede'. Lembrar essa origem é importante para não se confundir o conceito de rede da TAR com dois outros conceitos de rede, que são comumente usados". São eles, "de um lado, o conceito técnico de rede (eletricidade, trens, internet etc.) e, de outro lado, o conceito utilizado na sociologia das organizações para introduzir a diferença entre organizações, mercados, estados". A autora ainda visa a explicitar as divergências entre as noções comumente aceitas de rede e aquela utilizada por Latour. "Esta implica conceitos-chave, tais como sociologia das associações em oposição às sociologias do social, actante em oposição a ator" e, sobretudo, "em lugar de mero intermediário, o conceito especializado de mediador, que só se faz entender à luz do significado específico que a palavra 'tradução' recebe na TAR" (Santaella citada por Bruno; Santella; Felinto, 2011).

> Enquanto uma superfície tem um dentro e um fora separados por uma borda, redes são só bordas, sem dentro nem fora. Com isso, não temos mais de preencher espaços entre conexões. Redes não têm sombras nem vazios. Tudo é substituído por associações e conexões que a TAR não qualifica como sendo sociais ou naturais ou técnicas, condição que se esclarece quando o conceito de ator-rede entra em cena. É o ator-rede que permite a passagem das propriedades topológicas e estáticas para as ontológicas (Santaella; Lemos, 2010, p. 32).

Em apenas esboços, "Os elementos que formam essa rede, os actantes, exercem uma dupla função: de inscrição e tradução, em que as primeiras são uma espécie de registro na rede e as segundas uma espécie de alteração na rede", discorrem Santaella e Cardoso (2014, p. 749). Assim, o próprio conceito de rede pode ser revisto e entendido como aquilo que emerge das relações de tradução. Se a rede for o resultado da associação, daquilo que se realiza conjuntamente a partir do que deixa rastro, as dimensões tecnológicas e sociais da internet, como um universo de sobreposições de redes, podem ser entendidas não apenas em sua essência interior, mas também, principalmente, em sua manifestação resultante, naquilo que é realizado sistemicamente. Nesses termos, a teoria do ator-rede (TAR), elaborada por Latour e parceiros, aproxima-se muito da própria ideia de rede social. Por isso, é bem ressaltado por Santaella e Lemos (2010, p. 32), que a teoria de Latour é apropriada para estudar as redes sociais, especialmente as digitais.

Latour (2005) consolida: "Algoritmos integram uma rede de actantes. Suas conexões com dados de entrada, com o feedback, com os efeitos de suas próprias decisões e com os demais componentes dos sistemas que os implementam precisam ser considerados", citação lembrada por Sergio Amadeu da Silveira e Tarcizio Roberto da Silva (2020, p. 1).

André Lemos e Leonardo Pastor fazem a ponte da TAR e Gabriel Tarde:

> No âmbito das teorias sociológicas, uma das áreas a desenvolver uma maior compreensão para um social constituído também por não-humanos é aquela vinculada aos estudos de ciência e tecnologia, especialmente nas discussões envolvendo o que se denominou de Teoria Ator-Rede (TAR) ou Sociologia das Associações [...] Buscando uma influência da sociologia de Gabriel Tarde (1890, 2007), a TAR pensa o social não como um conjunto estável ou um domínio especial da realidade, mas um princípio de conexões, como um movimento contínuo de associações, reconhecendo seriamente a agência de não-humanos. Não se trata de uma perspectiva tecnocêntrica, mas de colocar os mediadores que foram extirpados dos processos como intermediários (Lemos; Pastor, 2018, p. 161).

Grande parte das ferramentas em rede é automatizada e a maior parte desta é feita a partir da codificação concebida pelo humano.

É notório que muitas delas, paulatinamente, venham facilitando as tarefas dos humanos – sistemas de auto-organização, análise dinâmica preditiva, reconhecimento de padrões etc. –, tanto que muitos já não trabalham sem esses recursos.

Máquinas algorítmicas na era dos vazamentos e da datificação

Light (1999), citado por Tarleton Gillespie (2014), nos faz pensar que os computadores são fundamentalmente máquinas algorítmicas – projetadas para armazenar e ler dados, aplicar procedimentos matemáticos de forma controlada e oferecer novas informações como resultado. "Porém tratam-se de procedimentos que poderiam ser feitos manualmente – e, de fato, eram feitos" (Gillespie, 2014). Quem melhor demarcou esse campo foi Edward Snowden ao tornar público que os Estados Unidos espionam os dados. Com olhos treinados, Snowden foi o autor de um dos maiores vazamentos de segredos de Estado da história, desde que, em 2013, tornou público o programa de vigilância maciça em escala mundial da CIA e da Agência de Segurança Nacional norte-americana (Aust; Krüger; Scholz, 2019).

Vivemos em um *panspectron* na qual "as informações são coletadas de forma abrangente – sobre tudo e todos –, de forma indireta e constante, no qual o sujeito alvo da vigilância é conhecido por meio de padrões e identificado por um processo de lógica inferencial aplicado a grandes volumes de dados (big data)" (González de Gómez, 2015 citado por Regina de Barros Cianconi; Yuri Monnerat Lotti, 2016). Digamos, padrões repetitivos para cotejar probabilidades.

Nesse pool de dados capturados sistematicamente, denominado dataísmo por Johanna F. T. M. Jose Van Dijck (2014), ela elucubra que se os arquivos (vazados) de Snowden nos ensinaram algo, "é provável que as instituições que coletam e processam Big Data não sejam organizadas separadamente das agências que têm o mandato político para regulá-los". Os três aparatos – corporativo, acadêmico e estatal – estão, conforme a autora, "altamente empenhados em obter acesso irrestrito aos metadados, bem como na aceitação do público da dataficação como um paradigma líder".

Dataficação não é apenas a produção de informações, o que, em certo sentido, os seres humanos têm feito desde a criação dos símbolos e da escrita, relembram Ulisses A. Mejias e Nick Couldry (2019). Em vez disso, "a dataficação é um fenômeno contemporâneo que se refere à quantificação da vida humana por meio da informação digital, muitas vezes por valor econômico. Este processo tem grandes consequências sociais". Disciplinas como "economia política, estudos de dados críticos, estudos de software, teoria jurídica e, mais recentemente, teoria decolonial, consideraram importantes aspectos diferentes dessas consequências". Eles arrematam que "fundamental para todas essas abordagens é a análise da interseção de poder e conhecimento".

> A transformação de qualquer classe de grupos em públicos explica-se por uma necessidade crescente de sociabilidade, que torna necessário que os associados se disponham em comunicação regular mediante uma corrente contínua de informações e excitações [reações discursivas] comuns. Esta transformação é, por conseguinte inevitável (Tarde, 1993, p. 56).

As críticas – especificamente marxistas – à produção de dados "analisaram principalmente a dinâmica de poder inerente à dataficação, concentrando-se em uma interpretação tradicional das relações de trabalho, olhando para o 'trabalho' que os usuários realizam ao interagir com a mídia digital e gerar dados" (Fuchs; Mosco, 2017 citado por Mejias; Couldry, 2019). Fora da tradição marxista, "críticas semelhantes ao trabalho digital e à produção de dados surgiram (cf. Scholz, 2016)", enquanto Shoshana Zuboff ([2015] 2019) "avançou a tese de que a coleta em grande escala de dados pessoais por corporações representa uma forma aberrante de capitalismo".

Comum a essas abordagens é que, como um processo social, a dataficação está ligada à geração de lucro – seja por meio da venda de dados como uma mercadoria ou da incorporação de dados como um fator de produção, conforme Jathan Sadowski (2019) –, no entanto, trabalhos recentes críticos à dataficação ultrapassam a ideia de trabalho. Uma abordagem é considerar a forma econômica constituída pelas plataformas por meio das quais tantos dados são gerados e coletados.

"As plataformas representam muito mais do que um rótulo comercial para interfaces de computação", como Gillespie observou pela primeira vez em 2010. Na época, ninguém falava nada sobre plataformização, replataformar, deplataformar.

> Eles são um novo tipo fundamental de mercado multifacetado focado em dataficação, um mercado que reúne usuários de plataforma que geram dados, compradores de dados (anunciantes e corretores de dados) e provedores de serviços de plataforma que se beneficiam do lançamento, venda e uso interno de dados (Rieder; Sire, 2014; Cohen, 2018 citado por Mejias; Coldry, 2019).

Mejias e Couldry (2019) citam Sadowski para trazer outra abordagem que interpreta a dataficação por meio de uma releitura de Marx para argumentar que "a característica mais fundamental da dataficação não é o trabalho, mas a força de abstração da mercadoria, ou seja, a própria *possibilidade* de transformar processos de vida em 'coisas' com valor por meio da abstração". Essa interpretação "enquadra a dataficação como um processo social configurado em torno de novas relações ('relações de dados') destinadas a otimizar a geração de dados da vida social (compare com Zuboff, [2015] 2019)" (Mejias; Couldry, 2019).

Cientistas, agências governamentais e corporações, corrobora Van Dijck, "cada um por razões diferentes, têm interesse em relacionamentos com dados arquivados e no desenvolvimento de métodos que permitem a previsão, bem como a manipulação do comportamento" (2014, p. 203).

De maneira similar, por trás de muitas outras técnicas das mídias digitais há um algoritmo que, antes da computação, era executado manualmente, relembra Lev Manovich (2005). O que ele quer dizer com "manualmente" é que um humano teve de percorrer sistematicamente todos os passos de um algoritmo, mesmo que sendo assistido por algumas ferramentas de fazer imagens.

Algoritmo nas plataformas e plataformas algorítmicas

Dentro das plataformas de redes sociais, as tecnologias dos algoritmos de IA são a base do modelo de negócio. A inteligência matemática própria dos algoritmos

> pode otimizar buscas na internet e fazer recomendações personalizadas de acordo com nosso perfil, definir e mostrar anúncios nas páginas que visitamos [...] Além de direcionar anúncios, algumas plataformas direcionam também os conteúdos que serão exibidos de forma prioritária. Podem ser desde resultados de busca, até notícias compartilhadas por contatos nas redes sociais (CGI, 2018, p. 21).

Com isso, quando o algoritmo inclui e exclui dados, o que é oposto e incômodo é afastado em uma típica ação de tentativa de modulação de comportamento dos usuários tropistas.

Um método de direcionamento potencialmente antiético é algo chamado de "direcionamento com base em eventos de vida. O usuário pode ser direcionado não apenas com base em seu comportamento, mas também com base no comportamento e nas ações de seus amigos", expõem Vladan Joler e Andrej Petrovski (2016). Assim, por exemplo, "o usuário pode ser alvo de publicidade se as pessoas em sua rede social estiverem engajadas em determinados tópicos. Este é um grande exemplo do poder da análise de gráfico social".

De uma perspectiva democrática, as plataformas reguladas por algoritmos nos fazem colocar questões importantes, enfatiza Jakob Lina Jensen (2020). "Ao seduzir dispositivos e serviços, eles persuadem as pessoas a participar e consumir nas plataformas que montam, dentro das regras e frames definidos pelas arquiteturas e algoritmos dos serviços digitais".

> Ainda mais impressionante, por plataformas de networking e participação, as corporações agora assumem agendas políticas geralmente pertencentes aos domínios jurídico e discursivo dos estados-nação, à medida que plataformas como Facebook, Twitter e Reddit se tornaram espaços importantes para a realização de discursos políticos. As corporações não são regidas por constituições, garantindo direitos civis como liberdade de expressão, proteção contra assédio e a opção de tratamento justo pelos tribunais se algo der errado. Eles são, na verdade, exatamente da forma oposta, existindo menos para as partes interessadas do que para os acionistas. Embora cada vez mais se estendam ao domínio político, as plataformas dependem dos interesses de seus proprietários – que são, no final das contas, apenas sobre receitas – e da inteligência de seus programadores (Jensen, 2020).

Importante deixar claro que a informação não só reduz a incerteza num sistema, mas também altera o sistema. "As mensagens têm impacto sobre o receptor. A comunicação resulta em mudança, pois nada permanece igual. A persuasão é o processo de induzir mudanças através da comunicação" (Littlejohn, 1978, pp. 162-201 citado por Sousa, 2006, p. 26). Quando comunicamos intencionalmente para influenciar, lembra Sousa, "entramos no domínio da comunicação persuasiva, a que se recorre, por exemplo, na publicidade e propaganda, mas também na comunicação interpessoal". O autor completa que quando informar é o objetivo principal, "circunscrevemo-nos ao domínio da comunicação informativa, normalmente patente no jornalismo, por exemplo, mas também quando pedimos informação a alguém, no âmbito da comunicação interpessoal".

No calor dos acontecimentos, Common e Nielsen (2021) alertam que "existe um risco real de que os sistemas técnicos e comerciais administrados por algumas dessas empresas [plataformas] possam exacerbar alguns problemas de desinformação". O fenômeno ocorre "devido à forma como incentivam os atores (sejam políticos, com fins lucrativos ou com outras motivações) por meio de decisões de classificação e do fluxo de atenção, receitas de publicidade e outros recursos valiosos e assustadores". Sabemos que não devemos simplesmente malfadar essa situação, porém tal atitude é inviável quando se tem noção de como funciona a arquitetura desinformativa na governança algorítmica dentro das plataformas, que seguem e são alimentadas pelo nosso comportamento.

Algoritmo de recomendação

Um dos primeiros algoritmos a ficar mais conhecido do grande público foi o de recomendação. Partiu, principalmente, das recomendações da Amazon (fundada em 1994 por Jeff Bezos), quando comprávamos (inicialmente) livros. Achávamos impressionantes aquelas sugestões do que poderíamos também gostar a partir da compra anterior. Não valia se estivéssemos comprando para presentear alguém cujo gosto não batia com o nosso. Isso acontecia igualmente com os programas que simulavam "rádios", como Pandora, *Musicovery*, *LastFM* (para citar os primeiros mais acessados), ao sugerirem as músicas conforme o que era favoritado ou banido, desde que permitíssemos o *scroll* na máquina que usávamos. Nem sempre dava certo, caso a audição fosse para fins profissionais ou no caso de precisar ouvir músicas que não eram de nossa preferência. Quando isso ocorria, parecia que dava um nó na cabeça dos duendes que moravam no nosso computador. Até hoje, os esquemas de recomendação não são completamente precisos, mesmo não sendo usados por mais de uma pessoa na mesma máquina.

A esse respeito, atentem ao registro "Item de filtragem colaborativa (1998): Amazon inventa e começa a usar um algoritmo de recomendação que calcula a similaridade entre os objetos (como livros) com base nas classificações das pessoas desses objetos" (Sarwar 2001, pp. 285-295 citado por Manovich, 2018b).

Gillespie (2014) torna claro que os algoritmos de recomendação mapeiam preferências "em relação a outros usuários, trazendo ao nosso encontro sugestões de fragmentos novos ou esquecidos da cultura. Eles gerenciam as nossas interações em sites de redes sociais, destacando as novidades de um amigo enquanto excluem as novidades de outro".

Seaver (2019) considera os sistemas de recomendação como armadilhas. Ele mapeou a ascensão das "métricas de cativação" – medidas de retenção de usuários – possibilitadas "por um conjunto de transformações nos contextos epistêmico, econômico e técnico dos recomendadores. As armadilhas são úteis para pensar sobre como esses sistemas se relacionam com ecologias de infraestrutura mais amplas de conhecimento e tecnologia".

De outro lado, alguns dos avanços, embora não visíveis para o público em geral, Jordan (2018) elenca: "a pesquisa e a construção de sistemas em áreas como recuperação de documentos, classificação de textos, detecção de fraudes, sistemas de recomendação, busca personalizada, análise de redes sociais" e ainda "planejamento, diagnósticos e testes A/B de comparação têm sido exitosas – são os avanços que alimentam empresas como Google, Netflix, Facebook e Amazon".

"Com sua capacidade de arregimentar dados que permitem atualizações em um programa de marketing na web, o Google sustenta um estilo de marketing no qual os recursos e o orçamento de propaganda podem ser constantemente monitorados e otimizados" (Kotler; Keller, 2012, p. 29).

> Na realidade, já estava claro no início dos anos 1990 que o AM [aprendizado de máquina] adquiriria maciça relevância industrial, e, na virada do século, as empresas com visão de futuro tais como a Amazon já estavam usando AM em todos os seus negócios, resolvendo problemas de suporte (críticos para a missão), para detecção de fraude e previsão da cadeia de suprimento e construindo serviços inovadores voltados para os consumidores, tais como sistemas de recomendação (Jordan, 2018).

De início, achávamos que era um (bom) serviço. Apenas. "Frequentemente, as recomendações que recebemos se encaixam tão bem que as decisões resultantes parecem como se fossem nossas, embora na verdade não sejam nossas decisões", previnem Helbing et al. (2017). "Na verdade, estamos sendo controlados remotamente com cada vez mais sucesso dessa maneira. Quanto mais se sabe sobre nós".

Em relação à vida cívica, com as distorções das eleições (ponto focal deste estudo) pela desinformação, no uso de artifícios para descredibilizar a concorrência, trazemos Helbing et al. (2017), que alertam sobre o problema, quando dizem que "faltam transparência adequada e controle democrático: a erosão do sistema por dentro". Os teóricos defendem que os algoritmos de pesquisa e os sistemas de recomendação podem ser influenciados e as empresas conseguem fazer lances em certas combinações de palavras para obter resultados mais favoráveis. "Os governos provavelmente são capazes de influenciar os resultados também". Apesar de sabermos que o eleitor acredita no que quiser, "durante as eleições, eles podem estimular eleitores indecisos a apoiá-los – uma manipulação que seria difícil de detectar. Portanto, quem quer que controle esta tecnologia pode ganhar eleições – empurrando-se para o poder". Tira-se proveito eleitoral quem está antenado com esse tipo de tática de campanha.

Uma semana após o resultado amplamente inesperado das eleições presidenciais dos EUA em 2016, o editor de mídia do BuzzFeed, Craig Silverman, mostrou uma série de histórias "explicando a forma como as notícias enganosas se espalharam pelas mídias sociais durante o ciclo eleitoral, principalmente no Facebook", contam Emily Bell e Taylor Owen (2017, p. 7). O relatório de Silverman demonstrou que, nos meses que antecederam as eleições de 2016, "o número de likes e compartilhamentos de posts de sites como *Freedom Daily*, em que quase metade do conteúdo é falso ou enganador, foi em média quase 19 vezes maior do que para postagens de uma fonte de notícias *mainstream* como CNN".

De forma axiomática, antes do protagonismo das plataformas de redes sociais, a imprensa analógica (jornais, rádios e TVs) dominava o que era informado, com a triagem no modo *gatekeeper*, as informações sobre as eleições, candidatos, suas bandeiras, atuação dos partidos, ou seja, tudo que era envolvido no ato de eleger. A imprensa agia como uma cancela, escolhendo o que achava melhor informar. Sempre, ontem e hoje, por interesses mercadológicos.

Algoritmo de personalização em buscas

Éramos felizes e não sabíamos. Escrever com liberdade, escolher palavras, títulos, chapéus etc. era uma tarefa fluida. Com o advento dos motores de busca, para ganharmos visibilidade, foi preciso paulatinamente mudar nossa escrita. Utilizar obrigatoriamente as regras de SEO é o menor dos males, no entanto.

"Usar algoritmos em sites não é uma novidade. Eles ganharam fama em 1996, quando Sergey Brin e Larry Page, cofundadores do Google, escreveram um código para exibir primeiro as páginas da internet mais relevantes para uma determinada pesquisa", relembram Mans e Capelas (2016) e complementam: "Sites com menor importância e menos links ficavam no fim da lista. A tecnologia – que atualmente leva em conta dezenas de outros fatores – deu origem ao maior buscador de sites da internet". Afinal, a internet cosmopoliza nossa faculdade intelectiva.

"Três e meio bilhões de pesquisas realizadas por dia tornam o Google a metáfora do nosso cérebro" (Galloway, 2020, p. 171). "São os googleistas", como Santaella costuma chamar pesquisadores que ficam apenas transfixados no Google. Sobre o poder da IA em detrimento da ética, é um assunto cabuloso, mesmo sabendo que a ética no domínio da IA está em difusão progressiva.

Nick Bostrom (2014) afirma que o mecanismo de busca do Google é, provavelmente, o maior sistema de IA já criado. No entanto, é importante sempre ressaltar se os dados são cientificamente confiáveis. Se o sistema de interpretação da IA está funcionando de forma precisa.

Obviamente, tanto o esquema de busca quanto seu motor mais conhecido, o Google, voltam a pontuar diversos tópicos desta pesquisa. Mecanismo de busca mais usado no mundo, desde 2008, o Google "trabalha com algoritmos de personalização programados para identificar os grupos nos quais a pessoa está inserida e adequar a eles o resultado de suas buscas", define Eli Pariser (2012 citado por Barcellos et al., 2017, p. 8).

Além dos grupos aos quais pertence, outros fatores são considerados pelos algoritmos de personalização, como o idioma do pesquisador, localização e pesquisas anteriores, apenas para citar alguns, formando uma intrincada rede que o conecta com outros mecanismos cuja finalidade primordial pode não ser a mesma, mas que o ajudam a refinar a pesquisa (Pariser, 2012 citado por Barcellos et al., 2017, p. 8).

Estamos carecas de saber que o conteúdo da linha do tempo das redes sociais é selecionado e ordenado por algoritmos de personalização, assim, por árvores de classificação, *tagueamento* de menções consistentes determinado conteúdo é amplificado por algoritmos enquanto outros são reduzidos em visibilidade.

O PageRank™ é um algoritmo utilizado pela ferramenta de busca Google para posicionar sites entre os resultados de suas buscas. [...] Não é o único algoritmo utilizado pelo Google para classificar páginas da internet, mas foi o primeiro utilizado pela companhia. [...] Na construção da métrica do PageRank, a web é vista como uma rede de citações, cada nó corresponde a uma página e cada ligação corresponde a uma referência de uma página para outra (hiperligação). Do ponto de vista da teoria das redes, PageRank é uma métrica de centralidade. Essa métrica tira partido da estrutura de hiperligações na web para produzir o valor para cada página da rede. Uma hiperligação a uma página conta como um "voto" de suporte. [...] No final das contas, o sistema PageRank é usado pelo motor de busca Google para ajudar a determinar a relevância ou importância de uma página (Wikipedia [Page Rank], s.d.).

PageRank, 1996: A ideia foi proposta anteriormente e pode ser rastreada até o trabalho de Eugene Garfield, o fundador da bibliometria e cientometria na década de 1950. (Embora *PageRank* não seja o algoritmo-chave na análise de dados, teve um efeito fundamental sobre como as pessoas interagem com a informação e conteúdo cultural online) (Manovich, 2018b, p. 22).

No Facebook o esquema é parecido:

> Objetos de segmentação para usuários com base em resultados de pesquisa em um sistema online. Esse algoritmo usa a consulta inserida pelos usuários na caixa de pesquisa do Facebook. O objetivo desse algoritmo é servir ao usuário com anúncios que correspondem à sua consulta de pesquisa. À medida que o uso insere a consulta na caixa de pesquisa, os resultados correspondentes à consulta são compilados, enquanto o algoritmo tenta reconhecer nós estruturados na consulta e nos resultados. Então, ele recupera anúncios que correspondem ao nó estruturado reconhecido e, ao mesmo tempo, recupera informações sobre o usuário. Depois de combinar os anúncios com as informações do usuário, ou seja, os atributos, ele determina quais anúncios devem ser exibidos com os resultados da consulta (Joler; Petrovski, 2016).

As informações de gerenciamento da empresa Google "adotam algoritmos de *gatekeeping* – conjuntos de fórmula que traduz as políticas da empresa em instruções para o computador selecionar notícias para os leitores da página de notícias da web news.google.com", asseveram Pamela J. Shoemaker e Tim P. Vos (2011, pp. 74-75) e complementam que a seleção do Google Notícias é apresentada "como notícia atual para seus muitos leitores, e pode parecer que os guardiões humanos não têm autonomia. Enquanto isso, os algoritmos são o produto de muitas decisões do nível gerencial para os programadores".

No alto das sociedades mediadas em enredamentos redirecionados, Ivana Bentes (em entrevista a Eduardo Nunomura, 2014) resume satisfatoriamente quando afirma que o jornalista não é mais o mediador privilegiado, "o '*gatekeeper*', o guardião do que é ou não é notícia, do que é ou não noticiável". A pesquisadora ressalta que as corporações de mídia e o jornalismo "nunca foram tão questionados e buscam manter de pé uma mística da excepcionalidade da atividade jornalística". Bentes frisa que: "com ou sem formação especializada, a mídia somos nós. O que não acaba com a necessidade de formação e seus critérios de noticiabilidade, mas a estende para toda a sociedade" e arremata "o jornalismo é importante demais para ficar na mão de corporações, cartórios e especialistas". Há de se concordar em gênero, número e grau.

Algoritmo indecifrável

Há quem diga que não podemos entender os algoritmos sem entrar em seus códigos. Mas, convenhamos, só se for por uma ação investigativa sobre a intenção determinada aos programadores, que, cá entre nós, imprimem suas almas nas programações. Eles recebem as coordenadas de como criar um software, mas, é um determinado programador quem o faz. Eles sabem exatamente quando é ético ou não, mas seguem ordens. Então, no fundo, o que precisamos saber é quem está determinando e o quê. Não faz tanta diferença decifrarmos o código-fonte, como mencionamos antes, já que não vamos crakear e apagar ou hackear e mudar para melhor. Não é nosso propósito. Assim, de nada adianta repetir a ladainha de que são opacos, impenetráveis e que são códigos de software proprietários (privados, ou seja, não livres), por exemplo, e com o perdão do truísmo, são proprietários e sabemos disso de antemão. Ter uma visão mais abrangente do estrago que os algoritmos fazem, por que fazem e a mando de quem, já é meio caminho andado. De qualquer forma, é bom ouvir os estudiosos do assunto.

Pasquale demonstrou que tal processo informacional se realiza de modo opaco, como atualmente sabemos de cor e salteado. Trata-se da tal caixa-preta citada anteriormente e que voltará ao longo destas páginas, tamanha é a curiosidade sobre a qual nada se conhece. "A opacidade dos sistemas algorítmicos é defendida como indispensável para proteger os segredos de negócios, a propriedade intelectual dos códigos e evitar que os usuários possam anular a finalidade dos sistemas" (2015 citado por Silveira; Silva, 2020, p. 2).

Uma visão de outro par de olhos vem de Lucas Introna, defendendo que, mesmo que tivéssemos acesso ao código-fonte de um software ou ao texto do algoritmo, seria "improvável ou demasiadamente complexa" a análise das milhares de linhas que definem sua operação. Essa característica do que é inescrutável, indecifrável, agrava-se com algoritmos genéticos e de aprendizado de máquina, uma vez que estes evoluem e se alteram cada vez que são expostos a um conjunto maior de dados (2016, p. 25).

"A memória é um armazenamento de informações". Vilém Flusser (1999) já dizia que os seres humanos passam para as gerações futuras não apenas informações genéticas, "mas também adquiridas. A capacidade de transmitir memórias culturais às gerações futuras é o que torna os humanos únicos. Atualmente, as memórias eletrônicas remodelam nossa memória cultural".

A capacidade de entender o que está inscrito em tais algoritmos, quais são as consequências de sua execução e qual é a agência deixada para o mundo dos vivos torna-se crucial, acredita William Uricchio (2017) citado por Sivaldo Pereira da Silva (2017). No entanto, "há uma falta de literatura interdisciplinar e baseada na prática. Os valores reais conectados ao algoritmo não são a questão central que o define e sim o passo a passo que rege o processamento desses valores" (Id., p. 126). Uma coisa temos que reconhecer: "Os algoritmos não são mecanismos puramente manipuladores dos nossos pensamentos e vontades. Na verdade, influenciam (não necessariamente determinam) a forma como procedemos e o tipo de informações que consumimos".

> Ou, visto de outro modo, reforçam aquilo que Walter Lippmann (2008 [1922]) chamou ainda na década de 1920 de "pseudoambiente", quando se referia aos meios de comunicação de massa e sua capacidade de estabelecer esquemas mentais de compreensão do mundo, tendo como premissa o fato de que nós não reagimos ao mundo, mas à percepção

que temos do mundo (uma percepção quase sempre mediada). Assim como os meios de comunicação anteriores – como a TV e o rádio – não foram capazes de determinar nossas vidas, tal como apontavam as antigas teorias behavioristas [...] mas foram capazes de influenciar a forma como nos relacionamos ao nos impor temas sobre os quais tendemos a pensar e concentrar atenção [...], os algoritmos também passaram a exercer tais funções. Não de forma substitutiva, mas de modo concomitante às outras formas de comunicação, porém, atravessando-as (Uricchio, 2017, p. 34 citado por Silva, 2017).

Uriccchio (2017) demonstra uma das características patentes de sociedades pós-verdadeiras surgidas no quebra-cabeça da nossa época. Conforme o modo de olhar de Manuel DeLanda (2012), os algoritmos "são receitas mecânicas para o desempenho de tarefas como classificação ou pesquisa e são indispensáveis porque os computadores não têm o discernimento necessário para usar procedimentos em que cada etapa não seja especificada de forma inequívoca".

Os algoritmos de busca, em particular, são altamente valorizados na ciência da computação porque muitas operações de rotina em computadores pessoais envolvem procurar e encontrar algo: um documento, um aplicativo, uma página da web [...]. Porém, o mais importante é que os algoritmos de pesquisa importam porque muitas técnicas de solução de problemas podem ser modeladas como uma pesquisa: um espaço de soluções possíveis para um problema é construído e uma receita mecânica é criada para explorá-lo. Se o espaço de soluções possíveis incluir uma única solução melhor, o processo é chamado de "otimização", um termo familiar aos engenheiros (DeLanda, 2012).

Mas o espaço de busca não precisa ser estruturado de uma forma tão simples,

portanto, sua exploração pode exigir um tipo de algoritmo mais flexível. Embora os cientistas da computação não sejam normalmente atraídos para a biologia em busca de inspiração, aqueles preocupados com o design de algoritmos de pesquisa são a razão é que os organismos biológicos podem ser vistos como soluções para os problemas colocados pelo meio ambiente: pelo clima ou topografia, por espécies predatórias ou parasitas. Em outras palavras, adaptar-se a um ambiente particular envolve encontrar as mudanças apropriadas (na anatomia, no comportamento) para lidar com os desafios que ele apresenta. Embora se possa dizer que organismos individuais enfrentam desafios ao longo de suas vidas, os biólogos evolucionistas estão tipicamente mais interessados em adaptações de longo prazo, isto é, em soluções para problemas ambientais encontrados por uma determinada espécie ao longo de muitas gerações. Na década de 1960, o cientista da computação John Holland viu a evolução como um processo que envolvia a busca de soluções e abstraiu suas características básicas dos detalhes de sua implementação biológica. Ou, como ele disse, sua tarefa era "retirar os planos reprodutivos do contexto genético específico" (DeLanda, 2012).

O resultado foi um novo tipo de algoritmo de busca, o algoritmo genético, explica DeLanda (2012), o qual diferia dos procedimentos mais antigos no sentido de que o espaço das soluções não era explorado diretamente. Em vez disso, a pesquisa "foi conduzida em um espaço que codificou para essas soluções".

Algoritmo genético

O algoritmo genético é uma técnica de busca que pertence à área denominada computação evolutiva, conforme Mitchell (1997 citado por Roberto G. Moori; Herbert Kimura; Oscar K. Asakura, 2010, p. 176). Esta área estuda as técnicas de busca "inspiradas na reprodução dos seres vivos e, principalmente, na teoria evolucionista de Darwin. Desta forma, a partir de modelos baseados em genética, consegue-se resolver problemas econômicos".

Destaca-se que a fundamentação da economia a partir de uma abordagem evolucionária já era, por exemplo, citada por Marshall (1948) em sua obra *Principles of Economics* e, mais recentemente, estudada por Nelson e Winter (1982). De acordo com Nelson (1994), assim como um organismo em evolução biológica, a empresa poderia ser considerada como portadora e uma solução candidata para um dado problema (Moori; Kimura; Asakura, 2010, p. 176).

Ressalta-se, ainda, que é difícil aceitar que "o algoritmo genético é uma técnica conceitualmente simples, cujas exigências para a sua aplicação são o conhecimento da função objetiva e o espaço de busca das possíveis soluções para o problema" (Moori; Kimura; Asakura, 2010, p. 176). Os autores complementam:

> O algoritmo genético é um método de busca eficiente que prescinde de fórmulas matemáticas complexas para a utilização de seus operadores. Para aqueles que vivem nos EUA, há algoritmos que os classificam como cidadãos solventes ou não em função das probabilidades de que devolvam um empréstimo, calculadas com base em seu histórico de crédito, nível de renda e outros dados. Sua pontuação determinará a taxa de juros que os bancos lhes oferecerão, o que no caso de uma hipoteca pode significar milhares de dólares de diferença ao ano. Isso pode afetar até mesmo suas oportunidades de trabalho, porque há empresas que não confiam em quem tem dívidas (Moori; Kimura; Asakura, 2010, p. 190).

"Isso reflete o fato de que, na biologia, enfrentamos uma dupla realidade, a dos traços corporais dos organismos (o fenótipo) e a de um procedimento codificado para gerar esses traços (o genótipo)" (DeLanda, 2012). "Como o processo de produção de um organismo pode ser codificado em genes, o processo pode ser repetido a cada geração, uma repetição que é crucial para dotar toda a espécie da capacidade de encontrar soluções".

Outra diferença significativa é que, enquanto outros algoritmos de busca podem olhar para uma solução por vez, comparando-a com soluções mais antigas e adotando-a se for melhor, as buscas evolutivas podem olhar simultaneamente para muitas soluções, uma para cada membro da população. Isso captura o insight de que, em biologia, a repetição do processo que gera os organismos sempre inclui diferenças, diferenças que são distribuídas por uma população tornando cada membro uma solução ligeiramente diferente. Quando aplicado a algoritmos, isso implica que as pesquisas evolutivas são conduzidas não em série, uma solução por vez, mas em paralelo à medida que toda a população se move pelo espaço de pesquisa como uma nuvem (DeLanda, 2012).

Por fim, reforça DeLanda (2012): "Enquanto as diferenças genéticas são geradas por processos aleatórios (mutação, recombinação sexual), o ambiente seleciona apenas aqueles que aumentam o grau em que a solução se ajusta ao problema, dando ao processo de busca uma certa direcionalidade". O algoritmo que infere renda familiar, mapeia um usuário em uma faixa de renda específica.

Isso é feito através da análise das informações que o usuário fornece, ou seja, posições de trabalho atuais e anteriores, instituição de ensino atual e anterior que frequentou, eventos da vida, relações familiares e estado civil. No entanto, como os usuários têm a capacidade de fornecer informações falsas ao Facebook, esse algoritmo analisa ainda mais o comportamento dos usuários, os sites que eles visitam, as compras que fazem online etc. O algoritmo usa diferentes técnicas para mapear o usuário em um suporte específico, incluindo análise de imagem para reconhecer marcas que o usuário usa nas fotos que carrega, com que frequência usa nomes de marcas em postagens e pesquisas etc. Essas informações são então usadas para permitir que os anunciantes segmentem mais facilmente seu grupo-alvo apropriado por receita (Joler; Petrovski, 2016).

Gillespie cunha a hipótese de que, "mais do que meras ferramentas, os algoritmos também são estabilizadores da confiança, garantias práticas e simbólicas de que suas avaliações são justas e precisas, livres de subjetividade, erro ou tentativas de influência" (2018, p. 106).

Em contraste, "à medida que a influência dos sistemas algorítmicos cresceu, os críticos passaram a apreciar que os algoritmos não são forças técnicas autônomas, mas sistemas sociotécnicos heterogêneos", advoga Seaver (2021). Para o pesquisador as pessoas que constroem e mantêm essas infraestruturas "desempenham papéis essenciais em seu funcionamento: nos ciclos apertados e contínuos do desenvolvimento de software contemporâneo, o pensamento dos desenvolvedores molda como os dados conduzem as organizações 'orientadas por dados'".

A questão da transparência (e a falta dela) percorre todo este estudo. "Os modelos sofisticados que decidem a qualificação de crédito das pessoas não são transparentes. Essa ferramenta é decisiva demais no sucesso ou fracasso das pessoas para que funcione envolta em segredo", afirma Pasquale a Manuel Pascual em reportagem do *El País* (2019). Em seu livro de 2015, citado anteriormente, o autor analisa a opacidade dos algoritmos que mais afetam nossa vida e nossos olhos curiosos.

> As informações vazadas por Edward Snowden demonstraram que a Agência de Segurança Nacional dos EUA usa dados de empresas como Google e Facebook para vigiar os cidadãos. E essas empresas, que desfrutam de uma posição quase monopolista no mercado, sabem quase tudo sobre nós (Pasquale, 2019 citado por Pascual, 2019).

Poderíamos dizer que sabem praticamente tudo sobre nós, ou até mais por treinarem saber preditivamente a respeito de nossos desejos. Esses são desafios éticos para entrar em interpretabilidade e, consequentemente, em discussão de modo contínuo.

Algoritmo preditivo

Ao lembramos que as plataformas de redes sociais, como plataformas de dados, são grandes centros de pesquisa e de personalização e, por isso, direcionam informações para audiências específicas, faz parte de ações *per fas et per nefas*. Entendemos que "um programa de computador é essencialmente um algoritmo que informa os passos específicos e em que ordem eles devem ser executados para se chegar a um determinado resultado" (CGI, 2018, p. 21). Um algoritmo preditivo, por sua vez, "inclui funções matemáticas que, aplicadas a uma massa de dados – nossos dados pessoais –, são capazes de identificar padrões, hábitos e preferências dos usuários da rede, criando perfis de comportamentos que permitirão interferir nas nossas decisões" (ibid.). Talvez não fosse bom ter a vida como um livro aberto nas redes sociais como se a tecnologia fosse amiga.

Pode-se ressaltar que o emprego de tecnologias de IA, "em geral, demanda o processamento de grande quantidade de dados para o treinamento do modelo, impulsionando a criação e/ou a disponibilização de bancos de dados pessoais massivos – o que pode ocasionar danos à privacidade do cidadão", como mostra o documento *Uso de inteligência artificial pelo poder público*, divulgado pela organização Transparência Brasil (2020, p. 23). O problema (pela quantidade e alto custo) é a necessidade de uma boa quantidade de dados com qualidade, ou seja, bem selecionados, ou então, seria melhor, uma pequena quantidade de dados com alta qualidade, bem curados, atualizados e confiáveis, conforme alegava Floridi em 2012 e repetindo em 2019, que só assim seria um dos futuros da IA. Cuidar do anonimato também é imprescindível. Jornalistas investigativos, por exemplo, necessitam de anonimato mais do que os demais, como forma de proteção aos ataques, aos revides dos reportados desmascarados. Há quem diga que todo jornalismo é investigativo, portanto, uma redundância. Porém, nem todos os assuntos precisam de investigação.

"Que os dados se tornem disponíveis e acessíveis para treinar um sistema em uma área específica de aplicação. Isso é bastante óbvio e dificilmente uma previsão nova", frisa Floridi (2019). "Mas é um avanço sólido, que nos ajuda a olhar mais além, além da narrativa do 'Big Data'. Se a qualidade é importante, a procedência é crucial. De onde vêm os dados?" O ponto de partida de Floridi é a realidade como fornecedora dos dados, a serem entendidos como recursos restritivos, e transformados em informações, como motores semânticos.

Esses algoritmos, que Gillespie (2018, p. 97) chama de algoritmos de relevância pública, "estão – por meio dos mesmos procedimentos matemáticos – produzindo e certificando conhecimento". A avaliação algorítmica da informação, assim, representa uma lógica de conhecimento particular baseada em suposições específicas sobre o que é o conhecimento e como alguém deveria identificar seus componentes mais relevantes (Gillespie, 2014). Destaque para seis dimensões dos algoritmos de relevância pública que têm valor político:

Padrões de inclusão: as escolhas por trás do que gera um índice, em primeiro lugar; o que é excluído; e como os dados são preparados para o algoritmo.

Ciclos de antecipação: as implicações das tentativas dos provedores dos algoritmos de conhecer a fundo e prever completamente os seus usuários; e como importam as conclusões às quais eles chegam.

Avaliação de relevância: os critérios pelos quais os algoritmos determinam o que é relevante; como esses critérios nos são ocultados; e como eles implementam escolhas políticas acerca de um conhecimento considerado apropriado e legítimo.

A promessa da objetividade algorítmica: a maneira como o caráter técnico do algoritmo é situada como garantia de imparcialidade; e como essa alegação é mantida diante de controvérsias.

Entrelaçamento com a prática: como os usuários reconfiguram suas práticas para se adequar aos algoritmos dos quais dependem; e como podem transformar algoritmos em espaços de disputa política, às vezes até mesmo para questionar as políticas do próprio algoritmo.

A produção de públicos calculados: como a apresentação algorítmica dos públicos, para eles mesmos, molda uma noção de si desse público; e quem está em melhor posição para se beneficiar desse conhecimento (Gillespie, 2014).

Nessa vertente, meio como "eu sei o que vocês fizeram no verão passado", "a dimensão semântica de estabelecimento de sentido pela relação entre texto e contexto é reveladora não apenas da capacidade de um algoritmo compreender perfis de uso, mas também da sua capacidade de antever ações", expõe Cardoso (2019) e completa: "A face epistêmica preditiva do algoritmo opera como a capacidade cognitiva de apreender o caráter geral das regras (*type*), daquilo que não existe numa ocorrência (*token*), mas sim na regularidade entre ocorrências".

Quando um sistema cognitivo humano ou não-humano atua semioticamente no reconhecimento de padrões, ele é capaz de apreender algo que não está diretamente dado, mas que está por trás de um sistema que pode reconhecer ações de um usuário (ex.: clicar em "continuar lendo" em um texto que era exibido em algum site), comparar com outras ações do mesmo usuário (ex.: cliques em posts do Facebook de um tema similar) e começar a identificar um padrão, uma série de ações que são identificadas como sendo do mesmo tipo. Este tipo de inferência indutiva ocorre quando se tem acesso a manifestações em ocorrências, instâncias das regras, mas o que se consegue ver por trás das ocorrências é a própria regra, o tipo geral, o caráter de regularidade das ocorrências tomadas em conjunto (Cardoso, 2019).

Não se trata de bola de cristal. "Dizer que os algoritmos podem fazer essa passagem indutiva é dizer que operam tanto por dedução (inferência do *token* pela aplicação de um *type*, das regras para as ocorrências), quanto por indução (inferência do *type* a partir de *tokens*)" (Cardoso, 2019). Completa-se que o reconhecimento desse "tipo de inferência não dedutiva é reconhecer que algoritmos não são máquinas determinísticas, mas também máquinas semióticas genuínas" (Winfred Nöth, 2007 citado por Cardoso, 2019).

Indução – Raciocínio que parte de dados particulares (fatos, experiências, enunciados empíricos) e, por meio de uma sequência de operações cognitivas, chega a leis ou conceitos mais gerais, indo dos efeitos a causa, das consequências ao princípio, da experiência a teoria (*Houaiss*).

Agência algorítmica e quem está por trás

É notório que são muitos os atores por trás da agência algorítmica. Inclusive países terceiros, há que se deixar claro. Elencá-los seria um trabalho hercúleo de investigação (*follow the money*) para o qual não é o mote deste estudo. Alguns profissionais da imprensa, como Mello, da *Folha de S. Paulo,* fazem jornalismo investigativo com efetividade no foco das empresas. Muito menos possuem culpa os programadores que criam as regras de *Search Engine Optimization* (SEO) para algoritmos de desinformação dentro da indústria das FN.

No Brasil de 2020-21 as notícias – reais – (a que ponto chegamos, hein, ter que escrever ~ reais ~ depois de notícias) dão conta de alguns dos que estão por trás das FN. Por exemplo, os filhos de Jair Bolsonaro, o Zero Dois como articulador da rede de FN do "gabinete do ódio" e o Zero Três como ponte dos supostos financiadores, como reporta a *Folha de S. Paulo* de 10 de outubro de 2021: "O relatório final da CPI da Covid vai usar informações de 16 depoimentos prestados à Polícia Federal e encaminhados à comissão para indicar Carlos Bolsonaro (Republicanos-RJ) como articulador da rede bolsonarista de distribuição de notícias falsas e desinformação". Com base nos relatos da Polícia Federal, "a conclusão da apuração também deve apontar o deputado Eduardo Bolsonaro (PSL-SP) como elo da rede com supostos financiadores, entre eles os empresários Otávio Fakhoury e Luciano Hang" (Zanini, 2021). Rematamos que desbolsonarizar é uma necessidade imediata.

Nas eleições presidenciais que ocorreram no Brasil, conforme indicam estudos de pesquisa da Avaaz, 98% dos eleitores do presidente eleito Jair Bolsonaro foram expostos a uma ou mais mensagens falsas durante a campanha, sendo que 89% acreditaram que os fatos eram verdade, relatam Eduardo Magrani e Paulo Rodrigo de Miranda (2021), na *MIT Technology Review.* Dentre as principais FN "espalhadas entre os eleitores, destacaram-se: a fraude nas urnas eletrônicas; a implementação de um suposto 'kit gay' nas escolas por Fernando Haddad (candidato da oposição); e que o agressor de

Bolsonaro (Adélio Bispo de Oliveira) era filiado ao PT [Partido dos Trabalhadores]" (Magrani; Miranda, 2021).

Questionado se os algoritmos são cada vez mais importantes e quais as consequências disso, Harari respondeu à queima-roupa, em entrevista a Cristina Galindo (2016) ao jornal *El País*: "Um dos grandes perigos é que nos conhecem cada vez melhor e confiamos neles para que escolham por nós, desde coisas simples, como que notícias ler, até importantes, como nossa saúde. Perdemos o controle de nossas vidas e o entregamos aos algoritmos". Não há privacidade por design.

> É verdade que, muitas vezes, é positivo ceder. Por exemplo, Angelina Jolie fez um exame de DNA e encontrou uma mutação em um gene que, segundo o algoritmo, indicava uma possibilidade de 87% de desenvolver um câncer de mama. Naquele momento não estava doente, sentia-se perfeitamente bem. Mas se submeteu a uma dupla mastectomia. E, na minha opinião, fez bem. O potencial da tecnologia é incrível. O desafio é saber usá-lo, porque também tem um lado escuro. Se confiarmos nos algoritmos porque nos aconselham bem, damos a eles cada vez mais poder e controle sobre nossas vidas e podem começar a nos manipular, mesmo que de forma não intencional (Harari, citado por Galindo, 2016).

A ganância dessas empresas fomenta o caos político para a receita publicitária etc., e elas acumulam uma grande quantidade de dados que lhes permitem "compreender a sociedade e o mundo melhor que ninguém. O Facebook pode, teoricamente, decidir as eleições nos Estados Unidos. Uma das informações mais valiosas hoje em dia é quem são os eleitores indecisos. O Facebook tem essa informação", completa Harari (citado por Galindo, 2016). Nem todos estamos na rede social, mas, como explica o historiador, "[...] muita gente sim, e a empresa poderia tentar verificar quem são esses indecisos e até *o que* o candidato deveria dizer a eles para ganhar seu voto. O Facebook tem esse poder porque os usuários lhe entregam todos os seus dados pessoais" (ainda mais agora com o metaverso, uma espécie de internet renderizada em 3D, como um jogo com jogos dentro). E digamos, os dados íntimos também. Sabemos que os ataques dos candidatos quando mentem para achincalhar os adversários acontecem em tempo real e se houver disposição da vítima dos ataques em colocá-los na justiça, o tempo é outro. É lento!

O Facebook, a Apple, entre outras corporações de tecnologia, "poderiam monitorar seu corpo com sensores biométricos, registrar esses dados e, com algoritmos sofisticados, analisá-los para saber exatamente quem você é, sua personalidade, o que você gosta, que resposta daria a determinada pergunta" (Harari citado por Galindo, 2016). Nesse sentido, o amplo acesso ao perfil do usuário apodera as empresas das escolhas, não havendo mais livre-arbítrio para o usuário. Trata-se de uma selvageria no uso de dados.

Trabalho digital gratuito

Capitaneado pela dupla Joler e Petrovski, citadas anteriormente, com os colaboradores Kristian Lukic e Jan Krasni, que realizaram pesquisa, coleta de dados e visualização para o estudo "*Facebook Algorithmic Factory*" (2016) em três partes: "*Immaterial Labour and Data Harvesting*"; "*Human Data Banks and Algorithmic Labour*"; e "*Quantified Lives on Discount*", em trabalho minucioso, chegaram à conclusão de que há uma diferença importante no processo de produção e criação de produtos no contexto da fábrica do Facebook. "As principais matérias-primas do processo (dados, conteúdo e meta-dados) são os objetos de trabalho e são criados por humanos, mas o trabalho em si é executado por algoritmos" (Joler; Petrovski, 2016).

"Portanto, basicamente tudo o que fazemos no Facebook pode ser descrito como uma forma de trabalho digital gratuito", reforçam Joler e Petrovski (2016) e citam Trebor Scholz e Laura Y. Liu: "Os instrumentos de trabalho digital estão de fato em toda parte; eles mudam rapidamente e são invisíveis. Sem ser reconhecida como mão de obra, nossa localização, insumos e mobilidade rastreada tornam-se ativos que podem ser transformados em valor econômico". Então, se colocarmos na rede, é trabalho gratuito – de uma abobrinha a uma tese.

Como a pesquisa é de 2015-2016, Joler e Petrovski trazem os dados desta época, mas dá pra ter parâmetros: "Cada um dos mais de 1 bilhão de usuários do Facebook, trabalhadores digitais, trabalham em média mais de 20 minutos por dia curtindo, comentando e percorrendo as atualizações de status. Isso é mais de 300.000.000 horas de trabalho digital gratuito por dia". Nos dias atuais, estamos em quase o dobro disso.

"A especificidade desse sistema é que os usuários que estão sendo usados como matéria-prima estão constantemente trabalhando no ajuste fino de si mesmos como alvo, alimentando esse sistema com cada vez mais informações" (Joler; Petrovski, 2016). E olha a quantidade de dados mesmo com o Facebook em apuros desde o escândalo da Cambridge Analytica, exposto pela jornalista Carole Cadwalladr, até denúncias de ex-funcionários, nos últimos anos, de que os dirigentes do Facebook sabem dos danos que causam aos usuários, especialmente na saúde mental dos mais jovens. Imaginem agora o perigo maior no simulador (tóxico ou não) de metaverso, no qual poderão esquecer a realidade *sui generis* da vida.

É também a partir dos mecanismos de personalização que o Facebook apresenta a cada usuário as postagens daqueles com quem mais interage e mais se relaciona, de forma preferencial, no feed de notícias. Feed, de alimentar os animais e, de quebra, alimentar os humanos e os não humanos todos, como as máquinas e, *ipsis litteris*: etc. Em outras palavras, o feed confere um peso maior às postagens dos mais próximos, cujas inserções probabilisticamente aparecerão com ampla frequência no seu feed. Bom pontuar que os algoritmos presumem com quem eles acham que devemos nos relacionar e comunicar. Eles acham que são bidus. Outros fatores, como a atualidade, também influenciam na escolha das postagens preferenciais. O contrário também acontece, com o rebaixamento de conteúdo.

Pode-se compreender, então, que o feed passa a ser produzido tanto pelo usuário quanto pelos algoritmos determinando a maneira de se ver e ser visto. Se alguém é adepto de cliques polarizados, a lei do retorno vai lhe trazer cada vez mais do mesmo. "O computador te observa e aprende com o que você clica. Ao mesmo tempo, você decide como responder ao que ele mostra a você" (Mans; Capelas, 2016).

2.
ALGORITMO COMO CULTURA

"A datosfera é hoje movida a algoritmos. Há chances da criatividade algorítmica funcionar como antídoto aos riscos da hiperconectividade à democracia?" (Lucia Santaella, 2021).

Algoritmos, como enigmas matemáticos, são tão técnicos quanto construções culturais e sociais intermediando humanos (reais ou produtos da imaginação) e máquinas (inteligentes ou não) com aquiescência das plataformas. "O que significa estudar algoritmos como cultura (Seaver), fetiche (Thomas e outros), imaginário (Christin), lógica burocrática (Caplan e boyd), método de governança (Coletta e Kitchin; Lee; Geiger), modo de consulta (Baumer) ou modo de potência (Kubler)?", indaga Ames (2018).

Devemos, ao menos, ter noção de como os algoritmos se comportam nas diversas circunstâncias. Longe de nós acharmos que vamos dar conta de destrinchar todas as possibilidades e abarcar o complexo mundo algorítmico de forma mais ou menos clara, porque, por enquanto, totalmente clara é quase impossível. Não somos engenheiros, nem matemáticos, nem da área da computação. Aqui apresenta-se apenas um sopro de como podemos tentar entender, com a fértil ajuda dos autores, estes, sim, autoridades em seus assuntos, o funcionamento meramente inicial dessa nossa era atacada pelos algoritmos de IA. De mais a mais, ressalta-se o que Gillespie (2014, citado por Lemos; Pastor, 2018, p. 162) afirma: "Algoritmos tornaram-se tecnologias de comunicação". O autor busca explicitar seu raciocínio: "Dessa forma, pode-se perceber como as formações algorítmicas não apenas fazem parte do imaginário da cultura contemporânea, mas também são constitutivas das próprias práticas cotidianas comunicacionais" (p. 16).

Ainda como sugere Gillespie (2014, p. 96), precisamos questionar os algoritmos como "elementos-chave de nosso sistema informacional e das formas culturais que emergem de suas sombras. Devemos ter especial atenção sobre onde e de que forma a introdução dos algoritmos nas práticas do conhecimento humano podem levar a ramificações políticas". Eis a questão: poderemos vislumbrar um campo em que a atuação algorítmica seja direcionada para o bem?

Como analisado anteriormente, diferentes formas de executar algoritmos, como a filtragem amiga, "expõem certos assuntos enquanto ocultam outros: cientistas da computação produzem algoritmos como objetos conceituais indiferentes aos detalhes de implementação, enquanto os apelos por responsabilização promovem algoritmos como caixas fechadas a serem abertas", conforme a compreensão de Seaver (2017, p. 1). O autor propõe que os "pesquisadores críticos possam enigmá-los etnograficamente, considerando-os como sistemas sociotécnicos heterogêneos e difusos, em vez de fórmulas rigidamente constrangidas e processuais". Nessa obra, o antropólogo ainda ressalta que se faz necessário oferecer "um conjunto de táticas práticas para a encenação etnográfica de sistemas algorítmicos, que não dependem de fixar um 'algoritmo' singular ou alcançar 'acesso', mas que funcionam da posição parcial e móvel de um estranho".

Depende da ideia de que algoritmos "são objetos distintos que podem ser localizados em contextos culturais ou trazidos para uma conversa com questões culturais", previne Seaver (2017), ao continuar nos dizendo que, uma vez entendidos como tais objetos, os algoritmos, em si, não são cultura. Eles podem tanto moldá-la – modificando os fluxos de material cultural –, quanto serem moldados por ela incorporando os preconceitos de seus criadores.

De modo geral, por intermédio de lentes críticas, Manovich lembra que: "Observar e analisar a cultura significa ser capaz de mapear e medir três características fundamentais. Essas características são diversidade, estruturas (por exemplo, redes de *clusters* e outros tipos de relações) e dinâmicas (mudanças temporais)".

> No caso de situações culturais em que podemos esperar que muitos trabalhos sigam alguma estética prescritiva ou usem modelos, por exemplo, filtros do Instagram fornecidos pelo aplicativo ou os temas descritos e ilustrados milhares de postos de aconselhamento – podemos também olhar para a quarta característica: variabilidade. Então, por exemplo, se analisarmos uma amostra de imagens do Instagram, podemos detectar a presença dos temas que aparecem em muitos posts e, em seguida, observamos os desvios desses temas e também imagens que não seguem nenhum deles. Mas nós não queremos assumir que o desvio do tipo (ou de uma média ou outra estatística que pudermos computar para nosso conjunto de dados) é uma medida necessária para todas as situações culturais (Manovich, 2018b).

"O desenvolvimento de medidas apropriadas de diversidade cultural, estrutura, dinâmica e variabilidade para diferentes tipos de mídia e os campos culturais são em si uma grande tarefa teórica e prática" (Manovich, 2018b). O autor vê isso como "a tarefa central para *Cultural Analytics* nos próximos anos".

Olhar microscópio teve Barbara Grosz, membro do comitê de direção do *AI Index*. Ao ver o relatório de 2021, conjecturou ser encorajador "um maior compromisso com o exame de questões de diversidade no campo". O relatório deixa evidente, no entanto, "a falta de dados disponíveis de instituições acadêmicas, sociedades científicas e da indústria sobre a diversidade das comunidades de pesquisa e indústria de IA – de estudantes, cientistas e profissionais de

IA" (Grosz, 2021 citada no HAI, 2021). Diversificar o campo, assegura Grosz, "é essencial se for para produzir sistemas que funcionem para toda a sociedade, e o sucesso requer que a comunidade de pesquisa e a indústria coletem e analisem dados que acompanhem o progresso".

Diversificar a força de trabalho de IA é fundamental para evitar as perspectivas estreitas e vieses não intencionais que podem prejudicar o desenvolvimento e o uso de sistemas de IA que estão se tornando onipresentes em áreas que vão desde finanças e saúde até a aplicação da lei e o sistema judicial. O sucesso dependerá de vigilância, mentores que entendam como apoiar aqueles que parecem diferentes de si mesmos e – talvez o mais importante – líderes comprometidos que veem a diversidade como um imperativo de negócios em vez de uma reflexão tardia (HAI, 2021).

"Os sistemas de IA precisam funcionar para todos na sociedade; esse é apenas um valor ético importante", afirma Grosz (2021, citada no HAI, 2021). Eles precisam trabalhar para as pessoas que vêm de outras culturas. É preciso ter todas essas pessoas na sala. "Elas precisam fazer parte do design e do pensamento". Afinal, um algoritmo não é mero cálculo matemático.

Desde priscas eras, é preciso entender as tecnologias disruptivas como a IA. Nada é tão fácil que nos possa parecer. "O discurso público atual sobre algoritmos tende a reforçar as alegações de que, apesar da sintonia humana muitas vezes extensa que entra nesses sistemas, até a transparência e a interpretabilidade parciais são impossíveis", reforça Ames (2018).

O resultado é uma impressão generalizada de que "muitos algoritmos são 'caixas-pretas' inacessíveis, portanto, com pouca esperança de supervisão ou regulamentação – e que (apesar de ampla evidência em contrário) a Academia tem sido terrivelmente negligente em deixar de questionar as implicações dessa virada algorítmica", critica Ames (2018). É de se considerar essa virada algorítmica como um processo de construção sociopolítico.

Além disso, examinamos como os algoritmos não são apenas incorporados nessas culturas, mas são o que Seaver neste tema especial chama "de culturas": são co-constituídas pelos mesmos processos culturais e assumem uma multiplicidade de diferentes significados culturais (Ames, 2018).

Em suma, esses autores descobrem coletivamente que os algoritmos têm tudo a ver com as pessoas que os definem e implantam e com as instituições e relações de poder nas quais estão inseridos (Ames, 2018).

Diversos autores referem-se à caixa-preta como algo que gera preocupação maior sobre a falta de explicabilidade dos algoritmos, que intriga a todos neste mundo hiperconectado propenso ao esquema do *laissez-faire*. "O processo de criação de um sistema de computador muitas vezes leva a uma 'caixa-preta', que tem bom desempenho prático, mas não é interpretável, isto é, não sabemos como gera resultados" (Annany et al., 2015; Mencar, 2013 citados por Manovich, 2018b, p. 8). Por essas razões, Manovich (2013a) prefere evitar o uso dos termos "algoritmos" e "algorítmicos" ao se referir "[...] aos sistemas do mundo real implantados por empresas para analisar dados, fazer previsões ou executar ações automáticas com base nessa análise". O termo preferido é "software, que é mais geral – não assume que o sistema use algoritmos, nem que esses algoritmos sejam interpretáveis" (Manovich, 2013b citado por Manovich, 2018, p. 8). A análise de mídia é o "aspecto-chave da 'materialidade' da mídia atual. 15 anos atrás, tal conceito pode ter sido usado em discussões de *hardware* de computador, linguagens de programação, bancos de dados, protocolos, e autoria de mídia, publicação e software de compartilhamento".

O livro *The Black Box Society: The secret algorithms that control money and information* (2015), de Frank Pasquale, "foi um dos primeiros relatos acadêmicos de tomada de decisão algorítmica a sintetizar a pesquisa empírica, estruturas normativas e argumentos jurídicos", segundo Brevine e Pasquale (2020). Para os autores, a obra propôs "uma teoria social do uso de dados na construção de reputações pessoais, novas audiências de mídia e poder financeiro, iluminando padrões recorrentes de poder e exploração na economia digital".

Embora muitas empresas tenham uma janela direta para nossas vidas por meio da coleta de dados constante e onipresente, nosso conhecimento de seu funcionamento interno é quase sempre parcial e incompleto. Vigiado de perto por empresas privadas e inacessíveis para a maioria dos pesquisadores ou para o público em geral, muitas decisões algorítmicas continuam sendo uma caixa-preta até hoje (Brevine; Pasquale, 2020).

Em suma, elefantes brancos são temas especiais que consideram "como os algoritmos são decretados, praticados e contestados e fornecem ferramentas para outros fazerem o mesmo. Juntos, trabalhamos para examinar e dissipar o *sublime algorítmico*", elucubra Ames (2018). A autora caracteriza "os discursos contemporâneos sobre algoritmos – não por meio do colapso simplista da definição de algoritmos, mas considerando os significados ricos, multifacetados e às vezes contraditórios que os algoritmos assumem em muitos domínios", finaliza.

Transparência x caixa-preta

"A expressão 'caixa-preta' é usada em cibernética sempre que uma máquina ou um conjunto de comandos se revela complexo demais. Em seu lugar, é desenhada uma caixinha-preta, a respeito da qual não é preciso saber nada, a não ser o que nela entra e o que dela sai", explica Latour (2011, p. 4).

Uma das grandes preocupações é a transparência do método como um todo e, especificamente, da programação do código. Porém, isso de nada adianta, pois, apesar da opacidade inerente dos sistemas algorítmicos, tentar compreender o funcionamento de um algoritmo quando este está a serviço de um incauto grupo da sociedade, no intuito de ludibriar e manipular por meio das FN – inclusive no formato clandestino de disparos em massa por meio de robôs (especialmente em mensageria instantânea, como nos grupos de WhatsApp que, inclusive, agregam multidões) –, é o problema inserido na tecnologia orientada a dados e seus sistemas de IA para interpretá-los, no que diz respeito a captar como se dá o fenômeno da desinformação, aquela que tem deliberadamente a intenção de enganar.

Sabemos ser perda de tempo solicitar que o código-fonte e as especificações de design dentro da arquitetura algorítmica sejam divulgados para permitir maior transparência. De modo geral, os proprietários do código não têm interesse em abri-lo, eles são protegidos por sigilo comercial. Não se trata de a cultura do software livre nos dar licença para ver os códigos por dentro e, no caso dos hackers (e não crackers, que fique claro), para desenvolver melhorias em códigos, sobretudo os que recebem dados enviesados. Trata-se de um problema sem solução. Quem sabe as regulações possam obrigar.

Ao abrir a caixa-preta (Latour, 2011) do modo net (Latour, 2013) de composição do dispositivo de confiabilização, podemos notar que, por trás de todo problema sobre o que se conhece, há sempre uma questão sobre os meios pelos quais o conhecimento se constitui e os modos confiáveis de se conhecer, já que os "algoritmos projetados para oferecer conhecimento relevante também oferecem modos de se conhecer", esclarece Gillespie (2014, p. 187) citado por Cardoso (2019).

Desse modo, pode-se entender que caixa-preta – um dispositivo heurístico – é o processo "que torna a produção conjunta de atores e artefatos inteiramente opaca", conforme Latour (1994, p. 36). Quando algo está escondido, especialmente quando o algoritmo decide sozinho, é um ponto crucial. Essa reflexão será fundamentada adiante. Não somente apontar suas falhas, como também a ampla gama de riscos em potencial. Afinal, quem se beneficia com essas tecnologias e com as ações de encaixotamento? Ok, os ciberufanistas vão clamar sobre os benefícios e não deixa de ser apropriado, porém, nos sentimos no dever de apontar criticamente os malefícios como alertas para tentarmos aplacar os danos.

Manipulação algorítmica

Precisamos falar sobre como o algoritmo pode manipular. Antes da internet, as notícias que chegavam aos leitores e espalhavam-se na base do boca a boca (uma espécie de bolha analógica) vinham do monopólio de algumas grandes empresas de jornalismo, chamadas de grande imprensa. Com o espaço numérico, sonhamos por cerca de 20 anos com a descentralização da informação, com a liberdade de expressão (uma luta permanente, aliás, principalmente porque anda caindo em usos inadequados e contraditórios) e, ainda, com a liberdade de imprensa (cuja missão é servir a coletividade) e com a pluralidade e experimentamos a comunicação orbitando de todos para todos.

De lá para cá, estamos, jornalistas e leitores de informação, contidos nas mãos dos algoritmos e das plataformas de redes sociais e das mais poderosas empresas da internet. Com a forte manipulação ocasionada por esses algoritmos ultrassecretos e a disseminação descontrolada das FN, as discussões sobre o que fazer para salvar o noticiário – o carro-chefe da circulação de informação acurada – e retomar a reputação que os jornalistas outrora conquistaram não cessam.

Encontramos ressonância em Fernanda Bruno (2013, p. 125). Para compreendermos esse processo de filtragem de informações na internet, é necessário perceber que as "ações cotidianas e trocas no ciberespaço tornam-se permeáveis ao rastreamento, constituindo uma fonte valiosa de informação em conhecimento sobre indivíduos e grupos".

É preciso também reforçar a ausência de conhecimento na área da psicologia e, especificamente, da psicometria para os argumentos relativos a como a população é cooptada, como reage, como se dá a retroalimentação e os efeitos da engenharia psicossocial (para caracterizar tipos humanos e suas tendências políticas e ideológicas). Neste cenário, as FN estão encruadas com seus consequentes mais notórios – ataques com narrativa de conotação vil, questões conspiratórias (muitas vezes replicadas por celebridades, o que é pior, por conta da visibilidade) e mesmo procedimentos fascistas. Também incidem ao comportamento de manada, ao viés de confirmação em especial, seu acato, muitas vezes com veemência, às próprias crenças (desde criancinhas), à apaziguação de seus desejos sórdidos, nem sempre com justificativa racional ou filosófica.

Nesse sentido, Helbing et al. (2017) enfatizavam que "algumas plataformas de software estão se movendo em direção à 'computação persuasiva'". Se traçássemos uma linha, poderíamos incluir a tecnologia da computação pervasiva. No fundo, a razão de ser das plataformas em relação ao uso dos dados é fazer previsões e tomar decisões. No futuro, utilizando "tecnologias sofisticadas de manipulação, essas plataformas poderão nos orientar por inúmeros cursos de ação, seja para a execução de processos de trabalho complexos ou para gerar conteúdo gratuito para plataformas de internet, com as quais as corporações ganham bilhões". Apesar de perceber que os autores observaram essas consequências em 2017 e ainda concluíram que "a tendência vai de programar computadores para programar pessoas".

Arendt tem uma "percepção muito clara da relevância do direito à informação como meio para se evitar a ruptura totalitária. Com efeito, uma das notas características do totalitarismo é a negação, *ex parte principis*, da transparência na esfera pública e do princípio da publicidade", diz Lafer (1988, p. 242, citado por Bucci, 2015a), "seja através da estrutura burocrática na forma de cebola, seja através do emprego da mentira e da manipulação ideológica, que impedem a circulação de informações exatas e honestas".

Até hoje, o xis da questão é que há quem reclame que não exista uma definição clara para o que é Fake News e, enquanto isso, ela, como indústria, segue lesando a cultura democrática.

Da parte de Tandoc Jr; Lim; Ling (2017), "Notícias fabricadas tratam de assunto sem base factual, no entanto, são apresentadas no estilo narrativo com cores, tipologia e categorias do jornalismo profissional, dando a entender se tratar de um material confiável". Não existe um entendimento implícito entre o autor e o leitor de que o conteúdo da notícia é falso, afirmam os autores. Existe, sim, uma intenção de "promover desinformação. Manipulação de fotos e vídeos para dar veracidade a narrativas. A manipulação de imagem tem sido crescente desde o acesso a ferramentas de compartilhamento e edição. Vai da saturação de cores à inclusão ou exclusão de elementos da imagem". Lembrando que desinformação é informação que não é baseada em evidências empíricas.

A verdade é uma só. Manipulação, nessa área da informação, indica "a ação intencional de um ator sobre um público definido, visando a produzir determinado efeito na sua forma de pensar e, consequentemente, agir", reforça Jacques Alkalai Wainberg (2018, p. 173), que complementa: "Tal desfecho acaba por ser compatível com suas intenções iniciais. Isso se torna viável a partir do uso de técnicas de comunicação e persuasão. Quanto mais invisíveis e indiscerníveis elas forem, melhor atingem o resultado". O autor ressalta ainda que, "Dessa forma, o público não se defende nem do estilo do mensageiro, nem do conteúdo da mensagem. Tal estimulação geralmente vai ao encontro das necessidades e dos desejos do público".

Conforme Cass Sunstein (2017, p. 132), um sistema em que os indivíduos podem desenhar francamente o próprio universo comunicacional põe em risco o processo, não apenas pelo "risco de espalhar informações falsas em cascatas cibernéticas, mas também porque a situação de fragmentação impede informações verdadeiras (e valiosas) de espalharem-se tanto quanto devem". Sabe-se, por comprovação científica, que não dá para concorrer com elas, pois as informações falaciosas sobressaem-se às verdadeiras em esquema virótico (Prado, 2019b, p. 65).

Alguns autores, como Russell, Frischmann, Selinger, Zuboff e O'Neal, citados por Dora Kaufman em sua entrevista a Fachin (2020), atentam sobre o "comprometimento, pelos sistemas inteligentes, da capacidade humana mental e sua interação com o mundo exterior como agente social". Para eles, "esses sistemas, originalmente concebidos para otimizar os processos, estão sendo utilizados para manipular os indivíduos, abalando a prerrogativa básica dos seres humanos de pensar e decidir, ou seja, de serem agentes".

Desculpe o meu francês, mas a mensagem falsa, principalmente a sensacionalista, atinge mais gente, ajuda a aliviar a culpa coletiva e ainda valida preconceitos difundidos na sociedade. Contudo, nem toda mensagem falsa e/ou teoria conspiratória implica um ranço político preexistente. "Mas quando isso acontece o impacto social é grave. Ela fortalece o ânimo social de um grupo e, às vezes, de uma sociedade inteira; diaboliza como bode expiatório um alvo escolhido e diminui a ansiedade e a angústia moral das pessoas", analisa Uscinski (citado por Wainberg, 2018, p. 160), que arremata: "Por isso mesmo sua difusão é rápida". Afinal, "dados são uma representação de fatos ou ideias de uma maneira formalizada, passível de ser comunicada ou manipulada por algum processo" (Wikipedia [IFIP], s.d.).

O tema também assume relevância devido "à manipulação igualmente sutil que diversos atores fazem das mensagens na web. Sabe-se que certo ânimo coletivo pode ser modulado nesse ambiente e que as emoções partilhadas entre as pessoas são o que sustentam as comunidades virtuais", deduz Wainberg (2018). Apelar com mensagens que possam atribular as pessoas ou causar espanto, por exemplo, é o investimento das FN. Como reflete Wainberg, "Dominar os impulsos coletivos implica a capacidade de um ator influenciar a imaginação e a percepção das pessoas, mobilizando e alterando o estado de espírito da sociedade ou de parte dela, algo que pode ser monitorado por meio de métricas variadas", e ele completa: "Isso é chamado de *hacking* cognitivo" (p. 154). Certeiro como uma manipulação emocional.

Adelino Gala e Vania Baldi (2019) conjecturam sobre a atualidade:

> Estamos, portanto, perante uma peculiar sobreposição de conflitos desencadeados por um discurso público radicalizado e fragmentado, onde os confins entre propaganda, alteração da realidade, conhecimento estabelecido e invenção de fatos parecem evaporar-se, desafiando uma construção da realidade baseada em notícias e comentários virais, constantemente percecionados como suspeitos e acusados de serem manipulados (Gala; Baldi, 2019, p. 244).

Foi um *plot twist* se considerarmos o que era o sonho da internet e sua anarquia colaborativa nos primeiros tempos. Não imaginávamos tamanha multiplicidade indefinida e descontrolada de tudo que resumiu Gala e Baldi, e o que é pior, não há volta-face.

Cultura algorítmica

Os modos de conhecimento acabam por normatizar o sistema automatizado e algoritmizado de curadoria de conteúdo, alega Cardoso (2019), "fazendo emergir uma cultura do algoritmo, isto é, uma cultura na qual a relação entre um objeto do conhecimento e uma mente cognoscente é feita por meio de um sistema mediador algorítmico".

Mergulhados no nosso mundo digitalizado, no estado cataclísmico da informação, em meio a códigos no *mainstream* cultural, sem negarmos a inteligência algorítmica, recorremos novamente à pesquisadora Ames (2018), que utiliza o adjetivo "sublime" para caracterizar e ironizar a cultura algorítmica, a qual foi revigorada nos últimos anos com novas e poderosas técnicas habilitadas por "grandes conjuntos de dados (recatadamente chamados "big data"), aumento de energia, computação e novas técnicas de aprendizagem de máquina – técnicas que são difíceis de entender, com ramificações sociais potencialmente massivas – que tiram vantagem de ambas".

No momento xereta em que vivemos, engenhando a humanidade como fantoches de robôs, uma das características marcantes da cultura do algoritmo é "seu caráter rastreador, isto é, seu arquivamento de registro de ações".

Tal como um detetive pretende rastrear as ações para posteriormente conectá-las de modo a elaborar um conhecimento, sistemas algorítmicos também pretendem coletar todo tipo de dados para poder elaborar seus processamentos, seus conhecimentos e seu capital (Cardoso, 2019).

Neste sentido, os dados crus (não tratados) "já são vistos como potencialmente valiosos, como uma terra a ser garimpada, na esperança de se encontrar pedras preciosas. A expressão "mineração de dados" não é propriamente uma metáfora, mas uma prática comum e diária em todos os sistemas digitais do nosso tempo" (Cardoso, 2019).

Noves fora, Nick Srnicek (2017) nos alerta para o cuidado de pensar que o processo de coleta e análise de dados é descomplicado ou automatizado. "A maioria dos dados requer limpeza e devem ser organizados em formatos padronizados para serem utilizáveis". Mesmo se a quantidade de dados é descomunal, é preciso limpá-los, raspá-los, e isso só com o sistema de IA, porque é humanamente impossível. Da mesma forma, "gerar os algoritmos apropriados pode envolver inserir manualmente as sequências de treinamento em um sistema. Em conjunto, isso significa que a coleta de dados de hoje depende de uma vasta infraestrutura para detectar, registrar e analisar" (p. 42). Um monitoramento automatizado. "O que está registrado? De forma simples, devemos considerar que os dados são a matéria-prima que deve ser extraída, e as atividades dos usuários, a fonte natural dessa matéria-prima".

Independentemente de ser ou não plausível de entender, a retenção de dados, e mesmo de macrodados – todos quantificáveis –, é a parte substancial da fase que estamos vivenciando. Não importa se os dados são disponibilizados ao léu, os usuários devem ser alertados para dar ou não consentimento de uso, por mais que esse uso seja benéfico.

Novidade mesmo é o big data

O big data dá nova feição à explosão dos dados numéricos, considerados como "os vestígios digitais deixados por atores de dentro de banco de dados recentemente disponíveis" (Latour et al., 2012a) e que poderiam "modificar a própria posição dessas questões clássicas de ordem social". Os dados produzidos pelas pessoas afetam a vida social, como conclui Jonathan Stray (2016, p. 95), para fazermos um paralelo com o que trazem Latour et al. (2012a): "Planejadores urbanos, empresários, críticos sociais, policiais – [quase] todos os tipos de pessoas usam representações baseadas em dados da sociedade em seu trabalho. É por isso que a questão de representação é tão importante".

Para registro: em outubro de 1997, Michael Cox e David Ellsworth publicam *Application-controlled demand paging for out-of-core visualization*, o primeiro artigo na biblioteca digital ACM a usar o termo "big data", com a visualização como um desafio interessante para os sistemas de computador "os conjuntos de dados geralmente são muito grandes, sobrecarregando as capacidades da memória principal, do disco local e até do disco remoto. Chamamos isso de problema de big data" (p. 235). Para nós, *big* são questões tecnológicas, sociais, econômicas etc., além de acadêmicas.

Existe um bom alinhamento entre a democracia e as estatísticas porque a maneira mais simples de gerar dados é contar cada item exatamente da mesma maneira. As amostras aleatórias também são muito populares, mas são apenas um método prático para se aproximar desse ideal. O argumento "matemático moral sobre a representatividade dos dados quase nunca foi enunciado, mas é tão profundo na forma como pensamos em dados que geralmente dizemos que os dados são a representação de algum grupo de pessoas quando se aproxima de uma contagem simples" (Stray, 2016, p. 95).

Em meio a essa polêmica, Latour et al. (2012a) estão cientes de que essas bases de dados estão cheias de defeitos e que elas mesmas "incorporam uma definição bastante crua da sociedade, as quais são marcadas por fortes assimetrias de poder e, acima de tudo, que elas registram apenas um momento passageiro de cruzamento na rastreabilidade das conexões sociais". Além disso, os autores estão "dolorosamente conscientes das limitações estreitas que lhes são colocadas pela análise de rede e pelas limitações das ferramentas de visualização disponíveis". De todo modo, eles salientam um ponto com o qual concordamos: "[...] seria uma pena perder esta oportunidade de explorar uma alternativa tão poderosa, capaz de fornecer uma outra maneira de abordar as ciências sociais de forma empírica e quantitativa sem perder a sua necessária ênfase nos detalhes".

Latour et al. (2012a) aborda o comportamento coletivo complexo, quando era difícil, praticamente impossível e bastante complicado ou simplesmente lento "navegar através da massa de informações sobre itens específicos, fazia sentido tratar dados sobre conexões sociais com a definição de dois níveis: um para o elemento, outro para os agregados". Porém, uma vez que temos a experiência de seguir (bisbilhoteiramente) "os indivíduos através de suas conexões (que é frequentemente o caso com os perfis) poderia ser mais gratificante começar a navegar pelos conjuntos de dados sem fazer distinção entre o nível do componente individual e o da estrutura agregada". Concluem que torna-se possível dar alguma credibilidade à estranha ideia de 'mônadas', de [Gabriel] Tarde. Eles consolidam que esse tipo de prática de navegação "tornou-se possível somente agora pelas bases de dados disponíveis digitalmente, que tal prática poderia modificar a teoria social se pudéssemos visualizar esse novo tipo de exploração de uma forma coerente". É notório que as teorias sociais não são atemporais e estão sujeitas a mudanças.

Importante lembrar que, em relação à discussão de se voltar ao todo para entender as partes, a definição das "Mônadas", de Gabriel Tarde, nas palavras dos autores desse artigo "dissolvem o dilema e redefinem a noção do todo realocando-a como entidades sobrepostas que herdam uma das outras" (Latour et al., 2012a).

"Somos nossos dados"

Em *How We Became Our Data* (2019), Colin Koopman enreda a informação e a política e denomina "infopoder", situando-o a partir do século 20 (veja bem, no mesmo período coexistindo com o biopoder foucaultiano), em que "de tão presos aos nossos dados, somos nossos dados", pois, nos tornamos pessoas que apresentam fácil e constantemente nossas vidas em perfis de mídia social, que são "meticulosamente registradas em dossiês de vigilância estadual e bancos de dados de marketing online". Afinal de contas, questiona: "Qual é a história por trás dos dados que passam a ter tanta importância para quem somos?". Enfim, somos cobaias com nossos dados.

O autor escava os primeiros momentos das tecnologias infopolíticas de rastreamento de dados rapidamente aceleradas e as consequências sobre como pensamos e expressamos nossa identidade. Koopman (2019) explora, entre outras coisas, como novas técnicas de dados categorizam traços de personalidade e medem a inteligência. Tudo isso culmina no que Koopman chama de "pessoa informativa" e "poder informacional" a que agora estamos sujeitos, com a recente explosão de tecnologias digitais que estão nos transformando em uma série de "pontos de dados algorítmicos".

Infopoder – aquilo que produz informação. "Estamos sujeitos a uma grande quantidade de dados pessoais que outras pessoas nos anexam e que, por sua vez, reconectamos regularmente a nós mesmos. Esses pontos de dados tornaram-se importantes para a política de quem somos e podemos ser" (Koopman, 2019). Em uma introdução aos dois argumentos centrais de seu pensamento, temos o primeiro que defende "que nos tornamos pessoas informativas: nossa informação está hoje tão profundamente arraigada em quem somos que, se fôssemos privados dela, não poderíamos mais ser as pessoas que outrora fomos tão facilmente". O segundo argumento é que "nós, pessoas informativas, estamos sujeitos a uma modalidade distinta de poder: esse é um poder expresso nos formatos de dados que podem ser rotulados de 'infopoder' ou 'infopolítica'".

Nesse ínterim, Koopman (2021) traz questão teórica peremptória quando levanta que, apesar do reconhecimento generalizado de uma política emergente de dados em nosso meio, notavelmente carecemos de uma teoria política de dados. "Reconhecemos prontamente a presença de dados em nossas vidas políticas, mas muitas vezes não sabemos como conceituar a política de todos esses pontos de dados – as formas de poder que eles constituem e os tipos de sujeitos políticos que implicam". É ainda mais preciso ao inferir que "a literatura sobre política de dados, tanto dentro da teoria política quanto em outros lugares, até agora se concentrou quase exclusivamente no *algoritmo*". Por isso, é condição *sine qua non* ouvirmos atentamente os pensadores para clarear a visão do que é possível saber daquilo que nos acomete no processo de digitalização – a.k.a. datificação – da cibercultura e da overdose de informação.

Para constar, há o psicopoder que, nas palavras de Byung-Chul Han (2019, p. 134), "é mais eficiente do que o biopoder na medida em que vigia, controla e influencia o ser humano não de fora, mas sim a partir de dentro. A psicopolítica se empodera do comportamento social das massas ao acessar a sua lógica inconsciente". O autor complementa: "A sociedade digital de vigilância, que tem acesso ao inconsciente-coletivo, ao comportamento social futuro das massas, desenvolve traços totalitários".

Dados sobre nós: arena em disputa contínua

"Talvez não sejamos capazes de frear a coleta de dados sobre nós mesmos, mas podemos regular como eles são usados", ressalta Pasquale (2019, citado por Pascual, 2019). "Existem empresas que fazem um certo perfil das pessoas e com base nele estruturam oportunidades para cada indivíduo. [...] são oferecidos às pessoas mais vulneráveis com mensagens às vezes fraudulentas". Afinal, são coletas invasivas de informações reveladoras do que sentimos e na incontrolabilidade da fissura algorítmica, nossos traços digitais serão mais que engolidos, serão remixados a ponto de nos oferecer saídas as quais não pedimos e, muitas vezes, nem queremos.

Tomada de decisão algorítmica

Na entrevista concedida a Kathy Pretz, no *IEEE Spectrum* (2021), Jordan argumenta que o objetivo dos sistemas de aprendizagem "é tomar decisões ou apoiar a tomada de decisão humana, e os tomadores de decisão raramente operam isoladamente". As tomadas de decisões sempre são baseadas em informações, desde a era analógica. Hoje, claro, com a magnitude do big data e sua consequente análise, a base tende a ser mais (não totalmente) assertiva. Para ele, os sistemas "interagem com outros tomadores de decisão, cada um dos quais pode ter necessidades e valores diferentes, e a interação geral precisa ser informada por princípios econômicos". Jordan está desenvolvendo uma agenda de pesquisa na qual os agentes "aprendem sobre suas preferências a partir da experimentação do mundo real, onde eles combinam exploração e exploração à medida que coletam dados para aprender, nos quais os mecanismos de mercado podem estruturar o processo de aprendizagem".

Na década de 1950, conta Jordan (citado por Pretz, 2021), "as pessoas aspiravam a construir máquinas de computação que possuíssem inteligência de nível humano". Para o pesquisador, tal aspiração ainda existe, mas o que aconteceu nas décadas que se seguiram é algo diferente. "Os computadores não se tornaram inteligentes *per se*, mas forneceram recursos que aumentam a inteligência humana". Afinal, "os sistemas não formam os tipos de representações semânticas e inferências de que os humanos são capazes".

Os algoritmos atuais de última geração para tomada de decisão "contam com uma convergência de conceitos desenvolvidos em múltiplas disciplinas, incluindo economia, psicologia, neurociência, ciência da computação, engenharia, matemática e pesquisa operacional", infere Massimo Di Felice (2021, p. 20).

Abro um parêntesis para evidenciar Wilson Gomes (2019): "Em política, cada lado se dota das ferramentas conceituais que consegue imaginar, desde que funcionem com eficiência". "Funcionar", no caso, significa servir a propósitos que favoreçam quem o emprega: "Aglutinar os seus, reforçar laços identitários, constranger oponentes, oferecer justificativa moral para as pretensões do grupo, atrair simpatia ou compreensão geral, mobilizar para a ação política, dentre outros". Gomes acrescenta que, no campo político, cada lado tentará convencer todos de que as suas ferramentas conceituais preferidas são teses objetivas sobre o funcionamento do mundo, "evidências incontornáveis sobre fatos e não instrumentos para os propósitos da tribo". Será possível embaralhar os *inputs* e ver os algoritmos de referenciamento derretendo? Será?

Nas minúcias deste maquinário a que estamos expostos, entre a loucura algorítmica e as combinações de métricas, percebemos minimamente que "os algoritmos usam variáveis e um processo para alcançar um objetivo. No processo digital, as decisões são tomadas de forma automática, por meio de software", conforme reportagem do jornal *O Estado de S. Paulo* (Como..., 2018). As variáveis são "os endereços de dados salvos na memória do computador e usados na realização de cálculos pelos algoritmos. O programa é a representação do algoritmo, ou seja, um texto escrito em uma linguagem de programação. O processo é a execução de um programa".

Desde 2008, uma considerável atenção acadêmica concentrou-se em um tipo de abordagem baseada em design para moldar o comportamento denominado "cutucada sutil" ou *"nudge"*, em inglês. Richard Thaler e Sunstein (2008 citados por Silveira, 2018, p. 6) afirmam que *nudge* é "qualquer aspecto da arquitetura de escolha que altera o comportamento das pessoas de maneira previsível sem [...] mudança significativa de seus incentivos econômicos". *Nudging* vem de um conceito da economia comportamental e propõe diversas ações como cuidar mais da privacidade, desligar notificações, retirar apps que distraem da frente de nossos olhos, sair de redes sociais que difundem FN etc. A herança intelectual do *nudge* se baseia em experimentos da psicologia cognitiva que buscam compreender a tomada de decisão humana, encontrando divergências consideráveis entre o modelo de processos decisórios do ator racional, assumido pela análise microeconômica, e o modo como os indivíduos realmente tomam decisões devido ao uso difundido de atalhos cognitivos e heurísticos (Tversky; Kahneman, 1974; 1981 citados por Silveira, 2018).

Ao tratar de métricas de interesse, algoritmos de otimização de decisões "podem amplificar o impacto de seus usuários, independentemente da natureza de sua intenção", é o que considera Di Felice (2021, p. 27) e dá o seguinte exemplo: caso o objetivo do usuário desses algoritmos seja "espalhar desinformação durante uma eleição política, então os processos de otimização podem ajudar a facilitar isso. No entanto, algoritmos semelhantes podem ser usados para monitorar e neutralizar a disseminação de informações falsas" e complementa: "Às vezes a implementação desses algoritmos de tomada de decisão pode levar a consequências que não foram pretendidas por seus usuários".

Em um mundo com mudanças constantes, uma superinteligência nunca pode tomar decisões perfeitas, dizem Helbing et al. (2017) e explicam que a complexidade sistêmica aumenta mais rápido do que os volumes de dados, que crescem com mais velocidade do que a capacidade de processá-los, e ainda as taxas de transferência de dados são limitadas. Isso resulta "na desconsideração de conhecimentos e fatos locais, importantes para se chegar a boas soluções".

Além disso, alertam para o perigo de que a manipulação de decisões "por algoritmos poderosos abale a base da 'inteligência coletiva', que pode se adaptar com flexibilidade aos desafios de nosso mundo complexo". Para que a inteligência coletiva funcione, a busca de informações e a tomada de decisões pelos indivíduos devem ocorrer de forma independente, conforme presumem os autores. "Se nossos julgamentos e decisões são predeterminados por algoritmos, no entanto, isso realmente leva a uma lavagem cerebral das pessoas. Seres inteligentes são rebaixados a meros receptores de comandos, que respondem automaticamente aos estímulos".

Helbing et al. (2017) ainda avisam que estamos:

> em um momento histórico, no qual temos que decidir um caminho que permite a todos nos beneficiarmos da revolução digital. Portanto, devemos aderir aos seguintes princípios fundamentais:
> 1. descentralizar cada vez mais a função dos sistemas de informação;
> 2. apoiar a autodeterminação e participação informacional;
> 3. melhorar a transparência para obter maior confiança;
> 4. reduzir a distorção e poluição da informação;

5. para habilitar filtros de informação controlados pelo usuário;
6. apoiar a diversidade social e econômica;
7. para melhorar a interoperabilidade e oportunidades de colaboração;
8. criar assistentes digitais e ferramentas de coordenação;
9. para apoiar a inteligência coletiva, e
10. promover um comportamento responsável dos cidadãos no mundo digital por meio da alfabetização e da iluminação digital (Helbing et al., 2017).

Seguindo essa agenda digital, Helbing et al. (2017) acreditam que "todos nos beneficiaríamos dos frutos da revolução digital: a economia, o governo e os cidadãos. Big data e inteligência artificial são, sem dúvida, inovações importantes". Os autores ressaltam o enorme potencial para catalisar valor econômico e progresso social, de cuidados de saúde personalizados a cidades sustentáveis. "Entretanto, apontam que é totalmente inaceitável, "usar essas tecnologias para incapacitar o cidadão" e ressaltam que "isso não é apenas incompatível com os direitos humanos e os princípios democráticos, mas também inadequado para administrar sociedades modernas e inovadoras". Deveríamos exigir uma cidadania informada.

Os autores também reforçam que "Os direitos básicos dos cidadãos têm de ser protegidos", uma vez que são um "pré-requisito imprescindível de uma sociedade moderna e democrática". Para isso, poderíamos olhar com bons olhos em que "o Estado teria de fornecer um marco regulatório adequado, que garantisse que as tecnologias fossem projetadas e utilizadas de forma compatível com a democracia" (Helbing et al. 2017).

Para se ter uma ideia de como as plataformas operam, em *trolagem* política, observa-se, de olhos arregalados, o caso de Sophie Zhang, reportado pela *BBC News* por Jane Wakefield (2020), que trouxe à tona como a torrente de perfis falsos no Facebook tem prejudicado eleições em todo o mundo. A cientista de dados disse que no período em que trabalhou no Facebook [nos últimos três anos], tomou decisões, sem supervisão, "que afetaram presidentes" de países ao redor do mundo e "agi contra tantos políticos proeminentes globalmente que perdi a conta". Além disso, cita diferentes exemplos de manipulação política ou tentativa de manipulação que acompanhou durante seu trabalho. Aqui, a parafernália das infraestruturas da desinformação utilizadas, inclusive os dublês digitais:

> 10,5 milhões de falsas reações e falsos seguidores foram removidos de perfis de políticos de destaque no Brasil e nos Estados Unidos nas eleições de 2018 (respectivamente, presidencial e legislativa). O Facebook, diz ela, demorou nove meses para agir com base em informações de que robôs (bots) estavam sendo usados para impulsionar o presidente de Honduras, Juan Orlando Hernandez. No Azerbaijão, o partido do governo usou milhares de robôs para perseguir a oposição. Um pesquisador da OTAN (Organização do Tratado do Atlântico Norte) informou ao Facebook ter encontrado atividades oriundas da Rússia sobre uma grande figura política americana, as quais teriam sido removidas por Zhang. Contas falsas de robôs foram descobertas na Bolívia e no Equador, mas o problema não foi priorizado pelo Facebook devido à carga de trabalho. Zhang diz que descobriu e removeu 672 mil contas falsas que atuavam contra ministros da Saúde em todo o mundo durante a pandemia. Na Índia, Zhang diz que trabalhou para excluir uma sofisticada rede com mais de mil usuários que trabalhavam para influenciar uma eleição local em Nova Déli (Wakefield, 2020).

O relato detalhado sobre a deterioração da informação feito por Zhang "levanta grandes preocupações sobre a enorme responsabilidade concedida aos moderadores do Facebook, cujas decisões podem afetar eventos democráticos, resultados políticos e a vida das pessoas em todo o mundo", relata a repórter da *BBC News* especializada em desinformação Marianna Spring (Wakefield, 2020). Por aqui, o senador Alessandro Vieira expõe no Art. 6º do PL nº 2.630/20, conhecida como Lei das Fake News:

> Com o objetivo de proteger a liberdade de expressão, o acesso à informação e fomentar o livre fluxo de ideias na Internet, as redes sociais

e os serviços de mensageria privada, no âmbito e nos limites técnicos de seu serviço, devem adotar medidas para: I – vedar o funcionamento de contas inautênticas (Vieira, 2020).

A dificuldade é o controle.

As mirabolancias cometidas não param e parecem não ter fim. Empresas menores fecham quando são denunciadas e, de forma axiomática, outras abrem em seu lugar.

A regulação algorítmica refere-se a sistemas de tomada de decisão que regulam um domínio de atividade para gerenciar riscos ou alterar o comportamento por meio da geração computacional contínua de conhecimento e da coleta sistemática de dados (em tempo real, de forma contínua) emitidos diretamente de vários componentes dinâmicos pertencentes ao ambiente regulado, a fim de identificar e, se necessário, refinar automaticamente (ou solicitar refinamento) as operações do sistema para atingir uma meta pré-especificada, conforme explicação de Karen Yeung (2018, p. 505, citada por Silveira, 2018).

Em entrevista a David Barbosa, do jornal *O Globo* (2021), Zuboff, sem papas na língua, reforça que esses "mecanismos nos levam a fazer coisas que, normalmente, não faríamos ou não pensaríamos. Isso está solapando nossa própria capacidade de agir e pensar por nós mesmos".

É, de fato, um forte burburinho que atormenta a sociedade, que passa a agir e reagir conforme seus envolvimentos em causas prioritárias. Os movimentos estão escalando como jamais vistos, como se a ânsia por luta política partidária ou de classe, em sindicatos, estivessem sendo paulatinamente direcionadas para outros princípios a defender.

A complexidade ética

De apreensão complicada ao intelecto, muito porque são vários aspectos entrelaçados, a complexidade ética é uma espécie de consciência crítica que conduz a existência na direção de quebras paradigmáticas e à consequente libertação de mentes sequestradas por crenças arraigadas e, em decorrência dos mimimis delas, de comportamentos petulantes, sejam elas manipuladas por interesses não correspondentes ao bem comum ou enganadas pelas armadilhas diversas do pensamento, sobretudo o aturdido. "A complexidade ética deve tornar-se lei universal, comportando problemática, incerteza, antagonismos internos, pluralidades", diz-nos Edgard Morin (2011, p. 58, citado por Cruz, 2021, pp. 28-29). "[...] todo olhar sobre a ética deve perceber que o ato moral é um ato individual de religação, religação com um outro, religação com uma comunidade, religação com uma sociedade e no limite, religação com a espécie humana".

Nas empresas jornalísticas, o debate da ética ou da falta dela suscita a reflexão de Bucci (2000, p. 31) de que, "se uma empresa de comunicação não se submete na prática às exigências de busca da verdade e do equilíbrio, o esforço de diálogo vira proselitismo vazio".

Para Peirce, conforme Santaella em entrevista a Alexandre Gonçalves da Silva (2020), o pragmaticismo "é uma consequência da relação indissociável da lógica com a ética e a estética, ciências que estudam os fins últimos que guiam os propósitos humanos". Ela completa: "Propósitos têm, indissociavelmente, cunho político".

Vera Veiga França (2016, p. 169) reforça que o pragmatista não usa a teoria para "explicar" a realidade; "a empiria não é convocada para exemplificar a teoria. São os elementos de realidade, as características dos objetos e do problema a ser analisado que suscitam e convocam as teorias e ajudam a construir a reflexão".

Koopman (2018) argumenta que estamos vivendo cada vez mais com as consequências da tomada de decisão algorítmica inexplicável em nossa política: "tais ameaças à democracia são agora possíveis se deve, em parte, ao fato de que nossa sociedade não tem informação ética adequada à sua dependência cada vez mais profunda dos dados". Não deveria ser uma surpresa "termos de enfrentar problemas de privacidade maciços e sem precedentes, quando deixamos as tecnologias digitais ultrapassarem largamente as discussões em torno da ética ou nos cuidados com os dados".

A resposta ao tratamento incorreto generalizado de dados é um corretivo igualmente amplo. Algo que é incorporado na socialização de todos, não apenas profissionais ou reguladores. Essa reforma de dados, se você quiser, tem que aumentar o escrutínio em proporção ao poder. Se todos são igualmente responsáveis, então aqueles que jogam e lucram com os dados sempre podem se esconder atrás de um código moral individualista que culpa a vítima por não fazer o suficiente para manter os próprios dados seguros (Koopman, 2018).

Como uma bola de neve descontrolada, "crenças arraigadas são certezas que fomentam um dualismo perspectivo, experimentado cotidianamente, desde as decisões mais rotineiras àquelas que exigem ponderação grave", reflete Kalynka Cruz (2021, p. 68). A pesquisadora cita Haro (2006): "crenças adquiridas no meio são tão intensamente internalizadas que se transformam numa espécie de trilha cognitiva, um modo de pensar, uma maneira específica de aquisição do conhecimento e organização das ideias". Seria um pensar algorítmico, talvez.

Os algoritmos são uma boa ilustração do que aqui foi dito. Então, somos um HD (*hard disk*) em seu primeiro instante de uso. São então instalados, um a um, os softwares que ditarão o modo de funcionamento do HD. No caso do cérebro humano, a depender da natureza dos softwares, se religiosos, se morais, culturais, educacionais, ideológicos etc., corresponderá uma forma, em algum sentido, limitante (Cruz, 2021).

IA & Filosofia – Dualismo. Padrão recorrente de pensamento desde os primórdios da filosofia, que busca compreender a realidade e a condição humana dividindo-as em dois princípios básicos, antagônicos e dessemelhantes (p. ex.: forma e matéria, essência e existência, bem e mal, aparência e realidade etc.) (*Houaiss*).

"Da mesma maneira como ocorre com os computadores que, não sendo capazes de realizar determinado comando, por não o integrar, seu campo de habilidades do aparelho em questão, recorrem às chamadas atualizações" (Cruz, 2021, p. 68).

Se desde a infância nos foi dito que a realidade é assim ou de outra forma, esta informação será instalada no nosso cérebro e funcionará, como vimos anteriormente, como um automatismo, como um algoritmo que se mostrará capaz de resolver qualquer problema relacionado com a informação que contém. Esta estrutura cerebral, este processador, atuará como "óculos mentais" através dos quais veremos a realidade. E creremos ingenuamente que esta é a realidade (Haro, 2006, p. 93 citado por Cruz, 2021, p. 68).

"Os algoritmos são baseados nas próprias escolhas que fazemos, desenham as predileções de que damos notícia nas redes. Portanto, não é mais uma mera questão de apenas demonizar o poder das redes", deduz Santaella (2018a, p. 16), "pois elas não fazem outra coisa a não ser nos devolver o retrato de nossas mentes, desejos e crenças". Como uma religião, se não acreditamos, passamos a acreditar, algo como uma tecnoutopia.

As crenças voltam à baila, pois o crente é, de modo geral, intransigente, se instala em seu mundo e utiliza os algoritmos credenciais para resolver todas as contradições ou qualquer problema ou dúvida que lhe seja apresentada. Já se foi dito que as crenças não são apenas explicações da realidade, mas formam uma teia de interesses psicológicos, sociais, econômicos e de todos os tipos, "que vinculam firmemente o sujeito de postura rígida às suas crenças, mas, basicamente, a mente do crente é presa da bolha explicativa, o algoritmo de credenciamento que a ele aclara tudo" (Haro, 2006, p. 232 citado por Cruz, 2021, p. 74).

"A comunicação mais poderosa é aquela que vai ao encontro das expectativas do receptor. A mente humana procura ajustar impressões e estímulos a um sistema de expectativas resistente à mudança", reforça Sousa (2006, p. 30). É por essa razão "que as campanhas eleitorais se destinam mais a reforçar as convicções de quem já está convencido e a fazer decidir os indecisos do que a mudar o sentido de voto de quem já decidiu. Quem já está convencido dificilmente muda de opinião". Ao contrário, tende a rejeitar ou adulterar as mensagens que vão contra as suas expectativas e a aceitar as mensagens de acordo com as suas expectativas. "O ser humano tende a perceber bem unicamente aquilo que deseja perceber bem". Por vezes, "pode até acontecer que as mensagens que atingem o sistema de expectativas de um receptor sejam adulteradas por este último, de maneira a acomodarem-se às suas expectativas" (Sousa, 2006, p. 30).

Não importa se o comportamento se expande aos trancos e barrancos. Crenças preexistentes tornam-se tão enraizadas, incutindo ideias a programar o sistema nervoso no intuito de fazê-lo responder às novas experiências a partir de um *modus operandi* rotineiro. As ações diante de problemas similares passam de expectantes e refletidas para automáticas. Assim, coisas são apreendidas. Sinapses emparelham circunstâncias e comportamentos associados, instituindo padrões cognitivos, à maneira dos algoritmos, "[...] de um sistema que recebe, arquiva, recupera, transforma, transmite e comunica informação" (Santaella, 2005, p. 62, citada por Cruz, 2021, p. 74) em sua apresentação do nó que põe juntas as ciências cognitivas. E a pensadora descreve: "As crenças são também raízes, oferecem apoio e negam mobilidade. Vinculam-se às nossas identidades, transformando-nos em territórios para sua performance; e, tantas vezes, somos incapazes de discernir o que somos do que cremos". Trata-se de evitar, a qualquer custo, os aborrecimentos e os siricuticos.

Na cultura da partilha, retuitar, replicar, compartilhar etc. são formas de endosso. Para o crítico do Facebook, Siva Vaidhyanathan, o "compartilhar é uma declaração de identidade" sobretudo porque isso é tão importante para a maioria que busca se reafirmar no Facebook tanto "que passa a gerar um descompromisso quanto à fidelidade do que postamos porque estaríamos todos em busca de aceitação. O fato é que escolhermos performar as nossas identidades para outros no Facebook amplificando o potencial de espalhar desinformação" (Vaidhyanathan, 2018, p. 218, citado por Cruz, 2021, p. 76).

Ética de dados por design

"Que tais ameaças à democracia são agora possíveis se deve em parte ao fato de que nossa sociedade carece de uma ética da informação adequada à sua profunda dependência dos dados", completa Koopman (2018) e enfatiza: "Onde a política é orientada por dados, precisamos de um conjunto de ética para orientar esses dados".

No decorrer de um único século, de acordo com Koopman (2018), "construímos toda uma sociedade, economia e cultura que funcionam com informações. No entanto, dificilmente começamos a manipular dados éticos apropriados para nosso extraordinário carnaval de informações". O autor é taxativo: "Se não o fizermos tão cedo, os dados impulsionarão a democracia e poderemos perder nossa chance de fazer algo a respeito".

Entre certas regras éticas do jornalismo para não ser confundido com FN (salvo exceções, precisamos frisar que maçãs podres existem em várias cestas, infelizmente), quais seriam as medidas corretoras ou as que promovam a visibilidade jornalística? Uma delas, decerto, é etiquetar na própria notícia tudo o que for possível: o jornalista responsável pela matéria; a origem dele; há quantos anos trabalha para o veículo; local da graduação; o nome do veículo; quando foi fundado; os dados de circulação ou o número de pageviews, as datas dos acessos às páginas; o tempo médio de leitura; as matérias mais acessadas e fontes utilizadas: especialistas e autoridades (também esclarecer quem são, sua origem e há quanto tempo são especialistas ou autoridades no assunto). Pois, apenas afirmar que os jornalistas precisam "melhorar a qualidade" do conteúdo é menosprezar o próprio exercício da profissão. Como bem enfatiza Bucci (2000, p. 41): "O fazer jornalístico pressupõe uma ética, mas não depende de discorrer sobre ela. É como se fazer jornalismo bem-feito vale dizer, eticamente bem-feito, não dependesse de pensar sobre essa ética nem de discuti-la. Isso é em parte verdadeiro e precisa ser compreendido." Porém, sabemos que as narrativas falsas permeiam qualquer ambiente. Ao contrário do que alguns pensam, a profusão de fontes de informação só cresce. O problema não é a falta de fontes ou de boas fontes, o pior é que muitos internautas estão viciados nas mesmas fontes de sempre. Fazê-los trocar por fontes melhores, ou dignas, são outros 500. Nem é o caso de dizer que deveriam trocar fontes *mainstream*, ao menos, por outras que optam por seguir os preceitos da ética da informação.

Todos somos responsáveis pelas informações que compartilhamos

"É um pouco como se pensarmos em poluição... Se eu jogar lixo na rua, vou andar na sujeira. Se temos fluxos de informação poluídos, é porque estamos compartilhando esse tipo de conteúdo. É preciso uma conscientização pública" Wardle faz uma alusão e ao ser questionada, em 2018, por Aguiar, sobre qual foi o ponto de virada que fez o tema da desinformação se tornar tão central, respondeu: "Quando [Rodrigo] Duterte foi eleito, nas Filipinas, houve um questionamento sobre a desinformação no Facebook, mas poucos pesquisadores estavam examinando a questão de perto" e prossegue: "Então Trump foi eleito e as pessoas passaram a se questionar do porquê de um resultado eleitoral tão surpreendente". Começaram a investigar, e encontraram, por exemplo, "sites de notícias enganosas feitas por adolescentes macedônios". Assim, começaram a "reconhecer sinais de influência russa nas eleições. A eleição de Trump fez com que as pessoas voltassem os olhos para o peso das redes sociais", e, claro, das FN embutidas nelas.

Duterte foi comparado a Donald Trump "por sua política populista, retórica bombástica e tendências autoritárias. Durante sua campanha, uma fazenda *clickbait*, registrada formalmente como a empresa *Twinmark Media*, deixou de cobrir celebridades e entretenimento para promovê-lo e à sua ideologia", conta Karen Hao (2021b) que cita Maria Ressa (ganhadora do Prêmio Nobel da Paz de 2021 por seu trabalho no combate à desinformação): "É uma estratégia de 'morte por mil cortes' – desbastar os fatos, usando meias-verdades que fabricam uma realidade alternativa ao combinar o poder dos bots e contas falsas nas redes sociais para manipular pessoas reais". Nota mental: isso transcende a questão da IA.

Atrás das visitas dos internautas com armadilhas de cliques, "milhares de operações *clickbait* surgiram, principalmente em países onde os pagamentos do Facebook fornecem uma fonte de renda maior e mais estável do que outras formas de trabalho disponíveis", é o que relata Hao (2021b). Pesquisadores da *MIT Technology Review* descobriram que o problema "está acontecendo em escala global. Alguns são equipes de pessoas, enquanto outros são indivíduos, auxiliados por ferramentas automatizadas baratas que os ajudam a criar e distribuir artigos em grande escala. Eles não estão mais limitados a publicar artigos também" e ela complementa: "Eles enviam vídeos ao vivo e executam contas no Instagram, que monetizam diretamente ou usam para direcionar mais tráfego para seus sites".

Para atrair mais e mais cliques e gerar buzz, todos querem aumentar a audiência. "O Google também é culpado", afirma indubitavelmente Hao (2021b). O programa AdSense, do Google, "abasteceu as fazendas sediadas na Macedônia e em Kosovo, voltadas para o público americano antes das eleições presidenciais de 2016. E é o AdSense que está incentivando novos agentes *clickbait* no YouTube a postar conteúdo ultrajante e desinformação viral". Hao (2021b) lembra que "muitas fazendas clickbait hoje geram receita com Instant Articles e AdSense, recebendo pagamentos de ambas as empresas". Tanto porque os algoritmos do Facebook e do YouTube impulsionam tudo o que é atraente para os usuários, "e criaram um ecossistema de informações onde o conteúdo que se torna viral em uma plataforma frequentemente será reciclado na outra para maximizar a distribuição e a receita". É o já conhecido esquema multiplataforma usado desde que as plataformas existem, em que uma republica a outra transmidiaticamente. Assim, as relações comerciais das plataformas triangulam entre as plataformas.

São os abusos das plataformas. Exigência e incentivo a quem consegue gerar maior número de cliques. Hao (2021b) conta que as fazendas *clickbait* "não têm como alvo apenas seus países de origem. Seguindo o exemplo de atores da Macedônia e Kosovo, os mais novos operadores perceberam que não precisam entender nem o contexto local de um país nem seu idioma para transformar a indignação política em receita".

De modo a iludir sua autenticidade, existem pessoas ganhando dinheiro com isso, lembra Wardle (citada por Aguiar, 2018), "mas essas são mais fáceis de ser paradas, porque basta que o Google e o Facebook façam algumas mudanças. Mas há também grupos tentando conseguir influência política. E há pessoas simplesmente querendo causar problemas". Wardle aprofunda: "Você pode dizer que o Wordpress é responsável, porque ele permite que uma pessoa crie um site que parece noticioso, mas só tem informações falsas". Pode dizer que é "o Photoshop, por tornar a manipulação de imagens fácil e barata. Pode culpar as provedoras de telefonia por facilitarem o uso de mídias sociais, pode culpar as redes sociais por conectarem as pessoas, pode culpar sua mãe por compartilhar fotos sem checar" e ainda, "pode culpar os governos por não criarem regulações e se moverem lentamente, mas a verdade é que todos temos parte nisso".

Não se deve enquadrar em só olhar, pois as estratégias são traiçoeiras. Um exemplo do quão difícil e prejudicial é retirar do ar FN, porque elas voltam, é dado por Hao (2021b). Um *cluster* cambojano com 18 páginas que começou "a postar desinformação política altamente prejudicial, alcançando um total de 16 milhões de engajamentos e uma audiência de 1,6 milhão em quatro meses. O *Facebook* retirou todas as 18 páginas em março, mas novos *clusters* continuam a surgir, enquanto outros permanecem". Mesmo a atitude fura-bolha é difícil.

A [equipe do] *MIT Technology Review* revisou os documentos, imagens e vídeos que ela reuniu e contratou um tradutor Khmer para interpretar um vídeo tutorial que conduz os espectadores passo a passo por um fluxo de trabalho clickbait. Os materiais mostram como os operadores cambojanos reúnem pesquisas sobre o conteúdo de melhor desempenho em cada país e as plagiam para seus sites clickbait. Uma pasta do Google Drive compartilhada na comunidade possui duas dúzias de planilhas de links para os grupos mais populares do Facebook em 20 países, incluindo os EUA, Reino Unido, Austrália, Índia, França, Alemanha, México e Brasil (Hao, 2021b).

Com o intuito de atingir o internauta como um alvo do marketing e "para fazendas clickbait, entrar nos programas de monetização é o primeiro passo", avisa Hao (2021b), "mas quanto eles lucram depende de até que ponto os sistemas de recomendação de conteúdo do Facebook aumentam seus artigos. Eles não teriam sucesso, nem plagiariam conteúdo tão prejudicial, se suas táticas obscuras não funcionassem tão bem na plataforma". Mais adiante, você verá que a possibilidade de uso de plataforma *blockchain*, que apesar de ser um modelo descentralizado, resguarda conteúdo de plagiadores. Ao menos, os violadores precisam fazer malabarismos para roubar.

Um caso de "deplataformização" foi a decisão do *Facebook Inc.* (hoje Meta) de suspender o ex-presidente Trump de sua plataforma por ao menos dois anos – quiçá para sempre. No horizonte do Brasil, o desmantelamento da qualidade informativa não é diferente e a inação preocupa. Já passou da hora de discutir a fundo as regulamentações.

É preciso ressaltar que a disseminação das FN cai como um para-raios nas plataformas de redes sociais, provocando o caos discursivo com procedimentos viciantes. O chamado "PL das Fake News", no âmbito do Congresso Nacional, institui a Lei Brasileira de Liberdade, Responsabilidade e Transparência na Internet, que é de autoria do senador Alessandro Viera (Cidadania-SE), citado anteriormente.

Em entrevista a Nelson de Sá do jornal *Folha de S. Paulo*, Ricardo Campos, considerado "uma das principais vozes no debate sobre o projeto de lei das fake news", afirmou:

> Eleições americanas de 2016 e outros eventos globais deixaram clara a posição central das plataformas [digitais] como a nova infraestrutura da comunicação, com nítido impacto na democracia. [...] As plataformas criam espaços públicos a partir de relações privadas, e nesse sentido são decisivas para a formação da opinião pública dentro das democracias (Campos citado por Sá, 2020).

Projeto de Lei n.º 2630, de 2020 (Lei das Fake News): "Estabelece normas relativas à transparência de redes sociais e de serviços de mensagens privadas, sobretudo no tocante à responsabilidade dos provedores pelo combate à desinformação e pelo aumento da transparência na internet, à transparência em relação a conteúdos patrocinados e à atuação do poder público, bem como estabelece sanções para o descumprimento da lei" (Vieira, 2020).

Pós-verdade

Santaella (2018a, p. 36) discorre sobre o prefixo "pós". Para o dicionário Oxford, a "pós-verdade" é entendida em dois sentidos: "de um lado, o significado 'depois que a verdade tenha se tornado conhecida', de outro lado, o significado inaugurado pelo artigo de Tesich, a saber, o fato de que a verdade se tornou irrelevante". Assim, no seu sentido expandido, "o prefixo 'pós' não mais significa apenas 'depois de um evento ou situação específica' como, por exemplo, na expressão 'pós-guerra', mas também implica 'um tempo em que um conceito se tornou irrelevante ou sem importância'".

> A *Oxford Dictionaries* elegeu *post-truth* (pós-verdade) como a expressão do ano de 2016, definindo-a como um adjetivo que se relaciona ou denota circunstâncias nas quais fatos objetivos têm menos influência em moldar a opinião pública do que apelos à emoção e a crenças pessoais.

O dicionário *Oxford* chamava atenção para o fato de que o conceito de pós-verdade não era novo, segundo Santaella (2018b): "Já havia sido utilizado por Steve Tesich na revista *The Nation* (1992) para se referir ao escândalo do Irã e da Guerra do Golfo, lamentando que 'como povos livres, livremente decidimos que queremos viver em algum mundo de pós-verdade'". A saber, a verdade se tornou irrelevante, desprezada, gerando controvérsia à toa.

"Na questão da verdade, a mais perfeita perspectiva sinequeística, princípio da continuidade *tout court,* encontra-se na filosofia, cujo mister é justamente refletir em distintas modulações, no correr dos séculos, sobre, entre outras, justamente a questão da verdade", infere Santaella (citada por Silva, 2020, p. 21).

> A arte não tem nada a ver com verdades que lhe são externas, pois sua tarefa é criar sua própria verdade. A ciência tem protocolos e métodos que lhe permitem corrigir seus erros e falhas. Por isso, a ciência não mente, pois quando mente, possui meios internos para se corrigir. O que resta? O mundo dos fatos, dos acontecimentos que atravessamos cotidianamente e que nos atravessam. Por isso, Arendt reivindica a discriminação da verdade factual. Só os fatos e as tabelas da lógica podem ser verdadeiros ou falsos. As tabelas da lógica porque criam suas próprias convenções. Os fatos porque lidam com signos indiciais cujos referentes podem ser verificados, checados. Isso nos livra de pensar que a revoada de pós-verdade tenha atacado como gafanhotos exterminadores todas as atividades e áreas da produção humana (Santaella citada por Silva, 2020, p. 21).

Os fatos podem ser checados com os verdadeiros olhos de lince dos fact checkers. Resta ver se há tempo para as FN e as realidades alternativas que são inventadas aos borbotões. "A pós-verdade e as fake news só atacam majoritária e perniciosamente a política, mas a política, desde sempre, como nos diz Arendt, é a arte da mentira", lembra Santaella, que completa: "Infelizmente os seus efeitos sociais são nefastos e desastrosos. É preciso dizer mais quando a realidade fala por si?" (citada por Silva, 2020, p. 21).

Em uma cultura da pós-verdade, "a mentira, portanto, especialmente a mentira entre os homens que atuam e agem politicamente, não é, para retomar a reflexão arendtiana, acidental", pondera Lafer (1992, p. 227 citado por Bucci, 2015a). "A falsidade deliberada lida com fatos contingentes; com assuntos que não carregam no seu bojo uma verdade inerente, e não têm um corpo definido com a clareza da evidência. Por isso são vulneráveis", Lafer continua: "Fatos necessitam testemunho e testemunhas confiáveis para serem estabelecidos, pois sempre comportam dúvidas. Por isso, a mentira é uma tentação, que não conflita com razão, porque as coisas poderiam ser como o mentiroso as conta". Afora o negacionismo, principalmente o científico, pioram as dúvidas.

Em um universo informativo particular, Ramonet faz um diagnóstico: "Na física quântica é possível estar em dois lugares ao mesmo tempo. Hoje estamos diante de informações quânticas" em entrevista a Cíntia Alves (2018). O jornalista disfere uma das vertentes da pós-verdade ao defender que a vitória de Trump também demonstrou que "a verdade não é mais necessária. Para ganhar a eleição, você não precisa se apoiar na verdade. A verdade não é relevante, não é mais pertinente, e por isso se colocou esse conceito de pós-verdade ou verdade alternativa: você tem a sua, eu tenho a minha". Estaríamos, então, diante do tropo com a inutilidade da busca pela verdade?

> Em qualquer país, as redes – que são, repito, o meio dominante hoje – obrigam todos os outros meios de comunicação de massa (imprensa escrita, rádio, televisão) a repensar. Há um darwinismo da mídia

acontecendo. O ambiente que não se adapta ao novo ecossistema irá desaparecer. A adaptação não significa que outras mídias devam fazer o que as redes fazem. Não. Porque as redes são também o território, já dissemos, da manipulação, da embriaguez, das "notícias falsas", das "verdades emocionais", das "verdades alternativas", etc. A imprensa escrita deve privilegiar suas qualidades: a qualidade da escrita, o brilho da história, a originalidade do assunto, a realidade do depoimento, a autenticidade da informação, a inteligência da análise, a garantia do verificado verdade (Ramonet, 2021).

Ramonet (2021) finaliza: "As redes são a expressão de uma autêntica democratização da comunicação, embora também estas multiplicaram infinitamente as capacidades de manipular mentes". Para Harari, humanos sempre estiveram sob a condição da pós-verdade. "O *Homo sapiens* é uma espécie da pós-verdade, cujo poder depende de criar ficções e acreditar nelas" (2018, p. 289).

Deve-se à intermediação dos sistemas computacionais, regidos por específicos algoritmos, que se apresentam como generosos propulsores de desintermediação cultural e que atuam pelas plataformas e serviços digitais como Facebook (plataforma dominante), Twitter, Instagram, WhatsApp (em forte crescimento em desinformar) etc. Nesse ambiente, os agentes produtores de notícias e opiniões (e confusão entre as duas coisas) multiplicam-se, determinando processos de desinformação e desordem cognitivos (Gala; Baldi, 2019, p. 242).

Não é que as pessoas, que estão conectadas pelas tecnologias, estão totalmente se desintermediando entre elas. As tecnologias digitais propõem que as TVs possam atuar como uma remediação (Bolter; Grusin, 2002), na medida em que trabalham as velhas formas de se fazer telejornalismo concomitantemente às novas. Em uma das visadas, é possível detectar que, como as pessoas estão conectadas o tempo todo umas com as outras – e precisam estar, pois a proliferação de informação é tamanha – e tudo muda o tempo todo, elas precisam de ajuda, por exemplo, para separar o que é verdade do que não é.

Até porque, a saturação das informações proliferadas desembestadamente perde valor nas redes.

No artigo *"The Violence of Algorithms"*, publicado pela revista *Foreign Affairs* em 2015, Taylor Owen apresenta o seguinte questionamento: "Estamos construindo uma grande representação em 3D e em tempo real do mundo. Um registro permanente de nós mesmos. Mas que significado têm esses dados?" (Owen, 2015). A resposta é perturbadora. Muitas das falhas dos algoritmos usados em questões sociais têm relação com um erro básico: os algoritmos trabalham com probabilidades e não com certezas. Frequentemente se confundem.

Álex Grijelmo (2017) afirma que, hoje em dia, "tudo é verificável e, portanto, não é fácil mentir. Mas essa dificuldade pode ser superada com dois elementos básicos: a insistência na asseveração falsa, apesar dos desmentidos confiáveis; e a desqualificação de quem a contradiz". E a isso se soma um terceiro fator: "milhões de pessoas prescindiram dos intermediários de garantias (previamente desprestigiados pelos enganadores) e não se informam pelos veículos de comunicação rigorosos", observa ele, mas diretamente nas fontes manipuladoras "(páginas de internet relacionadas e determinados perfis nas redes sociais). A era da pós-mentira fica assim configurada". Com tudo isso, "se chegou à paradoxal situação de que as pessoas já não acreditam em nada e ao mesmo tempo são capazes de acreditarem em qualquer coisa".

3.
APRENDIZADO DE MÁQUINA, APRENDIZADO PROFUNDO, COMPUTAÇÃO COGNITIVA

> "As máquinas podem pensar?" (Alan Turing, 1950).

Para um mínimo de familiaridade, tentemos traçar o caminho tecnológico da IA (a moderna, como tratada pela convenção) no que diz respeito ao nosso objeto de estudo, os algoritmos acoplados à indústria das FN na cadência da desestruturação no âmbito da cultura democrática. Podemos entender, inclusive, a aprendizagem de máquina como uma forma de cartografia da informação, no caso do aprendizado de máquina, como um novo paradigma da computação. Algo como do *people learning,* ao *machine learning* e ao *deep learning.* Gil Press (2016) conta, em entrevista à *Forbes*, de onde vem a inspiração da expressão *"machine learning"*:

> Warren S. McCulloch e Walter Pitts publicam *Logical Calculus of Ideas Immanent in Nervous Activity* no Boletim de Biofísica Matemática. Este artigo influente, no qual eles discutiram redes de neurônios artificiais idealizados e simplificados e como eles poderiam executar funções lógicas simples, se tornará a inspiração para o termo "redes neurais" baseadas em computador (e mais tarde *"deep learning"*), bem como a descrição popular dos dois termos: "imitando o cérebro" (Press, 2016).

Apesar de sua importância na neurociência e computação, o célebre artigo de 1943 de McCulloch e Pitts recebeu pouca atenção histórica e filosófica, define Piccinini (2004). "Em 1943, já existia uma comunidade ativa de biofísicos fazendo trabalho matemático em redes neurais". O pesquisador relembra o que era novo no artigo de McCulloch e Pitts era o uso da lógica e da computação para entender a atividade neural e, portanto, a mental.

As contribuições de McCulloch e Pitts incluíram (i) um formalismo cujo refinamento e generalização levaram à noção de autômato finito (um formalismo importante na teoria da computabilidade), (ii) uma técnica que inspirou a noção de projeto lógico (uma parte fundamental do projeto de computador moderno), (iii) o primeiro uso da computação para resolver o problema mente-corpo e (iv) a primeira teoria computacional moderna da mente e do cérebro (Piccinini, 2004).

O aprendizado profundo, "o combustível do foguete atual da IA, é um renascimento de uma das ideias mais antigas da IA. A técnica envolve a transmissão de dados através de teias de matemática vagamente inspiradas em como as células do cérebro funcionam, conhecidas como redes neurais artificiais", explica Tom Simonite do *Guia Wired* (2018). À medida que "uma rede processa dados de treinamento, as conexões entre as partes da rede se ajustam, criando uma capacidade de interpretar dados futuros".

Edson Caldas (2017) conta que "a história da construção dos computadores está muito ligada à da IA. [...] Nos anos 1950, temos os primeiros avanços no campo da neurociência, olhando para a arquitetura do cérebro". Aqueles experimentos foram o princípio da tecnologia que hoje temos. A proposta é entremear (para não ficar muito monótono) essa, entre tantas que vão perpassar por aqui, às definições de termos componentes deste estudo, como algoritmos, conectados a outros, como IA, especialmente em seus desdobramentos hodiernos.

Aprendizado de máquina
Usando exemplos de dados ou experiência para refinar como os computadores fazem previsões ou executam uma tarefa.
Aprendizagem Profunda
Uma técnica de aprendizado de máquina na qual os dados são filtrados através de redes autoajustáveis de matemática, vagamente inspiradas por neurônios no cérebro.
Aprendizado supervisionado
Mostrando dados de exemplo de software rotulados, como fotografias, para ensinar a um computador o que fazer.
Aprendizagem não supervisionada
Aprender sem exemplos anotados, apenas a partir da experiência de dados ou do mundo – trivial para humanos, mas geralmente não é prático para máquinas. Ainda.
Aprendizagem por reforço
Software que experimenta diferentes ações para descobrir como maximizar uma recompensa virtual, como marcar pontos em um jogo (Simonite, 2018).

Inteligência Artificial, um termo cunhado por John McCarthy, professor emérito de Stanford, em 1955, foi definida por ele como "a ciência e a engenharia de fazer máquinas inteligentes". Muitas das pesquisas colocam os humanos "programando as máquinas para se comportarem de maneira inteligente, como jogar xadrez, mas, hoje, enfatizamos máquinas que podem aprender, pelo menos um pouco, como o que os seres humanos fazem" (HAI, 2021).

A inteligência artificial é a capacidade das máquinas de realizar tarefas geralmente associadas a seres humanos. Inclui conceitos como aprendizado de máquina, aprendizado profundo, redes neurais, processamento de linguagem natural e reconhecimento visual. A IA usa aprendizado supervisionado, aprendizado não supervisionado, aprendizado por reforço e aprendizado profundo para aprender e treinar modelos com dados (IBM, 2021).

"Embora a palavra algoritmo e o termo cultura algorítmica sejam convenientes porque parecem resumir bem os conceitos de análise automática e tomada de decisão, elas também podem ser enganosas – e é por isso que uso a analítica", adverte Manovich (2018b). Entre preferências codificadas, a tecnologia usada com mais frequência hoje para grandes análises de dados e previsão é aprendizado de máquina, defende, e "é bem diferente do nosso entendimento comum de um algoritmo como uma sequência finita de etapas executadas para realizar alguma tarefa. Em algum aprendizado de máquina as aplicações são 'interpretáveis', mas muitas, se não a maioria, não são" (Manovich, 2018b).

Entende-se por aprendizado de máquina (AM), "A ciência em que, para prever um valor, os algoritmos são aplicados a um sistema para aprender padrões nos dados. Com o uso de dados suficientes, é estabelecida a relação entre todas as variáveis de entrada e os valores a serem previstos", segundo Madhavan; Sturdevant e Kienzle (2019), da IBM. Vejam a questão da previsão aparecendo: "Torna-se mais fácil para o sistema prever um novo valor dadas outras variáveis de entrada. Esta abordagem difere da programação convencional, onde um aplicativo é desenvolvido com base em regras previamente definidas". Ainda dentro da definição, "embora os conceitos fundamentais de aprendizado de máquina já existam há algum tempo, o campo ganhou impulso recentemente devido aos processadores de última geração e aos dados abundantes disponíveis, que são essenciais para obter previsões precisas". Padrões, como já dito, quando repetitivos, inferem tendências comportamentais.

Para uma compreensão mais nuançada sobre IA, lançamos mão do livro-texto de Stuart Russell e Peter Norvig (*Artificial Intelligence: a modern approach*, da metade da década de 1990) – autores entre os primeiros a se tornarem conhecidos academicamente sobre o tema *IA e Sistemas Especialistas ao alcance de todos* (1989), de Emmanuel

Lopes Passos é um livro de divulgação da engenharia dos sistemas especialistas. Outro livro dessa fase é *Programação em Lógica e a Linguagem Prolog*, de Marco Antonio Casanova, Fernando A. C. Giorno e Antonio Luz Furtado. As definições de IA da literatura científica podem ser agrupadas em quatro categorias colaterais: 1) sistemas que pensam como humanos; 2) sistemas que agem como humanos; 3) sistemas que pensam logicamente e 4) sistemas que agem logicamente.

Daqui em diante, alguns termos mais ainda serão listados, como "aprendizagem de máquina [*machine learning*] (AM), "aprendizado profundo" [*deep learning*] (DL), "redes neurais", entre outros, os quais serão destrinchados brevemente ao longo das próximas páginas, especialmente no intuito de – não destramar, porque seria muito para nossa cabeça, mas – ao menos pensar o comportamento dos neurônios humanos e, daí, dos neurônios artificiais.

No entanto, há controvérsias e elas ficam mais salientes. Andriy Burkov, em *The Hundred-Page Machine Learning Book* (2019), é enfático ao contradizer: "Vamos começar dizendo a verdade: as máquinas não aprendem. O que o *'machine learning'* típico faz é encontrar uma fórmula matemática, que, quando aplicada a uma coleção de entradas (chamada de 'dados de treinamento') produz as saídas desejadas".

Tal fórmula matemática "também gera saídas corretas para a maioria das outras entradas (distintas dos dados de treinamento) na condição de que estas vêm da mesma distribuição estatística ou de uma distribuição estatística semelhante à do treinamento de dados de onde foram retirados" (IBM, 2019). "Por que isso não é aprendizado? Porque se você distorcer um pouco as entradas, a saída muito provável pode se tornar completamente errada. Então, por que o nome 'aprendizado de máquina'? O motivo, como costuma acontecer, é o marketing". Arthur Samuel, "um pioneiro americano no campo de jogos de computador e inteligência artificial, cunhou o termo em 1959 enquanto trabalhava na *International Business Machines Corporation*".

"Assim como inteligência artificial não é inteligência, o aprendizado de máquina não é aprendizado", afirma Burkov (2019), categoricamente. No entanto, "o aprendizado de máquina é um termo universalmente reconhecido que geralmente se refere para a ciência e engenharia de construção de máquinas capazes de fazer várias coisas úteis sem ser explicitamente programado para isso". Então, a palavra "aprendizagem" no termo "é usada por analogia com o aprendizado em animais, em vez de literalmente".

No guia da IBM de 2017, M. Tim Jones faz um resumo histórico da IA moderna, em voga, que, na visão dele, possui todas as características de um "grande drama". O pontapé inicial foi dado no começo dos anos de 1950, "com o foco em máquinas pensantes e em personagens interessantes, como Alan Turing e John von Neumann, a IA deu seu primeiro salto. Depois de décadas de altos e baixos e de grandes expectativas impossíveis de se atender, a IA e seus pioneiros fizeram grandes progressos" (Jones, 2017). Os tais períodos de baixa, quando caía em semiesquecimento, eram chamados de "invernos da IA". Nesses insólitos momentos, como na década de 1970 ou em meados da década de 1990, a reflexão dominava os pensadores. "Hoje a IA está expondo seu verdadeiro potencial, focada em aplicativos e fornecendo tecnologias como *deep learning* e computação cognitiva", reforçando o que sabemos.

Ainda na década de 1950, quando olhamos em retrospectiva, o ponto central das tensões da IA moderna era a tentativa de se igualar ao humano, "uma inteligência artificial forte, como era chamada, e que dizia respeito à IA que, em geral, pudesse executar qualquer tarefa intelectual tal qual um ser humano" (Jones, 2017). "A falta de progressos na IA forte eventualmente levava àquilo que era chamado de IA fraca ou à aplicação de técnicas de IA para limitar problemas", relembra Jones. "Até os anos 1980, as pesquisas de IA eram divididas entre esses dois paradigmas".

O debate sempre é intenso: será possível construir um artefato dotado da mais nobre capacidade humana? Mesmo que seja possível construir uma IA, seria aceitável fazê-lo? Tais indagações são colocadas em exame por Fabio Cozman, para *O Estado de S. Paulo*, em 2017. Décadas antes, essas questões receberam atenção do matemático e criptoanalista Alan Turing (1912-1954), que, em 1950, propôs o célebre teste de Turing: um esquema para determinar quando uma máquina seria indistinguível, do ponto de vista da inteligência, de um ser humano. O teste foi abordado no cinema pelo filme *The Imitation Game* (*O jogo da imitação*) (2014), baseado na biografia de Turing escrita por Andrew Hodges em 1983. Nesse "jogo", um avaliador humano interage apenas por meio de perguntas e respostas com um interlocutor, que pode ser outro ser humano ou uma máquina; assim, teremos produzido uma IA quando o comportamento da máquina não puder ser distinguido do comportamento humano pelo avaliador.

O teste foi introduzido por Turing em seu artigo seminal, "*Computing Machinery and Intelligence*", de 1950, que começa de modo enfático: "Eu proponho considerar a questão 'As máquinas podem pensar?'". Já que "pensar" é difícil de definir, Turing preferiu "trocar a pergunta por outra, a qual está relacionada à anterior, e é expressa em palavras menos ambíguas" (p. 433). A nova pergunta de Turing é: "Há como imaginar um computador digital que faria bem o 'jogo da imitação?'" (p. 442).

The Bombe e *Eniac* também foram construídos nesta época:

> A importância dos algoritmos se eleva com advento do computador e dos sistemas baseados em linguagem binária (digitais), principalmente a partir de meados do século XX, diante da construção de máquinas como *The Bombe*, sob liderança de Alan Turing, que visava decodificar mensagens alemãs "criptografadas" durante a II Guerra Mundial e também da construção do *Eniac* (Electronic Numerical Integrator and Computer) nos EUA, visando melhorar a performance de guerra aumentando a precisão de cálculos balísticos (Silva, 2017, pp. 30-31).

Mas foi, sobretudo, em 1959 que Arthur Lee Samuel "inaugurou um subcampo da IA com o objetivo de prover os computadores da capacidade de aprender sem serem programados, denominado por ele de *Machine Learning*", como relata Kaufman (2017) e exemplifica: "A técnica não ensina as máquinas a, por exemplo, jogar um jogo, mas ensina como aprender a jogar um jogo utilizando técnicas baseadas em princípios lógicos e matemáticos. O processo é distinto da tradicional 'programação', a máquina aprende com exemplos".

Silveira (2017, citado por Cardoso, 2019, p. 275) reflete sobre os algoritmos de aprendizagem de máquina como "dispositivos performativos", na medida em que constituem um sistema de tradução capaz de aprender com as ações do ator humano e, desse modo, agenciar informações, temas e conteúdo a partir das preferências que definem o perfil de uso.

A partir da década de 1960, em sintonia comum com a vertente transdisciplinar da cibernética, "os primeiros algoritmos de IA procuraram não apenas definir regras para sistemas humano-máquina, mas governá-los através de mecanismos comportamentais de realimentação de longo alcance, conjurando mundos sublimes de regulação automática" (Dupuy, 2009 citado por Ames, 2018). Paralelamente a esse sonho utópico, conforme Ames (2018), "desenvolveu-se um pesadelo distópico de uma sociedade mecanizada na qual a agência individual era subordinada ao controle algorítmico coercitivo por meio de instituições e governos".

Na chamada história moderna da IA, foi em torno de 1980 que "o aprendizado de máquina se tornou uma área de pesquisa proeminente com o propósito de oferecer aos computadores a capacidade de aprender e desenvolver modelos para realizar atividades como previsão dentro de domínios específicos" (Jones, 2017).

A maior parte do que está sendo chamado "IA" hoje em dia, especialmente na esfera pública (Habermas, 1960) é o que se chamava "aprendizado de máquina" nas últimas décadas. Ainda hoje, usa-se as expressões como sinônimos. O AM "é um campo algorítmico que mescla ideias de estatística, ciência da computação e muitas outras disciplinas para projetar algoritmos que processam dados, fazem previsões e ajudam a tomar decisões", reforça Jones (2017), reafirmando a consideração da multidisciplinaridade dita anteriormente e que retorna na reflexão de outros autores.

A tecnologia da informação remodela a sociedade em modo contínuo e no seu guarda-chuva está o exemplo da criação de perfis e os subsequentes agenciamentos por algoritmos de AM, que, ao monitorar as ações, modificam a si mesmos e filtram conteúdos para os perfilados. Interessa-nos incluir uma questão levantada por Cardoso (2019) sobre "que tipo de efeito de tensionamento sociotécnico faz emergir no tecido social, de modo que seja possível perguntar: tais efeitos são socialmente desejáveis?". Afinal, o tecido social discutido em Cardoso tem trama humana. A predição que se espera é que seja ao menos de conexões, baseada em conhecimento, já que AM cria modelos que autoprojetam soluções.

Em outra definição, agora de Medon (2020), "A partir da habilidade de acumular experiências pessoais, este recurso permite que a IA aja de maneira diversa diante de situações idênticas, porque carrega em seu código o aprendizado das ações performadas anteriormente". Tal como ocorre "com a experiência humana, guardadas as devidas proporções, a máquina aprende com base em seus atos, ou seja, seus erros e acertos modelam seu agir futuro".

Na década de 1980, um grupo de pesquisadores – Yann LeCun, Geoffrey Hinton e Yoshua Bengio – "concebeu um novo caminho para o aprendizado de máquina inspirado no funcionamento do cérebro (daí o nome redes neurais e neurônios artificiais), que foi concretizado recentemente em função da maior capacidade computacional e do big data", conta Kaufman (citada por Fachin, 2020).

Os algoritmos acoplados ao big data dão azo a uma situação na qual "um número finito de componentes gera uma diversidade praticamente ilimitada de combinações" (Deleuze, 2004, citado por Castro, 2018, p. 167).

> São modelos estatísticos de previsão de cenários, a probabilidade deles se realizarem e quando; correlacionando grandes quantidades de dados, os algoritmos de IA são capazes de estimar com relativa assertividade a

probabilidade de um tumor ser de um determinado tipo de câncer, ou a probabilidade de uma imagem ser de um cachorro, ou a probabilidade de quando um equipamento ou peça necessitará de reposição, ou o candidato apropriado para o perfil de determinada vaga de emprego, ou o tipo de serviço ou produto adequado ao perfil do consumidor; o alto grau de acurácia de suas previsões justifica a proliferação desses modelos (Kaufman citada por Fachin, 2020).

A tecnologia é um significador, e no *deep learning* (DL), "o foco são problemas solucionáveis de natureza prática, relacionado a uma tarefa concreta. O treinamento de uma rede neuronal artificial consiste em mostrar exemplos e ajustar gradualmente os parâmetros da rede até obter os resultados requeridos (tentativa e erro)" (Kaufman, 2017).

Notem que a expressão "ciência de dados" faz referência a esse fenômeno, refletindo a necessidade "dos especialistas em algoritmos de AM entrarem em parceria com especialistas em sistemas distribuídos e bases de dados para construir sistemas de AM escaláveis e robustos refletindo o escopo social e ambiental mais amplo dos sistemas resultantes" (Jordan, 2018).

Hao (2021b) reforça a questão do treinamento, inclusive quando as pessoas condizentes com a força de seus desejos clicam em anúncios publicitários, e arrola exemplos: "Ao contrário dos algoritmos tradicionais, que são codificados por engenheiros, os algoritmos de aprendizado de máquina 'treinam' os dados de entrada para aprender as correlações dentro deles. O algoritmo treinado, conhecido como modelo de AM, pode automatizar decisões futuras".

Um algoritmo treinado em dados de clique em anúncios, por exemplo, pode aprender que as mulheres clicam em anúncios de leggings de ioga com mais frequência do que os homens. O modelo resultante, então, exibirá mais desses anúncios para mulheres. Hoje, em uma empresa baseada em IA como o Facebook, os engenheiros geram incontáveis modelos com pequenas variações para ver qual deles tem o melhor desempenho em um determinado problema. Assim como os algoritmos podem ser treinados para prever quem clica em qual anúncio, eles também podem ser treinados para prever quem gostaria de compartilhar qual postagem e, em seguida, dar a essas postagens mais destaque (Hao, 2021b).

Se o modelo determinasse que uma pessoa realmente gostava de algo, por exemplo, as postagens de amigos sobre esse algo apareceriam em uma posição superior no feed de notícias do usuário (Hao, 2021b). Em suma, um maior poder computacional reforça essa cola da crescente disponibilidade de grande quantidade de dados e o progresso dos algoritmos.

O texto dos princípios de IA da Comissão Europeia sobre confiabilidade e segurança dá a intensidade que cabe a cada indivíduo por direito. "Os sistemas de Inteligência Artificial não devem causar nem exacerbar danos ou afetar adversamente os seres humanos. Devem proteger a dignidade humana, bem como a integridade mental e física" (Ethics..., 2019, p. 4). Os sistemas de IA "e os ambientes em que operam devem ser seguros, tecnicamente robustos e deve-se garantir que não estejam abertos ao uso malicioso. Pessoas vulneráveis devem receber maior atenção e ser incluídas no desenvolvimento, implantação e uso de sistemas de IA".

De qualquer forma, é preciso vigiar, encher os olhos, apesar do que dizem os direitos fundamentais em que se baseia a União Europeia, os quais "visam garantir o respeito pela liberdade e autonomia dos seres humanos". E eles "que interagem com os sistemas de IA devem ser capazes de manter a autodeterminação completa e eficaz sobre si mesmos e participar do processo democrático" (Ethics..., 2019, p. 8).

As fases do ciclo de vida de um sistema de IA, conforme a Organização para a Cooperação e Desenvolvimento Econômico (OCDE), envolvem: "Projeto, dados e modelos", que é uma sequência dependente do contexto que abrange planejamento e projeto, coleta e processamento de dados, bem como construção de modelo; "Verificação e validação"; "Implantação"; e "Operação e monitoramento" (OCDE, s.d.). Essas fases, na maior parte das vezes, "ocorrem de maneira interativa e não são necessariamente sequenciais. A decisão de retirar um sistema IA de operação pode ocorrer a qualquer momento durante a operação e fase de monitoramento". Alguns exemplos, entre mito e realidade em IA, na visão de Patrizio (2020), são importantes para maior elucidação teórica:

Mito: A IA é mais inteligente que as pessoas

Realidade: a IA é tão inteligente quanto quem a programa. "Acho que o mecanismo mais inteligente do mundo é o cérebro humano e não vamos construir uma IA mais inteligente do que ele. A IA não é senciente, não é consciente e não acho que seja mais inteligente do que nós", afirmou McCall. Não há inteligência artificial sem pessoas. São os seres humanos que criam os algoritmos e as informações que compõem a IA. Nós a construímos, ensinamos e fornecemos as ferramentas para tomar certas decisões em nosso nome. "Estreitamente, a IA pode ser usada em alguns círculos para tomar decisões mais rapidamente que os humanos. Isso não significa que as decisões sejam sempre corretas, ponderadas ou que sempre forneçam o resultado certo", declarou McCall. "A IA tem consciência social? Algumas decisões só podem ser tomadas por humanos."

Mito: Não faço ideia do que a IA está fazendo e se posso confiar nela.

Realidade: a IA é muito mais transparente agora. No início, os AIOps eram vistos como uma "caixa-preta", isto é, um sistema misterioso que gerava resultados sem fornecer informações sobre o que o algoritmo subjacente fazia e porquê. No entanto, com o tempo, vemos essas soluções se tornarem mais maduras. "Embora alguns sistemas não forneçam transparência, cada vez mais fornecedores de software e sistemas de inteligência artificial estão dando mais visibilidade sobre os motivos da tecnologia", afirmou Byrne, da *OpsRamp*. "O difícil é fornecer a transparência adequada, não sobrecarregar o usuário, ganhar sua confiança e compreensão". "O que o mundo está trabalhando agora é em como estruturar e organizar os dados para explorá-los e como construir algoritmos", explicou McCall. "Um pouco de dados não estruturados é bom, mas quando abrimos comportas, você precisa ter um *data lake* com a capacidade de organizá-los e estruturá-los mais tarde."

Mito: A modelagem determina o resultado

Realidade: Você não pode ter certeza. Todas as iniciativas de IA começam como projetos de teste. Você pode obter excelentes resultados durante os pilotos, mas descobrir que o seu modelo é muito menos preciso quando implementado na produção. Isso ocorre porque os modelos de IA e de aprendizado de máquina devem ser treinados em dados, e esses dados de treinamento devem ser representativos dos dados reais – ou os resultados sofrerão as consequências. Observe também que o treinamento do seu modelo de IA nunca estará completo. Assim que você colocar o seu modelo no mundo real, a sua precisão começará a diminuir. A velocidade do declínio dependerá da rapidez com que os dados do mundo real mudam (e as preferências do cliente podem mudar rapidamente), mas mais cedo ou mais tarde seu modelo precisará ser treinado novamente com novas informações. "É uma tarefa delicada de definir o seu conjunto de dados de treinamento. Os seus dados de treinamento devem ser os mesmos que os de produção", revelou Marwaha. "Essa é a chave para tornar os seus programas bem-sucedidos." E é uma chave que você precisará mudar diversas vezes ao longo da vida útil do seu modelo de IA (Patrizio, 2020).

Entre as mil e uma definições que a IA, de modo resumido, descreve programas de computador que são "treinados" para resolver problemas que normalmente seriam difíceis para um computador. Esses programas "aprendem" de maneira consecutiva a partir de dados analisados, adaptando métodos e respostas, para maximizar a precisão.

Redes neurais não são capazes de fornecer alguma explicabilidade

Como parte de tais especificidades nos problemas mais cabeludos protocolares, Cade Metz (2019) conta ao jornal *The New York Times* que, em 2004, Hinton "redobrou os esforços na busca a uma ideia tecnológica chamada rede neural. Tratava-se de um meio de as máquinas verem o mundo em torno delas, reconhecerem sons e mesmo entenderem a linguagem natural". Mas os cientistas já haviam gasto mais de 50 anos trabalhando no conceito de redes neurais, "e as máquinas na verdade não conseguiram fazer nada disso".

O objeto de nossa aspiração seria "permitir ao cidadão entender o funcionamento do algoritmo, de que maneira determinada decisão foi tomada, seu propósito e justificativa, além de quais dados são utilizados no processamento" (Recomendações..., 2020, p. 25). É preciso ter em mente que nem sempre o cidadão comum terá capacidade de averiguar por si só os resultados da IA, mesmo com muita transparência.

> Nesse sentido, produzir a *accountability horizontal* é tão importante quanto a vertical. [...] no intuito de se garantir a explicabilidade, sugerimos a obrigatoriedade de elaboração e publicação de Relatório de Impacto Algorítmico prévio à operação, para todos os sistemas de IA que causem impacto no exercício de direitos, que possam prejudicar o cidadão e que envolvam dados sensíveis, especialmente dados genéticos (Recomendações..., 2020, p. 25).

Durante a última década, "a grande ideia alimentada pelos pesquisadores reinventou o modo como a tecnologia é construída, acelerando o desenvolvimento de serviços de reconhecimento facial, assessores de voz, robôs de uso doméstico e carros sem motorista" (Metz, 2019). Como um bicho de sete cabeças, internet das coisas, robótica, realidade aumentada, realidade virtual, realidade estendida, automatização, aparato de vigilância e controle passam a povoar nosso mundo mais constantemente e com mais força.

Um dos primeiros exemplos de uso da realidade aumentada formando camadas veio com a possibilidade de acessar *QR-Codes* através dos smartphones. Imagine o código de barras que encontramos nas embalagens dando informações sobre o produto. O *QR Code* também é um código, só que binário, para achar informações e links.

> Ao apontar o celular, com o programa instalado, o código é lido em segundos e traz mais conteúdo sobre o que se está querendo saber (Prado, 2011, p. 223).

Entre outras explanações, o jornalista reforça que "vagamente modelada na rede de neurônios do cérebro humano, uma rede neural é um complexo sistema matemático que pode aprender tarefas distintas analisando enormes quantidades de dados" (Metz, 2019). Difícil é transferir conhecimento ou ao menos saber exatamente como se dá essa transferência. "Isso permite a muitas tecnologias de inteligência artificial avançar num ritmo que seria impossível no passado. Em lugar de codificar comportamentos um a um, cientistas da computação podem hoje criar tecnologias que aprendem em grande parte por si mesmas". Uma (boa) balbúrdia!

Por conseguinte, o AM tornou-se uma área proeminente de investimento e de pesquisa, com o propósito de oferecer aos computadores a capacidade de aprender com base em exemplos e experiências. Após pesquisas investigativas sobre IA e AM, por volta do ano 2000, surgiu, então, o aprendizado profundo (*deep learning*) "com redes autoajustáveis de matemática e desde a década passada, a computação cognitiva veio com o intuito de construir sistemas que possam conhecer e interagir com humanos" (Jones, 2017). Mesmo que essa interação traga a "datificação da vida", e isso não é uma gabarolice, a expressão ganhou popularidade nos últimos tempos. "Os cientistas da computação usavam redes neurais em várias camadas com novas topologias e métodos de aprendizado. Essa evolução das redes neurais resolveu com êxito problemas complexos em vários domínios".

É prudente lembrar que o aprendizado profundo se desenvolve continuamente e transforma, dentre inúmeros exemplos, o do reconhecimento de fala e imagem de forma mais precisa. "É um conjunto relativamente novo de métodos que está mudando o aprendizado de máquina de forma fundamental. O *deep learning* não é um algoritmo propriamente dito, mas uma família de algoritmos que implementa redes profundas com aprendizado sem supervisão" (Jones, 2017). Para as próximas gerações, isso tudo dito aqui será um feijão com arroz.

A computação cognitiva, baseada em redes neurais e *deep learning*, está aplicando conhecimento de ciências cognitivas para desenvolver sistemas que simulem processos do pensamento humano. Entretanto, em vez de focar em um único conjunto de tecnologias, a computação cognitiva cobre diversas disciplinas, inclusive aprendizado de máquina, processamento de linguagem natural, visão e interação humano-computador (Jones, 2017).

Caldas (2017) cita Amir Khosrowshahi, diretor de tecnologia de IA na Intel, ao afirmar que o que a Intel tem feito é "colocar esses conhecimentos no silício" – ou seja, nos processadores e chips – e construir produtos baseados na maneira com que o cérebro funciona. "O *deep learning* é o estado da arte". No caso, a máquina desbarata e aprende a partir dos dados e não precisa ser ensinada por um especialista.

O poder da IA para uma série de experiências dos problemas do mundo real

No alto da vivente conexão de pessoas, ciborgues, computadores, coisas, animais, apps e conexão de dados e mais dados, há o vai-e-vem do humano, da técnica e da natureza, muitas vezes com seus estratos amalgamados. Para tanto, é pertinente trazer mais um resumo de como isso funciona.

Kai-Fu Lee (2018) aponta que as redes neurais requerem "grandes quantidades de duas coisas: poder de computação e dados. Os dados 'treinam' o programa para reconhecer padrões, fornecendo muitos exemplos e o poder de computação permite que o programa analise esses exemplos em altas velocidades" (p. 18). O autor lembra que, na década de 1950, havia uma escassez tanto de dados quanto do poder de computação, cenário que mudou muito nas décadas seguintes, convenhamos.

Mas as próprias redes ainda eram severamente limitadas no que era possível fazer. Quem nunca ficou esperando a discagem completar? "Resultados precisos para problemas complexos exigiram muitas camadas de neurônios artificiais, mas os pesquisadores não encontraram uma maneira de treinar com eficiência essas camadas à medida que foram adicionadas", conta Lee. A grande ruptura técnica do *deep learning*, relembra, "finalmente chegou em meados dos anos 2000, quando o principal pesquisador Geoffrey Hinton descobriu uma maneira de treinar com eficiência essas novas camadas em redes neurais".

> O resultado foi como dar esteroides às velhas redes neurais, multiplicando seu poder de realizar tarefas como reconhecimento de fala e objetos. Em breve, essas redes neurais aprimoradas – agora rebatizadas como "*deep learning*" – poderiam superar os modelos mais antigos em uma variedade de tarefas. Depois de décadas passadas à margem da pesquisa de IA, as redes neurais atingiram o *mainstream* durante a noite, desta vez na forma de *deep learning* (Lee, 2018, p. 18).

Estão em processos adivinhatórios até, mas não temos certeza se é proposital ou não.

Pesquisadores, futuristas e CEOs de tecnologia começaram a mencionar sobre "o enorme potencial do campo para decifrar a fala humana, traduzir documentos, reconhecer imagens, prever o comportamento do consumidor, identificar fraudes, tomar decisões sobre empréstimos, ajudar os robôs a 'ver' e até mesmo dirigir um carro".

> Fundamentalmente, esses algoritmos usam grandes quantidades de dados de um domínio específico para tomar uma decisão que otimiza para um resultado desejado. Ele faz isso treinando a si mesmo para reconhecer padrões profundamente enterrados e correlações conectando os muitos pontos de dados para o resultado desejado (Lee, 2018, p. 19).

Fazer isso requer uma grande quantidade de dados relevantes, um forte algoritmo, um domínio estreito e um objetivo concreto, sinaliza Lee (2018, p. 19) e acrescenta que se houver "falta de qualquer um destes, as coisas desmoronam. Poucos dados? O algoritmo não tem exemplos suficientes para descobrir correlações significativas. Um objetivo muito amplo? O algoritmo carece de *benchmarks* claros para atingir na otimização".

Adiante, entraremos de cabeça em tudo aquilo que ultrapassa o humano e o racional. Por enquanto, ainda tateamos na vagueza de se tentar entender a IA quando da algoritmização por trás disso tudo.

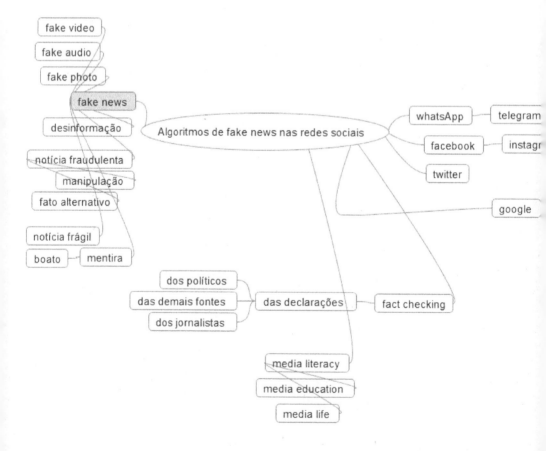

4.
FAKE NEWS E A PLATAFORMIZAÇÃO

> "Os fatos são matéria das opiniões, e as opiniões, inspiradas por diferentes interesses e diferentes paixões, podem diferir largamente e permanecer legítimas enquanto respeitarem a verdade de fato. A liberdade de opinião é uma farsa se a informação sobre os fatos não estiver garantida e se não forem os próprios fatos o objeto do debate" (Hannah Arendt, 1964).

É deveras desanimador constatar que boa parte do ambiente da internet é fake. Sendo uma estrutura de (pós) convergência de mídias, assim, estamos falando de texto, de audiovisual e até de realidades (e informações) aumentadas ou alteradas; que muitas das métricas são fakes, incidindo em seus resultados igualmente fakes; que várias empresas trabalham propositadamente com possibilidades fakes; que grande quantidade do conteúdo disponível na web é fake; que existe IA fake; que é abundante saber das "tiradas" fakes na política (ontem, hoje e quiçá sempre); e, por fim, que é cada vez mais numeroso o espectro de pessoas fakes: seremos ou nos tornaremos nós mesmos fakes. Não se trata de hipérbole. À parte desse devaneio desolador, vamos tentar alinhavar o que este estudo propõe para o campo da comunicação e seu consequente desmanche.

O que vemos é que as FN, apesar de conhecidas contraditoriamente como notícias, mesmo com o adendo de que são mentirosas, ou melhor dizendo, informações publicadas sem apuração dos fatos, assolam a comunicação e, infelizmente, ainda não foram definidas de forma clara – seja na maneira dita à boca pequena, seja até mesmo na forma da lei –, tampouco receberam uma solução plausível. Ainda não se desenvolveu um mecanismo efetivo para validar e contrastar com o conteúdo de qualidade, ao passo que as FN trabalham como uma máquina de propaganda (imagine, então, em um discurso político!).

Antes mesmo do quiproquó da plataformização, seja ela de dados ou não, de ser cunhada como capitalismo de plataforma ou economia de plataforma ou da existência do movimento de desplataformização, Gillespie já avisava, em 2010, em "Política de 'plataforma'", que os provedores de conteúdo online, como o YouTube, estavam se posicionando "cuidadosamente" para os "usuários, clientes, anunciantes e formuladores de políticas, fazendo afirmações estratégicas sobre o que fazem e não fazem e como seu lugar no cenário da informação deve ser entendido. Um termo em particular, 'plataforma', revela os contornos dessa obra discursiva" (Gillespie, 2010). O termo tem sido empregado "tanto em seus apelos populistas quanto em seus arremessos de marketing, às vezes como 'plataformas' técnicas, às vezes como 'plataformas' para falar, às vezes como 'plataformas' de oportunidade" e "quaisquer tensões existentes no serviço a todos esses constituintes são cuidadosamente eliminadas" (Gillespie, 2010). De qualquer forma, a mecânica das plataformas funciona com a ajuda da IA a estruturar suas redes informacionais e é abastecida pela participação dos usuários. Sem eles, ela não acontece e sem a IA, uma bagunça!

"O termo também se encaixa em seus esforços para moldar a política de informação, na qual buscam proteção para facilitar a expressão do usuário, mas também buscam responsabilidade limitada pelo que esses usuários dizem" (Gillespie, 2010).

Importante salientar que os oligopólios da informação já existiam antes das plataformas, antes da internet. "À medida que a desinformação cresce em seu escopo e sofisticação, alguns a procuram como uma forma de detectar e moderar efetivamente o conteúdo" (Ghosh, 2018, citado por Wardle, 2018). Vale lembrar que essa moderação de conteúdo pelas plataformas é opaca e os usuários mal leem aqueles termos e condições de uso que assinam. A IA também "contribui para o agravamento, automatizando os processos que permitem a criação de manipulações mais persuasivas, como as de imagens, e possibilitando campanhas de desinformação possíveis de ser direcionadas e personalizadas com muito mais eficiência". Cumpre frisar por que, raios, ninguém faz nada para impedir o que é notoriamente contraproducente.

A atividade de uma única página ou grupo de páginas pode não parecer significativa, lembra Camille François, em reportagem de Hao (2021b). "Mas quando centenas ou milhares de atores estão fazendo a mesma coisa, amplificando o mesmo conteúdo e alcançando milhões de membros do público, isso pode afetar a conversa pública". François ainda entende que "O que as pessoas veem como uma conversa doméstica sobre um assunto pode, na verdade, ser algo completamente diferente. É um monte de gente paga fingindo não ter nenhum relacionamento, otimizando o que postar".

Mas o ex-cientista de dados do Facebook, Jeff Allen, e Victoire Rio, pesquisadora de direitos digitais que luta contra os danos induzidos pela plataforma em Mianmar e outros países do Sul Global, dizem, ainda na reportagem de Hao (2021b), que as ações da empresa [Facebook, hoje Meta] "não conseguiram fechar brechas fundamentais nas políticas e designs da plataforma – vulnerabilidades que estão alimentando uma crise global de informações". E Rio complementa: "Está afetando os países em primeiro lugar fora dos Estados Unidos, mas também representa um risco enorme para os Estados Unidos a longo prazo. Isso afetará praticamente qualquer lugar do mundo quando houver eventos intensos, como uma eleição."

Especialistas em desinformação ouvidos por Hao (2021b) afirmam que "é enganoso traçar uma linha dura entre *spammers* com motivação financeira e operações de influência política. Há uma diferença na intenção: os *spammers* com motivação financeira são agnósticos quanto ao conteúdo que publicam" e ela completa: "Eles vão aonde quer que haja cliques e dinheiro, permitindo que o algoritmo de feed de notícias do Facebook dite quais tópicos eles cobrirão em seguida. Em vez disso, as operações políticas visam promover uma agenda específica". Apesar da mesma aparência, "quando a turbulência política se instala, eles se voltam para as notícias hiperpartidárias, a desinformação e a isca de indignação porque conseguem mais engajamento".

Juntas, Apple, Microsoft, Alphabet, Amazon e Facebook somam quase 5 trilhões de dólares. Apple sozinha chega a 1,4 trilhão de dólares. Microsoft (1,2 trilhão de dólares), Alphabet (1 trilhão de dólares), Amazon (924 bilhões de dólares), Facebook (221 bilhões de dólares). A única que ultrapassou 1 trilhão de dólares e não é Big Tech é a petroleira Saudi Aramco (Watkins, 2018).

Para Evgeny Morozov (2018), atualmente, "as big techs são os grandes conglomerados da comunicação". A *Forbes* solta a lista dos empresários com seus respectivos valores de patrimônio líquido (em dólares), veja alguns: a Amazon (Jeff Bezos: $177 bi), Microsoft (Bill Gates e Melinda French Gates: $124 bi), Facebook (Mark Zuckerberg: $ 97 bi), Google (Larry Page: $91,5 bi e Sergei: $89 bi), entre outras, todas do ramo da tecnologia. Bom ressaltar que essas cinco principais bigs techs (incluindo a Apple) valiam cerca de 9 trilhões de dólares no último ano e que agora (novembro de 2021) só a Alphabet, dona do Google, ultrapassou 11 trilhões. Se bem que a comunicação é apenas uma parte do capitalismo. De caráter essencial, mas apenas uma parte. "E como tal, para além dos antigos impérios que se tornaram diminutos diante delas, se tornaram o centro do capitalismo hoje. O negócio gira em torno da venda do nosso tempo diante das telas, sejam elas de celular, de TV, de tablet, de painel eletrônico de carro".

São nosso tempo, diz o autor, e, "sobretudo, nosso engajamento (um nome romântico e idealista para um fim de gosto duvidoso) que estão à venda" (Morozov, 2018). Nosso tempo derretendo nas mãos deles.

Em resumo: o nosso olhar, define Morozov (2018), um incivil extrativismo digital. "É por ele que bilhões de imagens se alternam em busca de captar um like, um comentário, uma venda". Afinal, a tecnologia digital atual é um emaranhado confuso de geopolítica, finança global, consumismo desenfreado e acelerada apropriação corporativa dos nossos relacionamentos mais confidenciais. "Nossa sociedade digital não é a causa do mundo em que vivemos, mas sim consequência dele. Lembrando suas palavras ao dizer que tudo vira um ativo rentável: nossos relacionamentos, nossos interesses, nossa vida familiar ou íntima, férias", ressalta Elizabeth Anne Watkins (2018). Tudo nessa economia datificada em um remix para vigiar, controlar e reprimir. No radar, também marca os conflitos de informação.

Nos últimos anos, principalmente desde 2016, o Facebook (lançado em 2004, em Harvard, e disseminado em 2006) é o que mais evidencia a prática dos algoritmos, atrapalhando e mesmo atravancando a comunicação do que realmente importa, na medida em que dissipa o conteúdo no momento de sua publicação. Há que se lembrar da volatilidade dos conteúdos publicados em uma rede e que acabam por figurar em outras, ou seja, em multiplataformas, fazendo com que esses conteúdos circulem, além de e para variados públicos, e continuem "no ar". Afora quando os mesmos conteúdos se esparramam em muitas direções e outros meios, como se reforça na comunicação: na *crossmedia*.

Joaquin Quiñonero Candela, líder da equipe de IA do Facebook, foi quem transformou tal rede social em empresa movida a IA e, de quebra, uma potência no uso dessa tecnologia. "Em seis anos, ele criou alguns dos primeiros algoritmos para direcionar os usuários com conteúdo precisamente adaptado aos seus interesses, e então difundiu esses algoritmos por toda a empresa", relata Hao, em reportagem a *MIT Technology Review* (2021a).

Em 2012, Quiñonero liderava uma equipe da Microsoft Research no Reino Unido, que usava AM para fazer mais visitantes clicarem em anúncios exibidos pelo mecanismo de busca do Bing. "Sua experiência era rara. O AM, um subconjunto da IA, ainda não tinha se mostrado uma solução para problemas da indústria de grande escala. Poucos gigantes da tecnologia investiam na tecnologia", conforme aponta Hao (2021a). Um amigo de Quiñonero queria mostrar seu novo empregador, uma das startups mais "quentes" do Vale do Silício: o Facebook, na época com oito anos e já com quase 1 bilhão de usuários ativos por mês (ou seja, aqueles que se conectaram ao menos uma vez nos últimos 30 dias).

Como se não houvesse amanhã, "o objetivo era aumentar a receita e ultrapassar o Google, que detinha a maior fatia do mercado de publicidade online. O AM, que poderia prever quais anúncios teriam melhor ressonância com quais usuários e, assim, torná-los mais eficazes, era a ferramenta perfeita" (Hao, 2021a). Apenas guerrinha cibernética dos poderosos em ação.

Mas, afinal, teoricamente "os algoritmos não se resumem exclusivamente a coletar dados dos usuários das redes sociais, a fim de mapear suas preferências e direcionar propagandas ou determinadas publicações", como observa Gillespie (2018, p. 115).

> Para coletar as informações dos seus usuários, os provedores de informações desenvolvem ferramentas que estimulam a permanência na plataforma e o fornecimento de informações pessoais aos algoritmos. A opção de "curtir" / "reagir" do Facebook é uma dessas ferramentas estratégicas utilizadas pela rede social para identificar as afinidades do usuário e consequentemente direcionar a publicidade ideal para cada perfil, aumentando as chances de sucesso do anúncio (Gillespie, 2018, p. 115).

"No mundo da sociabilidade online, no qual o comportamento humano é codificado em (meta) dados e mediado por plataformas, as distinções entre fatos, opiniões e previsões – entre objetividades, subjetividades e potencialidades – são gradualmente apagadas", define Van Djick (2014, p. 206). A autora cita, na sequência, Latour (2007): "eles são obliterados de tal forma que ambos vão se graduando para o mesmo tipo de visibilidade – o que não é pouca vantagem se quisermos desemaranhar a mistura de fatos e opiniões que se tornou nossa dieta usual de informação". Alegam liberdade de expressão para opinar uma sucessão de bobagens.

Para piorar, as plataformas mais utilizadas são permissivas e naturalizam o discurso extremo de ódio, o fascismo digital e as acusações preconceituosas, amplificado nas bolhas das bolhas das redes pelos algoritmos de IA e a falta de ética que os envolve. Vocês têm uma vaga ideia de como será a epopeia de moderar falas de ódio no metaverso do Facebook (ou melhor, do Meta, já que seu nome corporativo mudou) e a visualização dessa violência, com o uso de óculos de realidade virtual no reino digital (o do Facebook chama-se Oculus [empresa comprada em 2014 por U$ 3 bi]), já que sua IA não consegue moderar nem a rede social, a maior do mundo? Há que se verificar a realidade aumentada da Disney, o metaverso corporativo da Microsoft e os demais esquemas P2P altamente distribuídos.

O esquema de plataformização de grandes conglomerados monopolistas não é transparente. Veremos adiante a ação algorítmica. "O erro foi assumir que as plataformas estavam do lado somente da democracia. Quando, na verdade, eram ferramentas de transformação e disrupção, e não só os regimes autoritários poderiam ser ameaçados, mas também a democracia", articula Martin Moore, em entrevista a Ethel Rudnitzki, da *Agência Pública,* concedida em 2019.

> Pode parecer fantástico que estejamos vendo *outsiders* sendo incluídos [na esfera pública], mas algumas pessoas e ideias podem estar sendo ainda mais excluídas. O problema é que a estrutura desse mundo digital favorece certas práticas e indivíduos em detrimento de outros, particularmente aqueles que estão dispostos a quebrar convenções e são mais propícios a atacar, a causar choque, revolta, a chamar atenção e a engajar em formas de extremismo (Moore citado por Rudnitzki, 2019).

Especialmente em momentos conturbados, a contrapelo da civilidade, pelos quais estamos passando, "as plataformas tornaram-se uma maneira eficiente de monopolizar, extrair, analisar e usar as quantidades cada vez maiores de dados que estão sendo registrados" (Srnicek, 2017). Agora, esse modelo se expandiu em "toda a economia, e muitas empresas incorporam plataformas: poderosas empresas de tecnologia (Google, Facebook e Amazon), startups dinâmicas (Uber, Airbnb), empresas industriais líderes (General Electric, Siemens) e grandes empresas agrícolas (John Deere, Monsanto)".

O óbvio precisa ser dito e Srnicek (2017) classifica vários tipos de plataformas. Ele considera Google e Facebook plataformas do tipo publicitária, por exemplo. Presume o autor que o "esgotamento financeiro aumentou a pressão sobre as empresas baseadas na internet para gerar receita. Após a queda das dot-com, o Google precisava cada vez mais de uma maneira de gerar receita, mas a cobrança pelo serviço poderia fazer com que os usuários se afastassem". Então, conforme Srnicek, "começou a usar dados de pesquisa, com cookies e outros bits de treinamento, para vender espaço publicitário personalizado. Em março de 2000, o Google lançou o AdWords e começou sua transformação em uma empresa geradora de receita".

Ao considerar a economia política que movimenta o polifuncionalismo da internet, é importante suscitar a lembrança de que muitas das tropas virtuais "viraram um negócio". Bucci (2018a) lembra que "as invencionices caluniosas agora rendem trocos para uns e milhões para outros", à medida que acabam por deformar ou até mesmo viciar os processos decisórios no bojo das democracias contemporâneas. Um dos exemplos mais marcantes é a eleição presidencial americana de 2016, "uma rocambolesca intriga de espionagem de hackers e conspiradores".

Nessa época, houve a popularização do termo "fake news", tornado politicoide graças a Trump, que passou a usá-lo para rebater, atacar e insultar a imprensa mainstream, com a qual não concordava, de maneira a querer deslegitimizar a imprensa como instituição após ganhar as eleições nos Estados Unidos na disputa contra Hillary

Clinton. *The New York Times, The Washington Post, The Wall Street Journal,* CNN e BBC. No Brasil, eleitores do atual presidente também "desdenham a cobertura crítica do governo, descartando-a como jornalismo tendencioso", reporta o relatório da *Reuters* (2020).

Tais eleições são tidas como manipuladas por ações de marketing político ou a serviço de interesses particulares. Apesar do estratagema de campanha para persuadir os britânicos nas negociações do plebiscito do *Brexit* (de *Britain* e *Exit*), para a saída do Reino Unido do bloco europeu, o ressoo maior das FN foi provocado por Trump (Prado, 2019a, p. 166). Para se ter uma ideia, uma das FN mais conhecidas, porque mexeu com a religião, foi a do endosso a favor de Trump pelo Papa Francisco, uma aberração.

> "Tão apontado como propagador de fake news em sua campanha política, o [então] presidente Trump usou este termo em janeiro de 2017, uma semana antes de tomar posse na presidência, tomando posse também da expressão para si. Em resposta a uma pergunta da imprensa, ele chamou um repórter da CNN de fake news. Ao mesmo tempo, começou a repetir o termo no Twitter. Desde então virou uma estratégia para atacar a mídia tradicional" (Andrade, 2019).

Só para reforçar quem ainda acha que as FN não interferiram nas eleições norte-americanas: "A rampa de lançamento da campanha de Donald Trump inicia com um fato falso: o suposto nascimento de Obama fora do território dos Estados Unidos", relatam Magrani e Miranda (2021), na *MIT Technology Review*. A partir desse contexto, "as eleições de 2016 nos EUA foram marcadas pela viralização de fake news, sendo constatado que vinte e três dos cinquenta boatos de notícias falsas de melhor desempenho encontrados no Facebook envolviam o tema da propaganda eleitoral norte-americana", conforme análise realizada pela *BuzzFeed News*.

Desde 2018, a União Europeia tem adotado diversas medidas preventivas buscando maior responsabilidade algorítmica e transparência. Através do relatório elaborado pelo Grupo de Especialistas de Alto Nível (*High-Level Expert Groupon – HLEG*), criado pela Comissão Europeia, promoveu-se a implementação de um Código de Boas Práticas firmado com o Facebook, Twitter, Microsoft, Google, Mozzila e TikTok, no qual houve a instituição de uma política voltada ao bloqueio de bots e perfis falsos quando utilizados para fins de desinformação (Magrani; Miranda, 2021).

Em entrevista ao *The New York Times Magazine,* Latour (2018) vilipendia a boca mole de Trump: "[...] um presidente que inventa os fatos para se adequar ao seu humor e busca a credibilidade de qualquer um que o contradiga, parece representar a culminação dessa podridão epistêmica". A partir daí, o contrafactual se estendeu a outros políticos imitadores de Trump e de sua megalomania.

Para Bucci (2017), Trump acusar redações profissionais (como as da *CNN* e do *The New York Times*) de difundirem FN é, em si mesmo, uma fraude. Na tribulação da hiperinformação, ele afirma: "a imprensa funciona como uma espécie de antídoto contra as FN, pois, do jeito que elas vêm sendo identificadas e descritas, demonstra-se que a imprensa não é responsável por fabricá-las. Trump mente ao estabelecer a isonomia entre as FN e a imprensa". O parlapatão Trump tenta desviar, com as redes sociais, usando uma comunicação direta a seus seguidores. A ameaça laranja também influenciou seus imitadores nesse sentido.

Bolsonaro acusa a mídia tradicional de fake news, ou seja, de ser responsável por grande parte da desinformação que circula no país, em documento para a Cúpula da Democracia – que tem como um dos objetivos a proteção de jornalistas profissionais – realizada em Washington em dezembro de 2021. O documento ressalta ainda que o combate ao problema não pode acabar em censura, uma bandeira também levantada pelo ex-presidente americano Trump (Mello; Balago, 2021). O Brasil come bola quando se apequena proferindo FN sobre FN.

Na confusão armada ao seu redor, "a verificação de fatos (no contexto da desordem de informação) é o processo de determinar a veracidade e precisão de informações oficiais publicadas, como declarações de políticos e relatórios de notícias" (Wardle, 2018). A verificação de fatos surgiu nos Estados Unidos na década de 1990, "como uma forma de autenticar alegações feitas em anúncios políticos veiculados na televisão. Existem agora cerca de 150 organizações de checagem de fatos no mundo e muitas agora também desmascaram a desinformação e a desinformação de fontes não oficiais que circulam online". Nunca foi tão vital a existência das agências de checagem e elas vem sendo criadas em diversos cantos dessa terra devastada pelo conteúdo crescente de baixa qualidade. Até porque, não se trata de meros *fait-divers*, na maior parte das vezes, são mensagens astuciosas, distorção dos fatos.

Exemplo de FN: Uma mídia recontextualizada é qualquer imagem, vídeo ou clipe de áudio que foi retirado de seu contexto original e reformulado para um propósito ou quadro narrativo totalmente diferente. Enquanto falsificações baratas alteram a mídia mais amplamente, a mídia recontextualizada usa imagens, vídeos ou áudios inalterados, mas os apresenta em um contexto novo ou falso de acordo com a agenda dos manipuladores. Durante os primeiros protestos contra o assassinato de George Floyd, em junho de 2020, muitas imagens recontextualizadas espalharam-se nas redes sociais. Para se ter uma ideia, circulou-se uma imagem do programa de TV *Designated Survivor* como sendo de ações do protesto Black Lives Matter; em outro caso, um registro fotográfico de uma loja do McDonald's pegando fogo em 2016 foi reformulado para que se contextualizasse como sendo dos protestos de 2020 (*The Media...*, 2020).

Em pesquisa realizada pelos já citados Vosoughi; Roy e Aral, entre 2006 a 2017, no Twitter, cerca de 126 mil rumores foram espalhados por 3 milhões de pessoas, mais de 4,5 milhões de vezes. "Notícias falsas alcançaram mais pessoas do que a verdade; o 1% do topo das cascatas de notícias falsas se difundiu entre 1.000 e 100.000 pessoas, enquanto a verdade raramente se difundiu para mais de 1.000 pessoas" (Vosoughi; Roy; Aral, 2018). O resultado demonstrou que "a falsidade também se difundiu mais rápido do que a verdade. O grau de novidade e as reações emocionais dos destinatários podem ser responsáveis pelas diferenças observadas". O falso alicia mais. É preciso registrar as redes de falsos seguidores que pululam desde o surgimento das redes sociais.

Os pesquisadores classificaram as notícias como verdadeiras ou falsas usando informações de seis organizações independentes de verificação de fatos que "exibiram 95 a 98% de concordância nas classificações. A falsidade se espalhou significativamente mais longe, mais rápido, mais profundo e mais amplamente do que a verdade em todas as categorias de informação, e os efeitos foram mais pronunciados para notícias políticas falsas" (Vosoughi; Roy; Aral, 2018). É fácil entender que a mensagem falsa, quer queira quer não, viraliza mais.

Após intensa campanha de usuários, o Twitter anunciou ontem a chegada de uma ferramenta ao Brasil para a denúncia de notícias falsas na plataforma. Testado nos Estados Unidos, Austrália e Coreia do Sul desde 2021, o recurso ainda experimental já recebeu 3,75 milhões de denúncias referentes a 1,95 milhão de tuítes publicados por 64 mil contas. O anúncio acontece em meio à crise no Twitter sobre a política da rede social para lidar com conteúdo falso sobre Covid-19 e vacinação. Segundo a empresa, as eleições de 2022 no Brasil pesaram para que o país fosse integrado ao experimento. A novidade também foi liberada na Espanha e Filipinas (*Folha* citada por Meio, 2022).

Algoritmos nas plataformas de mídia social

As plataformas de mídia social, no âmbito do controle algorítmico sobre os usuários, filtram e priorizam o conteúdo de cada usuário com base em vários indicadores, como o comportamento de exibição e as preferências de conteúdo. A desinformação, projetada para provocar uma reação emocional, pode florescer nesses espaços quando os algoritmos detectam que é mais provável que um usuário se envolva ou reaja a um conteúdo semelhante (Wardle, 2017). Muitos dos dados imputados são enviesados e ranqueados ao serem classificados e ramificados pelos algoritmos, o que traz discriminação e desigualdade.

O problema surge principalmente na forma como as discussões são filtradas e até censuradas. Certos discursos políticos são favorecidos, outros excluídos, e as lógicas dessas escolhas altamente políticas são frequentemente disfarçadas em um rolo compressor algorítmico. Se o *locus* do poder político mudar para a sociedade de plataforma, a censura certamente será um problema democrático crescente. Plataformas como o Facebook tornaram-se atores importantes na esfera pública global e nacional. Mas eles não estão sujeitos aos princípios de transparência e justiça, que regem o discurso político e as instituições nos países democráticos (Jensen, 2020).

Certas esferas públicas conectadas e automatizadas provocam transtornos de informação dentro das plataformas formando cisões democráticas, mesmo quando a sofisticação de suas estruturas tecnológicas é invisível, sutil e, consequentemente, menos disponível a olho nu para escrutínio público. Apenas ignorá-las, ridicularizá-las ou banalizá-las é contraproducente.

Algoritmo de curadoria de plataforma na distribuição de notícias

A primeira que investe na economia das curtidas, e também a maior rede social hoje, é o Facebook, exatamente aquela que trouxe a criação do botão de curtir e a cada navegação feita pelos usuários, novas métricas são trianguladas ao algoritmo do News Feed do Facebook. No entanto, sabemos que todas as demais redes adotaram o tal botão com o emoji do polegar afirmativo e que, apesar de o Facebook ser a rede mais nociva do ponto de vista desinformante, as outras são tão responsáveis quanto na disseminação das FN. Conforme existe reação – curtidas, comentários e compartilhamentos –, o *engine* vai formando o perfil de predileção do usuário para cada vez mais mostrar em sua timeline aquilo que ele mais gosta e deixá-lo contente, como um olho mágico que entende de dentro pra fora.

"A adição da capacidade de ocultar postagens de determinados usuários e/ou páginas no Facebook em 2011 deu ao algoritmo mais informações sobre o tipo de informação que cada usuário deseja ver" (Bell; Owen, 2017, p. 51). De acordo com um estudo realizado pelos funcionários do Facebook, Aytan Bakshy, Solomon Messing e Lada Adamic (2015) intitulado "Exposição a notícias e opiniões ideologicamente diversas no Facebook", "essas preferências individuais selecionadas pessoalmente têm o peso mais forte em que conteúdo o algoritmo mostra para cada usuário". Afinal, na esteira, estamos todos inundados por dados.

"O Facebook também experimentou controversamente as respostas emocionais de um usuário a diferentes tipos de conteúdo, permitindo-lhes em teoria priorizar informações que tornaram os usuários 'felizes'", observaram Bell e Owen (2017, p. 52). Na sua forma mais simples, "esses pontos de dados ajudam a adaptar o News Feed às preferências de cada usuário".

Além do Google e do Facebook, o aumento do número de plataformas digitais (incluindo as de mensageria instantânea, que acabam por formar redes sociais em seus grupos) que facilitam a conformação de redes sociotécnicas, como Twitter, Instagram, TikTok e WhatsApp, apenas para citar algumas das mais populares no Brasil, tende a formar *clusters*, ou "bolhas" de atores, fenômeno notado por Lincoln Dahlberg (2007, citado por Barcellos et al., 2017), para quem "mesmo que o ciberespaço ofereça infinitas possibilidades, a tendência dos participantes é ir atrás de reforço às suas ideias e rejeitar as diferentes, buscar a semelhança e não a diferença". Nesse aspecto, Dahlberg ainda afirma que os atores dispõem de mecanismos de filtro cada vez mais eficientes, cujos algoritmos remetem a resultados de acordo com quem realizou a busca ou induzem a relacionamentos com assemelhados.

> "Um estudo da consultoria App Annie indicou que, no ano passado, os brasileiros passaram, em média, 5,4 horas por dia no smartphone. O país lidera o ranking pelo segundo ano, agora empatado com a Indonésia. Entre os aplicativos mais usados estão o WhatsApp, seguido pelo TikTok. Somados, os usuários no Brasil passaram 193,3 bilhões de horas no celular em 2021" (App Annie citado por Meio, 2022).

O Twitter "é uma mídia social que, unindo a mobilidade do acesso à temporalidade *always on* das redes sociais 3.0, possibilita o entrelaçamento de fluxos informacionais e o design colaborativo de ideias em tempo real, modificando e acelerando os processos globais da mente coletiva", definem Santaella e Lemos (2010, p. 66). "O que é o Twitter? Uma verdadeira ágora digital global: universidade, clube de entretenimento, 'termômetro' social e político, instrumento de resistência civil, palco cultural, arena de conversações contínuas". Encontramos coisas ordinárias do mesmo modo como nos deparamos nas redes sociais físicas também, a infosfera somente abre ainda mais espaço para a pinoia.

> O Instagram finalmente deu alguns detalhes de como funcionam seus algoritmos. O Feed e os Stories priorizam conteúdos daqueles de quem são mais próximos, considerando uma série de fatores, incluindo o histórico de interação entre dois usuários. Enquanto a aba "Explorar" funciona como uma grade de recomendações que vêm a

partir da análise das postagens com as quais o usuário mais interage e, ao mesmo tempo, o que outros usuários que têm gostos parecidos também gostam. Já o conteúdo do Reels vem de pesquisas constantes com os usuários sobre acharem ou não um vídeo específico divertido ou engraçado.

O que chama a atenção é a voracidade desse tipo de aplicativo. O TikTok foi o aplicativo móvel mais baixado em 2020 e seu uso médio ultrapassou o YouTube nos EUA. E olha que ele nem é um app de relacionamento ou conexão entre pares, é de puro *fait divers*. Contudo, sabemos que usuários ficam ziguezagueando entre várias plataformas para que possam conversar (atingir) com todo mundo, ou melhor, todo tipo de público.

O app de vídeo de formato curto TikTok é da empresa chinesa ByteDance (Jéssica Bursztynsky, 2021). "Desde o seu lançamento na China em 2016, o TikTok se tornou uma das redes sociais de crescimento mais rápido do mundo. Ele foi baixado bilhões de vezes e atraiu centenas de milhões de usuários. Por quê? Por que os algoritmos que alimentam o feed "For You" do TikTok mudaram a forma como as pessoas se tornam famosas online? Enquanto outras plataformas são mais voltadas para destacar conteúdo com apelo de massa, os algoritmos do TikTok parecem tão propensos a tirar um novo criador da obscuridade quanto a apresentar uma estrela conhecida. E eles são particularmente adeptos de fornecer conteúdo relevante para comunidades de nichos de usuários que compartilham um interesse ou identidade particular" (TEN..., 2021).

Quando estivermos todos explorando a capilaridade das realidades – real, virtual e aumentada – no metaverso (muita gente já está há anos, especialmente os *streammers* ou jogadores de games, mas nem todos) teremos que lidar com uma dismorfia de nossos corpos mais acentuada do que meros filtrozinhos de apps nos permitem. É certo que os jogadores de games estão na vanguarda, porém, teremos a indústria, o governo e a academia (avançando em pesquisa, experimentos e treinamento de estudantes) correndo atrás do que pode ser feito para se envolver em amplo espectro e metaversear. Aguardem!

Economia digital

Na economia da informação, ou melhor, dominada pela informação saturada, "vivemos um momento de profundas transformações", alega Srnicek (2017, p. 9) e inclui outras denominações nesta cibereconomia cognitiva, imaterial: "Termos como 'economia compartilhada' [*sharing economy*], 'economia da flexibilização' [*gig economy*] e 'quarta revolução industrial' estão sendo considerados, espalhados por imagens tentadoras de empreendedorismo e flexibilidade". Afora a economia do conhecimento abrangendo a informação e o ecossistema da tecnologia de ponta.

Diante de uma infraestrutura de (e em) rede absolutamente capilarizada, proporcionada pelas tecnologias oriundas da internet, Srnicek (2017, p. 12) nos dá uma definição preliminar de que, por economia digital, nos referimos a "negócios que dependem cada vez mais de tecnologia da informação, dados e internet para seus modelos de negócio. Essa é uma área que permeia os setores tradicionais – incluindo manufatura, serviços, transporte, mineração e telecomunicações".

Nesse ínterim, independentemente se estamos (ou estivemos) mergulhados no incomensurável big data e, consequentemente, em um capitalismo informacional, em um capitalismo da informação (Han), em um capitalismo digital, em um capitalismo de dados (Mayer-Schönberger e Ramge), em um capitalismo dadocêntrico (Morozov), em um capitalismo de plataforma (Srnicek), em um capitalismo de vigilância (Zuboff) ou em um capitalismo de controle (Silveira), o importante é percebermos a mutação do capitalismo sob a ótica de diversos autores.

"Se nada mudar (embora isso nunca aconteça na história)", presume Cédric Durand em entrevista a Alejandra Varela (2021), "a tendência é que esses monopólios digitais, poderosos o suficiente para ter a capacidade de entender o funcionamento da sociedade, tenham a possibilidade de ter um papel muito político. Não somente na ideia de controlar e processar a informação". Incluímos a ideia de ampliar ou interromper a circulação da informação, ações embutidas em controle e processo.

> Sabemos que o Facebook e o Twitter agora determinam o que pode e não pode ser dito, desempenhando um papel de reguladores, mas também vimos durante a pandemia de que forma os dados do Google, em termos de mobilidade (se as pessoas estavam nas ruas ou no trabalho), foi uma informação muito importante para decidir as políticas de saúde. De fato, trata-se de um tipo de informação que é muito importante para saber de que modo a sociedade se movimenta. O Estado não a possui, enquanto que essas empresas sim (Durand citado por Varela, 2021).

Ao ser questionado sobre se "tudo o que fazemos no mundo digital vira mercadoria", Durand respondeu que "há muitos debates a esse respeito" (citado por Varela, 2021). Sua opinião é que, "ao contrário, há na economia digital uma grande dificuldade em construir mercadoria. Por exemplo, quando alguém usa o Google, a priori não há mercadoria. De fato, o Google precisa buscar uma forma de ganhar dinheiro e a encontrou, mesmo que de modo indireto".

> Parece-me que, ao contrário, o que está acontecendo é que existe um tipo de socialização dos meios de comunicação que está na coordenação da atividade. Para que esses sites funcionem bem, precisam ser utilizados por muitas pessoas e não é possível fazer com que elas paguem por isso. Não são mercadorias naturais, mas nesse poder social de coordenação

existe um lugar para essas empresas, que pode ser utilizado para ganhar dinheiro em relação aos produtores de mercadoria (Durand citado por Varela, 2021).

No Google, exemplifica, "ganha-se muito dinheiro quando se vende publicidade, mas, neste caso, o que eles fazem é um controle da coordenação social e é isto que explica que sua valorização seja gigante, porque o que se vê aqui para o futuro é uma capacidade de controle sobre a economia" (Durand citado por Varela, 2021) e completa, que porém, "é mais uma lógica de depredação do que, de mercadoria tradicional. Há uma industrialização da coordenação social e aqui se constrói uma capacidade de controle".

Srnicek (2017) acrescenta que os anunciantes estão menos interessados em dados desorganizados e mais em dados que lhes deem conhecimento interno ou os conectem a potenciais consumidores. "O capitalismo do século 21 encontrou uma matéria-prima significativa para apreender: dados". E nós acrescentamos: muitos dados, o big data. Por meio de "uma série de desenvolvimentos, a plataforma tornou-se uma forma cada vez mais dominante de organizar os negócios de forma a monopolizar esses dados, depois extrair, analisar, usá-los e vendê-los". Formam um regime de informação deles.

Ao considerar a perversa economia dos dados, encobrindo ou não a entropia que os envolve, Anna Bentes (2019, p. 222) comenta a questão do engajamento: "Para operacionalizar a prosperidade financeira nesta lógica de acumulação, é imprescindível aos serviços digitais capturar e mobilizar a atenção dos usuários para que eles passem o máximo de tempo possível conectados em suas plataformas". No fundo, a tentativa é de permitir que os internautas fiquem livres de danos, ou ao menos, que os danos sejam reversíveis. Uma melhor educação para uso das redes é condição *sine qua non*. Ao saber que a educação tecnológica crítica não atinge todos, ela acrescenta:

> Pois, quanto mais tempo passam enganchados e engajados, maior será a produção, coleta e armazenamento de dados e, assim, maior será

a acuidade preditiva dos mecanismos algorítmicos, o que, por sua vez, aumentará o valor das receitas do serviço. Nesse sentido, na economia digital, o valor dos dados está intrinsecamente ligado ao valor da atenção. Por isso, as estratégias deste mercado se voltam para desenvolver mecanismos persuasivos de captura da atenção, nos quais o agenciamento algorítmico exerce um papel central (Bentes, 2019, p. 222).

"Se os cidadãos fossem mais críticos ao consumir a informação, teríamos uma população capaz de apreciar melhor a verdade e aqueles que a promovem, e o papel do jornalismo seria fortalecido" conjecturam Javier Dario Restrepo e Luis Manuel Botello (2018, p. 8). Deveria ser um aprendizado significativo para considerando o envolvimento do cidadão.

Os algoritmos, tal como os efeitos dos artefatos de tecnologia em expressão mais ampla, são produtos da ação e da agência humana, resultantes de uma série de interações, disputas entre valores e interesses e de programações que, como afirma Latour (citado por Peron, 2018), cristalizam-se nos artefatos. Nesse ângulo, faria sentido nos referirmos a esses procedimentos como "agenciamentos algorítmicos", os quais conformam e perpetuam, em sequência lógica e na programação, interesses particulares contingenciados histórica e socialmente. Consequentemente, agem de forma permanente sobre o corpo social (Peron, 2018).

A lógica algorítmica na plataformização da economia, cuja matéria-prima são os dados, prevê ciclos de antecipação. "Deste modo, a capacidade de prever, influenciar e conduzir o comportamento humano pela gestão dos algoritmos é também, em certa medida, a capacidade de capturar, mobilizar e direcionar a atenção dos usuários" (Bentes, 2019, pp. 222-223).

Sophie Guilloux-Nefussi (2018) cita o Google, a Apple, o Facebook e a Amazon como "os gigantes tecnológicos, que simbolizam as vantagens da economia digital, voltada aos processos intangíveis que se caracterizam por serem capazes de gerar economias de escala explosivas". A razão é dupla: "Não só seus custos marginais tendem a zero, fenômeno que Jeremy Rifkin popularizou em 2014, mas que, submetidas às lógicas de rede, têm a particularidade de facilitar uma percepção de utilidades marginais crescentes ao crescer o tamanho da rede". E completa de forma axiomática: "Esse incentivo para ganhar tamanho faz com que sejam as redes, com mais de 500 milhões de usuários, as que exibem mais vantagens para a intercomunicação e os negócios. E as mais rentáveis" (Guilloux-Nefussi, 2018). Além disso, estariam concentrados, os incluídos

> nas indústrias criativas, cinema (Netflix), música (Spotify), livros (Amazon), publicidade (o próprio Google), ou as associadas à comunicação (YouTube, Facebook), ao comércio (eBay, Alibaba), ao turismo (Booking, Airbnb), ao transporte (Uber), à busca de emprego (Infojobs, Linkedin) ... e assim dezenas e dezenas de setores de serviços onde a desintermediação corre paralela à integração de processos intangíveis (Guilloux-Nefussi, 2018).

Só para registrar, o Linkedin, plataforma de perfis profissionais, pertence, desde 2016, à Microsoft. Ali, o ápice do monitoramento é usar a ferramenta de indicador de desempenho.

A vigilância de dados levanta mais questões sobre a credibilidade de todo o sistema de fluxos de informação online, aponta Van Dijck (2014), "a divulgação de táticas de vigilância de dados de rotina ameaçou minar seriamente não apenas a confiança das pessoas nas agências estatais ou corporações individuais, mas nos pilares institucionais do dataísmo como um todo".

> Vigilância de dados – o monitoramento de cidadãos com base em seus dados online – difere da vigilância em pelo menos uma consideração importante: enquanto a vigilância presume o monitoramento para fins específicos, a vigilância de dados envolve o rastreamento contínuo de (meta) dados para fins predefinidos não declarados. Portanto, a vigilância de dados vai muito além da proposição de examinar os indivíduos, pois penetra cada fibra do tecido social (Andrejevic, 2012, p. 86 citado por Van Dijck, 2014, p. 205).

Sobretudo, a vigilância de dados é, no entendimento de Van Dijck (2014), "uma proposta de longo alcance com profundas consequências para o contrato social entre plataformas corporativas e agências governamentais, por um lado, e cidadãos-consumidores, por outro".

Economia da atenção

Tecnicamente falando, a IA consegue lidar com a big data porque os humanos não dão conta. "A economia da atenção, ou o capitalismo de vigilância, ganha dinheiro chamando nossa atenção. É um modelo de negócios que depende que instalemos seus aplicativos, para que eles tenham um posto de vigilância de nossas vidas", esclarece Marta Peirano em entrevista a Diana Massis (2020) e completa: "Pode ser uma TV inteligente, um celular no bolso, uma caixinha de som de última geração, uma assinatura da Netflix ou da Apple. E eles querem que você os use pelo maior tempo possível, porque é assim que você gera dados que os fazem ganhar dinheiro". Essa é a realidade informacional. Sem contar o déficit de atenção muitas vezes determinante nos dias atuais.

Para quem procura saber como chamar a atenção para angariar tanta gente, abra os olhos à luz do especialista em atenção na internet Nir Eyal, que publicou em 2014 o livro *Hooked: How to Build Habit-Forming Products* (*Fisgado: como construir produtos e serviços que formam hábitos*) e está com novo trabalho: *Indistractable: How to Control Your Attention and Choose Your Life* (*Indistraível: como controlar sua atenção e escolher sua vida*).

Quem traz lume para o entendimento do "capitalismo de vigilância" é Zuboff em seu livro *A era do capitalismo de vigilância* (2021). O capitalismo de vigilância, expressão cunhada por Zuboff seria, resumidamente, "uma nova ordem econômica que reivindica a experiência humana como matéria-prima gratuita para práticas comerciais dissimuladas de extração, previsão e vendas" (Zuboff, citada por Barbosa, 2021). No modelo de negócio centrado em dados, esses dados são vigiados, controlados, analisados etc. No capitalismo de vigilância, o ingrediente crítico é a possibilidade de "empresas usarem mecanismos ocultos para observar, de maneira secreta, alguma coisa que, de outra maneira, não poderia ser vista. Nesse sistema, a experiência particular de cada um é capturada e transformada em matéria-prima gratuita: dados".

Nossas experiências privadas são transformadas em dados e esses dados se tornam *commodities* nas mãos das empresas. Pura matéria-prima, tal qual madeira, ferro, óleo, que eles só possuem porque dizem que a possuem. Não demos permissão para possuí-la, porque nem sabíamos que eles estavam coletando-a. Nas fábricas de inteligência artificial, essa matéria-prima é transformada em produtos de previsão do comportamento humano (Zuboff citada por Barbosa, 2021).

Bell e Owen (2017, p. 32) ressaltam que o atual estado metamorfoseado do Jornalismo, com a "hospedagem, a distribuição e a monetização sendo entregues às plataformas, a vantagem crítica que ganham é a captura de dados sobre o público. Os bilhões de usuários ativos deixam trilhas de dados dentro dos sistemas proprietários". Sabemos que é possível determinar a personalidade do usuário por meio de seus rastros.

Toda vez que um usuário faz logon em um site usando o login universal muito eficiente do Facebook, mais informações são coletadas sobre o usuário. O Facebook pode rastrear seus usuários dentro e fora de seu site, e essa correspondência de grandes conjuntos de dados permite uma segmentação de grãos muito maior pelas empresas maiores e, portanto, potencialmente maior receita de anunciantes. Os dados ajudam as plataformas a configurar produtos e algoritmos que se adaptam instantaneamente ao comportamento do usuário (Bell; Owen, 2017, p. 32).

As revelações de FN na eleição presidencial dos Estados Unidos, em 2016, forçaram as plataformas sociais a assumirem maior responsabilidade pelas decisões de publicação, ressaltam Bell e Owen (2017). Os autores complementam que, no entanto, isso desvia nossa atenção (mercadoria escassa) da questão mais ampla de que a estrutura e a economia das plataformas sociais encorajam a divulgação de conteúdo de baixa qualidade em vez de material de alta qualidade. As plataformas contam com algoritmos para classificar e direcionar o conteúdo. Eles não queriam investir na edição humana, para evitar custos e a percepção de que os humanos seriam tendenciosos – e são. Sabemos que não somos neutros e as máquinas também não são.

A receita do Facebook (US $ 17,93 bilhões em 2015) depende diretamente da qualidade do perfil do usuário. Quanto mais precisos forem os perfis de usuário, melhores serão os produtos oferecidos aos anunciantes. O produto final da economia de vigilância do Facebook é uma visão profunda de seus interesses e padrões de comportamento, conhecimento exato de quem você realmente é e previsão de como você se comportará no futuro, embalados em perfis de usuário (Joler; Petrovski, 2016).

O Facebook, como um domínio de mercado, por exemplo, "computa trilhões de pontos de dados todos os dias", conta Zuboff (citada por Barbosa, 2021). Algo alarmante. "Com isso, eles conseguem fazer seis milhões de previsões comportamentais a cada segundo. Essas previsões são vendidas a clientes empresariais em mercados restritos. Com isso, o que eles negociam são futuros de pessoas". A autora ainda acena: "Essas imensas assimetrias de conhecimento também produzem imensas assimetrias de poder. As empresas se tornam capazes de influenciar e modificar comportamentos individuais e coletivos, em escala".

Santaella entra no campo da propaganda, no qual a economia da atenção é mais problemática por as peças audiovisuais só permitirem, de modo geral, durações de 15 a 30 segundos: "Nesse contexto, a retórica da publicidade torna-se o mecanismo fundamental do mercado", e complementa: "[...] pois o trabalho dessa nova economia, a da atenção, consiste grandemente no design e implementação de efeitos simbólicos e retóricos voltados para o fisgamento da demora perceptiva de audiências distraídas" (Santaella; Nöth, 2010).

Martha Gabriel (2012) atenta para que necessitamos prender a atenção relembrando que: "Não são mais novidade as transformações que as novas tecnologias digitais têm causado na sociedade e, consequentemente, no mercado". Nesse cenário hiperinformacional, "é necessário lançar mão de estratégias comunicacionais que funcionem como imãs de atenção, e atraiam o consumidor por meio de relevância, propiciando experiências que o encantem".

Com esse mote, publicitários passaram a perceber melhor o que jornalistas já captavam havia anos: contar histórias chama atenção das pessoas, porque, entre outros fatores, traz para perto, humaniza e provoca identificação. Só que com a diferença que os publicitários estão chamando essa tática com o termo em inglês: *"storytelling"*. Gabriel (2012) sinaliza que "uma das principais formas de criar experiências enriquecedoras e relevantes, causando encantamento, é contar histórias. A mitologia, o cotidiano e as marcas são construídos de histórias. E histórias são feitas de conteúdos". Bom insistir que os conteúdos viajam entre diversas plataformas. Ou seja, um conteúdo é postado em uma rede e recompartilhado em outras, fazendo com que o conteúdo multiplataforma possa atingir mais e diferentes pessoas. É como se fosse um boca a boca, um tuíte a tuíte que pudesse incrementar a experiência algorítmica.

Tempo corrido

A questão urgente do tempo de atenção, que acaba por nos moldar a produzir conteúdos de maneira mais concisa para encontrar esse público inquieto e apressado, traz à tona ferramentas e comportamentos que vazam para a justificativa, como se quisessem prevenir "leia, não vai tomar muito do seu tempo". Um exemplo desse tipo de ferramenta é a que conta automaticamente o tempo que leva para ler, ver ou ouvir postagens.

Na mesma linha, sites de grandes veículos, como *BBC* e *The New York Times*, contêm, após os títulos e as linhas finas, menção em tópicos (*bullets*) dos principais elementos e informações das narrativas, permitindo ao leitor apreender ao catalisar os sentidos básicos e mais imediatos de uma notícia sem precisar mergulhar em longos textos.

Os algoritmos de pesquisa, por exemplo, "eram antes baseados apenas em dizer qual a frequência com que determinados termos de pesquisa apareciam nas páginas indexadas da web" (Gillespie, 2014). Agora,

> esses algoritmos incorporam informações contextuais sobre os sites e sobre onde eles estão hospedados; consideram a frequência e como o site é relacionado por outros; e convocam técnicas de processamento de linguagem natural para melhor "entender" tanto a consulta, quanto os recursos que o algoritmo pode oferecer como resposta. De acordo com o Google, seu algoritmo de pesquisa examina mais de duzentos indicadores para cada consulta feita no site (Gillespie, 2014).

É o que acontece, por um lado, na sociedade plataformizada, com as buscas na confluência entre a datificação e a personalização, em um sistema de organização com extração de modelos para prever comportamentos, passando por simulacros de debates públicos de refluxo do tecnoautoritarismo, e de outro, nas sérias preocupações antropocênicas entrópicas.

Filtro do filtro

Já sabemos que algoritmos são programados e alterados a partir de dados em sistemas complexos. Os dados contam que a produção desenfreada de conteúdo nos leva a crer que é imprescindível fazer um filtro. Sobretudo, vamos combinar que é impossível ficar sabendo de todas as informações e precisamos ter consciência disso: estaremos sempre desatualizados.

Antes de tudo, é pertinente frisar que a palavra-chave dos últimos tempos é "filtro". Com a quantidade infindável de informações circulando em modo contínuo, o papel daquele que filtra é fundamental. Mecanismos com marcadores de RSS (um mecanismo de subscrição de conteúdo, uma espécie de metadados. Sites e blogs têm um ícone que ao ser clicado fornece um endereço para ser incluído em um programa leitor da preferência do usuário) também ajudam muito na seleção do que consumir (uma forma interessante de personalizar informações apenas de interesse). Alguns *engines* trabalham a favor do internauta com recomendações a partir de rastreamento de preferências. O que ajuda, e muito, a ganhar tempo de navegação na rede (Prado, 2011, p. 53).

A maneira como esses artefatos operam não é necessariamente similar ao comportamento humano, mas o sucesso deles salta aos olhos pelo seu vigor econômico e seu potencial social.

Bolha informática, bolha de filtro, bolha epistêmica, bolha coletiva...

Desde o início deste estudo, estamos falando de bolhas e vamos continuar, porque, apesar de ser algo que formamos no mundo offline, de modo mais agudo, as bolhas no ambiente numérico são mais potentes – não só pela eficácia, mas também por estarem à mostra (e as pessoas se preocupam com o que deixam visível, ou seja, estar ou não em determinadas bolhas determina quem você é) – por serem formadas automaticamente com a ajuda dos algoritmos e, portanto, são velozes tanto em suas criações quanto em suas variações. No mundo real, ao atravessarmos a rua para não esbarrar em determinada pessoa, ela pode gritar um "Ei! Fulano!", e não podemos fugir de, ao menos, olhar e fazer um aceno. No ciberespaço, não é preciso, porque simplesmente tais pessoas param de aparecer na nossa frente (ou melhor, no feed). Assim, deixam de lado a diversidade. Como a cereja do bolo, há pessoas que, pela primeira vez na vida, tiveram a chance de se expor, de falar, de dar sua opinião, além do fato de perceberem o quanto faz bem ao ego conquistar amigos ou meros seguidores. Assim, formam-se bolhas ou grupos autorreferenciais (câmeras de eco), no mesmo sentido das bolhas que já existem na vida fora das redes e que podemos ver com olho-d'água. Afinal, é preciso filtrar dentro da abundância de informações. De modo geral, não percebem o quanto estão segregadas ideologicamente.

"Identificar o que é verdade ou mentira nem sempre é uma tarefa simples e, como sabemos, há várias visões de realidade possíveis, com as quais temos que saber conviver independentemente das nossas crenças pessoais" (CGI, 2018, p. 56). Na linguagem corrente, "expor nossas opiniões e defender nossas ideias é fundamental, principalmente no período eleitoral, mas podemos buscar argumentos que não dependam da desinformação para manter o debate saudável".

Na tentativa de embaralhar a noticiabilidade, a FN alcança espalhamento rápido com a força do crescimento na republicação pelo público que acata FN como verdade, impulsionando, assim, os algoritmos das redes, que passam a intensificar a visibilidade da desordem da informação de maneira progressiva. Consequentemente, as FN viralizam de forma espaventosa, confluindo no revigoramento dos filtros-bolha de informação e na cultura, e a polarização de opiniões, sobretudo políticas, culminam na destilação desenfreada de ódio de parte de cada polo (Prado, 2019a, p. 166).

O resultado também afeta o ramo dos negócios. Quando uma empresa editorial publica material jornalístico no Facebook, por exemplo, "a menos que pague pela exposição, não sabe se vai aparecer nos feeds dos seguidores. No sistema de informação do Facebook, o controle sobre a distribuição do jornalismo é cedido ao algoritmo. O algoritmo do News Feed decide o que os usuários veem primeiro" (Bell; Owen, 2017). Trata-se da intermediação da informação.

Enquanto Bell e Owen (2017) usam uma figura de expressão – "Aos leitores são mostrados o material com o qual eles são mais susceptíveis de concordar, porque os gostos e as ações são a moeda do mercado" –, Pariser utiliza o termo "bolha" para designar a lógica ditada pela curadoria algorítmica que expõe as histórias nos feeds dos usuários. No livro *O filtro invisível* (2012), a bolha a que o escritor se refere é proporcionada pelos filtros invisíveis de conteúdo que chegam para filtrar e classificar postagens que, invariavelmente, aparecem em cada timeline. "Mecanismos criam e refinam constantemente uma teoria sobre quem somos e sobre o que vamos fazer ou desejar seguir" (Pariser, 2012, citado por Juliana Rocha Franco, 2017). Não queremos seguir fios de fofocas.

Pariser ainda sugere que isso é feito por a nossa percepção de mundo ser moldada por meio de um feed de notícias algoritmicamente filtrado, ou seja, filtros personalizados a delimitar a variedade de informações às quais somos expostos, influenciando, assim, o modo como pensamos e aprendemos. Logo, essa leitura das informações pulverizadas nas bolhas nos mostra um mundo sujeito a uma vontade algorítmica, e ele adverte que nos resta pouco a fazer. Entretanto, "embora algoritmos desempenhem um papel importante, um estudo recente explica como o usuário interfere na forma como o algoritmo se comporta e detalha a lógica do Facebook" (Franco, 2017). Usuários podem sim estar siderados e alimentar freneticamente os algoritmos, com consciência ou não, porém, é axiomático que eles não são os únicos culpados.

"Após as notícias falsas deste ano [2018] e os fiascos da microssegmentação russa, o Facebook e outros serão forçados a afrouxar o controle sobre nossos cronogramas determinados por algoritmos para outras alternativas, se quiserem manter nossa atenção", alerta Sara M. Watson (2017), do Centro Berkman-Klein. Os usuários receberão mais ferramentas para personalizar seus feeds, prevê a pesquisadora. Como se fosse fácil prender a atenção de alguém atualmente.

[Os usuários] poderão se inscrever em filtros, curadores confiáveis que se sobrepõem aos algoritmos de filtragem no feed padrão. Imagine interfaces de usuário com novas alavancas para controle. Qual é o equilíbrio entre artigos de notícias e atualizações de amigos? É possível filtrar todas as notícias de determinado político? Bloquear envios de vídeos brincalhões. Inscrever-se para mostrar apenas notícias já verificadas. Imagine ser capaz de silenciar todos os homens por apenas algumas horas por vez! Ou reduzir o sensacionalismo em seu feed (Watson, 2017).

Em 2017, o Facebook deu passos nesse sentido com o recurso "Snooze" para News Feed. O objetivo de oferecer mais essa solução ao usuário é "dar-lhe a opção de desaparecer temporariamente uma pessoa, página ou grupo por 30 dias". É possível, por exemplo, bloquear um parente com diferentes pontos de vista políticos durante os 30 dias que antecedem uma eleição, embora: A) você já teve a opção de não o seguir; e B) o algoritmo do Facebook provavelmente impedirá que muitas de suas postagens apareçam em seu feed de qualquer maneira. Melhor do que passar pano!

No estudo sobre a exposição a notícias e opiniões ideologicamente diversas no Facebook, Bakshy, Messing e Adamic publicaram na revista *Science* o artigo *"Exposure to ideologically diverse news and opinion on Facebook"*, em 2015. Os autores apresentam essa interferência do usuário "na forma como o algoritmo se comporta. O que consomem no Facebook depende não apenas do que os amigos compartilham, mas também de como o algoritmo do ranking do feed de notícias classifica esses posts, artigos e o que os usuários escolhem visualizar".

Os pesquisadores explicam que a ordem em que os usuários enxergam histórias no feed de notícias depende de muitos fatores, incluindo a frequência com que visitam o Facebook, o quanto eles interagem com certos amigos e com que frequência clicaram em links – postados por seus amigos – para determinados sites no feed de notícias. O estudo permite afirmar que há uma bolha de filtro, mas que essa só existe porque os usuários escolhem ver as coisas a partir de como sua rede está composta. Assim, os indivíduos têm alguma autonomia para decidir com quem eles estarão conectados nas mídias sociais (Franco, 2017).

Porém, é complicado formar uma bolha prioritária, ou seja, uma bolha da bolha. Queremos diversidades mesmo dentro de nossas bolhas.

"A recepção e apropriação de produtos culturais é um processo social complexo, que envolve uma atividade contínua de interpretação" (Franco, 2017). Além disso, prossegue o pesquisador, "a assimilação de conteúdo se dá de acordo com características de um passado socialmente estruturado de indivíduos e grupos particulares, como destacou John Thompson em Ideologia e cultura moderna (2005)".

> O lógico John Woods, em suas pesquisas sobre a relação entre o conhecimento que o agente considera ter e aquele que ele realmente tem, criou a noção de "bolha epistêmica" para explicar a interação complexa entre conhecimento e crença. Uma bolha epistêmica é um estado cognitivo em que a diferença entre "conhecer P" e "acreditar que se conhece P" se torna indistinta (Franco, 2017).

No entanto, essa bolha "não é um fenômeno que diz respeito apenas aos indivíduos isolados. As redes sociais online, por exemplo, seguem uma lógica baseada em algoritmos, aumentando e distribuindo a exposição de um determinado post a partir de mecanismos de feedback coletivo". Tal lógica, portanto, "tende a criar uma espécie de bolha coletiva, que aparece claramente na retórica das interações sociais". Dessa forma, "a interatividade nas redes sociais tende a 'borrar' a diferença entre as informações, já que evocam não só um princípio racional de conhecimento, mas estão sujeitas à noção de crença" (Franco, 2017).

Alexandre Rocha da Silva e Mário Alberto Pires de Arruda (2018, p. 106) propõem uma prática ecológica para o estudo do efeito bolha e faz a alusão de que se uma ecologia biológica evidencia como o agenciamento entre abelhas e flores "mantém a vida de ambas as espécies, uma ecologia da bolha algorítmica se preocupa em encontrar as variações dos nichos de interesse, dos blocos de dados e dos fluxos organizados e conservados pelas lógicas probabilísticas dos algoritmos". Prosseguem ao esclarecer que, evidenciar a ecologia da bolha algorítmica é "desnaturalizar as estratificações já dadas pelos estudos canônicos, produzindo um plano horizontal em que se possam observar ligações entre elementos que têm constituído a internet tal como ela é". Afinal, a internet agencia os sentidos.

> Para encontrarmos tais ligações, constituindo um olhar alternativo para o modo de funcionamento e estruturação da internet, observamos a internet em sua processualidade, já que consideramos que é justamente pelo olhar laboratorial, aquele que não leva em conta os processos de entropia dos sistemas, que se tem produzido teorias que veem o mundo em uma estabilidade que não pode ser observada na práxis (Silva; Arruda, 2018, p. 106).

É por isso que os processos de desorganização e produção de diferença são o foco do estudo desses autores, que buscam os mecanismos que têm feito variar a estrutura algorítmica dos bancos de dados. "Diante dessa metodologia ético-estética orientada pelas palavras de Félix Guattari em *As três ecologias* (2014), o que propormos é a análise dos estratos ambientais, sociais e mentais do ecossistema das bolhas algorítmicas" (Silva; Arruda, 2018, p. 106).

As estratégias mentais de combate e rejeição de noções destoantes daquelas em que acreditamos, define Cruz (2021, p. 77) são "o viés da confirmação; a dissonância cognitiva e o raciocínio motivado. A tríade é uma espécie de chave de leitura; o que nos deve servir de alerta para a demasiada operacionalidade dos conceitos". O viés da confirmação (*confirmation bias*) "remonta à memória dos indivíduos" (Wason, 1960, citado por Cruz, 2021). "Trata-se de uma modalidade cognitiva seletiva – muitas vezes involuntária – que privilegia contextos informacionais coincidentes ou os mais próximos das crenças do sujeito; tendendo a ignorar ou desvalorizar apontamentos que contradigam seu sistema de crenças". Antes que o psicólogo inglês Peter Wason formalizasse o termo nos anos 1960, relembra Watkins, pensadores como

Francis Bacon, Dante Alighieri e Liev Tolstói "já haviam descrito o conceito sem, no entanto, estruturá-lo".

Em linhas gerais, "integram um processo ocupado em fortalecer uma operação própria do cérebro humano e que pode ser apresentada – muito brevemente – como o conforto cognitivo oferecido pela criação e usufruto de padrões reprodutíveis", defende Cruz (2021, p. 77). "O grande entrave é assistido quando à repetição de modelos associativos decorrem preconceitos, estereótipos e outras cadeias de sentido que aprisionam os sujeitos em bolhas ideológicas".

O filtro-bolha de Pariser lança luz sobre como as nossas pesquisas em buscadores – Google, o mais usado – têm conduzido a atenção dos sujeitos para resultados personalizados gerados a partir de dados previamente coletados. Os navegadores funcionariam como espelhos multidimensionais, refletindo uma perspectiva, curiosamente, a nossa própria. Assim, os algoritmos seguiriam pavimentando uma estrada de zero e uns fazendo uso de informações cedidas e/ou capturadas, sem consentimento, oferecendo à nossa conveniência o melhor de nós mesmos (Cruz, 2021).

> Ocorre que ao partir da autorreferência, do eterno voltar-se a si mesmo, seguimos em direção ao lugar onde estamos. Assim, a função prática e inovadora da qual se investem os mecanismos de personalização algorítmica e de filtragem de conteúdo é, bem da verdade, a trilha que dirige nossa atenção para dentro de dispositivos de isolamento heurístico; para dentro de campânulas que reforçam crenças arraigadas, protegendo o sujeito de notícias, informações e opiniões confrontantes (Cruz, 2021, p. 78).

Nossa bolha é quase uma caverna de Platão onde só vemos sombras, e as pessoas "por estarem retidas dentro de suas próprias cavernas platônicas, tornam-se incapazes de furar o bolsão de suas crenças fixas para enxergar algumas clareiras fora delas" (Santaella, 2019, p. 37).

Embora ambos, Facebook e Google, usem os algoritmos, há diferenças estratégicas fundamentais que os caracterizam: um baseia-se nas relações entre informações e o outro, em relações sociais. É o usuário dessas ferramentas quem fornece os dados captados a partir de suas ações na internet, seja quando usa as plataformas, seja quando navega fora delas, até mesmo quando instala compulsoriamente, no seu computador, mecanismos aparentemente independentes do Google e do Facebook. Assim, germina solenemente a pós-verdade informativa.

Mas, na era das redes sociais, na condição tanto de vantagem quanto de desvantagem da entrada da engenharia dos opacos algoritmos, para Bucci, o indivíduo é espelhado e refletido o tempo todo por multidões que o aprisionam, o encapsulam. "São as multidões de iguais, as multidões especulares, as multidões de mesmos" (2018b, p. 28). Contudo, os algoritmos das redes sociais, em contínuo aperfeiçoamento, são o estímulo e fortificação das bolhas. Os algoritmos tornam mais espessas o que Bucci entende como "muralhas", que têm o objetivo de separar as bolhas. Para ele, há o agravante de que "esses algoritmos são fechados em códigos proprietários, de tal maneira que os sistemas que regulam na prática o fluxo de informações não são públicos. Assim, a rede tecnológica por onde trafegam as informações, que deveria ser neutra, não o é". Para quem lida com os algoritmos, não importa o resultado a que se chega. Obviamente, só os humanos, que estabelecem os *inputs,* possuem a capacidade cognitiva de escrutinar.

Entre as borbulhas que nos rodeiam (e que nem sempre são detectadas pelo globo ocular), "a internet pode nos oferecer o que queremos, como nos lembra Pariser, e o monitor do computador é transformado em um espelho unidirecional, refletindo nossos interesses, sob supervisão diuturna de zelosos sentinelas algorítmicos" (Cruz, 2021, p. 84). Com o olhar viciado desses algoritmos, uma solução é furarmos bolhas de vez em quando para embaralhar esse *engine* e embaçar esse tal espelho.

Esse isolamento em enclaves, na visão de Dahlberg (2007, p. 9), coloca os atores em uma espécie de maniqueísmo que leva à fragmentação e à radicalização do discurso, e não ao consenso. O encontro de grupos com posicionamentos diferenciados, segundo ele, seria saudável ao converter o ciberespaço em ponto de confronto entre atores díspares, que não se encontrariam no dia a dia, o que poderia torná-los mais abertos a pontos de vista diferentes dos seus.

O problema é que quando nos deparamos com pontos de vista opostos na idade e no contexto das mídias sociais, não é como lê-los em um jornal enquanto estamos sentados sozinhos. É como ouvi-los da equipe adversária enquanto estão sentados com nossos colegas fãs em um estádio de futebol. Online, estamos conectados com nossas comunidades e buscamos a aprovação de nossos colegas que pensam da mesma forma. Nós nos unimos à nossa equipe gritando com os fãs do outro. Em termos sociológicos, fortalecemos nosso sentimento de pertencimento "em grupo", aumentando nossa distância e tensão com o "fora do grupo" – uns contra outros. Nosso universo cognitivo não é uma câmara de eco, mas o nosso social é. É por isso que os vários projetos de verificação de fatos são noticiados, embora valiosos, não convencem as pessoas. Pertencer é mais forte que os fatos (Tüfekçi, 2018).

Com as câmaras de eco, a comunicação ganha amplificação e reforço das crenças com a repetição. E na alardeada questão de bolhas de filtro – cuja "afirmação de que online, encontramos apenas visualizações semelhantes às nossas. Isso não é totalmente verdade", pondera Zeynep Tüfekçi (2018) e complementa que "embora os algoritmos frequentemente forneçam às pessoas parte do que elas já querem ouvir, a pesquisa mostra que provavelmente encontramos uma variedade maior de opiniões online do que offline, ou do que antes do advento das ferramentas digitais". É notório que, com o acesso ao infoespaço, mais pessoas passaram a ler mais e, consequentemente, ficar a par de diferentes opiniões e interpretações.

Opiniões de todos os lados nos ecossistemas de informação

Ao juntarmos não profissionais, em partilha sociotécnica, produzindo informações – sem apuração, checagem, fontes etc., distribuídas na blogosfera, nos sites e nas caixas de comentários e, depois, nas redes sociais e nos (velhos) torpedos – destinadas aos que estão abertos a receber qualquer material, principalmente de seus pares, que, a princípio, são tidos como confiáveis, vivenciamos, assim, um sambalelê, uma conflagração de opiniões tão disparatadas quanto factíveis. Tais apontamentos, fecundos e engenhosos, ficam à mercê, por exemplo, dos especialistas em propaganda (digamos a política), especialmente a maliciosa, para fazer o que bem entenderem, como a já citada tentativa (porque não temos certeza dessa eficácia toda) de modulação de pensamento e comportamento e, obviamente, de colocar em risco a democracia, que já passa por condições para lá de adversas.

Na era de opiniões e convicções proliferadas por todos e para todos, muitas vezes de quem não entende patavina, mas prevalecendo a interpolação de uma guerra em que minha verdade é mais verdadeira do que a sua, vale recuperar as considerações de Peirce (1877) – esboçadas no século 19, mas ainda atuais:

> Se o estabelecimento da opinião é o único objeto da inquirição, e se a crença é da natureza de um hábito, por que não haveríamos de atingir o fim desejado tomando qualquer resposta a uma questão da nossa simpatia, e reiterando-a constantemente para nós mesmos, agarrando-nos a tudo que possa conduzir a essa crença, e aprendendo a olhar com desprezo e ódio tudo que possa perturbá-la? (Peirce, 1877, p. 6).

As deduções peircianas nos ajudam a pensar a era da tecnologia da informação (especialmente no que tange ao senso da informação como relação com os dados) e sua recente crise: a importância da integridade da crença é maior do que qualquer crença particular e é tão imoral quanto desvantajoso evitar olhar para o fundamento de qualquer crença com medo que este se revele apodrecido (Peirce, 1877).

> A pessoa que confessa que existe algo como a verdade, que se distingue da falsidade simplesmente por isto, que se prosseguida nos levará ao

ponto que desejamos atingir e não por mau caminho, e então, embora convencida disto, não se atreve a conhecer a verdade, mas procura evitá-la, encontra-se na verdade num estado de espírito lamentável (Peirce, 1877, p. 13).

Nas redes e nos mensageiros interativos instantâneos, apenas se aproxima aquele que concorda com a posição do outro. Do contrário, o banimento é imediato e, em muitos casos, corriqueiro, inclusive com uso de linguagem ofensiva. O gigantismo do espaço da rede virtual, como em tudo, só reforça as ações e as ligações com informações confirmatórias. Assim, por um lado, as mudanças de atitude das pessoas atingidas pela desinformação, criando desconfianças, e a atmosfera confusa provocada pelas FN nas mídias sociais influenciam a participação na política e na cultura. Por outro lado, não se trata apenas de chamar urubu de meu louro, a falta da informação verdadeira e precisa causa estragos sem precedentes. E olha que a informação é um direito humano! Logo, "é por isso que o controle da informação e da comunicação foi sempre a forma fundamental de exercício do poder", frisa Castells (2011). Por enquanto, não temos soluções, apenas band-aids.

> O controle dos governos, das grandes empresas midiáticas – esta é a forma essencial. E por isso a política transformou-se, hoje, em algo midiático. O que não existe nos meios não chega aos cidadãos – e, portanto, não existe. Aliás, o mais importante da política midiática não é tanto o que dizem os meios, mas o que eles ocultam: a ausência de mensagens, opiniões e alternativas (Castells, 2011).

Mutatis mutandis, "os âmbitos das notícias, das informações e das ciências ficam assim desafiados a experimentar novas formas de apresentar, analisar, assinalar e divulgar o que parece ameaçar a sua credibilidade", reforçam Gala e Baldi (2019). Afirmam os estudiosos que a lógica do pensamento crítico, "como destacado também pelo trabalho epistemológico de Peirce, é a pedra fundamental no combate e na prevenção da distorção dos fatos e dos conhecimentos estabelecidos" (p. 243). É preciso distinguir o que é uma chinelagem de uma pós-notícia.

Polarização está concatenada com a desinformação

A partir da constatação da poluição comunicacional ocasionada pelo excesso de informação produzida e replicada por meio da segmentação algorítmica por muitos que não possuem educação midiática crítica, e da necessidade de novas formas de ensino para que as pessoas aprendam a desconfiar do que lhes é fornecido, torna-se visível que a desordem informacional infesta toda a esfera da comunicação, que fica arranhada em sua confiança e reputação. Isso se deve também à ascensão da guerra polarizada politicamente – inclusive com o recurso de disparos de mensagens em massa – pelas FN, resultando, muitas vezes, nos ataques dos *trolls*, no combustível ao ódio, na abertura para extremismos de direita, de supremacia branca e em todo o show de horror com a promoção do prejuízo incitado em uma área sensível do ciberespaço.

No Brasil, quase 70% dos(as) estudantes de 15 anos não sabem diferenciar fatos de opiniões em textos escritos? Esse dado é do relatório *Leitores do século 21: Desenvolvendo habilidades de alfabetização em um mundo digital*, publicado pela OCDE (Organização para Cooperação e Desenvolvimento Econômico) em maio de 2021. O número que se refere ao território brasileiro é maior do que a média dos outros 79 países participantes da pesquisa, que é de 53%. [...] A educação midiática é um dos pilares da BNCC (Base Nacional Comum Curricular), que traz diretrizes para a educação básica no Brasil (Tabach, s.d.).

Habilidades tecnológicas de literacia digital para detectar a desinformação – e, se possível ajudar no combate – são imprescindíveis para humanos e não-humanos de todas as idades. Entre as opções da proposta de Juan Ignacio Aguaded e Luis M. Romero-Rodríguez (2015, p. 53) para una necessária reformulação dos meios a partir das audiências, estão: "Educación mediática, digital e informacional desde una política pública activa que fomente la formación crítica, participativa y creativa de la ciudadanía. Promoción de programas educativos que conjuguen la formación crítica con el periodismo interpretativo y de investigación".

"Cinco dos sete juízes do TSE afirmaram que houve uso ilícito de envios em massa de WhatsApp em 2018 para beneficiar a campanha de Bolsonaro. E fixaram precedente para o ano que vem – quem fizer isso, terá a chapa cassada", posta Mello, em outubro de 2021, na sua conta do Twitter, e com dificuldade ou não de se poder provar a prática ilegal, de terem escolhido passar pano e apenas ameaçar com prisão quem repetir disparos em massa nas eleições de 2022, ela tuíta sobre a chapa Bolsonaro-Mourão: "foi absolvida porque, segundo os ministros, não havia como dimensionar a gravidade do ilícito e a influência dos disparos na eleição". Mas, em 2022, "o TSE e o país estarão mais preparados para enfrentar essas tentativas de manipular as eleições. E nós, jornalistas, continuaremos investigando". Para a reeleição do atual presidente, o Telegram – criado na Rússia, em 2013 – virou o mensageiro instantâneo preferido, já que não possui restrições. Dados do início de 2022 contam mais de 1 milhão de seguidores do presidente no app russo, que não tem representante no Brasil. Aliás, os bolsonaristas – para driblar banimentos – estão também em massa nas redes Parler, Gettr e Gab. Ou seja, não sairemos, infelizmente, dessa barafunda. Aguardemos o bombardeio.

Quando, por algum motivo, o WhatsApp sai do ar, o Telegram é imediatamente impulsionado. O app é considerado o substituto e um dos principais concorrentes do WhatsApp. Apresenta as mesmas funções ao permitir envio e recebimento de conteúdos em texto, foto, vídeo e áudio.

A partir de uma particularidade, é possível ter uma dimensão da desordem quando Keylon Andrade (2019) cita que, de acordo com Tüfekçi, a principal tática da "propaganda política na nossa era é criar uma confusão com uma enxurrada de informações mentirosas e desinformação para deixar o eleitor com uma sensação de impotência, sem ter a certeza de que fonte confiar, para enfim confiar na palavra do líder, dita na sua propaganda" (pp. 23-24). Desorientar é o lema deles.

Quando se dá a emergência do distúrbio da informação, sobretudo com o planejamento profissional em relação ao conteúdo difamatório – momento certo de ser produzido e exatamente a quem destinar –, a base de comunidades e bolhas já estava preparada em escala. Bastava chancelar o processo em que as premissas são imputadas nos algoritmos de IA delineado para uso da informação como estratégia de poder, escondido detrás do que é denominado "melhoria da nossa experiência", isto é, a experiência do público. Zuboff (2019) fala exatamente disso. No fundo, no fundo é pura conversa fiada essa de melhoria.

Na sobrecarga polissêmica de informações, principalmente quando nossos cérebros estão esgotados, "as mensagens coordenadas e consistentes facilmente nos enganam", considera Wardle (2017), uma vez que "nossos cérebros estão cada vez mais dependentes de heurísticas devido à enorme quantidade de informações que piscam diante de nossos olhos todos os dias". Ela finaliza: "Quando vemos várias mensagens sobre o mesmo tópico, nosso cérebro usa isso como atalho para a credibilidade. Devemos dizer que sim – já vi a mesma afirmação várias vezes hoje". Wardle ainda conjectura que, quando sentem medo e raiva, as pessoas diminuem suas habilidades de pensar criticamente. Sim, ficam umas araras, ainda mais no meio do barulho digital, numérico. Lá fora, percebemos isso no impacto que as FN causaram nas eleições presidenciais nos EUA, e aqui, o a situação, seguindo a mesma trilha na corrida eleitoral para a presidência.

Há ainda o fator de como aguçam a polarização política da mensagem, movida a raiva, que acaba por amplificar ainda mais a divisão ideológica e a desinformação, muitas vezes, de forma proposital. No Brasil, o gabinete do ódio é o exemplo comezinho. Grupos têm o ambiente do ciberespaço para entrar em choque de interesses e aproveitam as FN para o ataque provocador, na tentativa de rechaçar o outro lado como um inimigo mortal em alto potencial viral. Enquanto estivermos com a sociedade polarizada, será difícil frear esses encaixotamentos. Os desdobramentos mostram manifestações de alta intensidade emergindo, como os grupos de extrema-direita (assunto para outro estudo, no entanto).

É um tal de vale-tudo em interpretações da realidade!

> Examinando como os jornais americanos entenderam a questão das notícias falsas e analisando os editoriais dos jornais e considerando o problema das notícias falsas como um incidente crítico que enfrenta o jornalismo. [...] Eles geralmente consideravam as notícias falsas como um fenômeno da mídia social prosperando na polarização política impulsionada por motivações principalmente ideológicas, mas às vezes também financeiras. Portanto, eles atribuíram a culpa pelo surgimento de notícias falsas ao ambiente político atual, às plataformas tecnológicas Google e Facebook e ao público (Tandoc Jr; Jenkins; Craft, 2019, p. 673).

Eis o funcionamento do *dark post*: manda-se uma mensagem para uma determinada pessoa de modo que ela só seja visualizada por essa pessoa. Conforme Ciro Marcondes Filho, "a mensagem não vai aparecer na página. Assim, candidatos podem se dirigir a indivíduos com frases negativas sobre seus oponentes e jornalistas jamais saberão disso, visto que a mensagem não é pública". Além disso, "a frase é recebida na timeline num determinado horário, obtido graças ao mapeamento dos hábitos favoráveis desse determinado eleitor e por suas impressões numéricas. Ninguém mais recebe essa mensagem, que irá desaparecer após algumas horas. Não há vestígios nem meios de recuperação. A estratégia da empresa não é simplesmente 'jogar frases', mas direcionar certo tipo de notícia, prevendo que, na mente do outro, reverberará de forma exponencial, haja vista seu perfil psicológico (as debilidades, inseguranças e carências) desse outro. Portanto, não se trata do 'conteúdo de uma frase', mas da capacidade de propagação íntima excepcional de certos temas em certas pessoas" (Marcondes Filho, 2019, p. 7).

Não custa nada reforçar que, em 2018, um infográfico da Federação Internacional de Associações e Instituições Bibliotecárias (IFLA), derivado de um artigo da *FactCheck.org,* de 2016, divulgado em abundância, destaca oito passos essenciais para saber identificar uma FN :

> Estude a fonte: pesquise mais, verifique o site, objetivos e informações de contato. Leia mais: um título impactante pode capturar sua atenção, mas qual é o texto completo? Quem é o autor? Faça uma busca rápida sobre o autor. É confiável? É real? Fontes adicionais: abra as páginas e comprove se há dados que concordam com a informação publicada. Verifique a data: publicar notícias velhas não significa que sejam relevantes atualmente. É uma brincadeira? Se é muito extravagante pode ser uma sátira. Investigue o *site* e o autor. Considere os argumentos: tenha em conta que suas crenças e seus valores podem alterar sua opinião sobre algo. Pergunte a um especialista da área: consulte um bibliotecário ou um site de verificação (IFLA, 2018).

Perante a estultice, títulos chocantes, chamativos e engenhosos formam a porta de entrada para a leitura de uma FN. Como já dito, há quem apenas leia o título mesmo. Muitas vezes, basta o título caça-cliques para que a mensagem ganhe viralidade, tamanha é a maneira sensacionalista com que produzem (inventam) a titulação e as chamadas do material, na medida para influenciar os desavisados ou não, pois, como também já dissemos, em muitos casos, o compartilhamento sabendo que é mentira cabeluda acontece simplesmente para aplacar a fúria perante o outro lado, considerado, pelas mentes mais perversas, o inimigo número 1.

Contudo, comunicar-se é uma condição fundamental da vida. No turbilhão de notícias disseminadas por qualquer um, profissional ou não – neste último caso, sem ter receio de regras de conduta (muitas vezes propositadamente) –, as informações fogem da verdade factual, como as propagandas dissimuladas, os equívocos, as inverdades, as de má-fé etc. Elas circulam e intermedeiam nos sistemas computacionais: nas redes sociais, em mensageiros conversacionais e em sites duvidosos, ao lado da certa imprensa mancomunada com facções – no sentido de quem maquina a destruição de adversários. Nesse sentido, elas provocam o desarranjo informacional que nos cerca e, acima de tudo, que cerca pessoas com tendência a sofrer influências das FN por não compreenderem os processos tecnológicos e as possíveis formas de controle do que recebem pela falta total de educação para o consumo de mídia – educação para aprender sobre fontes de informação confiáveis, interação, interação responsável, óbvio.

Aguaded e Romero-Rodríguez (2015) lembram que "a busca da 'assepsia informativa' pelos meios de comunicação exige leitores com maior competência na atualidade para interpretar as notícias". Há que se ter respeito à verdade. Ao ultrapassar limites de puro *trolling*, certas pessoas ficam imbuídas da própria insignificância quando fazem questão de transmitir como verdadeiro aquilo que não é e em manter fora do alcance dos olhares os fatos reais, oficiais.

Além da desinformação

A segmentação online é um notável desenvolvimento tecnológico. Usando o aprendizado de máquina, os sistemas desse tipo de segmentação "preveem qual conteúdo tem mais probabilidade de interessar às pessoas e influenciam as pessoas a se comportarem de uma maneira específica" (Online ..., 2020). Além de quantificar

> a capacidade de monitorar nosso comportamento, ver como respondemos a informações diferentes e usar essa percepção para influenciar o que vemos transformou a Internet e impactou nossa sociedade e a economia.

A personalização das experiências online dos usuários aumenta a usabilidade de muitos aspectos da internet. Isso facilita as pessoas a navegar em um mundo online que, de outra forma, contém um volume impressionante de informações. Sem sistemas automatizados de segmentação online, muitos dos serviços online nas quais as pessoas passaram a confiar se tornariam mais difíceis de usar. Os sistemas de segmentação online são usados para promover conteúdo em feeds de mídia social, recomendar vídeos, segmentar anúncios e personalizar os resultados dos mecanismos de pesquisa. Ele permite que indivíduos e organizações encontrem um público maior para suas histórias ou pontos de vista e que as empresas encontrem novos clientes. Os sistemas automatizados agora tomam decisões sobre uma proporção significativa das informações vistas pelas pessoas online (Online ..., 2020).

No entanto, os sistemas de "segmentação online frequentemente operam sem transparência e responsabilidade suficientes. O uso de sistemas de direcionamento online fica aquém dos princípios da OCDE centrados no ser humano em IA, que estabelecem padrões para o uso ético da tecnologia" (Online ..., 2020). Ainda patinamos tanto que: "A segmentação online foi responsabilizada por vários danos. Isso inclui a erosão da autonomia e a exploração das vulnerabilidades das pessoas; potencialmente minando a democracia e a sociedade; e aumento da discriminação". É uma maneira de parasitar os usuários.

Neste mundo, a compreensão do conteúdo midiático não pode se limitar a narrativas que o campo das comunicações tem tradicionalmente estudado: ou seja, as notícias, entretenimento, publicidade e outros gêneros narrativos. Também deve incluir a ampla gama de dados que são críticos para um tipo diferente de narrativa: o perfil discriminatório de indivíduos e grupos que as empresas realizam (Turow; Couldry, 2018, p. 419, citados por Cardoso, 2019).

Razão tem Zuboff ao afirmar que "a segmentação é o eufemismo para uma gama completa de mecanismos: ferramentas de recomendação, microssegmentação psicológica etc." (citada por Barbosa, 2021). Mesmo sabendo que o campo de pesquisa e desenvolvimento da IA deve adotar abordagens éticas de design para tornar o sistema confiável, conforme aponta o texto sobre transparência da Academia de IA de Pequim: "Isso pode incluir, mas não se limita a: tornar o sistema o mais justo possível, reduzir possíveis discriminações e preconceitos, melhorar sua transparência, prover explicação e previsibilidade e tornar o sistema mais rastreável, auditável e responsável" (Ethics..., 2019, pp. 11-12). A operação e o impacto dos sistemas de segmentação online são opacos. "É difícil obter informações sobre o impacto dos sistemas de direcionamento online nas pessoas e na sociedade, pois grande parte da base de evidências é mantida pelas principais plataformas online" (Online ..., 2020).

Como uma espécie de *cyberwar*, os ataques digitais perseguem opositores em benefício de seus interessados. "A regulamentação da segmentação online deve ser desenvolvida para salvaguardar a liberdade de expressão e privacidade digital e promover normas internacionais baseadas em direitos humanos" (Online ..., 2020). O que descobriram em pesquisa no Reino Unido foi

> não somente uma valorização do valor da segmentação, mas uma profunda preocupação com o potencial de exploração das vulnerabilidades das pessoas; uma expectativa de que as organizações que usam sistemas de direcionamento sejam responsabilizadas pelos danos que causam; e um desejo de poder exercer mais controle sobre a maneira como são direcionados (Online ..., 2020).

Apesar do perigo de que as regulações possam impedir o avanço desta tecnologia, é preciso discuti-las amiúde, "ao enfatizar a necessidade de um regulador ter poderes para investigar como os sistemas de direcionamento operam, reconhecemos que um melhor entendimento levará a uma regulamentação mais eficaz e proporcional" (Online ..., 2020).

Dar às pessoas mais controle sobre a maneira como elas são direcionadas é um desafio mais complexo. Aliás, como muito do que diz respeito à IA é complexo, por mais lugar-comum que isso possa soar. As ferramentas para gerenciar o consentimento ou definir preferências são desajeitadas e insatisfatórias. No entanto, é preciso salvaguardar a democracia. "O que a União Europeia tem feito em relação à criação de leis e marcos regulatórios do espaço digital é um esforço para trazê-lo à democracia, e que precisa ser imitado", reforça Zuboff (citada por Barbosa, 2021), ao enfatizar que "a democracia precisa tomar o poder das empresas de tecnologia de volta. Cabe aos indivíduos se reunirem e pressionarem os legisladores". Caso contrário, continuaremos caindo – nós, os robôs e as coisas – em um buraco negro estrutural sem fundo.

No Brasil, a Lei Federal n.º 13.709, de 2018 – Lei Geral de Proteção de Dados (LGPD) –, em vigor desde setembro de 2020, prevê a proteção à privacidade dos dados pessoais do usuário, a transparência quanto aos tratamentos de dados, a padronização de normas e a promoção da concorrência. Ou seja, visa garantir os direitos constitucionais dos brasileiros e protege direitos fundamentais do cidadão relacionados aos seus dados pessoais. É uma lei inspirada na lei europeia.

Em relação ao que pensam sobre a IA, em 2019, Floridi especula que "as pessoas espertas apostam no incontroverso ou no não testável. Do lado incontroverso, pode-se mencionar o aumento da pressão que virá dos legisladores para garantir que os aplicativos de IA se alinhem com as expectativas socialmente aceitáveis". O autor dá um exemplo, "todo mundo espera algum movimento regulatório da UE, mais cedo ou mais tarde. Do lado não testável, algumas pessoas continuarão vendendo previsões catastróficas, com cenários distópicos ocorrendo em algum futuro". Por aqui, temos os chamados influencers de todos os tipos e lados. Os mais prejudiciais são os que alimentam as hordas fanáticas reforçando as FN bolsonáricas e iludindo populações suscetíveis, bem no limite entre o mero *trolling* e o discurso tóxico, tentando controlar ou cercear os mais ingênuos.

A desinformação, chamada também "informações problemáticas", de acordo com Common e Nielsen (2021), "pode ser acessada por meio de mecanismos de pesquisa, como Google Search e vários concorrentes muito menores (por exemplo, Bing, Yahoo etc.)". Os autores complementam: "Além de às vezes ser divulgado por sistemas de classificação algorítmica controlados por empresas de plataforma, às vezes também é monetizado por serviços de publicidade programática oferecidos pelas mesmas empresas". É batata.

Harari atesta que computadores e algoritmos já são clientes, além de produtores. "Na publicidade, o cliente mais importante de todos é um algoritmo: o mecanismo de busca do Google. Quando as pessoas projetam páginas da internet, frequentemente procuram agradar mais ao algoritmo de busca do Google do que a qualquer ser humano" (Harari, 2018, p. 60).

5.
TECNOLOGIAS DE PUBLICIDADE

> "As tais 'gigantes da internet' são o principal veículo publicitário do mundo e, não obstante, são a espuma da onda, somente a espuma. Há muito mais embaixo d'água" (Eugênio Bucci, 2021).

A desinformação estava virtualmente ausente dos estudos antes de 2016, relatam Alice Marwick, Rachel Kuo, Shanice Jones Cameron e Moira Weigel (2021), quando se tornou uma questão de preocupação principal a "longa história de propaganda e persuasão ligada a corporações, mídia de massa e interesses do Estado". Além disso, a forma atual de malbaratar desinformação e provocar baderna mental está "enraizada no enfraquecimento da confiança nas instituições democráticas como a imprensa, o judiciário e os partidos políticos, a economia política da mídia de massa e social e o aumento da influência de comunidades extremistas, conspiratórias e marginais".

A "desinformação" tem origem na Guerra Fria, uma palavra emprestada do russo "*dezinformatsiya*", cunhada durante a era Stalin. Existem diferentes entendimentos culturais do que são consideradas formas legítimas e ilegítimas de persuasão, e a "desinformação", como foi operacionalizada nos Estados Unidos desde 2016, reflete uma história particular e um conjunto de compromissos (Marwick et al., 2021).

Muitas das pessoas que reclamam da desinformação são desinformadas. São displicentes, preguiçosas ou sofrem da falta de acesso aos noticiários profissionais. A desinformação assume muitas formas, e poderíamos elencar a invisibilidade de notícias como uma delas. Não informar determinado fato, principalmente quando esse fato é imprescindível ao cidadão, ou seja, de interesse público, também é uma maneira drástica de desinformar. Outras formas incluem imagens, memes (principalmente os visuais), vídeos e *trollagem* (inclusive as organizadas). Os autores incluem ainda que "a desinformação estratégica e sua prima 'propaganda' são práticas do setor estatal e da mídia com uma longa história" (Marwick et al., 2021).

Os esquemas geradores de FN de hoje, em pleno século 21, beberam na fonte de funcionamento da propaganda tradicional, um verdadeiro *déjà-vu*. Entretanto, com os recursos tecnológicos, obviamente, elevaram todas as fases do processo de modulação de público selecionado. São eles: coleta e armazenamento de informações – mais ágeis e servindo-se de grande quantidade de dados (big data); análises destinadas a refinar, escolher o público a ser manipulado [aqui, neste recorte, pelas FN] – com acesso cada vez mais fácil proporcionado pelos próprios perfis que caem em ciladas variadas: de concordância nos termos de condições de uso, passando pelo aceite de cookies de rastreamento, até por responderem testes de personalidade e comportamento que inundam as redes –; e direcionamento, espalhamento e circulação – que, com o auxílio de robôs, provocam disparos em massa, e replicam e viralizam perfis falsos.

Todas essas etapas desequilibradoras da informação correta – em prol de interesses, de modo geral, escusos, pois estamos falando de FN – passam a ser aceleradas, e em escala deveras superior ao que víamos outrora, com as técnicas de propaganda, antes da possibilidade de uso do ciberespaço para esse tipo de ações perturbatórias, que fazem surgir a desordem informacional, também em proporção maior, quando o próprio alcance da propaganda era menor, mas, mesmo assim, atingindo determinado público potencial. Nos tempos atuais, a propaganda, especialmente no campo político (com forte empuxo do marketing digital), sofisticou-se a ponto de tomar para si a responsabilidade de dar a base do alastramento das FN.

Apenas como registro: no tempo do Onça, em que as gazetas começaram a influir leitores – apesar de ter sido outro momento e não o Jornalismo que se configurou entre o fim do século 19 e o começo do século 20 –, especificamente a partir do século 17, quando os políticos usavam de maneira sistemática a imprensa para direcionar a sociedade com periódicos criados – ou em conluio – para enaltecer partidos políticos e/ou demarcados candidatos, poderíamos explanar mais amiúde sobre ética jornalística. Era preciso demonstrar como o fazer jornalístico funcionava, pois não se tinha ideia de sua finalidade.

Frente a uma espécie de insegurança informativa – acarretada pela avalanche de FN – e a diferentes expectativas quanto à confiança na imprensa, parece ainda necessário reafirmar a ética jornalística, reforçar as regras de conduta do exercício tanto do editor quanto do repórter e até relembrar a existência dos verbetes de manuais de redação e as infindáveis discussões das normas das linhagens investigativas, para deixar claros os propósitos do jornalismo.

Em pleno século 21, com uma história já consolidada, poderia parecer absurdo que o jornalismo tenha necessidade de provar sua credibilidade e ainda reforçar sua deontologia. Contudo, é notório que, desde sempre, veículos de imprensa pendem para determinadas correntes ideológicas e, portanto, reportam, interpretam e opinam como lhes convêm. Como salienta Bucci (2000, p. 176), "movidos por interesses escusos, há donos de meios de comunicação e funcionários da cúpula das empresas que patrocinam mentiras para atingir objetivos particulares". Ou seja, não há isenção, apartidarismo ou pluralidade, mesmo sendo apregoados por princípios editoriais de alguns veículos, o que de certa maneira alimenta a confusão entre jornalismo e FN. Assim, a imprensa que se desvia da missão do jornalismo colhe o que planta. Talvez seja por esses deslizes que cresce o movimento de mídia independente, alternativa, *startups* jornalísticas etc. É o jornalista desencantado da imprensa que dá voz a mentirosos.

Por outro lado, há que se lembrar do que diz Rogério Christofoletti (citado por Prado, 2015) ao reafirmar o intuito final do fazer jornalístico e que o advento da democracia levou o jornalismo a buscar justificativas sociais para sua inserção junto aos públicos. "Era necessário um papel social para esta atividade em definição. Um dos caminhos adotados foi considerar o jornalismo uma prática não apenas de registro dos acontecimentos, mas também de fiscalização dos poderes constituídos" (p. 65).

Ao que tudo indica, o grande desafio imposto aos meios tradicionais de comunicação é manter seu prestígio informativo e seu status de fonte principal de informação e, ao mesmo tempo, adaptar-se a modelos mais apropriados às formas com que os internautas consomem conteúdo. Isso vale tanto para aquelas entidades que buscam credibilidade e precisão como para as que procuram esclarecer a audiência desavisada.

Razão tem Santaella (2018a) ao lembrar que, para fisgar o público, "as estratégias de sedução e persuasão da publicidade sempre funcionaram". "São mensagens de forte apelo visual, cujas chamadas são tão inacreditáveis que se tornam irresistíveis. Nas redes, esses mesmos princípios continuam presentes" (p. 30).

Brook Borel (2017), por sua vez, destaca que às notícias são atribuídas também a finalidade de entreter. No entanto, em seu modo de ver, esse intento deveria ser deixado de lado, porque abre caminho para distorções: "A publicidade baseada em cliques nos deixou à deriva em um mar de manchetes imprecisas e sensacionais, mesmo em agências de notícias legítimas; isso facilita a sobrevivência de manchetes de notícias falsas dramáticas". Por isso mesmo que confundir FN com entretenimento nunca foi visto com bons olhos pelos jornalistas.

Ameaças à experiência do usuário e à sua privacidade colocam em risco a confiança que os leitores passam a ter nas empresas de notícias, supõe Watkins (2018), o qual faz constar que "não surpreende que as tecnologias de publicidade representem um risco iminente de reputação para as marcas de jornalismo". Da mesma forma, "as demarcações do que é valioso na economia da atenção podem alterar a prática organizacional e profissional do jornalismo".

Fora dos problemas de usabilidade e privacidade, os incentivos e infraestruturas da tecnologia de anúncios podem levar as organizações de notícias a produzir e distribuir tipos específicos de notícias. Investigações jornalísticas e estudos acadêmicos dentro de redações mostraram que os repórteres e editores se sentem pressionados a produzir notícias e tomar decisões operacionais de acordo com as demandas das estruturas e métricas de propaganda (Watkins, 2018).

Watkins esclarece que, à medida que o setor editorial adota papéis organizacionais, rotinas e métricas herdadas do setor de tecnologia, bem como o setor de vendas de anúncios, "mais decisões de projeto orientadas por métricas configuram como as notícias são distribuídas e consumidas". Para ele, as próprias métricas de engajamento são medidas de como um público se envolve com um website. "Isso inclui cliques (quantas pessoas clicam em anúncios em um site), hits (exibições de página), sessões (tudo que um leitor faz em um site), visitantes únicos (número de visitantes exclusivos do site) e muito mais". Assim,

mesmo as palavras "artigo" e "conteúdo" denotam diferentes valores e prioridades na produção de notícias. Enquanto a palavra "artigo" é usada no jornalismo e ostensivamente imbuída do compromisso jornalístico de informar o público com uma dedicação à cobertura objetiva, a palavra "conteúdo" vem da indústria de tecnologia e denota o papel da palavra escrita dentro de uma infraestrutura maior de entrega de conteúdo criada para metas específicas, como impulsionar o engajamento e gerar receita (Watkins, 2018).

Na palestra "Desinformação: desafios para o jornalismo e técnicas de verificação", que abriu o 15º Congresso da Abraji, em 2020, Silverman mencionou uma reportagem que produziu para o

Buzzfeed News – "*Facebook Banned Mask Ads. They're Still Running*" (O Facebook baniu anúncios de máscaras. Eles continuam sendo veiculados) – na qual relata que um usuário da rede social "desmascarou uma empresa, a ZestAds, que vendia máscaras contra o novo coronavírus a preços inflados usando propagandas enganosas no Facebook", conforme cobertura do congresso por Isabela Alves e Rafael de Toledo (2020).

Para fazer a investigação, ele começou identificando quem eram os atores que estavam por trás dos anúncios, como eles se comportavam nas redes e como estavam replicando aquele conteúdo em outras contas conectadas. Ele também entrou em um grupo de Facebook onde clientes estavam fazendo reclamações da empresa. O repórter foi então construindo uma base de dados com os endereços dos sites, os endereços das lojas, as páginas do Facebook e, por fim, os seus donos. Ele aponta que há ferramentas gratuitas e pagas que ajudam a fazer essa apuração, como o site DomainBigData (Silverman citado por Alves; Toledo, 2020).

Com a publicação da reportagem, o Facebook baniu a empresa da plataforma. "Eles não vão ficar fora para sempre, mas já fez a diferença. Foi um trabalho muito técnico e levou muito tempo, mas todo jornalista deve investigar e se preocupar com a desinformação", atesta Silverman (citado por Alves; Toledo, 2020). "Os jornalistas também podem se tornar alvo destas campanhas, o que faz com que a gente repita a informação falsa e também dá descrédito à profissão".

Rory Mir e Cory Doctorow (2021) exemplificam, com as práticas do Facebook, as categorias de usuários que podem ser "estranhamente específicas, cobrir interesses delicados e ser usadas de maneiras discriminatórias. Essa transparência aprimorada é importante para entender melhor como a desinformação se espalha online e as próprias práticas do Facebook para lidar com ela". Embora o Facebook "afirme que 'não permite desinformação em [seus] anúncios', ele hesita em bloquear anúncios políticos falsos e continua a fornecer ferramentas que permitem que interesses marginais moldem o debate público e enganem os usuários".

Não obstante, o que Mir e Doctorow (2021) recomendam é da vontade da maioria, inclusive seus impedimentos e dificuldades: "Revelar os segredos por trás desse ecossistema baseado em vigilância ao escrutínio público é o primeiro passo para recuperar nosso discurso público". Porém, "a moderação de conteúdo em grande escala é notoriamente difícil, e não é surpreendente que o Facebook tenha falhado repetidas vezes". Mas, "com as ferramentas certas, pesquisadores, jornalistas e membros do público podem monitorar os próprios anúncios para lançar luz sobre as campanhas de desinformação".

Beate Josephi (2016) acredita que "o profissionalismo jornalístico reemergiu como uma ferramenta para o estabelecimento de limites que permitam diferenciar os jornalistas de outros participantes do processo de produção da informação digital" (p. 9). Não parece que a maior parte da audiência saiba diferenciar um jornalista de um colaborador (muitas vezes bem intencionado), um falsificador, alguém que fala groselha. Por isso, é necessário redobrar esforços para fazer circular a noção de verdade e, assim, abafar a chance das discrepâncias que castigam as redes. Isso se faz imperativo principalmente em momentos cruciais para a política (eleições, manifestações, campanhas etc.) e para as ocasionais questões sociais e comportamentais, como o feminismo, o assédio, a violência etc. e, em seu rastro, lutas por reconhecimento de não-gêneros, apenas para citar algumas dentre tantas lutas. Dessa forma, ferramentas para descobrir as chamadas FN estão sendo testadas e ambientes no ciberespaço estão sendo criados para que mais pessoas fiquem a par desse tipo de mensagem e passem a combatê-las. Outra possibilidade é a de tentar engabelar o algoritmo fazendo o reverso. Resistir.

Trazer transparência da apuração jornalística é uma prática que deveria ser mais usada. Por exemplo: deixar à mostra a íntegra das entrevistas, o que é possível fazer no ambiente digital; incluir mais dados sobre as fontes utilizadas e não apenas seus nomes e cargos para dar mais credibilidade, principalmente aos leigos; registrar quem não aceitou dar depoimento, é uma das táticas possíveis, apesar de tornar o trabalho mais demorado pelo detalhamento. Enfim, todas as informações possíveis para que possamos, depois de todas as garantias, confiar de olhos fechados.

"Explicar o processo que usamos é importante para criar confiança e para criar uma matéria convincente. Mas acho que também é útil para ajudar a educar as pessoas, para que as pessoas entendam em quê e em quem elas devem confiar" (Silverman citado por Alves; Toledo, 2020). E que sejam catalisadores de mudanças necessárias e urgentes.

Com emprego de pura retórica, plataformas, no meio do barulho que fazem, tentam enganar a todos. "Somos integrados a e dependemos de sistemas que não sabemos como funcionam ou o que querem de nós. Facebook, Google e outros dizem que querem que nossa vida seja mais fácil, que entremos em contato com nossos entes queridos", ironiza Peirano (citada por Massis, 2020). Que sejamos "mais eficientes e trabalhemos melhor, mas o objetivo deles não é esse, eles não foram projetados para isso, mas para sugar nossos dados, nos manipular e vender coisas. Eles nos exploram e, além disso, somos cada vez menos felizes e menos produtivos, porque somos viciados [na tecnologia]", completa Peirano.

Não podemos afirmar categoricamente, mas, conforme a fala do cientista da computação e ex-CSO (Chief Security Officer, ou diretor de segurança) do Facebook Alex Stamos em entrevista a Eric Johnson (2019), "O WhatsApp não tem classificação algorítmica. As pessoas têm um enorme nível de privacidade e, ainda assim, há um problema de desinformação, porque o problema são as pessoas". O foco, diz ele, deve ser nos anúncios, pois eles "permitem colocar conteúdo na frente de pessoas que não o solicitaram". Assim, "É por isso que eles têm que pagar, porque você não gosta. O Facebook também engoliu potenciais concorrentes como WhatsApp e Instagram sem disparar alarmes antitruste", continua e acrescenta taxativamente: "tudo isso forneceu mais dados, ajudando a melhorar seus algoritmos para manter os usuários na plataforma e segmentá-los com anúncios". Tais questões sobre o engajamento, a ideia de prender o usuário na plataforma e o direcionamento de propaganda são compartilhadas de maneira análoga por Gillespie (2012).

Pode-se também observar que "Google e Facebook não fornecem só os ambientes onde mentira e intolerância se espalham, mas também definem os termos de uso e têm total controle sobre os algoritmos que regem a distribuição dos conteúdos", relembra Christofoletti (2020). Isto é, "poderiam coibir o ódio com mais firmeza e ajudar a frear a desinformação, mas fazem muito menos do que está ao seu alcance por uma razão simples: isso afetaria o coração de seus negócios". Google e Facebook, afirma o professor, "vivem à base do uso de suas plataformas e da disseminação de conteúdos viralizantes, independente se são verdadeiros ou não, se são socialmente inflamatórios ou não". O que importa é o frenesi que causam.

Pura violência distópica e contraproducente. Não é falha de comunicação, neste novo capitalismo em construção, seja ele de dados, de vigilância, de plataforma. As ações são conscientes e seguem nessa toada desinformante e, por vezes, ocasionando a desumanização.

Publicidade-propaganda

O termo propaganda designa uma atividade "de comunicação social persuasiva em que o emissor domina quase por completo o processo de comunicação, procurando mudar as cognições (ideias, opiniões, crenças, valores, representações etc.), atitudes, comportamentos e até a personalidade do receptor", define Sousa (2006, p. 369) e acrescenta que a propaganda "é particularmente relevante nos domínios político, ideológico, militar e religioso". O autor diferencia a propaganda da publicidade porque a propaganda "está ideologicamente vinculada à luta pelo poder ou à manutenção desse poder. Ao contrário da publicidade, a propaganda é, essencialmente, uma atividade de propagação ideológica e não uma atividade de cariz comercial" (p. 370).

Não se trata aqui de demonizar, apenas de constatar uma atividade histórica: a de escolher e analisar os dados do público para incutir o que se pretende incutir. Quando a propaganda-publicidade se instalou nos meios de comunicação, há mais de cem anos, não imaginávamos que pudesse desbaratar tanto. Inicialmente, queriam nossos dados para nos vender produtos e nos oferecer candidatos em campanhas. Mas era algo mais visível.

Entrava na ladainha quem quisesse. Os anúncios nos jornais vinham enquadrados para que pudessem ser distinguidos do conteúdo editorial, mas, obviamente, as "matérias pagas" percorreram diversos jornais sem que os estouvados se dessem conta. Nas rádios, os spots e, principalmente, os jingles, grudavam na cabeça com o preciso intuito de nos fazer cantarolar e, consequentemente, nos persuadir. Mas eram os testemunhos que os comunicadores proferiam no ar, especialmente ao vivo, que influenciavam mais os ouvintes, por meio de identificação e empatia, afinal, eles, de modo geral, eram queridos e tinham audiência arrebatadora (os atuais seguidores). Na TV, o intento era de deixar as pessoas vidradas, só faltava ter cheiro e contato físico de tão real que faziam parecer ser para ganhar o telespectador por assertividade direta. Os merchandising eram determinados para provocar vontades adormecidas, desejos impulsivos e fascínio em quem assistia. Mas, na era da internet, a multimídia proporciona que todos os artifícios se juntem no empenho de atrair o consumidor e/ou possível eleitor. Com o agravante de que a seleção do tal público-alvo, sempre utilizada desde os primórdios da propaganda-publicidade, ganhe mais facilidade de acesso a diferentes públicos e, ainda por cima, com velocidade e precisão sem precedentes.

Tandoc Jr., Lim e Ling (2017) fazem a ponte e ainda chamam a atenção para mais características das FN: "Publicidade e relações públicas como 'notícias' possuem, aparentemente, o mesmo formato de matéria produzida pelo *mainstream* jornalístico, mas, na verdade, são encomendadas por empresas de publicidade ou de relações públicas na busca em promover clientes e/ou produtos". Os autores exemplificam: "Utilizam entrevistas, estatísticas, fotos e outros elementos da prática do jornalismo como forma de legitimar-se como tal. Esse tipo de material, às vezes, aparece em espaços pagos na página online de veículos tradicionais de imprensa".

Embora esse tipo "de 'notícia' busque se basear em um fato verdadeiro, a abordagem quase sempre é incompleta, porque tende a apresentar apenas um aspecto do evento ou fato, normalmente o aspecto que ajuda a promover um produto ou cliente das empresas de publicidade", afirmam. Para os autorees a notícia como propaganda "se refere as 'notícias' que são criadas por uma entidade política com o objetivo de influenciar a percepção do público sobre o governo, organizações e lideranças. É o tipo de conteúdo que, às vezes, aparece também no formato de material pago (publicidade)". Apenas alguns veículos colocam o conteúdo dentro de um quadro com o título Informe Publicitário, às vezes, com a fonte da letra bem pequenininha para passar despercebido.

> Esse tipo de "notícia" também se baseia em eventos factuais, mas promovem apenas um lado ou um tipo de perspectiva sobre um evento, instituição ou liderança. A promoção de um lado da questão ou de determinada perspectiva aparece também nos comentários dos entrevistados, alguns deles pagos para publicar comentários favoráveis a determinada instituição ou governo (Tandoc Jr.; Lim; Ling, 2017).

"Quando se faz publicidade, normalmente têm-se dois tipos de objetivos em mente: o objetivo mental (relacionado com o que se pretende que o público-alvo pense ou deseje); e o objetivo comportamental (o que se quer que o público-alvo faça)" (Cardoso, 2002, p. 79 citado por Sousa, 2006, p. 339).

Bucci e Augusto Jr. (2012, p. 38) ressaltam que a publicidade é um discurso que tem interesse em acarretar uma reação determinada no seu público "(ou 'público-alvo', como gostam de dizer os publicitários e os profissionais de marketing, esmerando-se nas metáforas bélicas em que se especializaram, nas quais o consumidor faz sempre as vezes de mira para a pontaria de atiradores, nunca de interlocutores inteligentes a autônomos)".

Ainda no campo das metáforas bélicas, "a Primeira Guerra Mundial levou à universalização do termo propaganda, já que todos os beligerantes contenderam com palavras e não apenas com as armas", relembra Sotelo Enríquez (2001, p. 62 citado por Sousa, 2006, p. 371) e acrescenta:

> Data dessa época a identificação da propaganda com a guerra psicológica. O seu uso intenso por parte de políticos e militares durante o conflito terá tido três consequências:
> 1. A propaganda política e militar intensificou-se, em detrimento da propaganda noutros domínios da vida social; 2. O impacto causado pelas atividades de propaganda intensificou o interesse de políticos, militares e cientistas pela atividade (os estudos sobre propaganda e persuasão estiveram mesmo na génese dos estudos sobre os efeitos da comunicação); 3. O termo propaganda adquiriu conotação negativa, identificando-se com manipulação e mentira.

Na aurora do século 20, a propaganda, especialmente no campo político, perseguia o perfil de consumidores em potencial das mídias impressa e eletrônica: eleitores e formadores de opinião entre leitores de jornais; a seguir, ouvintes (1920); e, depois, telespectadores (1940). Contudo, foi em meados da década de 1990, com o advento da internet – (inicialmente) aberta e flexível e, principalmente, sendo hiperpovoada de maneira veloz –, que a área encontrou campo fecundo para ampliar-se, não só com a persuasão latente a atacar o público no mundo da lua, mas também manipulando de modo a influenciá-lo a agir de acordo com sua meta própria, muitas vezes, de soslaio.

As ferramentas de segmentação de anúncios do Facebook são o cerne de seu negócio, e estão envoltas em sigilo, asseveram Mir e Doctorow, no site da EFF – Electronic Frontier Foundation (2021). Os autores corroboram o que este estudo verificou, ou seja, a empresa coleta informações sobre os usuários de uma vasta e escalada variedade de fontes e, em seguida, categoriza cada usuário com centenas ou milhares de tags com base em seus interesses ou estilo de vida percebidos. O Facebook, então, vende a capacidade de usar essas categorias de maneira deletéria para alcançar os usuários por meio de anúncios microdirecionados.

Dados importantes para um direcionamento preciso são reunidos pela formação de estruturas lógicas de usuários. O Facebook agrupa usuários que compartilham um determinado atributo em uma estrutura chamada *cluster seed*. Depois que um *cluster seed* é criado, um conjunto de outros usuários ou objetos aos quais o usuário está relacionado é recuperado. Dentro desses conjuntos, um algoritmo determina se os usuários no conjunto compartilham o mesmo atributo do usuário principal. O processo de determinação é baseado na declaração explícita do usuário secundário, análise de suas conexões e utiliza um algoritmo de passeio aleatório. Os resultados são usados para decidir se o usuário secundário também pode ser associado ao *cluster*. Como resultado, um *cluster* de segmentação é estabelecido e pode ser usado para direcionar usuários e mostrar-lhes anúncios específicos. A credibilidade desses *clusters* é testada medindo as taxas de *click-through* de usuários no *cluster* para um anúncio específico ou medindo feedback negativo de usuários no *cluster*. Além disso, os usuários podem ser colocados em um *cluster* com base em suas interações com páginas, aplicativos etc. (Joler; Petrovski, 2016).

Mir e Doctorow (2021) sustentam que "todos, desde empresas de petróleo e gás a campanhas políticas, têm usado o Facebook para divulgar as próprias narrativas distorcidas e corroer o discurso público".
No entanto, a estratégia que une o ato de monitorar (e por que não dizer, vigiar) e a consequente análise dos dados ganha aprimoramento no ambiente das redes sociais digitais com a crescente facilidade--usabilidade em raspagens de dados acabar por impulsionar, assim, a ação dos algoritmos de IA no campo da informação.

Web Scraper: é uma ferramenta para raspagem de dados (possui parte gratuita e parte paga). Especializada na extração de dados de páginas web, oferece duas opções para os usuários: o Google Chrome Extension, gratuito, e o Serviço de Extração de Dados Corporativos, Web Scraper Extension, também gratuito. Usando a extensão, você pode criar um plano (sitemap) de como um site deve ser percorrido e o que deve ser extraído. O Web Scraper navega no site e extrai todos os dados. Dados raspados mais tarde podem ser exportados como CSV; Serviço de Extração de Dados Empresariais: o Enterprise Data Extraction Service oferece resultados orientados ao nível solicitado. Essa opção permite extrair grandes quantidades de dados, executar várias raspagens de uma vez ou mesmo executá-los em um cronograma definido; Scrapping ou raspagem: indicado para capturar os dados, ou seja, acessá-los em fontes originais – sites, bases de dados, PDFs, documentos físicos, imagens etc. – e adaptá-los para um formato que permita cruzamentos, raspagens e novos resultados que possam ser utilizados; Scraper ou Google Scraper: para raspar dados. É uma extensão do navegador Google Chrome. Extrai texto de websites baseando-se em similaridade.

Se uma empresa quer mostrar anúncios a alguém no Facebook que goste de determinados produtos, a rede social permite. Um estudo "acaba de demonstrar que esses interesses podem ir se afunilando até que a audiência final de um anúncio seja um único usuário. Um grupo de acadêmicos espanhóis comprovou pela primeira vez como é simples e barato reduzir ao mínimo a audiência potencial", aponta Jordi Pérez Colomé, no *El País Brasil* (2021).

Se uma ferramenta de publicidade pode virar um pesadelo para a privacidade. Colomé aponta que outros estudos já tinham demonstrado que um pequeno conjunto de atividades cotidianas (localização, compras com cartão) "é capaz de identificar uma pessoa individualmente". A novidade deste estudo é "a facilidade com que se pode mandar um anúncio a um indivíduo específico. O Facebook permitia a microssegmentação ao definir muito bem as audiências. Este experimento prova que também permite a nanossegmentação, reduzindo o foco do anúncio ao mínimo". "Minha surpresa se deve a que não acreditava que este tipo de segmentação já fosse possível: eu achava que a audiência mínima seria maior que um, e que estivesse limitada", alega Lukasz Olejnik, especialista em privacidade, a Colomé (2021).

A política é uma possibilidade de uso óbvia, segundo Olejnik (citado por Colomé, 2021). "Poderia ir desde publicidade política a desinformação e hackeamento, de algo inocente a guerras cibernéticas", acrescenta. Os autores do estudo "por enquanto estão céticos, mas já fizeram conferências para grandes empresas dos EUA e departamentos de inteligência artificial" (Colomé, 2021). O fantasma em microescala de algo semelhante ao rebuliço da Cambridge Analytica também paira. Eis a explicação:

"Desde aquele escândalo onde aparentemente se empregou o uso de perfis psicológicos para manipular, acreditemos ou não, há um setor do mundo da privacidade e do marketing que diz que é assim, que existe a capacidade de chegar a alguém porque é mais simples manipular um indivíduo só" (Cuevas citado por Colomé, 2021). Para Cuevas, temos estudos que afirmam que "a probabilidade de que um usuário clique em um anúncio quando a campanha é muito perfilada para esse usuário cresce de maneira importante", completa.

Interatividade na web, terreno fértil para implantar técnicas publicitárias

Em paralelo à fase da interatividade da internet na web 2.0 – já dizia Tim O'Reilly em 2005, "O gerenciamento de banco de dados é uma competência central das empresas da Web 2.0, tanto que às vezes nos referimos a esses aplicativos como '*infoware*' em vez de meramente software". Se observarmos atentamente toda sorte de colaboradores e participantes ganhou espaço, voz e olhares ao redor. De simples comentários a opiniões em blogs, o conteúdo gerado pelo usuário se instala sem volta. Há que se evidenciar, mais uma vez, que nem sempre com preocupações éticas ou padrões e regras editoriais, porque esses são próprios dos (bons) profissionais de jornalismo.

Christofoletti (citado por Prado, 2015, p. 65) retoma a função maior, para não dizer missão, do jornalismo, quando relembra que, "historicamente, o Jornalismo foi se desenvolvendo à luz da tecnologia, do capitalismo e da democracia. Os avanços técnicos permitiram que a busca da informação ganhasse velocidade, ampliasse o seu alcance e se fortalecesse".

Conforme Bucci e Augusto Jr. (2012), a publicidade não tem como objetivo a livre formação da opinião e da vontade do público. Ao contrário, procura causar um efeito preestabelecido nas mentes que atinge com seu número infindável de mensagens.

O que denominam de propaganda computacional "se refere a ferramentas e táticas empregadas para distorcer o debate público nas redes sociais" (Interlab..., 2021). O termo foi disseminado pelos pesquisadores Samuel Woolley e Philip N. Howard no âmbito do Projeto sobre Propaganda Computacional da Universidade de Oxford. Na definição dos autores, propaganda computacional é "o uso de algoritmos, automação e curadoria humana para distribuir intencionalmente informação enganosa através de redes em [plataformas de] mídia social". A expressão "engloba táticas que envolvem o uso de contas automatizadas ou semiautomatizadas em redes sociais com o objetivo de manipular o debate público" (Interlab..., 2021). Mesmo mentindo deslavadamente, conseguem alvejar quem não se preocupa se está sendo enganado, por mais que não tenhamos como saber ao certo o quão controverso isso possa ser.

É a chamada publicidade dissimulada: "a publicidade que pretende passar pelo que não é, no meio daquilo com que se parece. É o caso da publicidade sob a forma de artigo de jornal que quer passar por peça jornalística", reforça Lampreia (1989, pp. 25-39, citado por Sousa, 2006, p. 342). Tais fatos têm me levado a afirmar que a propaganda-publicidade está na raiz das FN.

Michael Hameleers, Thomas Powel, Toni Van Der Meer, Lieke Bos (2020) acreditam que a desinformação se assemelha à propaganda em termos das "consequências políticas pretendidas do remetente". Assim, "é crucial considerar os efeitos da desinformação sobre a percepção do público da credibilidade da informação e o efeito potencial dos esforços corretivos que se opõem às falsidades intencionais". Trata-se do poder corrosivo no *core business* para vender seu peixe.

Marwick e Lewis (2017, citados por Hameleers et al., 2020) reforçam a ideia de que a desinformação está mais próxima da propaganda, "pois o comunicador distribui informações incorretas para atingir determinado objetivo (político). Os agentes de desinformação podem, por exemplo, atacar as elites para fomentar a desconfiança entre os diferentes segmentos do eleitorado". Parte-se do pressuposto de que, ao se esquematizar a estrutura lógica de embromação, esconde-se a verdade, especialmente dos incautos.

Sendo permeada por técnicas de propaganda, voltadas a conhecer e traçar o perfil de pessoas, a rede mundial de computadores não somente foi alvo, como também se tornou campo prolífico de monitoramento, análise e especificação de dados. Captação de dados é, de acordo com Peron, a

> entrada que pode se dar de diversas formas (dados de geolocalização, comportamentais), por mais variados sensores (câmeras, celulares, sensores biométricos) e a partir da programação imputada a ele, o que permite que correlacionem e produzam informações novas, como características de consumo, padrões de relacionamento etc. (Peron, 2018).

Enfim, puras equações matemáticas brotando muitas vezes sem nossa interferência a nos dominar. A diferença de hoje, para quando a publicidade começou, é a viralização desta, um transbordamento que se dá em todas nossas redes e dispositivos de comunicação. Não é preciso exemplificar, porque é notório que, conforme pesquisamos algo, imediatamente começamos a receber propaganda relacionada em caixas de entrada de e-mails, aplicativos e motores de busca. "O Google hoje nos liberta da estupidez porque temos acesso a todas as informações do mundo, mas, ao mesmo tempo, nos escraviza porque alimentamos sua maquinaria publicitária sem perceber", enfatiza Yanis Varoufakis, ex-ministro de finanças da Grécia, em entrevista a Berna Gonzaléz Harbour, do *El País* (2021). Porém, há que se considerar o favor que ele nos faz em pesquisas com IA.

> Os dados extraídos passaram de uma forma de melhorar os serviços para se tornar uma forma de arrecadar receitas publicitárias. Apenas para se ter uma ideia, no primeiro trimestre de 2016, 89% da receita do Google e 96,6% da receita do Facebook vieram de anunciantes" (Srnicek, 2017).

Um parêntesis sobre análise, com Philip Kotler e Kevin Lane Keller (2005, p. 18): "as empresas passaram da gestão de produtos para a gestão de clientes, compilando bancos de dados sobre clientes individuais para que possam conhecê-los melhor e desenvolver ofertas e mensagens personalizadas".

Cuidemos, essa história de "melhorar os serviços" não é bondade das corporações. "Os gigantes da tecnologia conseguiram expandir a força de trabalho, transformando cada usuário em um trabalhador grátis", enfatiza Varoufakis (citada por Harbour, 2021). E eles captam sua atenção e vendem seus dados para os anunciantes. "Diante de uma montadora, por exemplo, no Google, Facebook, Apple e Amazon, a maior parte da produção de capital é realizada pelos consumidores. Cada vez que saímos com o telefone, o Google atualiza seus mapas e os torna mais úteis". Sabemos: somos nós, como um mosaico, que alimentamos as bases de dados.

Do extremo desvelo com que se dá esse monitoramento e a consequente análise de dados, Moore (citado por Rudniztki, 2019) ressalta que "uma coisa importante é a transparência na propaganda e no financiamento político". Sobretudo, é preciso "saber quem são os alvos dos anúncios e também quais dados dos usuários foram agrupados e usados, além da necessidade de regulações a serem implementadas, como a proibição de direcionamento de anúncios baseados em dados pessoais por parte dos anunciantes" (Moore citado por Rudniztki, 2019). No entanto, regulações de poder de monopólio devem ser pensadas e discutidas. Porém, no fenômeno da informação dos dados, com a falta de tratamento jurídico, a lógica econômica opaca que rege as plataformas segue incólume.

Encobrir os códigos é default. "Os provedores de informação defendem que os algoritmos são segredos comerciais e que, portanto, não devem ser disponibilizados em espaços públicos", define Gillespie (2018). Ainda ressalta que "os anunciantes têm acesso a esses dados informacionais para saberem que tipo, de que modo e como realizar a publicidade ideal".

Dada reflexão até aqui, observa-se que nada do que fazemos na internet é em vão e tudo que postamos nela é como se escrevêssemos na pedra: pode até ser apagado da superfície, mas fica lá, no limbo, ou na deepweb, para qualquer hacker pegar, se quiser. Se determinada plataforma proíbe uma postagem, os autores publicam-na em outra rede, e se acontece de novo, pulam para uma terceira rede, ou seja, o conteúdo pode continuar sendo republicado ao léu. Lembrando que crakers fazem pichações em sites por protesto ou para provocar discórdia. Nossas ações – de platitudes a intrigantes – geram consequências.

> Os algoritmos podem otimizar buscas de acordo com nosso perfil, definir e mostrar anúncios nas páginas que visitamos, decidir quais preços serão mostrados nos produtos que procuramos nas lojas online etc. [...] Além de direcionar anúncios, algumas plataformas direcionam também os conteúdos que serão exibidos de forma prioritária. Podem ser desde resultados de busca, até notícias compartilhadas por contatos nas redes sociais (CGI, 2018, p. 21).

Assim, dá para "perceber que, ao entrar na rede social, não irá se deparar necessariamente com os conteúdos mais recentes em primeiro lugar, mas sim com aqueles que potencialmente podem ter mais interesse de acordo com interações anteriores" (CGI, 2018, p. 21). Tudo com o desenho do nosso perfil.

Antes era preciso responder a questionários de publicitários, hoje nossos rastros revelam o que somos e fazemos para que possam extrair significados e prever melhor.

Os nossos dados alimentam sistemas e rotas dos sistemas de previsão de comportamentos, em busca da precisão de consumo – item muito valioso no mercado de venda de publicidade direcionada – "há quem diga que esses serviços não são exatamente gratuitos, mas que pagamos por eles com a oferta desses dados, que posteriormente serão usados para nos estimular a comprar produtos e serviços" (CGI, 2018, pp. 21-24).

Isso mesmo, não é exatamente gratuito, pagamos com nossos dados. Algo como se diz: meter pelos olhos adentro. "Não seria demais imaginar que nossa atenção, como potenciais consumidores, também é fundamental para valorizar os espaços de anúncios dessas plataformas. Por isso, as plataformas estão o tempo todo disputando nossos cliques e o tempo que passamos em cada uma delas" (CGI, 2018, p. 24). A atividade de burlar engajamento é impulsionada pela aberração chamada fábricas de cliques.

Não basta saber em quais ambientes numéricos entramos, mas, principalmente, nosso modo de surfar nas redes, quanto tempo ficamos, se salvamos, se compartilhamos, se voltamos ao mesmo ambiente e por quantas vezes, ou seja, se nos tornamos assíduos etc., toda nossa navegação é traçada para ser analisada. Dá para perceber quem é o protagonista nessas frases e lembrar Floridi: "Nós somos e continuaremos sendo, em qualquer futuro previsível, o problema, não nossa tecnologia" (2016). É fundamental ter a habilidade de olhar para o amanhã.

> Todas essas informações são valiosíssimas para negócios baseados na venda de publicidade direcionada e podem ser obtidas de diversas formas: por meio de um cadastro no qual você insere seus dados pessoais, a cada interação na plataforma (envio de conteúdo, vínculo com outros usuários, curtidas etc.), a partir da sua navegação na Web (as páginas que acessou, quanto tempo ficou em cada uma etc.), entre outras. Tudo isso é reunido para a criação de um perfil que identifica (CGI, 2018, p. 20).

É preciso deixar apontado que as regras algorítmicas imperam. "O status de monopólio do Google, junto com suas práticas algorítmicas de influenciar as informações sobre os interesses do capital neoliberal e das elites sociais nos Estados Unidos, resultou em uma provisão de informações que parece ser crível", destaca Safiya U. Noble (2018, p. 36), "mas na verdade é um reflexo de interesses publicitários. Plataformas de mídia digital, como Google e Facebook, podem negar a responsabilidade pelos resultados de seus algoritmos, mas podem ter efeitos sociais tremendos – e perturbadores", arremata. Precisamos saber refinar pesquisas.

> O preconceito racista e sexista, a desinformação e a criação de perfis são frequentemente subprodutos despercebidos desses algoritmos. E, ao contrário das instituições públicas (como a biblioteca), o Google e o Facebook não têm um processo de curadoria transparente pelo qual o público possa julgar a credibilidade ou legitimidade das informações que propagam. Essa desinformação pode ser debilitante para a democracia – e, em alguns casos, mortal para seus cidadãos (Noble, 2017, p. 1).

A visão positiva de Tamar Charney, editora na *NPR One*, conforme depoimento na *NiemanLab*, em 2019, dá conta de que "a personalização pode ser ruim por criar bolhas, mas os algoritmos editoriais também podem ser usados para ampliar os horizontes das pessoas, expondo-as a outros pontos de vista". É o que o jornalismo sério costuma, ou deveria, fazer. Diante de tantos desafios enfrentados pela indústria de notícias – poderes políticos, pressões financeiras e mudanças tecnológicas –, Charney afirma que a ferramenta mais poderosa será saber muito claramente o que estamos tentando fazer para o público. "Dessa forma, eles também saberão o que podem esperar de nós".

Enquanto isso, Taylor Lorenz, do *The Daily Beast*, escreveu um artigo para o "Previsões para o jornalismo em 2019", especial do *NiemanLab*, sobre como os consumidores estão exaustos a ponto de querer "abandonar o lançamento em redes sociais abertas e, em vez disso, gastar mais tempo em redes fechadas e conversas em grupo" (Lorenz, 2018). À medida que "os usuários migram para esses sistemas fechados, eles também estão se afastando do tipo de feeds algorítmicos de base ampla, repletos de notícias e conteúdos de mídia que foram a marca registrada das mídias sociais de primeira geração". Hoje, existe uma banalização da notícia de baixa qualidade.

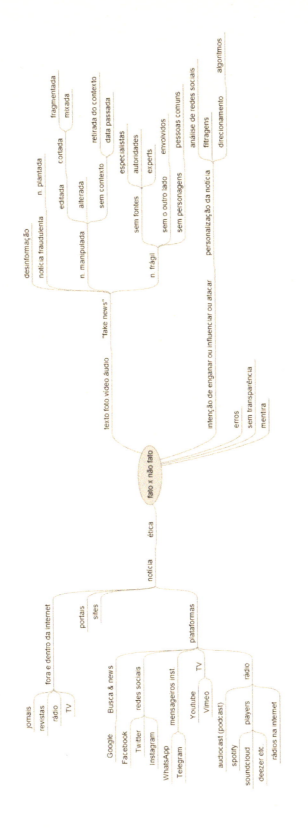

6.
ANÁLISE DE MÍDIAS SOCIAIS COMO SISTEMAS EXTRATIVOS DE IA

> "Valores e desejos expressos nos dados que selecionamos, influenciam nossas escolhas, ou seja, os modelos são opiniões incorporadas em Matemática. A questão é se eliminamos o viés humano ou o camuflamos com tecnologias" (Cathy O'Neil, 2016).

A análise de mídia é a ponta da lança para que se chegue a grupos de pessoas-alvo. Como saber a quem interessa direcionar FN e todo o tipo de desinformação, senão ao monitorar, capturar, recolher e selecionar para, como dito anteriormente, direcionar os ataques. Assim, cria-se uma oportunidade ao se raspar os dados pessoais, especialmente na big data das redes sociais, um ambiente propício a revelar detalhes da vida, como as emoções.

Google Analytics: Para desenvolver habilidades de análise. Os recursos e aspectos do Google Analytics incluem implementação de práticas recomendadas de análise e solução de problemas. Essas ferramentas permitem obter informações, além de ajudar na tomada de decisões de negócios. Eis o que diz o site: Comece a analisar o tráfego de seu site em três etapas: 1) Inscreva-se no Google Analytics. Basta fornecer algumas informações básicas sobre qual site você deseja monitorar. 2) Adicione um código de acompanhamento. Você receberá um código de acompanhamento. Cole-o em suas páginas para que o Google tome conhecimento das visitas a seu site. 3) Saiba mais sobre seu público-alvo. Em algumas horas, você poderá começar a visualizar dados sobre seu site.

No intuito de conhecer a fundo (lembrando sempre que a intenção maior é modular o pensamento e o comportamento das pessoas, especialmente songamongas) e saber como captar os atributos, parametrizar e categorizar cada ato e desleixo das pessoas (e/ou grupo de pessoas em suas bolhas) com a privacidade, como: quem bloqueia ou não spam – um dos nossos primeiros mecanismos de IA reconhecidos popularmente –; quem tem medo e não faz a menor ideia de qual é o propósito, mas bloqueia cookies de rastreamento; quem escolhe a dedo e caracteriza amigos, apenas conhecidos e amigos dos amigos; quem se apavora em ter reconhecimento facial a postos em suas andanças (hoje, na pandemia, com menor grau); quem deixa aberto os aplicativos de geolocalização (até porque como dirigir sem GPS em cidades grandes ou desconhecidas ou como facilitar o trabalho dos motoristas de aplicativo); quais línguas mais usadas na tradução automática; quais temas lhe são caros; quais os que abomina; e, até mesmo, sobre quais assuntos mais escreve, compartilha e comenta (com ou sem a IA de autocompletar) sem preocupação de reconhecimento de texto. A lista para perseguição é imensa, por isso o importante é saber para o que serve esse conjunto de dados e como ajuda (ou mesmo atrapalha, quando existe o viés [inapropriado]) o treinamento do programa algorítmico para que, além da otimização e do ganho da rapidez, ocorram a manipulação e o controle social num grau jamais visto no espaço numérico como agora.

> "Estimativa de rotina. Este algoritmo determina as rotinas de um usuário analisando sua geolocalização ao longo de um período de tempo em intervalos de uma hora. O algoritmo utiliza dados de geolocalização do usuário fornecidos por dispositivos móveis, como smartphones, tablets ou laptops, ou melhor, sensores instalados nesses dispositivos, ou seja, sensor GPS, giroscópio ou bússola; o aplicativo do Facebook instalado no dispositivo reúne os dados necessários e os alimenta para o algoritmo. Em seguida, o algoritmo analisa a repetição, ou seja, o usuário estar no mesmo local em uma determinada hora em um determinado dia da semana. O algoritmo então agrupa esses centroides de geolocalização; em seguida, os *clusters* são rotulados por um local que corresponde aos centróides de geolocalização no *cluster*. Dessa forma, o algoritmo pode determinar onde o usuário mora, onde trabalha etc." (Joler; Petrovski, 2016).

Só para registro: o algoritmo do *autocomplete* está presente em várias plataformas, não só no Google, claro, bem como no Yahoo, nos chineses Baidu.com e qq.com, entre outros.

As plataformas coletam e analisam uma quantidade monstruosa de dados sobre as pessoas. Agrupam as pessoas com características demográficas semelhantes, interesses, localização, personalidade etc. A coleta de dados é tão abrangente e detalhada que se pode chegar a grupos pequenos, muito específicos, de "público alvo". Monitorando as pessoas enquanto elas estão online, analisando como elas reagem a conteúdos e comparando a pessoas com características similares, os algoritmos conseguem prever como as pessoas vão reagir quando virem diferentes tipos de conteúdo – como explica o Centro de Ética em Dados e Inovação [órgão criado pelo governo britânico em 2018, para assessorar na regulação do uso de IA no país, divulgou um relatório alertando para a necessidade de regulamentar como as redes sociais microdirecionam vídeos, anúncios e posts para usuários] (CDEI citado por Mello, 2020).

A ascensão das tecnologias digitais na infosfera se dá na proporção do crescimento dos dados em circulação. São dados produzidos por empresas, instituições e dispositivos técnicos. Contudo, o mais agravante são os dados pessoais, já que nem todos sabem que os estão deixando expostos. Afinal, quem tem a paciência de ler os termos dos contratos, ainda mais com suas letras pequeninas?

Nesse sentido fica patente que uma medida que implique a necessidade prévia de coleta e armazenamento de dados pessoais dos usuários de redes sociais é frontalmente incompatível com o direito fundamental à proteção de dados. Principalmente porque gera um risco injustificado de que os dados coletados prejudiquem os seus titulares, seja por criar o risco de acesso indevido ou vazamento de dados, seja por proporcionar a estrutura necessária para a vigilância massiva dos movimentos dos cidadãos em redes sociais, típica de regimes autoritários. Aliás, não há sequer registro que uma tal medida, em caráter prévio, tenha sido implementada em outros ordenamentos jurídicos, o que por si só, já é indício de que não há soluções simples para o problema da desinformação (Keller; Doneda, 2020).

Infosfera por Floridi: "O termo circula há algum tempo. Eu o recuperei filosoficamente para falar de duas coisas. Por um lado, ele nos ajuda a definir o ambiente em que vivemos, feito de informações, fluxos de dados, interações com softwares e sistemas automáticos, em um misto de analógico e digital, e assim por diante. Nesse sentido, é uma atualização do velho termo 'ciberespaço'. Aqui a utilidade está em abandonar a ideia de que há espaços separados, como se a infosfera fosse um lugar quase alheio, diferente, inatural, isto é, 'ciber', no qual entramos e saímos como e quando queremos. Na realidade, a infosfera é o habitat cotidiano para bilhões de pessoas, cada vez mais, e cada vez mais comumente. Por outro lado, eu usei o termo "infosfera" ontologicamente, para falar da realidade em geral, em uma metafísica que interpreta o Ser de modo informacional. Se, de um ponto de vista informacional, tudo pode ser lido como feito de informação (pensemos no estruturalismo ou na filosofia da ciência), então "infosfera" e "Ser" se tornam correferenciais (2020).

Na atordoante mega transformação digital, e suas consequências como colonialismo ou neocolonialismo de dados, temos muito a pensar sobre estarmos engenheirando a humanidade. "Estamos obcecados com nossos dados pessoais, fotos, mensagens... Mas o valor de verdade é estatístico, porque suas mensagens, com as de outras bilhões de pessoas, informam a uma empresa ou a um governo quem somos coletivamente", salienta Peirano (citada por Massis, 2020). Tais dados são usados, primeiramente, para os anunciantes e, em seguida, para criar previsões, porque esse é um mercado de futuros.

Parse.ly: é uma ferramenta para analisar desempenho de conteúdo no intuito de oferecer insights, análise histórica e conteúdo personalizado. A ideia é usar dados em tempo real para acompanhar o público. Faz rastreamento de onde estão os assinantes para combinar métricas com segmentação de público, que pode ser dividido por regiões e para ter uma visão de que tipos de devices usam (incluindo web, iOS, Android, AMP, Facebook Instant, Tweets e Apple News) e com qual conteúdo eles estão se envolvendo (seja texto, áudio ou vídeo) (com informações do site: parse.ly).

Rastros

Vivemos em um momento histórico no qual, mais do que nunca, está manifestamente implícito que quase todas as atividades públicas incluem o *overarmazenamento* de extensos registros, catalogação e arquivamento de documentos – e fazemos isso ainda mais nas redes de comunicação, projetadas de tal forma que cada entrada, cada página visualizada e cada clique deixe um rastro digital (Gillespie, 2018, pp. 97-99). Um exemplo é o *coordinated inauthentic behavior* que serve para "encontrar e impedir campanhas coordenadas que buscam manipular o debate público em nossos aplicativos. E compartilhamos nossas descobertas sobre o comportamento inautêntico coordenado que detectamos e removemos de nossas plataformas", é o que diz a apresentação (Coordinated..., 2020).

Vamos reforçar que os algoritmos incidem em opacidade e, ao decidir pelos humanos, os códigos algorítmicos são nublados. Apesar disso, cientistas que lidam com IA têm a convicção na possibilidade de as máquinas simularem o cérebro humano, o que implica a intenção de processos de aprendizagem. Entretanto, à medida que adotamos ferramentas computacionais "como nossos principais meios de expressão e passamos a fazer, não só da matemática, mas de toda a informação 'digital', passamos a sujeitar o discurso e o conhecimento humano a essas lógicas procedimentais que sustentam toda a computação" (Gillespie, 2018, p. 97). Além disso, pode-se observar que "há implicações específicas quando usamos algoritmos para selecionar o que é mais relevante a partir de um corpus de dados composto por rastros das nossas atividades, preferências e expressões". Sem contar a ofuscação do que poderíamos receber em cada feed.

Para compreendermos o processo de filtragem de informações na internet, é necessário perceber que as "ações cotidianas e trocas no ciberespaço tornam-se permeáveis ao rastreamento, constituindo uma fonte valiosa de informação em conhecimento sobre indivíduos e grupos" (Bruno, 2013, p. 125).

> Sendo assim, cada pesquisa que realizamos no Google, foto que postamos em nossas redes sociais e locais que compartilhamos com nossos amigos em nossos perfis pessoais deixam rastros que são coletados por grandes empresas de dados. Esse reconhecimento de preferências e características de indivíduos que estão no ciberespaço é realizado por algoritmos que arquivam as informações a partir de duas formas de

rastros digitais deixadas pelos usuários. A primeira delas, e menos utilizada pelas empresas, é composta por informações sobre nossos dados demográficos e biométricos. A segunda forma é composta por dados próprios da vigilância contemporânea exercida no ciberespaço, como por exemplo, uso de cartão de crédito, nossos amigos em ambientes digitais, consumo, lazer, declarações de gostos e traços de personalidade. Através de uma técnica estatística aplicada que consiste num mecanismo automatizado de processamento de grandes volumes de dados cuja função central é a extração de padrões que geram conhecimentos (Bruno, 2013, p. 125).

Transformar tais associações e seus rastros em bases de dados envolve um conjunto complexo de técnicas de informação (Gillespie, 2018, p. 99): o Google, por exemplo, rastreia os sites de indexação da web e seus metadados. Ele digitaliza as informações do mundo real, de acervos de bibliotecas a imagens de satélite ou

> registros fotográficos de ruas da cidade; convida os usuários a fornecerem seus detalhes pessoais e sociais como parte de seu perfil no Google+; mantém registros detalhados de cada pesquisa realizada e cada resultado clicado; adiciona informações com base na localização de cada usuário; armazena os rastros das experiências de navegação na web reunidas via suas redes massivas de publicidade (Gillespie, 2018, p. 99).

Morozov (2018, p. 36), por sua vez, ressalta que "a privacidade deixou de ser uma garantia ou algo que desfrutamos gratuitamente. Agora temos que gastar recursos (dinheiro, tempo, paciência, atenção) para blindá-la e ela não é acessível aos mais pobres". Portanto, não é de se surpreender que cada vez mais vamos trazer as big techs, as plataformas, os buscadores, enfim, empresas de mensageria instantânea, com ou sem redes sociais embutidas, mostrando a veleidade inerente em seus usuários como uma espécie de demonstração da circularidade de algoritmos de IA na confecção de peças inautênticas de toda ordem (ou melhor, desordem), das mais simples, como as mensagens de texto, às de cunho mais elaborado, como em áudio ou em audiovisual – que requer edição para texturizar a deformidade intencional.

Ainda no quesito exploração da atividade do usuário, bom registrar que aplicativos como o Google Maps, o Waze e o Foursquare, deixam marcas de rastros de GPS nos mapas abertos.

> Waze é uma ferramenta de redes sociais, no formato de aplicativo de navegação e localização geográfica, que tem a intenção de ajudar os motoristas a achar o trajeto de endereços e, principalmente, encontrar rotas alternativas (muitas vezes desconhecidas e nunca antes passadas) para driblar o trânsito, obviamente, em tempo real. As informações também são enviadas pela rede de usuários-condutores que forma uma comunidade e que compartilham informações locais de trânsito de suas áreas, na tentativa de economizar tempo e dinheiro de combustível em seus trajetos diários. O tráfego é assinalado por linhas vermelhas no mapa, é possível receber alertas antes de se aproximar da polícia, de acidentes, perigos na estrada ou engarrafamentos, todos compartilhados por outros motoristas em tempo real. O app permite que se veja quem dos amigos está por perto ou na redondeza, assim, pode-se tanto coordenar tempos de chegadas ou mesmo marcar ponto de parada para conversa, já que não é recomendado escrever e ler ao volante. Afora um serviço de aviso dos postos de gasolina com o preço do combustível mais baixo. Ou o que se aventa: que o app direciona os motoristas a passar na frente de seus anunciantes, o que não é comprovado, no entanto. Além das comunidades locais de motoristas que usam o aplicativo, o Waze também abriga uma comunidade de editores de mapas online que garante que os dados em suas áreas estão o mais atualizados possível, informa o site do app (waze.com).

Há ainda novos processos metodológicos testados. Por exemplo, Kauer (2016, citado por Malini; Ciarelli; Medeiros, 2017) trata os sentimentos em dois métodos, baseando-os por meio da identificação de aspectos e de atribuição de polaridade.

O primeiro método condiz em uma forma que mistura a utilização de ferramentas de processamento de linguagem natural com algoritmos de aprendizagem de máquina. Para a segunda maneira, o autor se utiliza de um motor de busca em que se comparam os termos analisados com textos cujas classes de sentimento já são conhecidas. A primeira forma é feita mediante a extração da categoria da opinião, extração do alvo da opinião e atribuição da polaridade do sentimento. Esse método divide a frase em uma trinca, que contém: a categoria, na qual representa a entidade e os aspectos encontrados na frase; o alvo da opinião, e caso não houver, considera-se nulo; e, por fim, o sentimento atribuído à opinião, sendo ele uma polaridade positiva, negativa ou neutra, que condiz com o segundo método levantando pelo autor. A atribuição de polaridade de sentimento é feita por intermédio de um mecanismo de aprendizagem de máquina: para cada palavra analisada, um banco é construído a partir das associações aplicadas a elas. Se uma ou mais das palavras da afirmação se configurarem em positivas ou negativas, será atribuído às demais palavras da sentença a mesma polaridade encontrada nela(s). Assim, o algoritmo vai aprendendo com a máquina em como classificar as palavras e as frases (Malini; Ciarelli; Medeiros, 2017, p. 326).

No âmbito do método enraizado em uma pesquisa empírica psicométrica já fundamentada, Bollen, Mao e Pepe (2011, citados por Malini; Ciarelli; Medeiros, 2017, p. 327) aplicam uma crítica ao método AM. Eles admitem que esse método possui um ótimo rendimento para uma grande quantidade de dados. Porém, as mensagens do microblog (como o Twitter) em questão podem trazer desafios específicos para esse tipo de abordagem, argumentando-se que a análise de sentimento em redes sociais flutua em função de instantes emocionais (os trending topics, por exemplo), sendo mais eficiente compreender tais flutuações a partir de técnica de análise sintática, permitindo a análise do sentimento dentro da esfera social em que cada um dos perfis se encontra.

Há uma lenda urbana na qual o Twitter não possui algoritmo. É só lenda mesmo.

Desde 2016, as pessoas no Twitter podem escolher entre ver os tuítes ordenados por algoritmos na linha do tempo inicial ou ver os tuítes mais recentes em ordem cronológica inversa. Uma linha do tempo de página inicial algorítmica exibe um fluxo de tweets de contas que o usuário escolheu seguir no Twitter "bem como recomendações de outros conteúdos que achamos que o usuário possa estar interessado com base em contas com as quais ele interage com frequência, tuítes com os quais ele se envolve e muito mais", relembram Rumman Chowdhury, diretor de engenharia de software do Twitter, e Luca Belli, pesquisador do Twitter (2021), no blog do Twitter. Como resultado, "o que um indivíduo vê na linha do tempo de sua conta é uma função de como ele interage com o sistema algorítmico, bem como de como o sistema é projetado".

No trololó dito por eles, a amplificação algorítmica "não é problemática por padrão – todos os algoritmos amplificam. A amplificação algorítmica é problemática se houver tratamento preferencial em função de como o algoritmo é construído em relação às interações que as pessoas têm com ele" (Chowdhury; Belli, 2021). Como se o grosso das pessoas soubesse interagir.

O post de 20 de outubro de 2021 foi para divulgar o resultado de uma pesquisa realizada na Alemanha, no Canadá, na França, no Japão, na Espanha, no Reino Unido e nos Estados Unidos na qual mostrou-se que o algoritmo do Twitter amplifica mais postagens feitas por políticos e organizações de direita do que os de esquerda. Segundo Chowdhury e Belli, foram analisados "milhões de tuítes de pessoas eleitas nesses países entre 1º de abril e 15 de agosto de 2020. Os analistas usaram esses dados para verificar quais tuítes foram amplificados no fluxo das notícias quando é escolhido o feed que mostra o algoritmo em relação ao cronológico". Eles alegaram desconhecer o desequilíbrio e que pretendem continuar a pesquisa para entender a preferência.

Uma lista simples de dez termos fornecidos pelo Twitter em sua página inicial, o Twitter Trends, digere os 250 milhões de tuítes enviados todo santo dia, e indexa os termos mais vigorosamente discutidos naquele momento, seja globalmente ou para o país ou cidade escolhidos pelo usuário (Gillespie, 2012).

Já no trabalho realizado por Toret (2015) e Oscar Marín Miró, do coletivo Outliers, a análise de sentimentos de tuítes das mobilizações nas praças espanholas (#15M) é enquadrada a partir de sentimentos genéricos, tais como: empoderamento, indignação, medo e felicidade. Eles extraíram esses sentimentos a partir do que definiram de contexto semântico, isto é, os tuítes indexados com as hashtags #15M no Twitter. Para cada emoção, geraram uma lista de expressões, sendo necessário revisá-las para que não gerassem ruídos em função de uma ou de outra expressão não estar dentro do contexto. E assim foram capazes de criar três conceitos: "carga emocional" (fração global de tuítes indexado como emocional em relação ao total de tuítes) e "viralidade emocional" (fração de tuites que são retuites, indexados como "emocionais" em relação ao total dentro de uma janela temporal). Com isso foram capazes de comparar tuítes comuns e tuítes do 15M, descobrindo que o segundo tem uma carga emocional dobrada. Isso prova uma grande força de carga emocional no processo de mobilização social nas ruas (Malini; Ciarelli; Medeiros, 2017, p. 326).

Cargas de contágio emocional são inferidas pelas extrações de informações psíquicas de nossos dados. Os emojis são um dos exemplos que mostram as sensações dos usuários e, para alguns, configura um constrangimento insuportável. Sim, alguns acham os emojis um horror e, de maneira condenatória, dizem ser uma forma alienante de se comunicar.

"Quando usamos hashtags em nossos tuítes – uma inovação criada pelos usuários e adotada posteriormente pelo Twitter", conta Gillespie, "não estamos apenas nos juntando a uma conversa ou esperando ser lidos por outros, estamos redesenhando nossa manifestação para ser melhor reconhecida e distribuída pelo algoritmo de busca do Twitter" (2018, p. 111). Sabemos que a multiplicação de hashtags ajuda a amplificar os temas, pois elas funcionam como buscas.

Associadas à digitalização, à captura e à consequente mineração de dados, tais análises são o processo desenvolvido quando se quer monitorar o excesso de informações em grandes volumes de dados (big data), na junção de ferramentas de estatísticas e IA (Wardle, 2018) para identificar padrões úteis para predições, dependendo de nossas reações. É preciso entender as tecnologias disruptivas (que quebram determinados processos já estabelecidos), como a própria IA. Por conseguinte, é bom salientar que a digitalização proporciona a recuperação da informação, quando tratada e indexada, para que a recuperação seja eficiente dentro da organização do conhecimento para que este possa ser bem compartilhado.

Assim, a entrada no olho do furacão do universo dos algoritmos "depende dos modos pelos quais as ações são convertidas em dados, de modo que se tornem 'algoritmizáveis', isto é, compreensíveis por algoritmos, de modo que sejam passíveis de tratamento" (Malini; Ciarelli; Medeiros, 2017, p. 326). E, consequentemente, remodelam o sistema social, como se o recurso informacional ditasse regras. Por mais embolado que isso possa ser.

Essas observações associadas de registros são trabalhadas em pormenores. "O algoritmo realiza processos de mineração de informações dos indivíduos e registra, diariamente, a quantidade de horas que estamos conectados, assim como o número de cliques que realizamos e o gênero dos sites que visitamos" (Manovich, 2018a). Não valeria contar os funcionários das fazendas de cliques que ficam o dia inteiro clicando para inflar o número das contagens.

Na visão de Harari (2018, p. 15), algoritmos de big data poderiam "criar ditaduras digitais nas quais o poder se concentra nas mãos de uma minúscula elite enquanto a maior parte das pessoas sofre não em virtude de exploração, mas de algo muito pior: irrelevância". Projetos que condicionam e nos fazem sujeitar a situações embaraçosas pululam. Por que diabos os pensamentos futuristas de convivência com algoritmos rotineiramente são menos declarados ou mais acobertados?

Captura de dados

O primeiro passo do processo é a captura indiscriminada dos dados. Dados considerados valiosos. A captura também pode ocorrer em um "processo de extrair dados de um site sem o uso de uma API" (Wardle, 2018). Nesse ponto, pode-se compreender que

> uma API, ou interface de programação de aplicativo, é um meio pelo qual os dados de uma ferramenta ou aplicativo da web podem ser trocados ou recebidos por outro. Muitos que trabalham para examinar a origem e a disseminação de informações poluídas dependem do acesso a APIs de plataformas sociais, mas nem todos são criados iguais e a extensão dos dados disponíveis publicamente varia de plataforma para plataforma.

Varia também na internet das várias coisas. A rigor, "é frequentemente usado por pesquisadores e jornalistas computacionais para monitorar erros e desinformação em diferentes plataformas sociais e fóruns", esclarece Wardle (2018), reforçando que, normalmente, essa extração de dados viola os termos de serviço de um site (ou seja, as regras com as quais os usuários concordam em usar uma plataforma). "No entanto, pesquisadores e jornalistas muitas vezes justificam a raspagem por falta de outra opção quando tentam investigar e estudar o impacto dos algoritmos". Afinal, entrar no ambiente da deep web é tão inóspito que nos faz desistir de antemão. A não ser quando não há alternativa.

Agora, é bom que fique claro, de nada adianta saber onde colher, raspar e analisar dados se não houver quem pense nas ações, no que vai ser colocado em prática em cima desses dados para gerar (bons) resultados.

"As informações que podem ser coletadas de laptops ou desktops não são tão diversas em comparação com as informações que podem ser coletadas de dispositivos móveis. No entanto, eles ainda podem revelar muitas informações sobre você", dizem Joler e Petrovski (2016) e acrescentam que algumas dessas informações incluem endereço IP, sistema operacional, tipo de navegador e outras informações que "podem ser usadas como um identificador exclusivo e combinadas com informações coletadas por meio de cookies e tecnologia de pixel revelam diferentes padrões de comportamento".

Koopman (2015) lembra que "podemos *ainda* ser sujeitos disciplinares dóceis que se concebem constantemente sob o olhar de pais, professores e da sociedade em geral, mas *também nos* tornamos sujeitos de nossos dados", o que o autor gosta de chamar de "pessoas informativas" que se concebem em termos "das atualizações de status, check-ins e outros acessórios informativos que reunimos constantemente. Uma inundação de informações flui de nós sem que percebamos". Não temos olho clínico para perceber todos esses borbulhões.

"Embora muitos de nós exibam ativamente muitas das informações que produzimos, os algoritmos trabalham com essas informações em silêncio, quer as exibamos ou não", reforça Koopman (2015) e continua: "Nunca vemos os algoritmos fazendo seu trabalho, mesmo quando eles nos afetam. Eles escaneiam, coletam e armazenam e, eventualmente, são capazes de nos produzir em suas cifras, todas invisíveis". A navegação, mesmo em janelas anônimas, é registrada. O que é favoritado, o que é banido e o escambau, tudo serve para traçar perfis.

Poderíamos desenvolver maneiras de cuidar mais de nossos dados, alerta Koopman (2015), "aprendendo mais sobre como tantos dados são produzidos e formando políticas e práticas que podem ter uma chance de lutar contra os admiráveis novos mundos da ubiquidade informacional no qual estamos sendo inscritos". Cada forma de energia tem suas vulnerabilidades, conta o autor, e a fraqueza específica do que ele chama de "*infopower*" é "desligar o feed de dados que fornece o algoritmo".

Na outra ponta, na fome de dados, "os algoritmos dos setores governamental e corporativo trabalham com dados que estão constantemente sendo coletados e analisados sem o nosso conhecimento", aponta Koopman (2015). "Não apenas porque a coleta às vezes é secreta, mas também porque tendemos a não reconhecer a enorme variedade de mecanismos em jogo para transformar nossa ação, experiência e pensamento em dados que categorizam, compartimentalizam e calculam quem somos". Querem cada vez mais pensar por nós.

Categorização

O que fazem exatamente com os dados que geramos é uma incógnita para a maioria das pessoas, pois falta alfabetização em dados. Assim, em um segundo passo, é preciso categorizar os dados para fazer os contornos de seus donos. "Nas primeiras arquiteturas de banco de dados, a informação era organizada em hierarquias rigorosas e inflexíveis", conta Gillespie (2014). Pode-se, em uma perspectiva filosófica, estudar ontologias como sistema de categorias.

> Com o desenvolvimento das arquiteturas relacionais e orientadas aos objetos, as informações puderam ser organizadas de maneira mais flexíveis, onde é possível associar os bits de dados de várias formas uns com os outros, as categorias podem mudar ao longo do tempo e os dados podem ser explorados sem ser preciso navegar ou mesmo entender a estrutura hierárquica na qual eles estão arquivados (Gillespie, 2014, p. 100).

Afora as técnicas de descrição dos perfilados que atuam, podemos dizer naturalmente, sendo categorizados, avaliados e analisados. As implicações sociológicas dos designs dos bancos de dados, alerta Gillespie, têm sido amplamente ignoradas; "mas é preciso ter em mente que os estilos das bases de dados criaram políticas, além de apenas criar ferramentas informacionais essenciais para o funcionamento dos algoritmos" (2014, p. 100). O autor, citando Rieder (2012) observa que, com a ampla aceitação dos bancos de dados relacionais surge uma "ontologia relacional" que "entende os dados como atomizados, "objetos regulares, uniformes e apenas vagamente conectados que podem ser requisitados de maneiras potencialmente ilimitadas quando recuperadas", deslocando assim o poder expressivo do design estrutural do banco de dados para a busca".

O processo de categorização é uma poderosa intervenção semântica e política, enuncia Gillespie (2014): "Quais são as categorias, o que pertence a elas e quem decide como implementá-las na prática, são todas asserções poderosas sobre como as coisas são e como elas devem ser". Quando instituída, complementa o autor, "uma categoria desenha uma demarcação que será tratada com reverência por um futuro algoritmo" (p. 100).

"Existe um tipo de feitiçaria que entra na criação de categorias. Criar uma categoria ou nomear coisas é dividir um universo quase infinitamente complexo em fenômenos separados", asseguram Kate Crawford e Trevor Paglen (2019). "Impor ordem a uma massa indiferenciada, atribuir fenômenos a uma categoria – isto é, nomear uma coisa – é, por sua vez, um meio de reificar a existência dessa categoria". Útil na base de conhecimento em IA.

Apesar de os benefícios da personalização, que são notórios, facilitarem a vida das pessoas em achar no meio do excesso de informação o que se quer, na outra ponta existe a possibilidade de riscos. Os algoritmos sabem o que você quer em qualquer momento. Porém, Gillespie (2014, p. 175) sugere que essa personalização para os usuários representa um deslizamento do conceito de "relevante" para o de "satisfatório", conforme Cardoso (2019).

> Desse modo, uma abordagem sociológica não pode-se abster de considerar conjuntamente as questões sobre algoritmo, big data, filtros, critérios de seleção e relevância, pois tais nuances compõem a mesma rede

do social ([net], em termos latourianos [2013]), estando estas dimensões vinculadas de modo inextrincável (Cardoso, 2019).

Tal processo torna-se uma automatização maquínica ou híbrida, com a participação humana, que, ao avaliar, julga para prever comportamentos. "Esse caráter vinculativo e reticular também aparece no problema da categorização e da perfilização. Para fornecer informações relevantes, um sistema algorítmico precisa 'entender' o receptor, aquele 'para quem' dá sua arte de fornecimento de informação", ressalta Cardoso (2019), que complementa: "No entanto, aí entra uma dimensão epistêmica complexa, na qual as ações precisam ser não apenas rastreadas e armazenadas, mas também associadas com outras ações do mesmo usuário e de outros com comportamento similar".

Cardoso entende que este mecanismo de acrescentar dados de contexto é a base da criação de sentido, "isto é, da passagem para uma dimensão semântica da web, ainda que a utopia de uma web semântica não tenha vigorado como prática de ontologias abertas". Trata-se da criação de estruturas que possibilitem a compreensão dos conteúdos digitais pelos usuários e pelos agentes computacionais. Ser capaz de raciocínios automáticos é lema da web semântica (WS).

Evoluindo a já clássica e conhecida "Web de documentos", o W3C ajuda no desenvolvimento de tecnologias que darão suporte à "Web dos dados", viabilizando pesquisas como num banco de dados. O objetivo final da Web de dados é possibilitar com que computadores façam coisas mais úteis e com que o desenvolvimento de sistemas possa oferecer suporte a interações na rede. O termo "Web Semântica" refere-se à visão do W3C da Web dos Dados Conectados. A Web Semântica dá às pessoas a capacidade de criarem repositórios de dados na Web, construírem vocabulários e escreverem regras para interoperarem com esses dados (W3C [s.d]).

"A ambição final da Web Semântica, como seu fundador Tim Berners-Lee a vê, é permitir que os computadores manipulem melhor as informações em nosso nome", conforme o site Ontotext (s.d.). Berners-Lee explica ainda que, "no contexto da Web Semântica, a palavra 'semântica' indica processável por máquina ou o que uma máquina é capaz de fazer com os dados".

> Quanto mais contextos os dados possuírem, maior será a capacidade de um sistema comparar dados e identificar padrões recorrentes dos usos, mais exequível será a identificação de tipos de usos, de modo a classificar ações dentro de perfis, e mais "sentido" será possível atribuir a cada ação, retroalimentando o sistema de relevância (Cardoso, 2019).

De 2005 para cá, os sistemas de utilização de tags (etiquetas ou palavras-chave) têm se tornado altamente populares. O tagueamento permite que os usuários adicionem palavras-chave para recursos da www, tais como websites, páginas, imagens, músicas etc. A vantagem das tags é que são personalizáveis, isto é, não precisam ser palavras institucionalizadas ou rótulos controlados ou pré-definidos. Por esse motivo, são sistemas de folksonomia, em contraste com as ordenações fixas da taxonomia. O termo folksonomia, criado por Thomas Vander Wal, um designer da informação, expressa um tipo de organização criada por pessoas. Assim, os sistemas de tagueamento são ferramentas com alto poder que estimulam conversações em comunidades ou grupos com interesses semelhantes, sendo simultaneamente flexíveis e adaptáveis aos fluxos dos discursos (Leão; Prado, 2007, p. 71). Por meio de movimentos como repetições de tags, os grupos se identificam e constroem vocabulários com sutileza e precisão impossíveis de serem obtidas em taxonomias generalistas.

A web semântica, em sua proposta de montar "uma gramática universal de significados computacionais por meio do recurso novo chamado ontologia, pretende organizar a informação disponível na internet atribuindo significados de acordo com um modelo convencionado, portanto arbitrário" (Cardoso, 2019). Berners-Lee criou com o hipertexto, a hipermídia e a web semântica, a arquitetura de recuperação de informação na infindável (até agora) base de dados, que é a própria web – uma big biblioteca com ferramentas refinadas.

O processamento de dados em um computador limita-se exclusivamente a manipulações estruturais dos mesmos e é feito por meio de programas. Estes são sempre funções matemáticas e, portanto, também são 'dados'. Exemplos dessas manipulações nos casos de textos são a formatação, a ordenação, a comparação com outros textos, estatísticas de palavras empregadas e seu entorno etc. (Setzer, 2015).

Semanticamente baseada em busca.
Antes de mais nada, é bom deixar registrado que o arquiteto da informação reúne várias habilidades próprias de quem vê o ambiente numérico de ponta a ponta. Conforme Jaime Robredo (2008), quem cunhou a expressão junto à arquitetura da informação foi Richard Saul Wurman (1996/1997). A capa de seu livro *Information Architects* possui os dizeres:

> 1) o indivíduo que organiza os padrões intrínsecos aos dados, tornando o complexo claro. 2) a pessoa que cria a estrutura ou mapa informacional que permite aos outros encontrar seu caminho pessoal para o conhecimento. 3) a ocupação emergente do trabalho profissional do século 21, que visa as necessidades da época, centrada na clareza, a compreensão humana e a ciência da organização da informação (Wurman, 1997).

Dessa forma, conforme Robredo (2008), "as expressões 'arquiteto da informação' e 'arquitetura da informação' se espalham com rapidez entre os novos profissionais embalados pelo dinamismo de empresas cada vez mais competitivas" e acrescenta que eles descobrem o potencial da internet para criar uma interface que facilite a comunicação com os usuários. Surgem, então, os novos designers (visual designers, information designers, experience designers...) "que aliam a modelagem inteligente de dados e informações (linguagens de marcas, HTML, XML etc.) aos horizontes abertos pelas recentes tendências observadas na descrição e representação da informação e do conhecimento (metadados, FRBR, RDF, ontologias etc.). O pesquisador completa que tudo isso é disposto num quadro "onde o visual e a agilidade na comunicação nascem da compreensão dos processos e das pessoas, numa realidade que muda constantemente".

Metadados

Metadados são dados sobre dados. Os metadados descrevem os aspectos semânticos dos dados. "São dados sobre onde você está, de onde você envia uma mensagem de texto e para onde essa mensagem é enviada. São dados que identificam a hora e o dia em que você enviou um e-mail, o assunto desse e-mail e até mesmo o tipo de dispositivo usado para enviá-lo", diz Cheney-Lippold (2017) e, em última instância, complementa: "São dados que fluem abertamente através de redes celulares e de fibra óptica, facilmente extraídos do éter e conectados entre si. São os dados sobre você que, quando processados, são processados por algoritmos de maneiras que você provavelmente não gostaria". Tudo sob a égide de forte vacilo.

Informações (condutas, padrões etc.) inferidas à boca miúda podem ser invisíveis quando automatizadas apenas pelas máquinas, digamos, rapidamente. É preciso cautela. "Dentro dos estudos em ciências sociais a partir de big data, uma grande vertente é a análise de redes sociais, a partir de fontes denominadas social data", dessa forma é que Boellstorff (2013 citado por Malini; Ciarelli; Medeiros, 2017) dá ênfase a questão que estamos levantando.

"Social data" são os dados extraídos das mídias sociais num formato legível para computadores, sendo complementado por metadata, de forma a fornecer não apenas o conteúdo, mas o contexto do dado. Metadata é a inclusão de certos elementos de dado de apoio em relação a um dado específico, como informação sobre localização, engajamento e links (Boellstorff, 2013 citado por Malini; Ciarelli; Medeiros, 2017, p. 324).

Nesse aspecto, Gillespie (2018, p. 98) reforça que: "Uma análise sociológica não deve conceber os algoritmos como realizações técnicas abstratas, mas desvendar as escolhas humanas e institucionais que estão por trás desses mecanismos frios". Tem algum fundamento.

A história do Social Graph é a história de dominação e ambição de governar o mundo dos metadados, interconectando todas as informações dentro e fora do império do Facebook em um único gráfico. Ao usar a ferramenta Social Graph – "É a razão pela qual o Facebook funciona", disse Mark Zuckenberg, em 2007, atribuindo o poder do Facebook ao Social Graph (Joler; Petrovski, 2016) –, o Facebook é capaz de relacionar diferentes usuários que gostaram da mesma foto ou relacionar as pessoas que estão marcadas na foto com o local atribuído à foto. Cada usuário, lugar, foto, grupo, evento, tudo criado ou carregado no Facebook é um objeto único no banco de dados do Facebook com seu próprio ID. Por exemplo, quando você gosta de alguma foto no Facebook, uma conexão <como é criada entre os dois objetos, você <ID do usuário e a foto <ID da foto. Esta foto pode ter muitas outras conexões, ou seja, outros usuários que gostaram da mesma foto, local associado a essa foto ou usuários que estão marcados nessa foto. Assim, aumenta-se o poder semântico dos metadados descritivos.

> Encontramos uma fonte de conhecimento que nos deu algum tipo de visão sobre esses misteriosos processos algorítmicos: banco de dados de todas as patentes do Facebook publicamente disponíveis. Encontramos cerca de 8.000 patentes diferentes registradas pelo Facebook. Com base neles, criamos uma possível interpretação do que acontece dentro da caixa preta. Outra pista e fonte de informação para nós foi a API Graph do Facebook, principal forma para

desenvolvedores terceirizados obterem dados dentro e fora da plataforma do Facebook (Joler; Petrovski, 2016).

Bancos de dados que alimentam o Social Graph e armazenam todos os dados, metadados e conteúdo que criamos. Armazenamento de ações que mantém informações que descrevem as ações dos usuários; Armazenamento de conteúdo – armazena objetos que representam vários tipos de conteúdo; Edge store – armazena as informações que descrevem conexões entre usuários e outros objetos. Content Store e Edge Store juntos são basicamente um banco de dados, recurso estrutural para a metaestrutura principal do Social Graph conectando todos os objetos e conexões em uma estrutura (Joler; Petrovski, 2016).

Além desses dados, dos metadados e seus rótulos como referenciais, os dados do armazenamento de conteúdo também estão sendo usados para direcionar os usuários. Desnecessário dizer que, nesse caso, a segmentação é baseada em conteúdo que os usuários publicam no Facebook de várias maneiras diferentes (Joler; Petrovski, 2016). Um traçado da navegabilidade aberta dos internautas.

Van Dijck já avisava em 2014 ("*Datafication, dataism and dataveillance: Big Data between scientific paradigm and ideology*") em *Surveillance & Society*: "Metadados e dados se tornaram uma moeda comum para os cidadãos pagarem por seus serviços de comunicação e segurança – uma troca que se aninhava na zona de conforto da maioria das pessoas". Ela desconstrói os fundamentos ideológicos da dataficação ao defender que "A dataficação está enraizada em reivindicações ontológicas e epistemológicas problemáticas. Como parte de uma lógica de mídia social mais ampla, mostra características de uma crença secular generalizada". O dataísmo, "como é chamada essa convicção, é muito bem-sucedido porque muitas pessoas – ingenuamente ou involuntariamente – confiam suas informações pessoais em plataformas corporativas". A noção de confiança "torna-se mais problemática porque a fé das pessoas é estendida a outras instituições públicas (por exemplo, pesquisa acadêmica e aplicação da lei) que lidam com seus (meta) dados" (Van Dijck, 2014). Mais do que documentar, organizar, co-metadados, é essencial checar terminologias ambíguas, grande obstáculo para recuperação de informação.

Grafos

Grafos são estruturas de dados. A junção dos conhecimentos de sociologia com as teorias dos grafos "deu origem à análise de redes sociais, uma ciência complexa, não exata, mais inclinada à heurísticas do que a soluções determinísticas, mas que, ainda assim, segue padrões matemáticos conhecidos", conforme Ademir Cristiano Gabardo (2015). O autor prossegue: "Utilizando as teorias e algoritmos de redes complexas é possível analisar uma rede social e extrair diversas métricas desta rede. Como por exemplo, o número de comunidades, ou grupos existentes nessas redes. Quais são os vértices (nós) mais importantes da rede", e completa que "a partir deste conhecimento direcionar esforços para os pontos mais importantes da rede, otimizando recursos e tempo", em uma imperiosa comunicação máquina a máquina. "Redes neurais de grafos são outro tipo de rede neural que se baseia em uma estrutura de dados não estruturada chamada de grafos", diz Aditi Mittal (2021). Assim, continua, cada nó no gráfico é atribuído a uma marca e, em seguida, queremos prever a marca dos nós sem base de dados. "Eles estão sendo amplamente usados em problemas do mundo real que podem ser representados como um gráfico, como redes sociais, compostos químicos, mapas e sistemas de transporte" (Mittal, 2021).

Uma das formas contemporâneas de conhecer melhor o público que se pretende atingir é a análise de mídia. Monitorar para recolher os dados e as pegadas digitais de determinados perfis, para escolher quem vai cair na manipulação do direcionamento de FN, ficou bem mais fácil com a quantidade cada vez maior de dados disponibilizados pelos próprios usuários, de dados vazados ou de dados comprados pela indústria de FN.

Manovich (2018b) acredita que a análise de mídia tecnológica é como um novo estágio no desenvolvimento da moderna mídia tecnológica. Ele elucubra que "nós, como pesquisadores acadêmicos, vivemos na 'sombra' de um mundo de redes sociais, recomendações, aplicativos e interfaces que usam análises de mídia. [...] E esta etapa é caracterizada pela análise algorítmica em larga escala das interações". Interações essas entre "mídia e usuário e o uso dos resultados na tomada de decisão algorítmica, como publicidade contextual, recomendações, pesquisa e outros tipos de recuperação de informação, filtragem de resultados de pesquisa e postagens de usuários". O autor acrescenta ainda: "Classificação, detecção de plágio, impressão digital de vídeo, categorização de conteúdo de fotos de usuários, produção automática de notícias etc.".

Ainda estamos apenas no começo deste estágio, diz Manovich (2018b). "Dada a trajetória da automação gradual de mais e mais funções na sociedade moderna usando algoritmos", o autor espera que "a produção e a personalização de muitas formas de pelo menos 'cultura comercial' (caracterizadas por convenções, expectativas de gênero e modelos), também sejam gradualmente automatizadas". Assim, no futuro, "as plataformas de distribuição digital já desenvolvidas e a análise de mídia serão acompanhadas pela terceira parte: a geração de mídia algorítmica" (p. 18). No entanto, cuidado com o excesso de confiança na automação!

> Podemos ver isso no trabalho já hoje em notícias geradas automaticamente, conteúdo on-line escrito sobre tópicos sugeridos por algoritmos, produção de alguns programas de televisão e transmissões de TV durante eventos esportivos, onde várias câmeras robóticas acompanham automaticamente e ampliam performances humanas dinâmicas (Manovich, 2018b, p. 19).

Até dez anos atrás, as principais "técnicas culturais que usávamos para representar e raciocinar sobre o mundo e outros humanos incluíam linguagens naturais, imagens de vídeo e foto baseadas em lentes, várias outras mídias para preservar e acessar informações, cálculos, computadores digitais e redes de computadores", relembra Manovich (2018b, p. 19) e complementa: "Os conceitos centrais da sociedade de dados/IA são agora muito importantes. Eles formam a 'mente' da sociedade de dados – as formas específicas de encontrar, entender e agir sobre o mundo e os humanos". O autor completa que, "enquanto a análise de mídia na indústria e a pesquisa do *Cultural Analytics* usam dezenas de algoritmos, por trás deles há um pequeno número de paradigmas fundamentais. Podemos deixá-los como tipos de dados / cognição da sociedade da IA".

> Os três mais gerais são visualização de dados, aprendizado de máquina não supervisionado e aprendizado de máquina supervisionado. Outros são extração de recursos, *clustering*, redução de dimensão, classificação, regressão, ciência de rede, análise de séries temporais e recuperação de informações (Manovich, 2018b, p. 19).

Marc A. Smith (2015) reforça que os métodos de análise de rede capturam "as formas através das quais um mesmo número de pessoas pode formar padrões bastante diferentes de conexões. Uma perspectiva de rede reconhece o papel central das relações entre os indivíduos, mais do que dos indivíduos isolados, nos estudos da sociedade" (p. 11). O uso massivo da mídia social torna as conexões "entre as pessoas mais visíveis e mais facilmente coletáveis, revelando um panorama de associações humanas. Esse panorama não é simples. As redes sociais humanas tomam formas variadas, cada uma refletindo um tipo de processo social gerador diferente", esclarece Smith, que complementa: "Enquanto nossa sociedade adota a mídia social como um novo fórum para o discurso público, criando uma praça pública virtual, há uma necessidade crescente de ferramentas e métodos que possam documentar esses espaços".

Com melhores ferramentas e um pequeno conjunto de conceitos da ciência social, o enxame de comentários, favoritos, etiquetas, curtidas, avaliações, atualizações e links pode revelar pessoas-chave, tópicos e subcomunidades. Quanto mais interações sociais moveram-se para grupos de dados que podem ser lidos por máquinas, mais novas ilustrações das relações humanas e organizacionais se tornam possíveis. Mas novos formatos de dados requerem novas ferramentas para coletar, analisar e comunicar percepções (Smith, 2015, p. 12).

Silva e Arruda (2018, p. 107) apresentam uma ferramenta: "uma genealogia dos modos de estruturação de bancos de dados da internet até chegar na base atual para gerenciadores de bancos de dados, o NoSQL, parece-nos fundamental" e incluem que "a teoria da computação acerca dos tipos de bancos de dados pode ajudar a esclarecer como o jogo de forças capitalístico, as infraestruturas e as limitações de softwares constituem a internet contemporânea".

Dentro dos sistemas circulatórios do tráfego na internet, na ansiedade da informação, "as práticas e tecnologias de análise de mídia são empregadas na maioria das plataformas e serviços em que as pessoas compartilham, compram e interagem com produtos culturais e entre si", infere Manovich (2018a) e que são usados "por empresas para que selecionem automaticamente o que será mostrado nessas plataformas para cada usuário, e ainda como e quando, incluindo atualizações de amigos e conteúdo recomendado". Por exemplo, o Google Analytics para sites e blogs. Análises dos painéis fornecidos pelo Facebook (a.k.a. Meta), Twitter e outras redes sociais "são usadas por milhões para ajustar seu conteúdo e estratégias de postagem" (p. 77). Cá com nossos botões, as análises na era analógica eram, em parte, tão no chute!

Silva e Arruda (2018, p. 109) julgam que uma de nossas principais ferramentas de análise pode ser a interação nos sites de redes sociais a ponto de "desvendar suas potencialidades e seus limites. Possivelmente, podemos relacionar esse tipo de ação a uma etnografia que visa encontrar relações que dão a ver os sentidos que emergem das mensagens veiculadas na internet, assim como propõe danah boyd (2008)". No entanto, continuam os autores, "há de se discernir mais uma diferença do método que estamos descrevendo em relação à etnografia tradicional: estamos falando de uma etnografia que não tem como foco uma comunidade virtual, mas a própria plataforma".

A partir dessa viragem, pode-se compreender que, "conforme o acesso aos dados de rede e sua análise crescem, uma visão mais conectada do mundo está emergindo. A pesquisa que antes se satisfazia em descrever uma coleção de 'átomos' sociais agora busca compreender a estrutura das 'moléculas' sociais" (Smith, 2015, p. 13). Assim, o autor explica que "os modelos baseados em indivíduos e seus atributos podem não conseguir ver o quadro todo. Quando conectamos os pontos no grafo social, as constelações de padrões que emergem são, ao mesmo tempo, belas e informativas".

> Os mapas das conexões entre as pessoas que recentemente falaram sobre um produto, marca ou evento podem revelar posições-chave e *clusters* na multidão. Algumas pessoas que falam mais sobre um tópico que está mais ao "centro" do grafo podem ser influenciadoras-chave na população. A análise de redes faz com que seja uma tarefa simples classificar atores em uma população por sua localização na rede, para encontrar essas pessoas em posição central ou de "ponte" entre os grupos (Smith, 2015, p. 14).

Dentro de um cabedal de ferramentas de rede, Smith (2015, p. 16) destaca que Gephi e NodeXL "estão abrindo um mundo de redes para uma população crescente de pesquisadores e estudiosos, fazendo com que a forma do mundo social seja uma parte central de nossas discussões e documentações".

"Ambas as partes da análise de mídia são historicamente novas. Na época em que Max Horkheimer e Theodor Adorno (1944/2002) estavam escrevendo seu livro, interações interpessoais e de grupo não faziam parte da indústria cultural", relembra Manovich (2018a,

p. 477). O autor reforça: "Mas hoje, eles também se tornaram 'industrializados' – influenciados em parte por algoritmos que decidem quais conteúdos, atualizações e informações de pessoas em suas redes mostrar para você". Essas interações também são industrializadas em um sentido diferente:

> [...] interfaces e ferramentas de redes sociais e aplicativos de mensagens são projetadas com a entrada de cientistas e designers de interface do usuário (interação do usuário) que testam infinitas possibilidades para garantir que cada elemento da interface do usuário, como botões e menus, seja otimizado e projetado para alcançar resultados máximos [...]. Suspeito que uma abordagem mais frutífera seria nos voltarmos tanto para a sociologia do conhecimento, quanto para a sociologia da tecnologia – para observarmos como essas ferramentas são convocadas, alistadas como parte de, e negociadas em torno de esforços coletivos para conhecer e se tornar conhecido (Manovich, 2018a, p. 477).

A partir do diálogo exposto, é possível ir ao encontro com as conclusões dos autores e concordar com eles. Afinal, "isso pode nos ajudar a revelar que algoritmos aparentemente sólidos são, de fato, realizações frágeis. Também deve nos lembrar que os algoritmos são hoje tecnologias de comunicação" (Manovich, 2018a, p. 477).

Sob esse aspecto, ressalta-se, como aventado anteriormente, que o *big data* não é apenas um acúmulo desabalado de dados. Para Tüfekçi (2014 citado por Malini et al., 2017, p. 324), "big data não se trata apenas de uma quantidade maior de dados, mas de uma grande mudança na natureza dos dados e sua possibilidade de agregação a outros dados". Já para dana boyd e Kate Crawford,

> o valor do big data não está em seu tamanho, mas nas relações entre seus dados. A agregação dos dados traz a configuração em rede para a análise, e dois tipos de formação de redes podem surgir a partir dos dados: as "redes articuladas", resultantes da lista de contatos (amigos, seguidores, etc.) dos usuários; e as "redes de comportamento", derivadas dos padrões

de comunicação (marcações na mesma foto, envio de e-mail, presença no mesmo lugar etc.) (boyd; Crawford, 2011 citadas por Malini et al., 2017, p. 324).

A análise de big data (ou do big money) mostra como nós, os usuários, pensamos. Em suma, de acordo com Ames (2018), até mesmo algoritmos de aprendizado de máquina profundos e de ponta e os big data dos quais eles dependem são, "se não totalmente compreensíveis, pelo menos parcialmente questionáveis. Métodos como retropropagação e técnicas de visualização podem ajudar os pesquisadores a entender o que um algoritmo 'vê'".

Juntamente aos avanços técnicos, o florescente campo dos "estudos de algoritmos" tem trabalhado atentando para as implicações materiais dos algoritmos, com cada vez mais cientistas sociais críticos com fortes habilidades técnicas avaliando a retórica e as realidades de algoritmos (ver, por exemplo, Gillespie e Seaver, 2016) (Ames, 2018).

Na atualidade, no alto do dilúvio informacional, a mídia materialidade é também sobre tecnologias. A materialidade é o Facebook "Varrendo 100 bilhões de linhas por segundo" (Wiener; Bronson, 2014) e o Google processando 100+ TB de dados por dia (estimado em Huss, 2014). Materialidade é também o Google criando automaticamente "múltiplos modelos [preditivos] para cada pessoa com base na hora do dia" (Woodie, 2015 citado por Manovich, 2018a, p. 480).

Na confluência dos megadados em profusão contínua, como guardar e armazenar tamanha quantidade é uma das questões que esbarra na incerteza se teremos ou não segurança (cibersegurança) com os dados brutos.

Relação entre dados

Cruzar conjuntos de dados em grande escala – ou qualquer escala – nos traz rico material para aprendizado de máquina e, ops, qualquer outro aprendizado, o humano, inclusive. Parece bobagem, mas, esquecemos dele (de nós) de vez em quando. Para Koopman (2015), todos os dados que estão sendo produzidos incessantemente sobre nós e por nós "são tão importantes para nós em parte porque somos constantemente convidados a viver nossas vidas por meio de atualizações, comentários, compartilhamentos e outras formas de autoapresentação informativa".

Apesar do mito comum de que a IA e os dados que ela utiliza classificam o mundo de forma objetiva e científica, na reflexão acertada de Crawford e Paglen (2019), em toda parte "há política, ideologia, preconceitos e todas as coisas subjetivas da história. Quando examinamos os conjuntos de treinamento mais amplamente usados, descobrimos que essa é a regra e não a exceção" e afirmam ainda:"Os conjuntos de dados não são simplesmente matérias-primas para alimentar algoritmos, mas são intervenções políticas". Como tal, "grande parte da discussão em torno do 'viés' em sistemas de IA erra o alvo: não há ponto de vista 'neutro', 'natural' ou 'apolítico' sobre o qual os dados de treinamento possam ser construídos". Lembrando sempre que o esquema é de autocalibragem contínua.

Joler e Petrovski (2016) citam Deleuze em seu famoso *Postscript on the Societies of Control*", no qual "visualiza uma forma de poder que não é mais baseada na produção de indivíduos, mas na modulação de indivíduos. Os indivíduos são desconstruídos em pegadas numéricas, ou dividendos, que são administrados por meio de 'bancos de dados'".

"Embora a desinformação seja espalhada sem a intenção de enganar o eleitorado, a evidência empírica mostrou que a desinformação pode afetar as cognições e atitudes das pessoas", destacam Thorson, 2016; Wood; Porter (2018) (citados por Hameleers et al., 2020).

Sabemos que toda e qualquer interação no ciberespaço produz dados e a análise deles procura a criação de sentido encutida e, muitas vezes, brota o processo de conhecimento mesmo em informações complexas, nada frugais. É certo que, na era da cibercultura, estamos afetados pela lógica da dataficação. A dúvida que paira é saber até quando teremos os dados armazenados, ou seja, haverá espaço suficiente para essa armazenação?

Os sistemas de IA funcionam em dados coletados de várias fontes, como e-mail, dados online, entre outros, os quais podem ter várias formas, por exemplo, áudio, vídeo ou texto, dizem Igor Shnurenko, Tatiana Murovana e Ibrahim Kushchu (2020, p. 17). O trabalho do cientista de dados é coletar, armazenar e entender os dados "(tornando simples a análise via visualização e estatísticas descritivas) para preparar os dados para modelos de IA. Há um ditado que enuncia que 'sua IA é tão boa quanto seus dados' e os dados terão uma influência direta nas ações ou decisões produzidas pelos sistemas de IA".

> Outras empresas do Facebook: "No momento da pesquisa [2015--2016], exceto para a empresa principal, o Facebook possuía e operava sete outras empresas: Facebook Payments Inc., Atlas, Instagram, LLC, Onavo, Parse, Moves, Oculus, LiveRail, WhatsApp Inc. e Masquerade. Segundo consta, eles podem compartilhar informações sobre as pessoas dentro de suas famílias de empresas para facilitar, apoiar e integrar suas atividades e 'melhorar' seus serviços" (Joler; Petrovski, 2016).

Ressaltamos que, quando dizem "melhorar", é uma história para boi dormir. De quebra, quando o metaverso do Facebook estiver vigorando para valer, a necessidade de instalar (mais) sensores nas residências, locais de trabalho etc. vai alavancar mais e mais dados recolhidos. Isso sem entrar na esfera das operações em criptomoedas.

Os cientistas de dados são tidos como exploradores de dados, descobridores de necessidades. "Têm responsabilidade crescente por gerar, analisar e mercantilizar experiências humanas capturadas digitalmente. [...] O mantra é que o trabalho da ciência de dados pode fazer bem ao *descobrir as necessidades granulares* de indivíduos/

clientes", descreve Robert Dorschel (2021). Em certo sentido, "eles quase aparecem como 'psicanalistas' descobridores de necessidades – profissionais capazes de desenterrar questões que estruturam o comportamento de outros atores, mas das quais eles desconheciam". A reforçar que são todos os autores nesta era simbiótica.

Os mecanismos inerentes de IA mais amplamente usados estão relacionados à máquina com aprendizagem profunda e esses mecanismos tornam possível: "Classificar (medir relevância ou relacionamentos); prever (fazer afirmações sobre o que vem a seguir ou o que vai acontecer no futuro); e priorizar ou otimizar, especialmente por meio de métodos evolutivos de IA, como algoritmos genéticos" (Shnurenko; Murovana; Kushchu, 2020, p. 18).

Esses pontos fortes vêm principalmente das técnicas de aprendizado de máquina, seja de reforço, aprendizagem supervisionada ou não supervisionada, usando grandes conjuntos de dados – verbais, textuais, imagens ou fluxos de vídeo. Talvez o mais importante seja que alguns dos sistemas de IA podem estar trabalhando em tempo real. Qualquer sistema que nos forneça informações sobre os relacionamentos ao nosso redor pode nos dizer como será o futuro; e qual é a melhor ação ou sequências de ações a serem tomadas será naturalmente um sistema influente. As influências dos sistemas de IA, com suas capacidades inerentes, em nosso presente, podem ser atribuídas a certas tarefas críticas que são complexas e, muitas vezes, além das capacidades de recursos humanos, técnicas estatísticas ou simples automação algorítmica, digital ou não. Automação amigável, de preferência.

"O fazer acadêmico em torno das análises dos sites de redes sociais se desdobra em um fazer que busca a superação dos modelos vigentes a partir da criação de uma lente baseada nas especificidades contemporâneas", frisam Silva e Arruda (2018, p. 110). Assim, "vale extrair teoricamente um método de análise das bolhas algorítmicas com um percurso que dialogue com o próprio percurso de estruturação das bolhas algorítmicas dos sites de redes sociais". Por isso, dizem os autores, vale lembrar "de que modo eles se constituem a fim de dar a ver que tipo de processo os agenciam. Os algoritmos constituintes das bolhas de interação são operações matemáticas oriundas de padrões de interação que visam solucionar problemas de organização de novos dados". Eles completam: "Sua existência é material na medida em que consideramos a materialidade das relações estabelecidas. O algoritmo, então, pode ser considerado uma comunicação entre os bancos de dados".

Os autores concluem que a ecologia, então, é um maquinismo que busca analisar "o vitalismo da máquina algorítmica, não excluindo a entropia ou a vida social que a constitui. Para uma estrutura movente, uma metodologia movente; para uma máquina que se alimenta dos movimentos do mundo, uma metodologia não restrita à disciplinaridade" (Silva; Arruda, 2018, p. 113).

"Automação é o processo de projetar uma 'máquina' para completar uma tarefa com pouca ou nenhuma direção humana", explica Wardle (2018), que complementa: "Leva tarefas que seriam demoradas para serem concluídas por humanos e as transforma em tarefas que são concluídas rapidamente e quase sem esforço". Por exemplo, é possível automatizar o processo de envio de um tuíte, para que uma pessoa não precise clicar ativamente em "publicar". Os processos de automação são a espinha dorsal das técnicas usadas para "fabricar" efetivamente a amplificação da desinformação (Wardle, 2018). Por outro lado, é oportuno destacar que os seres humanos não conseguem agir tão depressa assim, e ainda bem, para não cairmos na tal exaustão física e mental provocada pelo excesso de envolvimento com as tecnologias da tal "sociedade do cansaço" de que reflete Byung-Chul Han (2015): "a sociedade do desempenho e a sociedade ativa geram um cansaço e esgotamento excessivos".

"A análise algorítmica de 'dados culturais' e 'experiências culturais' de tomada de decisão algorítmica com base nesta análise não ocorre apenas no trabalho em algumas áreas mais visíveis, como o Google Search e o Facebook News", complementa Manovich (2018a, p. 476). Talvez o mais importante, adiciona o autor, é que eles são incorporados em muitos "aplicativos e serviços da web usados não apenas por empresas e organizações sem fins lucrativos, mas também por milhões de pessoas que agora participam da indústria cultural não apenas como consumidores, mas também como criadores de conteúdo e opinião" (p. 477). No caso das ferramentas de apoio ao processo de tomada de decisão, utilizado internamente pelos órgãos governamentais

> são as que mais geram preocupação para a sociedade civil – pois estas ferramentas ajudam servidores de órgãos governamentais a tomarem determinadas ações que impactam a vida das pessoas e, de forma direta ou indireta, o exercício de direitos fundamentais. O principal risco apontado diz respeito ao banco de dados de treinamento e critérios a serem utilizados pelos modelos preditivos e de classificação automatizados, usados pelos órgãos governamentais, que podem levar à reprodução de uma discriminação social já preexistente, afetando, principalmente, parte da população socialmente mais vulnerável (Transparência Brasil, 2020, p. 11).

Por outro lado, "nos níveis mais altos da economia, são os seres humanos que tomam as decisões, embora utilizem os computadores como ferramentas úteis. Mas nos níveis intermediários, e principalmente nos mais baixos, grande parte do trabalho é automatizada", explica O'Neil em seu livro *Weapons of Math Destruction*, de 2016.

Emoções

Objeto de "algoritmos emocionais" é ter carga psíquica a reboque, cujo principal objetivo é utilizar dos recursos emotivos e identificar os sentimentos que permeiam o debate no espaço público virtualizado. O campo da análise computacional de sentimento passou a ser um desafio para entender o comportamento emocional coletivo inscrito na cornucópia de mensagens – posts, tweets, updates etc. – de perfis online. O termo "análise de sentimento" (*sentiment analysis*) possui diferentes sinônimos na literatura científica, tais como *"opinion mining"*, *"opinion extraction"*, *"sentiment mining"* e *"subjectivity analysis"*. "O papel da análise de sentimento cresceu significativamente com a rápida difusão das redes sociais, microblogs e fóruns" (Kolchyna et al., 2016, p. 2 citado por Malini et al., 2017). As opiniões expressas pela demonstração de sentimentos passaram a ser úteis para a tomada de decisões, e isso não é só verdade para os indivíduos, mas também para as organizações (Liu, 2010 citado por Malini et al., 2017). De qualquer modo, a presença dos *gatekeepers* e seus valores-notícia tornam a ação importante para qualificar a etiquetagem que, posteriormente, o algoritmo irá executar em todo o dataset.

> Existem diversas abordagens sobre a forma como os sentimentos devem ser detectados e/ou processados. As quatro maneiras mais viáveis de identificar e analisar sentimentos são: (1) por meio de sentimentos específicos, ou seja, identificação de sentimentos preestabelecidos para o *corpora* em questão, geralmente pensados de acordo com o tema coletado (por exemplo, analisar o medo em contextos de difusão de notícias sobre violência, ou o empoderamento em quadros de ativismo online); (2) os sentimentos genéricos, os quais também são preestabelecidos para análises comparativas, porém, se inserem no termo genérico por se enquadrar em qualquer *corpora*, e.g., alegria, raiva, medo, empoderamento, desgosto, surpresa, confiança, etc.; (3) polaridades, nas quais se pode perceber, por meio da soma de pontuações de palavras entre positivo e negativo, qual é a polaridade das frases, mensagens ou perfis analisados; e (4) emoticons e/ou emojis, os quais se dividem entre positivos e negativos ou entre sentimentos genéricos (Malini et al., 2017, p. 325).

Nesse caso da polaridade, o foco é na frase, mas o cálculo ainda é sobre a palavra. Os autores sustentam que é um método automatizado em que a polaridade (positivo/negativo) de uma frase pode ser calculada por *ranking*: 1 (um) para palavras positivas e –1 (menos um) para palavras negativas, ou pode variar, dependendo do quão positiva/negativa é a palavra. Dessa forma, define-se a polaridade de cada frase a partir da soma das pontuações de polaridade de cada palavra (Malini et al., 2017).

Harari (2018, p. 47) é incisivo ao dizer que a longo prazo, "nenhuma atividade permanecerá totalmente imune à automação. Até mesmo artistas receberão aviso-prévio. No mundo moderno a arte é comumente associada a emoções humanas. Tendemos a pensar que artistas estão direcionando forças psicológicas internas", e que todo o propósito da arte, afirma ele, "é conectar-nos com nossas emoções ou inspirar em nós algum sentimento novo. Como consequência, quando avaliamos arte, tendemos a julgá-la segundo seu impacto emocional no público". O historiador ainda completa (sempre com seus exemplos englobantes): "Mas se a arte é definida pelas emoções humanas, o que acontecerá quando algoritmos externos forem capazes de compreender e manipular emoções humanas melhor do que Shakespeare, Frida Kahlo ou Beyoncé?".

É possível avaliar nossas emoções da maneira que quisermos, diz Harari (2018, p. 49), e "o algoritmo seguirá seus ditames. Se você quiser chafurdar na autocomiseração ou dar saltos de alegria, o algoritmo obedecerá a sua orientação. De fato, o algoritmo pode aprender a reconhecer seus desejos mesmo sem que você esteja explicitamente consciente deles". Parece *non sense*, mas é algo a se pensar!

"Uma reação online é um coração, um polegar para cima ou um comentário", atesta Raquel Seco (2019) no *El País Brasil*. Pode querer dizer "mais gente deveria ver isto", "porque estamos dando uma espécie de cutucada cúmplice no algoritmo que prioriza conteúdos de acordo com a nossa resposta: 'Ei, tome nota, este tipo de coisa me interessa'". Seco alerta que, "A obsessão com as métricas da Internet, com o número de seguidores que dizem *curti*, nos conduz a um comportamento compulsivo, competitivo e ansioso, e nos empurra a criar mais e mais conteúdo buscando uma ideia opaca de sucesso social".

Ou seja, na toxicidade digital, "Nossas curtidas não são inocentes. Têm intenção e significado, estão ligadas à necessidade humana de obter uma identidade e pertencer ao grupo". Como artificial influencers, ter reconhecimento social. Isto é, "quero mostrar que sou uma pessoa informada que acompanha a mídia internacional" ou "quero que meus amigos e conhecidos saibam que sou feminista". Queremos construir uma imagem pública que se encaixe nos nossos círculos e que nos proporcione uma sensação de segurança. Como uma "consequente descarga de dopamina". Seco frisa que, no entanto, "Há anos a publicidade está atenta à importância vital da emoção. Em um mercado interconectado, com muitos produtos similares, é preciso atrair um consumidor saturado". Fisgá-lo pela afetividade.

"O neuromarketing ou 'neurociência do consumidor' é uma das técnicas que tentam desvendar os mecanismos pelos quais prestamos atenção", ressalta Seco (2019). "A multiplicação da oferta online implica uma sobrecarga de informação para nossos cérebros, cuja capacidade de atenção é limitada, de modo que essas disciplinas apontam diretamente para a mente, evitando respostas subjetivas e imprecisas". Seco dá exemplos como das técnicas usadas como o *eyetracking* (acompanhamento do movimento dos olhos na tela);

> a medição da resposta galvânica da pele (GSR), que detecta o suor nas mãos para medir a resposta emocional; a eletroencefalografia (EEG), que mede a atividade cerebral e o nível de atenção; ou o reconhecimento facial de emoções. O neuromarketing confirma, entre outras coisas, que na Internet agimos rapidamente (Seco, 2019).

"Nosso olhar se move a toda velocidade do canto superior esquerdo da tela para baixo e à direita, exatamente como quando lemos – embora isto varie em culturas que escrevem da direita para a esquerda –, e faz isso mais rápido do que no papel", atenta Seco (2019). Há outras técnicas para captar nosso olhar no mostruário infinito da internet, reforça Seco (2019). "Estamos condicionados a prestar atenção em rostos humanos, especialmente quando nos olham diretamente (estudos de *eyetracking* detectaram que os olhos e as bocas, acima de tudo, atraem nosso olhar)" e ilustra com dados de uma pesquisa de 2014 do Instituto de Tecnologia da Geórgia (EUA) que concluiu que as imagens do Instagram com rostos recebem, em média, 38% a mais de curtidas.

Accountability algorítmica

Accountability é uma expressão ampla usada em debates e discussões sobre o poder dos sistemas de tomada de decisão baseados em algoritmos e a importância de garantir que eles estejam sujeitos ao que Yeung (citada por Grohman, 2020) apresenta "como mecanismos legítimos e eficazes de supervisão para garantir que esse poder não seja usado de maneira abusiva ou exploradora, e a necessidade de garantir que aqueles que exercem esse poder assumam a responsabilidade pelas consequências das tomadas de decisão". O desafio de garantir a *accountability* algorítmica é muito difícil, assevera a autora, dado o caráter dos algoritmos como "caixas-pretas" opacas e inescrutáveis,

> devido aos sofisticados processos computacionais nos quais eles estão baseados e a sua proteção contra a divulgação desses processos como segredos comerciais, ainda que sejam capazes de exercer poder a partir de tomadas de decisão com muitas consequências. Como explica Dawn Oliver, pesquisador de Direito Constitucional, *accountability* "relaciona-se à exigência de uma pessoa explicar e justificar – com base em critérios de algum tipo – suas decisões ou atos, depois reparando as falhas ou erros" (Yeung citada por Grohman, 2020).

O atendimento ao requisito da capacidade de explicação é particularmente importante para os processos de decisão que dependem de algoritmos de aprendizado de máquina. A autora reforça: "porque são baseados em padrões e correlações entre pontos de dados, em vez de uma causalidade ou teoria explicativa do comportamento, e são continuamente reconfigurados à luz de informações passadas e dados de *output*" (Yeung citada por Grohman).

No entanto, nas sociedades democráticas liberais, não apenas os indivíduos são considerados moralmente aptos às razões das decisões que os afetam adversamente, por mais imperfeitamente protegidos por uma questão de lei. Uma sociedade liberal aspira a ser uma ordem transparente, na medida em que seu funcionamento e seus princípios devem ser bem conhecidos e disponíveis para apreensão e escrutínio público, apoiando-se em um compromisso duradouro (geralmente expresso na ideia de um contrato social) de que a ordem social deve ser aquela que possa ser justificada para aqueles que vivem sob ela. Mas isso não significa que os valores de transparência e *accountability* devam necessariamente superar o valor da eficiência, mas apenas que essas compensações de valor devem ser debatidas abertamente em vez de simplesmente resolvidas em favor da eficiência por decreto tecnológico (Yeung citada por Grohman, 2020).

Essa compreensão sobre *accountability* algorítmica "enfatiza que é uma obrigação da parte dos que exercem poder algorítmico: não é apenas o suficiente para aqueles que exercem poder algorítmico afirmar que tentarão voluntariamente ser transparentes como uma questão de escolha voluntária", diz Yeung (citada por Grohman, 2020), completando que: "A *accountability* algorítmica significativa e eficaz exige que insistamos, por uma questão legal, que o poder algorítmico esteja sujeito a mecanismos de supervisão legal apropriados que sejam aplicados devidamente e de forma significativa".

É necessário que as etapas do processo de aprendizado de máquina que resultaram em ação por parte da IA sejam rastreáveis e que as variáveis que pesaram na tomada de decisão sejam públicas. Outra possibilidade para *accountability* é a realização periódica de auditorias do funcionamento do algoritmo, por especialistas externos à empresa ou órgão público, para averiguar se o algoritmo é eficaz em relação ao seu propósito e se ocasiona algum impacto negativo a direitos fundamentais (Transparência Brasil, 2020, p. 24).

É axiomático providenciarmos algo a respeito, os números saltam aos olhos. Entre as conclusões do 22º relatório Edelman Trust Barometer 2022, que pesquisou 36 mil entrevistados em 28 países, entre eles o Brasil, descobriu que quase dois terços das pessoas estão inclinadas a desconfiar das organizações. "A desconfiança tornou-se a 'emoção padrão' da sociedade, com 60% das pessoas inclinadas a 'desconfiar até verem evidências de que algo é confiável'". O relatório aponta ainda que "Governo e mídia são vistos como forças de divisão, enquanto empresas e ONGs são vistas como unificadoras. E dois terços das pessoas estão convencidas de que estão sendo enganadas por jornalistas, chefes de governo e líderes empresariais".

7.
MECANISMOS QUE FAZEM AS ESCOLHAS DE SUGESTÕES

> "Todo discurso está em busca de uma validação impessoal, ou seja, os objetos de estudos se relacionam com o argumento como um tipo de comunicação que busca influenciar uma ou mais pessoas [...] O objetivo de toda argumentação é atuar sobre o destinatário da comunicação, a fim de modificar suas convicções" (Perelman; Olbrechts-Tyteca, 2014).

Observa-se um ganho de fôlego de uma nova disciplina de engenharia construída sobre ideias às quais o século passado deu substância – ideias tais como "informação", "algoritmo", "dados", "incerteza", "computação", "inferência" e "otimização". Como expõe Jordan, "assim como a engenharia civil e a engenharia química de décadas passadas, essa nova disciplina pretende captar o poder de algumas poucas ideias principais, trazendo novos recursos e capacidades para as pessoas e fazendo isso com segurança" (Jordan, 2018).

Embora os blocos construtivos tenham começado a despontar, os princípios para unir esses blocos ainda não surgiram, e assim os blocos estão atualmente sendo reunidos de forma aleatória. Dessa forma, assim como os seres humanos construíram edificações e pontes antes de haver engenharia civil, agora eles estão progredindo na construção de sistemas em escala social de inferência e de tomada de decisão, sendo que tais sistemas envolvem máquinas, humanos e o ambiente (Jordan, 2018).

Portanto, como salienta o autor, "assim como os primeiros edifícios e pontes às vezes caíam – de formas imprevistas e com consequências trágicas – muitos de nossos sistemas de escala social de inferência e tomada de decisão já estão expondo graves falhas conceituais" (Jordan, 2018).

Em nossa sociedade, especialmente em nossas experiências tecnologicamente mediadas, os processos algorítmicos vêm se tornando atores decisivos tanto na captura e análise de dados sobre uma série de setores de nossas vidas privadas e comuns, quanto na tomada de decisão automatizada em diferentes contextos (gestão urbana, políticas públicas, comunicação, trabalho, mercado financeiro, estratégias de marketing e publicidade, segurança etc.) (Bruno; Bentes; Faltay, 2019).

Nesse aspecto, é bom frisar que o processamento e a análise de dados recolhidos estão cada vez mais automatizados. É preciso saber se há como verificar se os dados são de boa qualidade para o devido processo de engenharia do conhecimento. Voltemos, então, à automatização e à automação.

Mecanismos invisíveis

Glauco Arbix (2020) rasga o verbo que nada é mais justificável quando os indivíduos e as sociedades "se encontram sem instrumentos e mecanismos claros de proteção diante de sistemas automatizados, que operam de modo opaco e mostram-se arredios até mesmo quando solicitados a fornecer informações básicas sobre seus critérios de decisão".

Expostos a falhas, empresas, governos e pesquisadores passaram a ser instados a tratar dos impactos sociais da IA e a explicar que muitos dados que alimentam os algoritmos têm bias, que os algoritmos falham e que, em processos de alta complexidade, nem mesmo seus criadores conseguem compreender totalmente como as conclusões são construídas (Arbix, 2020, p. 398).

Inicialmente apresentados como "mecanismos objetivos e matematicamente distantes das imprevisíveis emoções dos indivíduos, os algoritmos não reduziram o comportamento tendencioso ou distorcido que caracteriza a ação humana, mas em alguns casos até o amplificaram" (Arbix, 2020, p. 398). Pesquisas apontam que "muitos algoritmos oferecem resultados equivocados, seja por causa dos valores escolhidos pelo designer, por distorções dos bancos de dados, por falhas na arquitetura ou mesmo por ambiguidades dos sistemas reguladores".

Grande parte das definições atuais realça as características computacionais da IA, que permitem detectar padrões e indicar soluções a partir de dados. Essa IA tem na sua base processos chamados de aprendizagem de máquina, intensivos em procedimentos sustentados pelas ciências dos dados, e seus algoritmos mais avançados buscaram inspiração, ainda que distante, no funcionamento das redes de neurônios humanos (Arbix, 2020, p. 400).

Não somos livres de influências, afora o que nos aponta nossas câmaras de eco. Porém, enquanto o viés de confirmação é um modo direto, mesmo automático, de percepção de dados que atestem crenças incrustadas, o raciocínio motivado é a tendência complementar de examinar com olho aberto as ideias de que não gostamos. A dissonância cognitiva corresponde ao estado de tensão provocado pela circunstância de confronto ou apontamento de inconsistências em relação às crenças arraigadas (Cruz, 2021, p. 80).

De acordo com Santaella (2018), a personalização algorítmica reverbera de forma intensa no coletivo quando são somados tantos pensamentos viciados em seus próprios vieses. Os riscos da manipulação e da cegueira ideológica são amplificados e colocam usuários mal informados a serviço de interesses políticos escusos, da propagação dos discursos de ódio e do exercício da ignorância, reforçando pensamentos e falas duvidosas que repercutem no grupo como se fossem verdades (Cruz, 2021, p. 81).

Afinal, as pessoas com as quais nos conectamos são determinadas de forma algorítmica, baseados na customização do conteúdo consumido pelo próprio usuário na internet (Cruz, 2021). Só para lembrar que a internet é formada por biblioteca, videoteca e audioteca.

As big techs que abrigam as redes sociais não estão nem aí com as pessoas, que eles costumam chamar de usuários – *vis-à-vis* como ficam viciados. Adrienne LaFrance (2021) diz na lata: "O Facebook é um instrumento de disseminação de mentiras para o colapso civilizacional. Ele é projetado para reações emocionais abruptas, reduzindo a interação humana ao clique de botões". Como uma maquinação, no sentido de tramar, "O algoritmo guia os usuários inexoravelmente em direção a conteúdos menos matizados e mais extremos, porque isso é o que mais eficientemente provoca emoções. Os usuários são treinados implicitamente para buscar reações ao que postam, o que perpetua o ciclo", diz tudo, realmente. Na tentativa de engrupir, "os executivos do Facebook têm tolerado a promoção em sua plataforma de propaganda política, recrutamento de terroristas e genocídio. Eles apontam para virtudes democráticas como a liberdade de expressão para se defender, enquanto desmontam a própria democracia", LaFrance dá um fecho. É imprescindível acrescentar que a liberdade de imprensa, que faz com que o exercício da profissão seja livre, é primordial para a esfera democrática.

O escândalo da Cambridge Analytica

Apesar do caso da filiada americana da Strategic Communication Laboratory (SCL), empresa criada pelo empresário multimilionário Robert Mercer, ser bastante conhecido, não dá para ficar sem registro neste estudo. O famoso caso de violações de regras e abuso de dados em massa cometido pela Cambridge Analytica (CA) fez a empresa entrar em colapso, após o Observer ter revelado que se apropriara com olho grande de cerca de 87 milhões de perfis no Facebook (multado posteriormente em bilhões) e dos dados dos usuários comprometidos. Moore, na já mencionada entrevista à Rudnitzki (2019) para a *Agência Pública*, relembrou a ação do Facebook considerada das mais impactantes: a manipulação dos tais 87 milhões de dados retidos dos usuários da maior rede social da via láctea para fins comerciais. Ele se baseou em Mercer (por trás do escândalo da CA) para isso. "Ele não tinha nenhum *status* ou posicionamento político. Ainda assim, devido ao seu dinheiro e conhecimento na área [do big data], foi capaz de investir e entender o uso político dos dados em massa para influenciar as eleições americanas", ressalta Moore. É claro que "pessoas com muito dinheiro podiam influenciar as eleições no passado, mas não era tão efetivo e tão impactante quanto o que foi feito nos últimos anos com as ferramentas digitais". Ao ser questionado por que agentes disruptivos foram mais favorecidos do que os outros nas plataformas, nas eleições norte-americanas de 2016, Moore respondeu que

> o problema está na maneira como a publicidade é feita nas plataformas, que encoraja qualquer coisa para gerar cliques . As redes sociais são melhores para provocar respostas comportamentais nas pessoas, mais do que a reflexão e o convencimento. Então as pessoas que seguem as tradições democráticas e tentam persuadir as pessoas para uma causa, tentando convencer a votar em certo candidato, não foram favorecidas. O sistema favoreceu aqueles que buscaram respostas imediatas, emocionais, não engajar no debate democrático (Moore citado por Rudnitzki, 2019). Entenda a barca furada:

Cambridge Analytica (CA) é uma empresa anglo-estadunidense de consultoria política, criada por Robert Mercer em parceria com Steve Bannon, o estrategista-chefe da campanha de Donald Trump em 2016. O pesquisador Rafael Zanatta resumiu em entrevista a Ricardo Machado (2018), a "bomba" que foi o caso mencionado por Moore. "O esquema estava estruturado na pesquisa de cientistas para um teste de personalidade chamado *This is your digital life* [...]. Coletava informações que os usuários já tinham publicado no Facebook [...] e com as informações públicas (postagens, curtidas, geolocalização), era possível atribuir um perfil psicométrico. A metodologia utilizada era do campo da psicologia comportamental e esse estudo era capaz de identificar a possível orientação política do usuário. [...] Tratava-se de um estudo acadêmico que tinha por finalidade demonstrar o quanto as pessoas estão expostas e quanto é possível deduzir informações sobre uma pessoa que está na rede social. O grande problema é que Aleksandr Kogan, o investigador da Universidade de Cambridge, vendeu a metodologia para uma empresa privada de consultoria política chamada Cambridge Analytica. [...] Era um grupo que tinha interesses de manipulação de eleições, chamado por eles de 'conquista dos votos indecisos'. Todo esse aparato foi usado para criar imagens de impacto que eram destinadas precisamente ao perfil psicométrico já predefinido de acordo com os dados pessoais coletados no Facebook. Então, para uma pessoa que seria mais de esquerda e com preocupações do poder dos grandes bancos financeiros na sua vida, as mensagens de Trump chegavam com um viés nacionalista: 'vamos retomar a economia, diminuir o poder dos grandes bancos e reforçar os comércios locais'. Para alguém mais orientado à ideia de livre mercado, a mensagem chegava mais ou menos assim: 'nosso governo vai derrubar os acordos da Organização Mundial do Comércio – OMC e vamos ampliar o livre comércio longe das amarras dos acordos internacionais'. As várias estratégias e mensagens foram criadas para atingir determinados perfis psicológicos e todas as informações foram coletadas sem as pessoas saberem o que estava acontecendo (Moore citado por Rudnitzki, 2019).

Cadwalladr e Emma Graham-Harrison (2018) esmiúçam a saga da CA e aqui, apenas mais um resumo: a empresa trabalhou com a equipe eleitoral de Trump, chefiada na época pelo principal conselheiro de Trump, Steve Bannon, e coletou, no início de 2014, milhões de perfis de eleitores dos EUA no Facebook, para "construir um sistema que pudesse traçar o perfil individual dos eleitores americanos, a fim de direcioná-los com anúncios políticos personalizados", em uma das maiores violações de dados de todos os tempos, "e os usou para construir um poderoso programa de software para prever e influenciar escolhas na urna eleitoral". Sabemos, de antemão, que mesmo uma pequena parcela pode influenciar o resultado.

Assim é que nada é neutro nesse emaranhado da parceria do Facebook e a empresa CA de análise de dados. "A descoberta da coleta de dados sem precedentes, e o uso que foi feito, levanta novas questões urgentes sobre o papel do Facebook na escolha dos eleitores nas eleições presidenciais dos Estados Unidos" (Cadwalladr; Graham--Harrison, 2018).

> A Cambridge Analytica gastou quase US $ 1 milhão na coleta de dados, o que resultou em mais de 50 milhões de perfis individuais que poderiam ser comparados aos cadernos eleitorais. Em seguida, usou os resultados do teste e os dados do Facebook para construir um algoritmo que pudesse analisar perfis individuais do Facebook e determinar traços de personalidade ligados ao comportamento eleitoral (Cadwalladr; Graham-Harrison, 2018).

Enfim, frases camufladas fofinhas dando a entender que estaríamos apenas "compartilhando nossos momentos pessoais". As autoras constatam o que ficou notório: "O algoritmo e o banco de dados juntos formaram uma ferramenta política poderosa. Isso permitiu uma campanha para identificar possíveis eleitores indecisos e criar mensagens com maior probabilidade de ressoar" (Cadwalladr; Graham-Harrison, 2018).

"Há uma boa parte do resultado das eleições norte-americanas [de 2016] que se pode explicar assim: A empresa responsável pela campanha online de Trump é a mesma que esteve no início dos movimentos a favor do Brexit: a Cambridge Analytica", lembram Ricardo Rodrigues e Catarina Carvalho (2017). A empresa "tem desempenhado um papel fundamental na forma como os políticos comunicam com as massas".

O que essa companhia faz é processar o Big Data – a informação recolhida pelos nossos cliques, likes e procuras – e, a partir daí, medir-nos psicologicamente. O sistema psicométrico é bastante desenvolvido: avalia os nossos níveis de abertura, consciência, agradabilidade, extroversão e neurose pela interpretação da nossa pegada digital. Até consegue perceber o nosso grau de 'informabilidade', ou seja, quão informados e cultos somos (Rodrigues; Carvalho, 2017).

"É a microgestão de expectativas aquilo que dantes se fazia com as sondagens e hoje se faz quase caso a caso, através dos motores de busca e das redes sociais", arrazoam Rodrigues e Carvalho (2017), e continuam: "Porque muitos nichos criam uma grande massa eleitoral – e a capacidade de chegar a ela pode determinar os vencedores das eleições. Como aconteceu nestes casos". Os autores diziam ainda que "Hillary Clinton também trabalhou com um algoritmo na sua campanha – e até lhe deu um nome: Ada. O jornal *The Washington Post* publicou uma peça sobre isso dias depois das eleições" e que Ada "conseguia simular 400 mil situações eleitorais por dia e era através dos cenários que o programa estabelecia como mais prováveis que a campanha se movia para um estado ou outro, que apontava baterias a um tema ou outro".

O problema deste programa era que a análise de dados não conseguia ir tão longe como o de Trump. Os eleitores eram aglomerados em grandes grupos (africanos, latinos, jovens, mulheres) nas habituais classificações estatísticas – e isso não chegou ao mundo compartimentado das redes sociais. Há uma corrente que começa a ganhar peso que defende que se os algoritmos determinam a informação que chega às comunidades – ou seja, funcionam como órgãos de comunicação social – a forma como essas escolhas são feitas deve ser transparente e auditada – tal como acontece com os órgãos de comunicação social tradicional, altamente regulados por regras internas e externas (Rodrigues; Carvalho, 2017).

A repercussão da bricolagem da CA pelo mundo foi intensa, até porque não eram somente os dados de quem fez a brincadeirinha do teste de personalidade, eram os dados de todos os amigos dessas pessoas, mesmo os não afoitos a testes-truques, ou seja, privacidade indo para as cucuias. Em setembro de 2016, Alexander Nix, então diretor-executivo da consultora de marketing político Cambridge Analytica, profere a palestra intitulada *The Power of Big Data and Psychographics*, no encontro anual da *Concordia Summit*, espécie de *rendez-vous* de empresários e políticos mundiais, conforme artigo de Fernanda Glória Bruno, Anna Carolina Franco Bentes e Paulo Faltay (2019, p. 3).

Em tom autolaudatório e sem demonstrar pudor ou ressalvas aos limites éticos das ferramentas, Nix relata o trabalho desenvolvido pela empresa na campanha do senador Ted Cruz para influenciar e persuadir o eleitorado americano durante as primárias do partido republicano naquele ano (Concordia, 2016). Nix buscava exaltar a eficácia da metodologia de publicidade direcionada desenvolvida pela Cambridge Analytica por meio da criação de perfis psicométricos a partir de dados pessoais e relacionais digitais, em comparação aos tradicionais métodos de análise e segmentação demográficos. Os dois episódios compunham discretamente e sem maiores repercussões um já vasto repertório de usos controversos de dados pessoais digitais. Até que, em março de 2018, o *New York Times* (Rosenberg; Confessore; Cadwalladr, 2018) e o *The Guardian* (Cadwalladr; Graham-Harrison, 2018) publicam séries de matérias e reportagens, com base no depoimento e em documentos vazados por Christopher Wylie, um ex-funcionário da Cambridge

Analytica, revelando que a empresa utilizou, indevidamente e sem o consentimento das pessoas envolvidas, dados de cerca de 87 milhões de perfis do Facebook para direcionar propaganda política em favor de Donald Trump durante as eleições presidenciais americanas de 2016 (Bruno; Bentes; Faltay, 2019, p. 3).

"Os dados impulsionam tudo o que fazemos". Esse era o lema que aparecia no site da Cambridge Analytica, conforme Koopman (2018). O coração do poder da Cambridge Analytica, destaca Koopman, "é um enorme depósito de informações – cerca de 5.000 pontos de dados em cada um dos mais de 230 milhões de americanos, de acordo com relatórios recentes, um fato que a empresa orgulhosamente confirma em seu site". Koopman complementa que "sua promessa de eleições conduzidas por dados, em última análise, implica uma visão de governo dirigida não por pessoas, mas por algoritmos e por uma cultura de mineração de dados em expansão, operando sem restrições".

Sobre esse episódio fatídico, no livro *Network Propaganda: Manipulation, Disinformation, and Radicalization in American Politics*, de 2018, Yochai Benkler, Robert Faris e Hal Roberts descrevem como a facção conservadora liderada por Steve Bannon e financiada por Robert Mercer foi capaz de "injetar pesquisas de oposição na agenda da mídia convencional que deixou uma mancha infundada, mas indelével de corrupção na campanha de Clinton". Os autores também documentam como a Fox News "desviou a cobertura negativa do presidente Trump e promoveu uma série de contra-narrativas exageradas e fabricadas para defender o presidente contra notícias prejudiciais". Tirou-se proveito das fraquezas estruturais das instituições de mídia em todo o espectro político e é mostrado

> o surgimento e a mecânica de um ecossistema de mídia insular e como dois ecossistemas de mídia fundamentalmente diferentes podem coexistir. Em um deles, as narrativas falsas que reforçam a identidade partidária não apenas florescem, mas também excluem as narrativas verdadeiras,

mesmo quando apresentadas por membros importantes. No outro, as falsas narrativas são testadas, confrontadas e contidas por diversos veículos e atores que operam em uma dinâmica de normas orientadas pela verdade (Benkler; Faris; Roberts, 2018).

No Brasil, apesar da proibição pelo TSE de doações de empresas para campanhas eleitorais, as doações de pessoas físicas acabaram por financiar a desinformação carregada de bravatas e de discurso desbocado de ódio nas redes sociais no pleito de 2018, especialmente do bolsonarismo.

No quesito de quem está por trás, inclusive comercialmente, ou melhor, remunerando quem trabalha para a indústria da desinformação, o ato mais escandaloso até agora (abril, 2021) foi o da empresa Cambridge Analytica ao fazer pressão com marketing de algoritmos de sugestão no impulsionamento personalizado de FN, inclusive, em muitos casos no formato hiperindividualizado do dark post, como manobra de propaganda para influenciar e estimular decisões de uma coletividade especialmente frágil, zangada, indecisa (e/ou "em cima do muro"), no sentido de provocar um desenvolvimento em uma direção desejada e calculada; exemplos mais berrantes de seu alvo: o referendo do Brexit (decisão inglesa de sair da União Europeia, jun. 2016) e na devastação das oposições de Trump, além da conquista de votos dos inseguros nas eleições em 2016 para presidente dos Estados Unidos.

"Quando comunicamos intencionalmente para influenciar, entramos no domínio da comunicação persuasiva, a que se recorre, por exemplo, na publicidade e propaganda, mas também na comunicação interpessoal" (Sousa, 2006, p. 26).

Uso do dox pra personalizar FN. O termo "*doxing*" é a abreviatura de "*dropping dox*"; "*dox*" é um jargão do termo "documentos". Normalmente, o doxing consiste em uma ação mal-intencionada, usada contra pessoas de quem o hacker discorda ou não gosta.

O *doxing* (algumas vezes escrito como "doxxing") é a ação de revelar informações de identificação sobre alguém na internet, como seu nome real, endereço residencial, local de trabalho, telefone, dados financeiros e outras informações pessoais. Essas informações então circulam para o público, sem a permissão da vítima (kaspersky.com.br/resource-center/definitions/what-is-doxing).

O que constatamos é que, a partir do tropismo, os manipuláveis caem na rede e replicam-se. "A CA modulou a percepção do voto usando-se de dados fornecidos por essas mesmas pessoas, extraídos de aplicativos banais de lazer e diversão, e algoritmos para modulá-los", alega Marcondes Filho (2019, p. 7). O autor complementa que o "uso maciço, eletronicamente direcionado, com alvos personalizados, representou um novo formato de reforçar posições".

Os agentes dessa empresa de interferência no comportamento das massas conhecem a fraca adesão das mesmas a políticas ou programas partidários. Sabem de sua fraqueza, de sua inconstância, de sua oscilação permanente entre discursos e propostas. E sabem, também, de seus temores, de sua insegurança e de sua fragilidade. Portanto, têm-nas como alvo preferencial de sua política de promoção do terror, do medo, da dúvida, ou seja, por vias emocionais, transferindo-os todos à estratégia dos adversários (Marcondes Filho, 2019, p. 8).

"Gráficos psicológicos registravam como atuar para tocar no mais íntimo de cada um dos usuários", ressaltam Booth, Travis e Gentleman (2016), que citam Steve Bannon, da CA, ao dizer que "tudo se resume a emoções", amor e ódio geram engajamento. O conselho de Bannon foi o mesmo dado por Arron Banks, fundador da campanha pela saída de União Europeia, ao *The Guardian*: "A exposição de fatos não teria ajudado a ganhar o referendo; os fatos não funcionam e ponto final... É necessário estabelecer uma conexão emocional com as pessoas" (Booth; Travis; Gentleman, 2016).

Nos últimos anos, o Facebook repetiu o discurso de que seus sistemas de IA ajudaram a reduzir drasticamente o volume de discurso de ódio visualizado por seus usuários, conforme matéria do caderno *Link*, do Estadão (2021), ao citar uma reportagem publicada pelo jornal *The Wall Street Journal,* que mostra, em documentos internos, que "os próprios funcionários da empresa duvidam da efetividade do sistema. O jornal tem feito uma série de reportagens, baseados em documentos vazados, que indicam as falhas graves da empresa". Até aqui, já havia sido revelado "o aumento do alcance de publicações de ódio, a permissão para a circulação de conteúdos sobre tráfico humano e de drogas, o tratamento diferenciado para celebridades e políticos e nível inferior de moderação em países fora dos Estados Unidos". Na edição de 17 de outubro de 2021, o *WSJ* informou que, "em março deste ano, um pesquisador do Facebook fez um alerta de que os sistemas de IA conseguiam remover de 3% a 5% de conteúdo de ódio que poderia ser visualizado pelos usuários e apenas 0,6% de todo conteúdo que viola as regras da rede social". Por trás, há um medo de que mudem o estado de coisas que querem manter.

A reportagem do Estadão afirma também que, "há dois anos, o Facebook reduziu o trabalho de moderadores humanos em reclamações referentes a discurso de ódio. [...] Isso teria aumentado a dependência do Facebook nos seus sistemas de IA e inflado a aparente taxa de sucesso do sistema". Guy Rosen, vice-presidente de integridade do Facebook, respondeu, como mostra o Estadão, em um post no blog da companhia. "Ele disse que a prevalência de discurso de ódio caiu 50% nos últimos três anos e que é falsa a narrativa de que a tecnologia de remoção é inadequada". Disse ainda que "Não queremos ver discurso de ódio em nossa plataforma, nem os nossos anunciantes, e somos transparentes sobre o nosso trabalho para removê-lo". A reportagem do *WSJ* abala um dos pilares do discurso da empresa. Em 2018, "na esteira do escândalo de violação de dados da Cambridge Analytica, Mark Zuckerberg repetiu diversas vezes a sua confiança e esforço para que, num prazo de 10 anos, os sistemas de IA da empresa removeriam a maior parte do conteúdo que viola as regras da plataforma" (Estadão, 2021).

A segunda estratégia, "e ainda mais eficiente, foi a operação desse escritório com o uso do WhatsApp. No caso brasileiro, foram criados mais de 1.500 grupos, a maioria deles fora do Brasil, e apenas grandes administradores tiveram condições de neles postar informações", esclarece Marcondes Filho (2019, p. 8).

> A plataforma operou com vídeos, áudios e correntes. Os participantes recebiam e divulgavam os posts. O interessante em toda essa história é que o WhatsApp acabou tendo efeitos tão certeiros como os do Facebook americano e incomparavelmente superiores aos dos clássicos meios tradicionais de comunicação. No caso destes últimos, quem posta é uma instituição, diante da qual as pessoas podem avaliar se merece ou não crédito. Já no WhatsApp não se sabe exatamente quem mandou a mensagem, de onde veio, como veio; só se sabe que o último que a postou é uma fonte conhecida, que pode ser um amigo, um parente, uma pessoa de confiança. Em termos comunicacionais, o aplicativo passa a ter a função de um líder de opinião ou a legitimidade de alguém de crédito de quem recebe (Marcondes Filho, 2019).

O que ocorre aqui é "uma falsificação: os agentes da engenharia política e do *behavior microtargeting*, por meio do WhatsApp, forjam um recado dado por um parente, um amigo, uma pessoa de confiança, por ele vir na sequência de posts do grupo de WhatsApp" (Marcondes Filho, 2019, p. 8). "Agora, mais do que uma frase mágica que aparece no seu Facebook e some em seguida, sabe-se lá emitida por quem, agora aparece um suposto "amigo" que aconselha o usuário a votar em x e não em y". Marcondes nos conta que o processo de adesão será muito mais eficiente e que essa intervenção pontual "produziu esse fenômeno novo: o bombardeamento direto, particularizado, individualizado a pessoas que, encabrestadas, acabavam por votar automaticamente no partido indicado" (Marcondes Filho, 2019, p. 11).

A publicidade da empresa diz que já se passaram os tempos em que campanhas políticas eram feitas a partir de dados de eficácia limitada, como local de residência, idade e sexo. Agora, trata-se de juntar outros tantos indicadores (como educação, redes sociais, consumo, viagens, família, interesse político, gênero, hobbies, renda) que seriam combinados com o comportamento cívico, político, consumista, o estilo de vida. Estes, associados a "traços de personalidade" do tipo "abertura", "consciência", "extroversão", "amabilidade" e "motivação", separariam pessoas por meio de identificadores bem precisos, naquilo que eles chamam de behavior microtargeting (Marcondes Filho, 2019, p. 7).

A Cambridge Analytica pôde, com isso, dispor de 4 a 5 mil dados pessoais, todos de pessoas moradoras dos Estados Unidos. Num teste de personalidade, realizado em 2014, a empresa obteve adesão de 300 mil participantes. Com a disponibilidade de contas no Facebook, foi possível conseguir informações não apenas dos participantes, mas também de seus amigos. Com isso, acumulou dados de pessoas que passaram a ser registradas sem que soubessem. Na operação, a empresa acusou o índice de 87 milhões de perfis de usuários do Facebook (Marcondes Filho, 2019, p. 7).

No cerne da argumentação, "a profusão de notícias falsas provocou um aturdimento total no comportamento político das massas, provocando perturbação, imprudência, irresponsabilidade", definiu Marcondes Filho (2019, p. 11).

Me dê uma curtida...
O modelo *Ocean*, desenvolvido na Universidade Cambridge e aplicado pela consultoria britânica Cambridge Analytica, diz que curtidas do Facebook traçam o perfil psicológico de uma pessoa. Ao analisar 70 curtidas, o algoritmo te conhece melhor que seus amigos. Com 150, melhor que seus pais. Com 300, que seu cônjuge. E acima disso, melhor que você mesmo. A ciência por trás disso é a psicometria, ramo da psicologia que usa estatística.

... que te direi quem és

Com 68 curtidas é possível prever sua raça (95% de precisão), orientação sexual (88%) e filiação a um partido (85%). Curtidas revelam ainda gênero, religião, tendência à depressão, uso de drogas, QI, se os pais são casados e muito mais. Todas as interações são guardadas e cruzadas com outras informações, usando aprendizado de máquina e algoritmos, e disso saem relações inusitadas como: quem curte batata frita é mais mente aberta, quem gosta de Harley Davidson tem QI mais baixo [...].

As maiores fontes são as postagens nas redes sociais – o programa consegue ler até os Stories (post efêmero) do Instagram com marcação em um restaurante, por exemplo. Também entram dados públicos de uma lista de aprovados num concurso ou faculdade, de quem ganhou um sorteio na internet, de PDFs, de uma reclamação ou comentário numa página, de um processo judicial ou de cadastros de CNPJs... Além disso, os robôs conseguem acessar informações escondidas (mas acessíveis) no código-fonte de uma página.

A partir de um nome se chega ao CPF e, com ele, ao título de eleitor. Ou seja, ao colégio eleitoral e à zona de votação.

Junta uma informação aqui, outra ali, soma com a geolocalização enviada pelo GPS do seu celular, multiplica por todas as pessoas do seu bairro ou da sua cidade e associa ao seu WhatsApp. Está feito o perfil de um grupo significativo de pessoas, que viram alvos de anúncios, propaganda política, controle de doenças ou até monitoramento estatal (Ribeiro, 2020).

Coberta de razão está O'Neil (2021, p. 120) ao ponderar que a internet "fornece aos anunciantes o maior laboratório que já existiu para a pesquisa de consumidor e geração de leads. O feedback de cada divulgação chega em segundos". A autora complementa que "cada campanha pode focar-se nas mensagens mais eficientes e chegar mais próxima de alcançar um interessado na hora certa, e com precisamente a melhor mensagem que provoque uma decisão".

"Se houver crítica, eu aceito". Quiñonero, diretor de IA Responsável do Facebook, estava se desculpando com o público, conta Hao

(2021a). Era 23 de março de 2018, poucos dias após a revelação de que Cambridge Analytica, a consultoria que trabalhou na campanha para as eleições presidenciais de 2016 de Trump, "secretamente desviou os dados pessoais de dezenas de milhões de americanos de suas contas no Facebook para tentar influenciar como eles votaram", continua e frisa: "Foi a maior violação de privacidade na história do Facebook, e Quiñonero havia sido escalado para falar em uma conferência sobre, entre outras coisas, 'a interseção de IA, ética e privacidade' na empresa".

Como uma orquestração política, o escândalo Cambridge Analytica "daria início à maior crise de publicidade de todos os tempos. Aumentou o medo de que os algoritmos que determinam o que as pessoas veem na plataforma estivessem amplificando notícias falsas e incitação ao ódio" (Hao, 2021a), que os "hackers russos os tivessem armado para tentar influenciar a eleição a favor de Trump. Milhões começaram a deletar o aplicativo; funcionários saíram em protesto; a capitalização de mercado da empresa despencou em mais de US $100 bilhões após a divulgação de resultados de julho".

Quando Brittany Kaiser entrou na Cambridge Analytica, ela era uma jovem profissional especializada em relações internacionais que procurava um emprego, conta Cadwalladr (2020) sobre o livro *Manipulados*. Kaiser "revela ao público como a política intencionalmente relaxada do Facebook e a falta de leis que regulamentem a coleta de Big Data permitiu que essas empresas conhecessem a fundo a população, separando pessoas em grupos estatísticos para que pudessem manipulá-las mais facilmente", assegura Cadwalladr (2020).

> Veterana da campanha de 2008 de Barack Obama, Kaiser considerava que o uso de dados obtidos através da internet tinha um futuro brilhante, sobretudo para propósitos humanitários, como prevenir genocídios, transgressões aos direitos humanos e outros abusos de poder. A experiência que teve na Cambridge Analytica, porém, abriu seus olhos para os riscos que essa indústria à margem da lei representa para a privacidade e para a democracia. Manipulados é o relato de uma testemunha ocular sobre a perturbadora história de ascensão e queda da

Cambridge Analytica e de seu líder, Alexander Nix. [...] Através de fake news, mensagens com conteúdo racista e forte difamação dos adversários políticos, a Cambridge Analytica possibilitou acontecimentos imprevisíveis: o retorno do fascismo e da extrema direita, a vitória do Brexit e a eleição de Donald Trump como presidente dos Estados Unidos. Kaiser denunciou às autoridades as práticas antiéticas dessa indústria, chegando a testemunhar perante o parlamento britânico sobre o Brexit e auxiliando Robert Mueller na investigação sobre a interferência russa nas eleições americanas de 2016.

"Com histórias jamais reveladas ao público, *Manipulados* narra reuniões secretas com a equipe de campanha de Trump e dá detalhes sobre as promessas que a Cambridge Analytica fez para garantir a vitória nas eleições de 2016" (Cadwalladr, 2020). O'Neil (2021, pp. 120-121) alerta que "cada vez mais as máquinas estão examinando nossos dados por conta própria, procurando por nossos hábitos e esperanças, medos e desejos". Com o aprendizado de máquina, segundo a autora, seguindo instruções básicas, o computador aprofunda-se nos dados e o algoritmo, por conta própria, encontra padrões e, com o tempo, traça relações entre padrões e resultados. De certo modo, ele aprende.

Após o caso da Cambridge Analytic, "várias ações foram implementadas e muitas delas não tiveram êxito. Obviamente, se a moderação de conteúdo interfere no engajamento, perdem pontos de suas metas profissionais" (O'Neil, 2021, pp. 120-121). Algumas das ações são elencadas por Hao (2021a): "Internamente, Sheryl Sandberg, a diretora de operações, deu início a uma auditoria de direitos civis de dois anos para recomendar maneiras como a empresa poderia impedir o uso de sua plataforma para minar a democracia". É notório que a moderação de conteúdo pelas plataformas interfere na qualidade da informação, já que o intuito é outro, ou seja, do engajamento custe o que custar. Mike Schroepfer, diretor de tecnologia do Facebook, pediu a Quiñonero para formar uma equipe para examinar o impacto social dos algoritmos da empresa, conta Hao (2021a).

No final de 2018, a empresa admitiu que essa atividade ajudou a alimentar uma campanha genocida antimuçulmana em Mianmar por vários anos. Em 2020, o Facebook começou tardiamente a agir contra os negadores do Holocausto, os antivaxxers e o movimento conspiratório Qanon. Todas essas falsidades perigosas estavam se metastatizando graças às capacidades de IA que Quiñonero ajudara a construir (Hao, 2021a).

Impera total falta de transparência. "Os usuários têm o direito de saber quando, por quem, para que e o quê está sendo precisamente rastreado, registrado, armazenado e analisado. Monitorar os monitores significa mais do que o simples conhecimento de quais dados estão sendo coletados", consolida Vinícius Borges Fortes (2019). É fundamental o indivíduo saber se está sendo monitorado, eventualmente até sem retenção de dados e informações, e para qual finalidade tal ato se destina. "Trata-se de estabelecer um princípio de consentimento colaborativo, com o consentimento considerado de modo imediato, interativo, dinâmico e binário, dentro dos processos de interação na internet" (Bernal, 2014, citado por Fortes, 2019, p. 526).

Ressalta-se que "o direito fundamental à privacidade deve também integrar à sua estrutura nuclear os direitos de privacidade na internet", de modo que, [...] no Brasil, a regulamentação do Marco Civil da Internet "e a edição de uma lei de proteção de dados pessoais contemplem expressamente o direito de navegar na internet com privacidade; o direito de monitorar quem monitora; o direito de deletar os dados pessoais; o direito à proteção da identidade on-line" (Fortes, 2019, p. 528). Precisamos cobrar de quem cuida da governança da privacidade no espaço numérico. Ou não temos quem cuide?

Em novembro de 2021, o TSE firmou parceria com a Autoridade Nacional de Proteção de Dados (ANPD), por meio do acordo de cooperação técnica nº 4/2021, com o objetivo de adoção de ações conjuntas e coordenadas visando promover e zelar pela adequada aplicação da legislação de proteção de dados pessoais no âmbito eleitoral, tendo como uma de suas premissas a conciliação entre os princípios relacionados à proteção de dados pessoais e o interesse público intrínseco à atividade político-partidária e ao contexto eleitoral. Essa medida revela-se como uma das partes necessárias para a "construção de uma ponte" entre a ANPD e a Justiça Eleitoral defendida em diversas oportunidades por Francisco Brito Cruz e Heloisa Massaro (Magrani; Miranda, 2021).

Nessa altura do estado da arte, do alto da era da plataformização, não se sabe ao certo como as informações são distribuídas e, calejados que estamos, clamamos pela visibilidade do que, realmente, pode nos favorecer em meio a esse assalto de nossos dados. "A quantidade de informações que um usuário de internet precisa revelar para acessar um serviço ou um sistema deveria, em geral, ser minimizada", frisa Fortes (2019, p. 528). A ideia de divulgação minimizada – e nisso se inclui a "divulgação da identidade on-line como um conjunto de informações pessoais – associa-se à concepção de minimização dos dados, o que configura um aspecto-chave para um regime de proteção de dados e uma parte crucial para a privacidade dos dados na internet".

Conforme evidenciado, a internet "introduziu novos níveis de vulnerabilidade a novas formas de coleta dos dados pessoais, os quais antes eram coletados, 'roubados' ou obtidos de outras formas, adequada ou inadequadamente: eles agora podem se perder pelo mundo para as mais diversas finalidades", alerta Fortes (2019, pp. 523-524). É, pois, "fundamental aproximar o estudo dos direitos fundamentais às transgressões, cada vez mais frequentes, desses direitos na internet, sobretudo em relação à proteção da privacidade e dos dados pessoais" (p. 524). Ressalta-se, então, que privacidade é diferente de proteção de dados.

Por total falta de transparência das plataformas sobre o processo de circulação informativa, estamos todos nas mãos de quem manipula a ordem do conhecimento, da troca de saberes, ou mesmo do hard news diário que importa saber. Este é o nosso pão com manteiga.

É certo que cada vez mais a regulamentação das plataformas de mídia social está na pauta dos pensadores, pesquisadores, defensores dos direitos humanos, legisladores e jornalistas, preocupados com a questão da manipulação dos nossos dados e, consequentemente, das pessoas. É preciso deixar claras a dificuldade de regulamentação e a falta de discussão de diretrizes e princípios de como usar a IA em audiências com a população.

Demi Getschko afirma em entrevista a Ludmila Honorato (2021) que em um ambiente dinâmico e em expansão como a internet, é claramente necessário o acompanhamento e a atualização do arsenal legislativo para proteger principalmente os direitos dos cidadãos", e Getschko lembra que há uma forma boa de conseguir essa constante atualização: "trata-se de seguir os passos do que foi feito no caso do Marco Civil, uma legislação louvada internacionalmente como das melhores para o ambiente online". Assim, "o 'caminho das pedras' é conhecido e passa por discutirem-se a fundo os possíveis objetivos visados e, especialmente, evitarem-se nefastos efeitos colaterais, que acabem por nos privar de bens maiores".

Getschko (2021) declara ser "totalmente a favor do artigo 19 do Marco Civil, que diz que um provedor não é obrigado a remover nenhum conteúdo, exceto sob ordem judicial. Isso evita uma autocensura generalizada. O Marco Civil preserva a liberdade de expressão". E pondera: "Claro que todos os provedores têm normas internas de uso e, se você não as respeitar, pode não entrar ou ser removido. Essa é uma situação privada". Certamente, acima disso, reforça Getschko, "há leis maiores como a Constituição, mas o Marco Civil não impede que as regras sejam respeitadas pelos provedores, apenas não os obriga a remover algo por reclamação de alguém, tem de esperar uma ordem judicial, senão vira uma guerra sem fronteiras".

Se são necessárias alterações no Marco Civil para o contexto atual, Getschko (2021) responde que certamente. "Está na hora de revisar quais são os direitos e deveres dos provedores de conteúdo, isso é uma definição bastante complicada. O Marco Civil – e o decálogo do CG (comitê gestor) – diz que o intermediário é imune ao que ele transporta e isso é verdade desde os velhos tempos". E dá um exemplo bem apropriado: "Se você receber uma carta ofensiva não vai bater no carteiro, porque ele não tem culpa. O intermediário, nesse sentido, continua, na minha opinião, totalmente imune pelo conteúdo que transporta". Getschko frisa que o problema é que "existem intermediários que não se limitam a transportar, mas conhecem o conteúdo. Isso não é um intermediário de transporte, é outro tipo".

É preciso entender a validade das tecnologias de comunicação quando agem a nosso favor e, principalmente, contra. Visão crítica e ações para atenuar (porque acabar é impossível) o lado nocivo são urgentes. Não podemos negar o enorme feito em conectar as pessoas – começou com poucos e, logo (tratando-se de avanços tecnológicos, progressivamente rápido), a conectividade com muitos se formou e continua na maior vula, como podemos vislumbrar com o que vai ser com o 5G. No entanto, sabemos do potencial contrário, ou seja, da invasão da privacidade, da manobra quando tentam (e conseguem entre muitos) nos ludibriar e nos influenciar com falsas realidades para promover determinadas agendas políticas e, assim, atravancar a cultura democrática.

Mediações

A adoção de uma abordagem centrada na mediação, não mais na mediação jornalística que antes dominava, mas, especialmente, na mediação algorítmica, resolve alguns dos dilemas teóricos sobre a aquisição do conhecimento por meio de máquinas, própria do aprendizado de máquina. Mas novas questões filosóficas e sociológicas surgem: quais as consequências de se admitir a aquisição de conhecimento (tanto por humanos quanto por máquinas ou pelo sociotécnico humano-máquina) como uma ação essencialmente mediada? Que consequências podem existir nas redes do sociotécnico quando os atores algorítmicos são invisibilizados como mediadores do conhecimento?

Algoritmos mais mundanos já desempenham um papel em muitos aspectos de nossas vidas diárias, da assistência médica à credibilidade e ao gerenciamento de serviços públicos. Mas as maneiras pelas quais os algoritmos inflamam a imaginação cultural contemporânea – bem como aqueles ligados às visões cibernéticas de décadas passadas – os fazem parecer ainda, no reino da ficção científica, precursores de um futuro revolucionário do qual estamos sempre à beira (Ames, 2018).

É pertinente levantar que Latour substitui a ideia de causa pela ideia de actante, tipo de mediador que opera eventos de modo autônomo. Algo que leva a, que atua, que irrompe. A ideia de actante tem a vantagem etimológica de se diferenciar daquela de ator por não ser centrada em nenhum sujeito, mas apenas no produto de um grupo de elementos postos em funcionamento conjuntamente.

Na medida da desordem, e no tamanho da enrascada em que nos encontramos, para Cardoso (2019), a questão da invisibilização dos mediadores se desdobra na aparente neutralidade dos algoritmos, que, dado o forte caráter indicial de seus signos – os quais direcionam os usuários para os resultados relevantes, apontando para o conteúdo referido e não para o processo de seleção –, não se mostram como meios nas práticas que agenciam e promovem, implicitamente, uma percepção geral na cultura digital de se concentrar nos resultados, mas não nos processos que elaboram uma mediação dos resultados.

Essa é uma falácia que precisa ser desvendada com cuidado, pois apresenta alguns problemas de validade argumentativa e epistemológica. Se, do ponto de vista dos usuários, "tanto faz" o modo como os algoritmos fazem para fornecer os resultados desde que ofereçam "bons resultados", isso já pode ser visto com um critério utilitarista das práticas sociotécnicas articuladas por algoritmos, uma vez que os "bons resultados" se aproximariam muito de uma ideia de relevância centrada na experiência particular do indivíduo e, portanto, seria medida em termos de satisfação para o usuário individual (Cardoso, 2019).

A evolução do sistema técnico levou-nos a uma situação de mediação radical (Grusin, 2015) ou cibernitização da cultura (Hörl, 2015) que modificou nosso ambiente para um ecossistema em rede saturado de objetos tecnológicos. Nesse ecossistema, os objetos tecnológicos tornam-se agentes, entidades algorítmicas que medeiam nossas interações dentro e fora da rede, sem que tenhamos consciência deles e de seus processos. Em seu texto, Hörl expõe como essa situação modificou os modos tradicionais de produção de sentido e representação, dando origem a uma cultura baseada no controle e na regulação. [...] Grusin propõe o termo "mediação radical" para expor como os meios tecnológicos operam não apenas em nível epistemológico, como modos de produção de conhecimento, mas também em nível material e afetivo.

Sandra Alvaro Sanchez assegura que a mediação não opera de forma neutra, reproduzindo e transmitindo sentidos e informações, "mas transforma ativamente os estados conceituais e afetivos de humanos e não humanos, portanto é sempre transformadora e desempenha um papel ativo na produção do meio ambiente" (2018, p. 75).

Em linhas gerais, vale dizer que, de acordo com Latour (citado por Cardoso, 2019), em todo agenciamento sociotécnico deve haver uma dimensão política, pois ali sempre está presente uma conjunção que faz surgir propriedades novas, pertencentes ao coletivo e não às partes isoladas, de modo a conferir poder para um ator-rede. Esse, aliás, é o fundamento da ideia de mediação, relacionada a um compartilhamento de responsabilidades pela ação a vários actantes, respeitando a ação de todos os envolvidos no sociotécnico em questão (Cardoso, 2019).

Essa ideia de mediação como conjunção, que confere intencionalidade ao híbrido, lembra a noção de multiplicidade em Gilles Deleuze e Félix Guattari. Para eles, múltiplo é sinônimo de ausência de unidade.

É um substantivo, não adjetivo. Em suas palavras, é rizoma, não raiz arbórea (Cardoso, 2019).

> [...] é somente quando o múltiplo é efetivamente tratado como substantivo, multiplicidade, que [...] não tem nenhuma relação com o uno como sujeito ou como objeto, como realidade natural ou espiritual, como imagem e mundo. As multiplicidades são rizomáticas e denunciam as pseudomultiplicidades arborescentes. [...] Um agenciamento é precisamente este crescimento das dimensões numa multiplicidade que muda necessariamente de natureza à medida que ela aumenta suas conexões. Não existem pontos ou posições num rizoma como se encontra numa estrutura, numa árvore, numa raiz. Existem somente linhas (Deleuze; Guattari, 1995, pp. 23-24 citado por Cardoso, 2019).

Em agregações latourianas, o múltiplo é associação, agenciamento a operar com a lógica identitária do e não do ou. Nesse contexto, o sociotécnico é o produto do híbrido, da junção do humano com o não humano. É bom ressaltar que essa tese não retira o poder de agência do humano, mas vincula tal poder aos atores não humanos que lhe permitem agir. Destacar o ator híbrido humano/não humano é reforçar a agência como uma capacidade de recrutar ou agregar recursos para buscar determinado fim, de modo a alterar, em parte, a configuração social circundante (Santaella; Cardoso, 2015). Além das máquinas, entendemos os não humanos como, robôs, bots, objetos, coisas, dispositivos, softwares, materialidades digitais etc.

Vale ficar atento para, quando for possível, deixar de lado as zonas cinzentas que pairam nas ciências sociais computacionais. Se aproveitarmos o melhor dos dois: do humano e da máquina, é plausível gerar benefícios, em uma atuação do que chamam de *human-in-the-loop*.

Do ponto de vista do sociotécnico, para Santaella e Cardoso (2015), "interessa menos observar as controvérsias instauradas a partir de quem as causou (se foram humanos ou não humanos), e mais a própria transformação, os tensionamentos e as disputas que compõem as controvérsias enquanto elas estão acontecendo" de modo a "conseguir visualizar os resultados dos conflitos, as estabilizações, atentando para o que emerge de tais conflitos".

Métricas para a otimização de conteúdo

Nos enredamentos das sociedades metrificadas em alta velocidade, sentimos saudades de quando existia um canal midiático da vez e ser veloz era só "picar a mula". "Quando as notícias se moviam *online*, os jornalistas repentinamente descobriram o que seu público realmente gostava, por meio de tecnologias algorítmicas que examinam o tráfego e a atividade da web", relembra Angèle Christin em *Metrics at Work: Journalism and the Contested Meaning* (2020), livro no qual apresenta como esse advento de métricas de audiência mudou as práticas de trabalho dos jornalistas (com base em quatro anos de trabalho de campo em redações da web nos Estados Unidos e na França, incluindo mais de cem entrevistas com jornalistas). A socióloga descobre "diferenças cruciais e paradoxais em como os jornalistas americanos e franceses entendem a análise de público e como isso afeta as notícias produzidas em cada país" (Christin, 2020b).

> Os jornalistas americanos rotineiramente desconsideram os números do tráfego e contam principalmente com a opinião de seus colegas para definir a qualidade jornalística. Enquanto isso, os jornalistas franceses se fixam no tráfego da internet e veem esses números como um sinal de sua ressonância na esfera pública (Christin, 2020b).

Christin (2020b) oferece "explicações culturais e históricas para essas disparidades, ao contrário da crença popular de que análises e algoritmos são forças homogeneizadoras globalmente". Além disso, "mostra que as tecnologias computacionais podem ter ramificações surpreendentemente divergentes para o trabalho e as organizações em todo o mundo". E relata a experiência dos jornalistas com o Chartbeat – uma espécie de software de analytics: "Os jornalistas olhavam para o Chartbeat e viam suas audiências online, o que chamo de público algorítmico. Por meio de métricas de audiência, os jornalistas têm essa representação – claramente limitada e quantitativa – no painel" (Christin, 2020b).

> O Chartbeat mostra dados refinados sobre o que as pessoas estão fazendo online a qualquer momento, como elas estão convergindo em torno de seus artigos e reagindo a isso. Porque o Chartbeat fornece uma ampla gama de métricas, mas também tweets, tempo de engajamento, de onde as pessoas vieram, como compartilharam o artigo etc. E então, de alguma forma, para os jornalistas, havia algo muito vivo nos webanalytics. Muito mais do que se fosse apenas algo sobre as pressões do mercado (Christin, 2020a).

A partir desse trampolim, vemos a IA reforçando a ideia de ser uma tecnologia de extração de dados – todos, dos pessoais aos empresariais, institucionais, entre outros –, uma prática de computabilidade orientada a dados. Resta saber se é inteligente para uso, processamento, visualização e aplicação de dados.

Como um exemplo de métrica, Gabriel (2020) relata que a *Augmented Analytics* tem trazido resultados impressionantes em aceleração de descobertas na área de agricultura ou na nutrição de leads no varejo (ampliando com machine learning a capacidade humana de fazer análises para a tomada de decisão)", e complementa: "Nessa linha de evolução, esse mesmo estudo prevê que até 2022, mais da metade dos novos sistemas de negócios incorporarão Inteligência Contínua, que usa dados contextuais em tempo real para melhorar as decisões".

Só para registrar que, em setembro de 1994, a *BusinessWeek* publica uma matéria de capa sobre Database Marketing na qual já alertava: "As empresas estão coletando montanhas de informações sobre você, analisando-as para prever a probabilidade de você comprar um produto e usando esse conhecimento para criar uma mensagem de marketing precisamente calibrada para chegar até você para fazer isso" (Press, 2013).

Webjornalismo, jornalista pós-humano e a reportagem automatizada

O jornalismo na cibercultura fez aflorar o webjornalismo em tempos de ocupação das redes sociais digitais e em contexto de hipermobilidade. Como o jornalismo móvel pode envolver a todos (mesmo segmentado por públicos)? Sabendo que a produção ainda traz um rastro forte dos modos analógicos utilizados (muitas vezes sem que os jornalistas se deem conta) até hoje. Cabe ressaltar que, no ambiente numérico, a prática jornalística precisa ser pensada digitalmente com urgência, considerando a emergência da multiplicidade de ferramentas, bem como as *affordances* para produção do conteúdo, outros procedimentos recentes de captura e apresentação de dados e novos modelos de pensamento e sociabilidade – que, por sua vez, produzem demandas variadas em termos de audiências e sua relação com os conteúdos de informação. Principalmente por conta desse problema, que traz com ele em tal grau, tanto a preocupação persistente com o jornalismo – em qualquer plataforma – quanto suscita as ponderações a partir de verificações recorrentes no sentido de progredir para conseguir inovar as práticas jornalísticas, a ideia é buscar compreender os caminhos que viabilizam a adaptação do jornalismo às atuais tecnologias, modalidades de relato e ferramentas, renovando seus modos de fazer e operar socialmente.

De todo modo, a rotina de produção do jornalismo e especialmente do *webjornalismo* contemporâneo sofre constantes mudanças, o que é próprio do imprevisível ambiente numérico. Por isso, os jornalistas precisam desenvolver uma visão organizacional flexível e um gerenciamento compatível para adotar e adaptar medidas que melhorem o desempenho diário dos veículos de notícias. Essas escolhas devem abarcar não só as funções tradicionais, mas também as inteiramente novas, que requerem um conhecimento aguçado. Assim, será cumprido o novo papel do jornalista que lida sistematicamente com ferramentas na era digital.

"As corporações passaram a dominar as ferramentas que os pesquisadores de IA usam, com bibliotecas de software apoiadas por empresas (*TensorFlow e Keras, do Google e PyTorch, do Facebook*) se tornando os frameworks mais populares no *GitHub*" (HAI, 2021, p. 39).

É importante lembrar, é claro, que as ferramentas servem a dois propósitos, ou seja, divulgam informações verdadeiras, as jornalísticas, mas também publicam as FN, em geral, de forma automatizada. Por consequência, no âmbito deste estudo e tendo em vista que as ferramentas digitais proliferam em constante renovação, o problema também recai, de um lado, na utilização desses instrumentos de maneira consistente e consciente para acompanhar o fluxo acelerado das mudanças, bem como a explosão de informações em modo contínuo e a dificuldade premente de estruturar uma produção atualizada e inédita, respeitando o design responsivo, para, de outro lado, tentar descobrir como atingir os internautas – quaisquer leitores de notícias – no dia a dia, lembrando que eles também são não apenas replicadores de informações, como também *prosumers* (termo cunhado por Alvin Toffler que deriva de produtor e consumidor), ou seja, interferem na produção e customizam o que escolhem para consumir (em ferramentas de curadoria ou de personalização).

Na aurora da desintermediação informativa, o jornalismo perde confiança. Mesmo sabendo que as empresas jornalísticas possuem endereço visível e, assim, podem ser responsabilizadas se cometerem qualquer nível de granularidade de inverdade ou invencionice.

Desde que os robôs passaram a criar notícias informativas, a classe dos jornalistas se dividiu. Uns achavam que se era para fazer textos a partir de informações facilmente disponíveis levando em conta o lide (o quê, quem, onde, quando, por que, como), realmente não precisaria de quem estudou as regras jornalísticas – bastava imputar no programa do algoritmo –; já outros achavam que, mesmo assim, os robôs tirariam lugar de profissionais, medo que acontece em diversas outras áreas de trabalho perante os avanços da IA e, especificamente, dos recursos linguístico-computacionais.

Dentro das novas tecnologias de redação, para atividades repetitivas ou meramente informativas, realmente um robô – programado por um humano, é claro – daria tempo a mais para que os jornalistas pudessem aprofundar na notícia ou partissem para outra, que exigisse mais elaboração, enquanto o robô faria o serviço que exigisse cuidados, regras, responsabilidades, como qualquer notícia, mas sem necessitar de outros recursos jornalísticos, como entrevistas, encontrar personagens, colher depoimentos de especialistas e todo o tipo de planos para desdobramentos, como a inclusão de ilustrações, gráficos, multimídia etc. ou interpretação, análise, opinião, quando pertinente. Assim, sem lero-lero, obviamente, o jornalismo robótico ou jornalismo algorítmico, seja o nome que for, não tira o lugar do profissional, porque o jornalismo ultrapassa o caráter meramente informativo.

Devemos compor uma refinada aprendizagem do funcionamento da mídia, do trabalho de apuração do jornalista. Dessa maneira, o senso crítico do público será aguçado, fazendo com que o conteúdo seja questionado. Rheingold (1995, citado por Sousa, 2006, p. 194) "inaugura um futuro promissor ao jornalismo, devido à necessidade de informação credível e profunda num mundo sobre-informado". Sim, concordamos, mas até a página 2.

Seja como for, "o jornalismo, como ainda hoje o concebemos, é uma poderosa e complexa estratégia de comunicação social. É tão poderoso que se pode equiparar aos poderes Executivo, Legislativo e Judicial, sendo frequentemente apelidado de Quarto Poder", alega Sousa (2006, p. 195). "Outros ainda apelidam-no de contrapoder, pois o jornalismo é um contraponto aos restantes poderes" e continua: "À luz da Teoria Democrática, o jornalismo vigia e controla os outros poderes, baseando-se no princípio da liberdade de expressão, em especial na sua vertente da liberdade de informação (liberdade de informar, informar-se e ser informado)". Afinal, sabemos que, com a informação correta, as pessoas podem formar suas opiniões.

A imprensa, valida Bucci (2000, pp. 46-47), "é a materialização de uma relação de confiança e o que sedimenta a confiança é uma prática ética. [...] É preciso saber que o direito de ser informado inclui o direito de saber como se é informado, o direito de opinar sobre os métodos e de optar entre um veículo e outro com base nisso".

> O Estatuto do Jornalista define que é dever do jornalista: exercer a atividade com respeito pela ética profissional, informando com rigor e isenção; abster-se de formular acusações sem provas e respeitar a presunção de inocência; respeitar a privacidade de acordo com a natureza do caso e a condição das pessoas; não falsificar ou encenar situações com intuitos de abusar da boa-fé do público (artigo 14 da Lei n.º 1/99, de 13 de janeiro, em Portugal <dre.pt/dre/legislacao-consolidada/lei/1999-34438975).

Em 2016, Andreas Graefe articulava que essa inovação tecnológica, conhecida como jornalismo automatizado, é um fenômeno relativamente novo na área do jornalismo computacional. Segundo ele, jornalismo automatizado refere-se ao processo de utilizar software ou algoritmos previamente programados para, automaticamente, gerar notícias sem intervenção humana. Assim, o algoritmo, já desenvolvido, permite automatizar cada etapa do processo de elaboração das notícias, desde a coleta e análise dos dados até a criação e publicação das notícias. Será que seguem os manuais de redação e, por exemplo, vão atrás dos dois lados da questão? Claro que sem incorrer na obrigatoriedade do doisladismo quando mostra que são claramente e comprovadamente FN. Martin Baron explica melhor:

> Às vezes, a mídia dita plural se importa demais em contemplar os dois lados de uma história e eu creio que isso precisa continuar sendo feito. Mas, às vezes, isso chega a um ponto em que diminui o impacto da notícia. Insisto, não estou dizendo que não há que ouvir os dois lados, obviamente que sim. Mas é essencial que, no final, tenhamos algo a dizer, temos de chegar a um ponto e indicá-lo de modo mais enfático do que fazíamos antes. Temos de desenterrar e encontrar as evidências, sermos

justos na apuração e fiéis à verdade que revelarmos. Mas, ao final, temos de chegar a uma conclusão, e essa conclusão, nesses tempos, parece-me que tem de ser apresentada de forma mais explícita. Os jornais precisam ter uma posição editorial mais clara com relação a cada cobertura que fazem (Baron, 2016).

Com efeito, a notícia deve ser "compreendida e interpretada a partir de consultas a fontes plurais e diversas, que ajudam a olhar o acontecimento de diferentes ângulos, a explicar o seu passado e o seu contexto e a descobrir as suas consequências. Esse é um processo demorado que torna o imediatismo impossível" (Restrepo; Botello, 2018, p. 9). Daniel Cornu (1998) elenca tanto os códigos deontológicos quanto os conselhos de imprensa que pretendem

> assegurar à população como um todo, a informação exata, honesta e completa à qual ela tem direito, e oferecer proteção contra os abusos e desvios; proteger aqueles cuja profissão é informar, contra todas as formas de pressão ou de constrangimento que os impeçam de transmitir à população a informação assim definida, ou que os induzam a agir contra suas consciências; assegurar, da melhor maneira possível, a circulação da informação dentro da sociedade (Cornu, 1998, p. 22).

A *Associated Press* (AP) usou o NLG (*Natural Language Generation*) para automatizar as prévias do basquete masculino da Divisão I da NCAA durante a temporada de 2018, permitindo que seus jornalistas se concentrassem em escrever artigos qualitativos e críticos (Automated Insights, s.d./)

"Uma vez desenvolvidos, os algoritmos não apenas podem criar milhares de notícias para um determinado tópico, como também o fazem de forma mais rápida, econômica e potencialmente com menos erros do que qualquer jornalista humano", aponta Graefe

(2016) e exemplifica: "Empresas em todo o mundo estão desenvolvendo soluções de software para gerar notícias automatizadas. As principais empresas de mídia como a *Associated Press, Forbes, The New York Times, Los Angeles Times* e *ProPublica* começaram a automatizar o conteúdo de notícias" (Graefe, 2016). Saberiam os robôs algoritmicamente o que os consumidores de jornalismo querem da imprensa? É imprescindível saber. O jornalismo hiperlocal pode suprir.

Esporte, clima, finanças são alguns dos assuntos mais usados no jornalismo automatizado que "requer dados de alta qualidade em formatos estruturados e legíveis por máquina". É preciso salvar os dados em uma planilha, "onde os provedores de dados garantem que a *data* subjacente seja precisa e confiável" (Graefe, 2016).

Uma das disciplinas que começam a aparecer com mais constância nas universidades é a de Jornalismo de Dados. Para tanto, torna-se essencial a exigência do conhecimento não só de tecnologias de informação (como o domínio avançado do uso de programas de tabelas, como o mais conhecido deles, o Excel, por exemplo), mas também – e inclusive – de matemática, para um melhor desempenho em mineração de dados.

Um exemplo de produção de notícias com dados é o uso da ferramenta Tableau. O Tableau é um software de visualização de conteúdo informativo que pode ser utilizado para enriquecer uma matéria jornalística em ambiente digital, já que provê ao leitor a possibilidade de interagir e manipular um conjunto de dados de maneira dinâmica. Ao utilizar informações coletadas de seus funcionários, o Tableau cria tabelas e gráficos que facilitam a visualização de todos os dados de uma empresa, fazendo com seja mais fácil encontrar alterações, altos, baixos ou até valores que possam gerar insights. Para isso, a ferramenta se conecta com os softwares ERP mais conhecidos do mercado como o da SAP, Salesforce e outros que são utilizados pelas empresas, para integrar as informações necessárias e deixando-as prontas para uso. Isso acontece através das três versões oferecidas pelo Tableau: o programa de desktop – focado na análise de dados, o servidor em que são salvos os dados, gráficos e tabela – e o online, que permite a função de armazenamento na nuvem e a comunicação entre usuários (Tableau, s.d.).

Mesmo deixando jornalistas coçando a cabeça sobre isso, podemos facilmente constatar a ascensão (e um certo desconforto) do jornalismo feito por máquinas que fazem recuperação de texto, produzem textos a partir da leitura de bancos de dados e relatórios, conforme reportagem do *Olhar Digital* (2019). Exemplo disso é a *Bloomberg*, empresa e agência de notícias de tecnologia e dados para o mercado financeiro. "Aproximadamente 1/3 do seu conteúdo utiliza alguma forma de produção jornalística automatizada. O sistema usado pela empresa, chamado de Cyborg, é capaz de decifrar os relatórios trimestrais de lucros da organização" (Olhar Digital, 2019). Outro caso é o de artigos sobre "beisebol da segunda divisão para a *Associated Press* (AP), que foi uma das primeiras empresas a fazer, em 2014, negócios com a *Automated Insights*, que produz software de geração de linguagem e é capaz de criar bilhões de histórias feitas por máquinas por ano" (Olhar Digital, 2019).

Além disso, observa-se que: "O jornalismo automatizado é mais útil na geração de notícias de rotina para tópicos repetitivos para os quais dados claros, precisos e estruturados estão disponíveis" (Graefe, 2016). Os algoritmos podem usar os mesmos dados para contar histórias em vários idiomas, segundo o pesquisador, "e de diferentes ângulos, personalizando-os, assim, de acordo com as preferências de um leitor individual. Os algoritmos têm o potencial de gerar notícias sob demanda, criando histórias em resposta às perguntas dos usuários sobre os dados".

É imprescindível frisar, entre os burburinhos ouvidos, que os algoritmos "baseiam-se em dados e suposições, os quais estão sujeitos a vieses e erros. Como resultado, os algoritmos podem produzir resultados inesperados, não intencionais e que contêm erros" alerta Graefe e complementa que um aumento nas notícias automatizadas – e, em particular, personalizadas – "provavelmente irá enfatizar novamente as preocupações sobre a potencial fragmentação da opinião pública" e o autor completa que "pouco se sabe sobre as implicações potenciais para a democracia se os algoritmos assumirem parte do papel do jornalismo como fiscalizador do governo".

> As soluções atuais variam de código simples que extrai números de um banco de dados, que são então usados para preencher os espaços em branco em histórias de modelo pré-escritas, a abordagens mais sofisticadas que analisam dados para obter uma visão adicional e criar narrativas mais atraentes. Este último conta com análises de big data e tecnologia de geração de linguagem natural (Graefe, 2016).

Quando Graefe fala de pré-escrita, é bom pontuar com Flusser (1999) sobre a escrita linear dar origem a uma nova memória cultural – a biblioteca. "A biblioteca passou a ser considerada sagrada por causa de seu poder de salvar humanos da entropia. Os valores ocidentais são baseados no seguinte esquema de Platão: A biblioteca (a memória sobre-humana) armazena informações imutáveis de acordo com as regras da lógica". Flusser compreende que "Sentimos da biblioteca para o mundo dos simulacros (fenômenos enganosos) e esquecemos o verdadeiro significado das coisas. Todas as informações que adquirimos no mundo dos fenômenos são enganosas, apenas as informações inatas redescobertas são verdadeiras". Flusser assevera ainda que "o processo de redescoberta é olhar com os olhos internos. Também podemos lembrar de informações imutáveis por disciplina lógica. Dessa forma, não apenas recuperamos informações eternas, mas também nos tornamos imortais".

Em 2012, a *Forbes.com* anunciou o uso da plataforma Quarr, da Narrative Science, para "criar automaticamente visualizações de lucros da empresa. Um ano depois, a *ProPublica* usou a mesma tecnologia para gerar automaticamente descrições para cada uma das mais de 52.000 escolas para seu aplicativo de notícias *Opportunity Gap*" (Graefe, 2016). Em 2014, "o jornalismo automatizado entrou no foco do público quando a *Associated Press*, uma das maiores organizações de notícias do mundo, começou a automatizar seus relatórios".

Nem sempre as ações têm fundo negativo, com práticas de coleta diferentes de práticas de coleta para controle. Há quem faça monitoramento de movimento (*tracing*), o que nos parece bem importante, principalmente ao jornalismo investigativo. Porém, como é próprio da veia da especialização no jornalismo, e não devemos deixá-lo de lado, o aprofundamento de temas é extremamente necessário para atender um público que intenta saber mais sobre determinados assuntos. Afinal, é o que diferencia os jornalistas que têm como missão informar um contexto.

Assim como acontece quando uma tecnologia entra para fazer o trabalho do humano, não adianta muito espernear. Temos um panorama midiático no qual mais técnicas serão adotadas na produção de notícias: "análises algorítmicas de base de dados, visualização de dados, solicitações de conteúdo por parte de amadores, produção automatizada de narrativas, criação de narrativas baseadas em dados, entre outros", afirmam C.W. Anderson, Emily Bell e Clay Shirky (2013).

Will Oremus (2014) conta que, certa manhã, Ken Schwencke, jornalista e programador do *Los Angeles Times*, foi acordado por um terremoto. Ele foi direto para o computador, onde encontrou uma breve história sobre o terremoto já escrita e esperando no sistema. Ele apenas deu uma olhada no texto e clicou em "publicar". Em três minutos, o jornal se tornou o primeiro meio de comunicação a noticiar o tremor.

A nota do robô: "Um terremoto raso de magnitude 4,7 foi relatado na manhã de segunda-feira a cinco milhas de Westwood, Califórnia, de acordo com o *US Geological Survey*. O tremor ocorreu às 6h25, horário do Pacífico, a uma profundidade de cinco milhas. De acordo com o USGS, o epicentro estava a seis milhas de Beverly Hills,

Califórnia, a sete milhas de Universal City, Califórnia, a sete milhas de Santa Monica, Califórnia e a 348 milhas de Sacramento, Califórnia. Nos últimos dez dias, não houve terremotos de magnitude 3,0 ou maior centrados nas proximidades. Essa informação vem do *USGS Earthquake Notification Service* e essa postagem foi criada por um algoritmo escrito pelo autor" (Oremus, 2014).

Sistemas de alerta de caô são providenciais. "Se isso soa mais rápido do que humanamente possível, provavelmente é. Embora a postagem tenha sido assinada por Schwencke, o verdadeiro autor foi um algoritmo chamado *Quakebot* que ele desenvolveu há pouco mais de dois anos", conta Oremus (2014).

Sempre que chega um alerta do *US Geological Survey* sobre um terremoto acima de um determinado limite de tamanho, o *Quakebot* é programado para extrair os dados relevantes do relatório do USGS e conectá-los a um modelo pré-escrito. A história vai para o sistema de gerenciamento de conteúdo do *LAT*, onde aguarda revisão e publicação por um editor humano (Oremus, 2014).

Veloz, preciso e sem erros de gramática ao olhar humano – em benefício da verdade. O objetivo do algoritmo, esclarece Schwencke, não é escrever "uma história convincente ou perspicaz. Isso depende da equipe humana do *LAT*. Em vez disso, é para 'obter as informações básicas' o mais rápido e precisamente possível. Dessa forma, 'Todo mundo pode sair e descobrir: Alguém se machucou? Algo foi danificado?'" (Oremus, 2014).

O jornalismo robótico é frequentemente alardeado como uma ameaça aos empregos dos jornalistas. Schwencke não vê desse jeito: "A forma como o usamos é complementar. Isso economiza muito tempo das pessoas e, para certos tipos de histórias, divulga as informações de uma maneira geralmente tão boa quanto qualquer outra pessoa faria", define Oremus (2014) e completa: "A meu ver, isso não elimina o trabalho de ninguém, mas torna o trabalho de todos mais interessante".

A primeira aplicação de um software NLG (Natural Language Generation) no jornalismo foi em 1994, no Canadá, desenvolvido para produzir notícias acerca da previsão do tempo, conta Gabriel José (2017).

> A prática do Jornalismo Automatizado só passou a ganhar mais repercussão, quando grandes jornais como o *Le Monde, Los Angeles Times, The Washington Post* e agências como a *Associated Press* passaram a fazer parcerias com empresas especializadas em Jornalismo Automatizado, como o *Narrative Science, Automated Insights* e a criar seus próprios softwares como o *Quakebot* (José, 2017).

Independentemente de o fazer jornalístico ter sido invadido por mecanismos de automação, ajudando e piorando os métodos cotidianos da imprensa, é sintomático saber lidar com o atual estado borrado entre o trabalho do humano – o profissionalismo, a responsabilidade e o caráter de identificação colhido pelos depoimentos das personagens – e o automatismo – frio e burocrático. Muito menos cair na esparrela do doisladismo, dando voz a quem não se deve dar. Vira um jornalismo pós-verdadeiro, afinal, não é preciso refutar a questão correta.

> Um exemplo de uso de NLG: A Narrative Science cria software que grava histórias a partir de dados corporativos para gerar entendimento e resultados. Desenvolvida com IA, a tecnologia converte dados automaticamente em relatórios "fáceis de entender", dizem eles, transforma estatísticas em histórias e converte números em "conhecimento". A Narrative Science procura capacitar os clientes a entender e agir sobre as principais métricas de negócios, tomar melhores decisões e concentrar o talento em tarefas de maior valor – por meio do poder da narrativa de dados. Estrutura de Relevância: Usando a tecnologia de IA, a Narrative Science tenta mostrar, explicar

e contextualizar o que pode ser mais interessante e relevante para o cliente. Motor NLG: Usando o mecanismo de geração de linguagem natural (NLG) e uma base de conhecimento que procura estar em constante expansão, segundo eles, a Narrative Science escreve, com a intenção de eficiência, um conteúdo que levaria horas ou dias para os humanos gerarem hoje (informações do site narrativescience.com/).

Joler e Petrovski (2016) citam que, "Em seu estudo clássico da mídia tradicional, *Manufacturing Consent*, Herman e Chomsky explicam o modelo básico de negócios dos jornais como sendo a produção de uma audiência para publicidade" e completam: "Sua análise sugere a noção contraintuitiva de que o principal produto dos editores não é o jornal, que vendem aos leitores, mas a produção de uma audiência de leitores, que vendem aos anunciantes. Resumindo, o público leitor é o produto deles".

Objetividade e o jornalismo algorítmico

O conteúdo gerado por software em grande escala deixa os jornalistas com mais tempo para se dedicar às análises e interpretações dos fatos. "Algoritmos seguem estritamente regras predefinidas para analisar dados e converter os resultados em histórias escritas. Os defensores argumentam que as notícias automatizadas fornecem um relato imparcial dos fatos", destaca Graefe (2016). Esse argumento, é claro, "assume que os dados subjacentes estão corretos e os algoritmos são programados sem preconceitos, uma visão que é falsa ou otimista demais na melhor das hipóteses". Dito isso, "evidências experimentais disponíveis até o momento sugerem que os leitores percebem que as notícias automatizadas são mais confiáveis do que as notícias escritas por humanos". Já passou o tempo em que as pessoas procuravam o jornalismo tradicional – como fonte primária – para validar informações ao vento. Difícil de acreditar.

Graefe (2016) apresenta, ainda, que algumas agências de notícias trazem em seu rol de serviços, notícias, coberturas de eventos, entrevistas exclusivas, entre outros, sob demanda. Com ajuda dos algoritmos, esse tipo de tarefa ganha alcance. "A capacidade de personalizar histórias e analisar dados de diferentes ângulos também oferece oportunidades para gerar notícias sob demanda. Por exemplo, os algoritmos podem gerar histórias que respondem a perguntas específicas", o autor prossegue e exemplifica: informações "comparando o desempenho histórico de diferentes jogadores de beisebol. Os algoritmos também poderiam responder a cenários hipotéticos, como o desempenho de um portfólio se um trader tivesse comprado ações X em relação ao estoque Y".

Nesse sentido, o autor complementa sua discussão destacando que a geração da linguagem natural ainda está no início de seu desenvolvimento. Assim, é provável que a tecnologia e, por consequência, a qualidade da escrita, melhorem ainda mais com o passar do tempo. Para além do novo modo de trabalhar o jornalismo, a pretensão deste estudo acaba por colaborar também para uma discussão das questões que envolvem o jornalismo de modo geral, em tempos de algoritmos que cerceiam a visibilidade do que se quer oferecer, quando mostram informações sob o ponto de vista de interesses das redes. E quando existe ombudsman, estariam trabalhando do ponto de vista dos robôs ou ainda não?

O maior desafio do jornalismo não é encontrar um modelo viável de financiamento na era da internet interativa, mas sim resistir aos ataques cada vez mais raivosos dos governos populistas contra a imprensa e não soçobrar diante da proliferação das FN. Essa é a opinião de Steve Coll, reitor da Faculdade de Jornalismo da Universidade Columbia Nova York. Para ele, nunca houve uma campanha tão ostensiva de intimidação de jornalistas. E Coll aponta para a importância de desenvolver métodos para investigar e responsabilizar os novos donos do poder – nos dias atuais, isso inclui fazer engenharia reversa dos algoritmos que determinam tantas decisões, seja nas redes sociais, nas empresas ou nos governos. Esses ataques são mais raivosos por causa das campanhas populistas de intimidação nos espaços digitais, além da poluição do ecossistema do jornalismo com notícias falsas fabricadas e propaganda digital, aponta Martin Baron em entrevista a Sylvia Colombo (2016).

Um forte exemplo de alterações no procedimento jornalístico é a forma como "Os jornalistas americanos mudaram a metodologia de fazer matérias baseadas em declarações públicas por causa de Trump. Eles passaram a apontar declarações falsas em tempo real", lembra Coll em entrevista a Mello, na *Folha de S. Paulo* (2017). "Foi um pouco chocante no início desenvolver a linguagem para isso, havia pruridos em dizer que algo era uma mentira, porque implica motivação. Mas dizer que era uma informação falsa simplificou", conta Coll e exemplifica: "Quando o presidente falou em 3 milhões de eleitores ilegais, uma declaração para a qual não há nenhuma prova, isso foi apontado na hora. Integrar a checagem de fatos na apuração de notícias em tempo real é essencial ao cobrir populistas como Trump".

É preciso sublinhar que a apuração e a infatigável checagem de informações são demandas originárias dos jornalistas desde que eles existem. Já o pensamento crítico só é adquirido com conhecimento de causa somado à experiência na profissão, bem como a de vida, e o alerta da velocidade (e com ela, o tempo de atenção) é acentuado por todos que estudam o atual jornalismo. A circunstância do tempo de atenção mostrou ter tamanho vulto que é possível concluir acertadamente que essa rapidez provoca um novo *sensorium*, um jeito não somente veloz, mas, sim, rasteiro de consumo das pessoas em rede – comportamento este que tende a contaminar a todos. Trata-se do ponto nevrálgico de toda a precaução e expectativa de conseguir estabelecer um jornalismo que chame a si a audiência para que possa atingir seu objetivo maior: o de fornecer, com a ética que lhe é inerente, informações de interesse público.

"*Watch dog journalism*", expressão cunhada nos Estados Unidos, nos anos de 1960. "O surgimento da Imprensa *Watchdog*, um dos conceitos mais divulgados no estudo da comunicação, baseia-se exatamente nessa noção de fidelidade e de proteção dos cães. É a representação do profissional de jornalismo como um verdadeiro cão de guarda da sociedade perante os desvios, as prepotências e as injustiças. O cão de guarda da sociedade" (Eliamara F. Brun, 2011).

No entanto, alguém precisa pensar nas prerrogativas conferidas por lei para o caso de violação de direitos autorais dos robôs.

Robôs, bots, ciborgues e a obscuridade algorítmica

Um exemplo claro das novas funções das ferramentas nas redes sociais são os bots, que, quando usados com FN, espalham demasiadamente mensagens errôneas. Ao aprender – profundamente ou não – com a máquina, bots, chatbots e ciborgues incrementam esses desenvolvimentos invasores, ajudando a falsear, replicar e viralizar nas redes conteúdos de interesse exclusivo, produzidos com rigor minucioso de acordo com o resultado da análise dos dados, para direcionar de forma algorítmica determinados internautas, desde que sejam influenciáveis (Prado, 2019b, p. 70). "Um robô, ou bot, nada mais é que uma metáfora para um algoritmo que está te ajudando, fazendo um trabalho para você", define a pesquisadora da Universidade Harvard Yasodara Córdova, que busca identificar indícios de práticas de gestão fraudulenta envolvendo recursos públicos no Brasil (Juliana Gragnani, 2017).

Bom lembrar que "a legislação eleitoral veda a veiculação de conteúdos de cunho eleitoral por meio de cadastro de perfis falsos ou anônimos, bem como a utilização de técnicas que ampliem artificiosamente a repercussão de determinado conteúdo eleitoral (Lei nº 9.504/97, art. 58-B, §2º e §3º). Desse modo, além de configurar violação da legislação eleitoral, a utilização de perfis falsos automatizados (social bots e botnets) se enquadraria na hipótese de abuso de poder político diante da utilização indevida dos meios de comunicação social (art. 30-A da Lei nº 9.504/97 e art. 22 da LC 64/90)" (Magrani; Miranda, 2021).

A série *Democracia Ciborgue* (2017), em que a equipe do portal *BBC Brasil* mergulha no universo dos fakes mercenários, pode mostrar apenas a ponta do iceberg de um fenômeno preocupante, dizem os pesquisadores, que começam a identificar como ciborgues "uma evolução dos já conhecidos robôs ou bots, uma mistura entre pessoas reais e 'máquinas' com rastros de atividade mais difíceis de serem detectados por computador devido ao comportamento mais parecido com o de humanos" (Prado, 2019b, p. 60).

Imaginemos uma linha em que em uma ponta estejam robôs e, em outra, humanos. Entre as duas pontas, especialistas apontam a existência de ciborgues, "robôs políticos", "fakes clássicos" e "ativistas em série" antes de chegarmos às pessoas reais (Prado, 2019b).

Como máquinas mortíferas, "é muito difícil detectar esses 'bots' híbridos, operados parte por humanos, parte por computadores", afirma o estudioso de cibersegurança Emiliano de Cristofaro (citado por Gragnani, 2017). Isso porque perfis operados por algoritmos têm "comportamentos previsíveis e padrões, enquanto uma pessoa real pode interromper isso, agindo de forma diferente em horários diferentes" (Gragnani, 2017). Córdova define de forma mais lúdica: "Um robô ou bot nada mais é que uma metáfora para um algoritmo que está lhe ajudando, fazendo um trabalho para você" (Prado, 2019b, p. 60).

O primeiro chatbot que ficou mais conhecido foi a Eliza. Criado em 1965 por Joseph Weizenbaum para ser uma psicoterapeuta, "demonstrou uma aplicação simples de processamento de linguagem natural que era capaz de conversar com interrogadores humanos de maneira a parecer outra pessoa" (Weizenbaum citado por David J. Gunkel, 2017). Consistia de métodos gerais de análise de frases e fragmentos delas, localizando o que chamamos de palavras-chave nos textos, montando sentenças a partir dos fragmentos.

Nenhum ferramental contextual era embutido no universo de seu discurso, que era provido a ela por meio de um script. Eliza comandava um conjunto de técnicas, mas não tinha nada para dizer vindo de si mesma. Passados alguns anos, detectou-se que suas respostas eram muito óbvias a ponto de não convencer quem a procurava (Prado, 2019b, pp. 60-61). De lá para cá, os assistentes de voz domésticos (Alexa, Siri, Cortana etc.) e os dos celulares fazem, por vezes, um papel similar, coisas de IA absolutamente atrativas, mesmo entre aqueles resistentes. Para registro: foi em 2014 que a Amazon lançou o alto-falante Echo e a assistente Alexa. Mesmo sabendo que esses dispositivos ouvem tudo que falamos para a coleta de dados, muitos de nós continuamos a falar em alto e bom som perto deles. O que fazem com esses dados é uma incógnita. Quando pensamos que nossas buscas também são registradas, não fica tão chocante quanto nossos registros de voz!

Bom deixar claro que existem bots que atuam de forma benéfica, claro, porém, aqui estamos destacando o jeito como fortalecem a propagação de FN. Em termos de velocidade de propagação de notícias, é impossível competir com os bots (dados do Instituto *Pew Research Center* apontam que, em 2018: Bots na twittersfera, estima-se que dois terços dos links tuitados para sites populares são postados por contas automatizadas – não por seres humanos [Wojcik, 2018]). Dessa forma, os bots prejudicam os legítimos e espontâneos debates democráticos entre os cidadãos, danificando, assim, a esfera pública, perturbando mais ainda as massas desencantadas.

No estudo de desinformação e manipulação de mídia, os bots normalmente se referem a contas de mídia social que são automatizadas e implantadas para fins falsos, como amplificar artificialmente uma mensagem, jogar uma tendência ou algoritmo de recomendação ou aumentar as métricas de engajamento de uma conta. Essas contas são normalmente controladas centralmente ou em coordenação umas com as outras (Prado, 2021, p. 53).

"O perigo cresceu porque a tecnologia e os métodos evoluíram dos robôs, os bots – softwares com tarefas online automatizadas –, para os ciborgues e *trolls* contas controladas diretamente por humanos com a ajuda de automação", reforça Gragnani (2017).

Em atitudes sombrias, "os ciborgues ou personas geram cortinas de fumaça, orientando discussões para determinados temas, atacando adversários políticos e criando rumores, com clima de 'já ganhou' ou 'já perdeu'. Exploram o chamado 'comportamento de manada'", atestam Malini, Ciarelli, Medeiros (2017).

> A parte "robô", ou semiautomatizada, não era sofisticada. Os funcionários contam e fica claro nas postagens que eram usadas plataformas que possibilitam a administração de vários perfis ao mesmo tempo, como o Hootsuite (que cobra R$ 258 mensais para que três usuários operem 20 perfis em redes sociais ao mesmo tempo). Agendavam publicações que falavam sobre a rotina do personagem e outras mais genéricas, como "bom dia", "vou almoçar", "boa noite", "estou cansado", "dia exaustivo", entre outras postagens semelhantes, para dar a impressão de que se tratavam de perfis reais (Malini; Ciarelli; Medeiros, 2017).

Sem entrar no âmbito transcultural daquela ladainha de que as ficções nublaram o entendimento do que vem a ser a IA, mas, "a existência de robôs e a participação deles na vida cotidiana era, há pelo menos, duas décadas, matéria de experiência científica, estava no âmbito da imaginação, da ficção científica", dizem Leal e Moraes Filho (2019, p. 344). Contudo, a evolução das tecnologias mudou esse cenário, e, segundo eles, colocou os robôs em ambientes inimagináveis, como na construção da opinião pública, na escolha subjetiva do eleitor por seus candidatos e, assim, na participação direta dos rumos da democracia.

A ferramenta Botometer (anteriormente *BotOrNot*) verifica a atividade de uma conta do Twitter e atribui uma pontuação a ela. Pontuações mais altas significam mais atividade semelhante a um bot. Botometer é um projeto conjunto do *Observatory on Social Media* (OSoMe) e do *Network Science Institute* (IUNI) da Indiana University.

No domínio do jornalismo, conta Diakopoulos no Digilabour (2019a), "a inteligência artificial é mais valiosa como complemento ao esforço humano. Isso não quer dizer que não possa substituir o esforço humano em alguns casos, ou criar novos potenciais com base em velocidade, escala ou personalização". O autor ressalta que, em outros domínios, "a IA e a tecnologia robótica podem estar mais aptas a substituir o trabalho humano e, portanto, pode haver motivos de preocupação. No entanto, na produção de índole jornalística, muitos medos de destruição de empregos pela inteligência artificial são exagerados". De qualquer forma, devemos estar com os olhos bem abertos à robótica de fábrica para que não nos cause perigo.

Hoje, muito por conta do acesso cada vez maior à big data, convivemos com os algoritmos em várias áreas de nossas vidas e não seria diferente em profissões como o jornalismo. "Praticamente todos os aspectos da produção jornalística estão evoluindo com relação a algoritmos, automação e inteligência artificial", reforça Diakopoulos.

> Isso inclui produção automatizada de conteúdo, além de aplicativos na descoberta de narrativas computacionais, no desenvolvimento de *newsbots* e na otimização algorítmica de conteúdo para distribuição. [...]
> Estamos vendo muita automação usada em editorias como esportes, economia e eleições. Essa é a automação baseada em regras que envolve modelos pré-estabelecidos por jornalistas de dados e depois preenchidos com dados pela máquina", diz Diakopoulos (Digilabour, 2019a).

Mas nem tudo são flores. Diakopoulos atenta para os vários desafios no uso da produção automatizada de notícias pelas organizações jornalísticas. "Em primeiro lugar, isso exige um fluxo de dados limpo e constante. Portanto, se você estiver trabalhando em um domínio em que os dados não são abundantes ou muitas vezes estão sujos e exigem muita normalização e limpeza, isso limitará o uso da automação" (Digilabour, 2019a). Ainda é preciso saber lidar com a *data literacy*, ou seja, "ser capaz de trabalhar com dados", significa também "poder criticar dados, saber de onde vêm, se têm qualidade e integridade, se estão atualizados, porque as ferramentas de automação dependem muito dos dados".

8.
INTELIGÊNCIA ARTIFICIAL IMITATIVA

"Tudo se tornou simulacro. Com efeito, por simulacro não devemos entender uma simples imitação, mas sobretudo o ato pelo qual a própria ideia de um modelo ou de uma posição privilegiada é contestada, revertida. O simulacro é a instância que compreende uma diferença em si, como duas séries divergentes (pelo menos) sobre as quais ele atua, toda semelhança tendo sido abolida, sem que se possa, por conseguinte, indicar a existência de um original e de uma cópia" (Gilles Deleuze, 2018).

Como uma bola de neve, humanos e máquinas rolam compondo a tecnologia e nas duas últimas décadas "testemunharam grande progresso – na indústria e nos meios acadêmicos – em uma aspiração complementar para a IA imitativa de humanos que, com frequência, é chamada de 'ampliação da inteligência'" (Jordan, 2018). Conforme diz o autor, a computação e os dados "são usados para criar serviços que ampliam a inteligência e a criatividade humanas". Uma ferramenta de busca traduzir línguas pode ser vista como exemplo, pois "ela aumenta a memória humana e o conhecimento factual, assim como a tradução de idioma natural aumenta a capacidade de comunicação de um ser humano". Para registro: o Google Tradutor, um dos mecanismos de IA mais usados para traduzir cerca de 50 línguas, foi lançado em 2007, ou seja, nem faz tanto tempo assim, e vem se aperfeiçoando por meio de AM com nossa ajuda.

DeepL Translator: Lançado em 2017, hoje milhões de pessoas traduzem com o DeepL diariamente. Combinações de tradução mais populares: inglês-português, espanhol-português. Outros idiomas disponíveis: alemão, búlgaro, checo, chinês, dinamarquês, eslovaco, esloveno, estônio, finlandês, francês, grego, holandês, húngaro, italiano, letão, lituano, polonês, romeno, russo, sueco. Qualidade de tradução graças a uma avançada tecnologia de inteligência artificial. As redes neurais do DeepL captam até mesmo as mais pequenas nuances. Para avaliar a qualidade de nossos modelos de tradução automática, realizamos testes cegos regularmente. Nesses testes, tradutores profissionais selecionam a tradução que consideram mais precisa sem saberem que empresa a produziu (com informações do deepl.com/translator).

É bom concatenar com Flusser (1999) sobre o fato de que os humanos "não têm recursos de memória confiáveis para a preservação de informações". Daí a necessidade de aumentar nossa capacidade de armazenar, preservar e recuperar. Duas das ajudas usadas desde que começamos a nos tornar humanos, defende Flusser (1999), são vias aéreas, ou seja, as "culturas orais", com as informações transmitidas e armazenadas no sistema nervoso do receptor, e os objetos rígidos – pedras e ossos –, que podem armazenar informações por um longo tempo, chamada de "cultura material".

3.500 anos atrás, o alfabeto foi inventado. O alfabeto permite vincular as vantagens da cultura oral às da cultura material, criando assim uma memória cultural muito mais funcional. Esse desenvolvimento levou a uma mudança radical no pensamento e na ação. A escrita linear afetou o pensamento – ela também se tornou linear, e a ação e a tecnologia historicamente conscientes tornaram-se possíveis (Flusser, 1999).

Deste modo, na transição do pensamento, no lugar de inteligência artificial, o certo seria chamá-la de inteligência aumentada. No entanto, para Jordan (2018), "os desenvolvimentos que agora estão sendo chamados de 'IA' surgiram em sua maioria nas áreas de engenharia associadas ao reconhecimento de padrões e controle de movimentos de nível inferior e no campo da estatística". O autor ainda complementa que a disciplina se concentrava "em encontrar padrões em dados e em fazer previsões bem fundamentadas, testes de hipóteses e decisões. Desde a década de 1960 foi feito muito progresso. No entanto, tal progresso provavelmente não proveio da busca de IA imitativa de humanos".

Em uma das tantas definições de IA que estamos arrolando, Tim Wu (2019) arrisca na abordagem: "A IA é um conjunto amplo e vago de tecnologias científicas que abrange não apenas as recentes tendências de aprendizado de máquina, mas também tudo mais que for pensado para imitar ou ampliar a capacidade cognitiva humana".

Em 2021, Jordan cogita outros insights sobre os sistemas de IA. Para ele, tais sistemas "estão longe de serem avançados o suficiente para substituir os humanos em muitas tarefas que envolvem raciocínio, conhecimento do mundo real e interação social" (Pretz, 2021). "Jordan explica por que os sistemas de inteligência artificial de hoje não são realmente inteligentes", sinaliza: "Eles estão mostrando competência de nível humano em habilidades de reconhecimento de padrões de baixo nível, mas no nível cognitivo eles estão meramente imitando a inteligência humana, não se engajando profunda e criativamente".

A imitação do pensamento humano não é o único nem o melhor objetivo do aprendizado de máquina. Redes neurais são algoritmos que tentam imitar a estrutura cerebral. Portanto, "em vez disso, pode servir para aumentar a inteligência humana, por meio da análise meticulosa de grandes conjuntos de dados, da mesma forma que um mecanismo de busca aumenta o conhecimento humano organizando a web" (Pretz, 2021). O autor relembra ainda que "o aprendizado de máquina se baseia em décadas de progresso na ciência da computação, estatística e teoria de controle". Além disso, "é o primeiro campo da engenharia humanocêntrico, voltado para a interface entre pessoas e tecnologia". Afinal, não se pode prescindir de coexistir com as máquinas, porém, não é necessário binarizar tudo.

Mesmo com humanos de mãos dadas aos androides, pode-se ter a sensação de girar em torno da trivial imitação ou de um pastiche. Primeiro que não é mera imitação, apesar de possível, pois leva tempo de aprendizado, testes, treinamentos, ajustes finos, entre outros; segundo que a dificuldade é pela complexidade, afora os mecanismos da tecnologia, e mais no afinco do sentido inerente. Logicamente, Jordan (2018) delineia que os problemas com a IA imitativa de humanos também permanecem de grande interesse.

> No entanto, o atual foco em fazer pesquisa de IA através de coleta de dados, implantação de infraestrutura de "aprendizado profundo" e demonstração de sistemas que imitam certas habilidades humanas estritamente definidas – com pouca coisa indicando princípios explanatórios emergentes –tende a retirar do foco importantes problemas abertos em IA clássica. Esses problemas incluem a necessidade de trazer significado e raciocínio para sistemas que realizam processamento de linguagem natural, a necessidade de inferir e representar causalidade, a necessidade de elaborar representações de incerteza computacionalmente fáceis de controlar e a necessidade de elaborar sistemas que formulem e sigam metas de longo prazo. Essas são metas clássicas em IA imitativa de humanos, mas no atual rebuliço sobre a "revolução de IA" é fácil esquecer que ainda não foram resolvidas (Jordan, 2018).

A infraestrutura da rede proporciona ferramental suficiente para abastecer o ecossistema da desinformação para produzir meras informações inúteis, FN ou sofisticados *deepfakes* de áudio ou de vídeo, com a ajuda do cipoal de textos digitalizados, que servem como munição ao processo manipulativo de linguagem natural.

Formas de escrever um algoritmo

Linguagem de máquina é para os fortes. Não se trata de apenas zerar ou inverter bits na memória. Não é uma mera sequência de bits e bytes, portanto não temos condições de ir fundo na questão, apenas dar um gostinho. Afinal, a linguagem de programação é para programadores.

Um parêntesis para lembrar que o primeiro trabalho de linguagem de programação foi criado pela escritora Ada Lovelace (Augusta Ada Byron King, Condessa de Lovelace). Um salve às demais codificadoras que vieram depois dela! Ada "também desenvolveu uma visão sobre a capacidade dos computadores de irem além do mero cálculo ou processamento de números, enquanto outros, incluindo [seu colega] Charles Babbage, focavam apenas nessas capacidades" (Fuegi; Francis, 2003, pp. 19, 25. Há que se ressaltar que "sua mentalidade da 'ciência poética' (Toole, 1998, pp. 234-235) a levou a fazer perguntas sobre a máquina analítica (como mostrado em suas notas) e a examinar como os indivíduos e a sociedade se relacionam com a tecnologia como uma ferramenta de colaboração" (Betty Alexandra Toole, 1987). Voltemos à linguagem.

Entre variáveis, ações, instruções, recursos textuais e gráficos, os algoritmos são escritos em códigos peculiares, sintaxe própria, utilizados na área de programação, "descrevendo as etapas que precisam ser efetuadas para que um programa execute as tarefas que lhe são designadas. Existem diversas formas de escrever um algoritmo, como o pseudocódigo, o fluxograma, o diagrama de Chapin e a descrição narrativa", explica Ana Paula Pereira (2009) na reportagem realizada pelo portal Tecmundo, na qual é completado que "Os dois tipos mais comuns são o pseudocódigo que utiliza uma forma mais estruturada, assemelhando-se àquelas utilizadas pelas linguagens de programação e o fluxograma que emprega figuras geométricas para ilustrar os passos a serem seguidos". De mais a mais, os algoritmos, além de incompreensíveis, não são autoexplicativos. Não sabemos se serão um dia.

Algoritmos estruturados são criados com base em uma linguagem de programação, são aqueles que buscam resolver problemas através do uso de um computador. Interessante observar como Douglas Heaven, citado por Silveira (2018), descreve que os algoritmos de IA "pensam" de modo muito diferente dos humanos. "As escolhas do algoritmo são baseadas em dados tratados por análises estatísticas extremamente complexas".

"Mesmo um programador experiente não conseguiria compreender o conjunto de regras que motivaram uma certa decisão", assegura Heaven, "já que os sistemas funcionam combinando funções matemáticas complexas e não narrativas que uma pessoa pode interpretar" (2013, p. 35, citado por Silveira, 2018). Então, em abordagens algorítmicas, especialmente em detecção de conteúdo indesejado, de nada adianta colocar a culpa (apenas) no programador, no desenvolvedor ou quem quer que seja.

Da IA para a ampliação de inteligência e infraestrutura inteligente

GPT-2 e GPT-3

Desde que surgiu em fevereiro de 2019, o GTP-2 deixou muitos dos pesquisadores estupefatos, especialmente aqueles que lidam com o combate das notícias fraudulentas. Afinal, tratava-se de ter à disposição um programa que produz *deepfake* de texto com uma velocidade impressionante, como se não houvesse amanhã.

"Os criadores de um sistema revolucionário de IA que pode escrever notícias e obras de ficção – apelidados de '*deepfakes for text*' – tomaram o passo incomum de não divulgar publicamente suas pesquisas, por medo de um possível uso indevido", reportou Alex Hern (2019), do The Guardian. O GTP-2 foi treinado em um conjunto de dados contendo cerca de dez milhões de artigos, selecionados no site de notícias sociais Reddit para links com mais de três votos. A coleção de texto pesava 40 GB. Na definição do Blog OpenAI, trata-se do treinamento de um "modelo de linguagem não supervisionada em larga escala que gera parágrafos coerentes de texto, obtém desempenho de ponta em muitos parâmetros de referência de modelagem de idioma e realiza compreensão rudimentar de leitura, tradução automática, resposta a perguntas".

> O objetivo é simples: prever a próxima palavra, considerando todas as palavras anteriores em algum texto. A diversidade do conjunto de dados faz com que esse objetivo contenha demonstrações naturais de muitas tarefas em diversos domínios. O GPT-2 gera amostras de texto sintético condicional de qualidade sem precedentes. O modelo é do tipo camaleão – adapta-se ao estilo e ao conteúdo do texto de condicionamento (Blog..., 2019a).

O GPT-2 é incluído em uma nova leva de sistemas de geração de texto que, com a sua capacidade de produzir de forma automática um texto coerente a partir de pequenas partes de outros textos, impressionou os especialistas. Basta colocar um título qualquer, por exemplo, e ele escreverá uma notícia; dê a primeira linha de um poema e ele fornecerá um verso inteiro etc. Com frequência, o software produz "uma escrita estranhamente convincente que geralmente pode dar a aparência de inteligência (embora isso não signifique que o que o GPT-2 está fazendo envolva algo que reconheceríamos como cognição)", ressalta James Vincent no The Verge (2019a).

Vamos dar uma olhada em um por exemplo. Alimente-o com a linha de abertura de *1984*, de George Orwell: *"Era um dia frio e brilhante em abril e os relógios marcavam treze"*, e o sistema reconhece o tom vagamente futurista e o estilo do romancista, e continua com:

"Eu estava no meu carro a caminho de um novo emprego em Seattle. Coloquei o gás, coloquei a chave e depois deixei correr. Eu apenas imaginei como seria o dia. Daqui a cem anos. Em 2045, eu era professor em alguma escola em uma parte pobre da China rural. Comecei com a história chinesa e a história da ciência."

Disseram, na ocasião, que o novo modelo linguístico de IA, o GPT-2, era "tão bom e o risco de uso malicioso era tão alto" que tiveram de romper com sua prática habitual de liberar a pesquisa na íntegra para o público (Vincent, 2019b). Na época, a motivação da *OpenAI* para restringir o lançamento incluía o potencial de programas como esse criarem "artigos de notícias enganosos", além de "automatizar spam e abuso". O spam, de acordo com o *feeling* de Beiguelman, faz parte da arqueologia da vigilância.

"Além dos recursos brutos do GPT-2, o lançamento do modelo é notável como parte de um debate em andamento sobre a responsabilidade dos pesquisadores de IA em mitigar os danos causados por seu trabalho", conforme relata a reportagem de Vincent (2019a) e alerta para as *deepfakes*: "Especialistas apontaram que o fácil acesso a ferramentas avançadas de IA pode permitir que atores mal-intencionados atuem; uma dinâmica que vimos com o uso de *deepfakes* para gerar pornografia de vingança, por exemplo".

Liberação do código

Vincent, em reportagem do site The Verge, de novembro de 2019, dá os detalhes. No início daquele ano, a versão completa do programa foi retida por receio de que fosse usada para espalhar FN, spam e desinformação. Desde então, foram lançadas versões menores e menos complexas do GPT-2 para estudos de recepção. Finalmente, em 2019, foi lançada a versão completa deste sistema de IA de geração de texto, que especialistas haviam alertado que poderia ser usado para "fins maliciosos" (Vincent, 2019a).

Em uma postagem no blog, o laboratório de pesquisa *OpenAI* afirmou que ainda não há evidências de uso indevido e acabou por liberar o código tão esperado pela comunidade de produtores de manipulação de todo tipo de *deep learning* e de desenvolvedores de futuros modelos de linguagem.

Em seu anúncio, a *OpenAI* observou que poderia ocorrer má utilização do GPT-2 e citou pesquisas de terceiros, "afirmando que o sistema poderia ajudar a gerar 'propaganda sintética' para posições ideológicas extremas" (Vincent, 2019a). De qualquer forma, a *OpenAI* e especialistas externos "concordam que não é um avanço em *si*, mas um exemplo brilhantemente executado do que a geração de texto de ponta pode fazer" (Vincent, 2019a).

Mesmo que essas decisões da *OpenAI* de restringir a liberação do código do GPT-2 sejam atípicas, alguns laboratórios foram mais radicais: o *Machine Intelligence Research Institute* (MIRI), por exemplo, que se concentra em mitigar as ameaças dos sistemas de IA, a partir de novembro de 2018, tornou-se 'não divulgado por padrão'. Assim, não irá publicar suas pesquisas a menos que haja uma "decisão explícita" para tal (Vincent, 2019b).

A equipe do *OpenAI* informa que continuará observando como o GPT-2 é usado pela comunidade e pelo público e continuará a desenvolver suas políticas sobre a publicação responsável da pesquisa em IA. Em plena guerra de informação, as *deepfakes* povoam o espaço numérico como se quisessem dar um tapa na cara da sociedade. Verdade seja dita, não há como negar que "grandes modelos de computador de linguagem natural, que aprendem a escrever e a falar, são um grande passo em direção a IA que pode entender e interagir melhor com o mundo. GPT-3 é de longe o maior – e mais alfabetizado – até hoje" (MIT..., 2021). Afinal, "treinado no texto de milhares de livros e na maior parte da internet, o GPT-3 pode imitar texto escrito por humanos com realismo estranho – e às vezes bizarro –, tornando-o o modelo de linguagem mais impressionante já produzido usando aprendizado de máquina". A imitação chega ao estilo do autor imitado.

Mas o GPT-3 não entende o que está escrevendo, então às vezes os resultados são ilegíveis e sem sentido. É preciso muito poder de computação, dados e dinheiro para treinar, criando uma grande pegada de carbono e restringindo o desenvolvimento de modelos semelhantes a laboratórios com recursos extraordinários. E como é treinado com texto da internet, cheio de desinformação e preconceito, muitas vezes produz passagens tendenciosas semelhantes (MIT..., 2021).

Modelos de IA de geração de texto "podem ajudar a refinar currículos escritos por humanos para a procura de emprego, mas também podem ser usados para enviar spam a concorrentes corporativos com candidatos realistas gerados por computador, sem falar em distorcer nossa realidade compartilhada" (MIT..., 2021).

Spam como praga da propaganda. "O spam, modelo conhecido como uma comunicação on-line não solicitada e impessoal, geralmente é bombardeado por propagandas e para promover, divulgar ou enganar o público. Depois da avalanche de mensagens indesejáveis distribuída, principalmente, por e-mail, há cerca de dez anos, de forma mais consistente, os algoritmos passaram a detectar, filtrar e bloquear o spam das caixas de entrada. Tecnologias similares às implementadas na luta contra o spam poderiam potencialmente ser usadas no contexto de desordem da informação, uma vez que critérios e indicadores aceitos tenham sido acordados" (Wardle, 2018).

Em 2020, quando o software GPT-3 surgiu, pela empresa *OpenAI*, causou um alvoroço não somente por gerar textos "parecidos" com fontes escolhidas e no mesmo estilo, o que já assustava a todos, bem como pela possibilidade de gerar FN, na medida em que, desventuradamente, pode-se seguir a linha de impostores que fabricam todo o tipo de desinformação.

Na definição de Ben Buchanan, Andrew Lohn, Micah Musser e Katerina Sedova (2021), trata-se de um sistema de IA que "gera texto com base em um *prompt* de operadores humanos. O sistema, que usa um vasto sistema de rede neural, um poderoso algoritmo de aprendizado de máquina, e mais de um trilhão de palavras de escrita humana para orientação, é notável". Entre outras realizações, "redigiu um artigo de opinião comissionado pelo *The Guardian*, escrevia notícias que a maioria dos leitores pensava que eram escritas por humanos e inventou novos memes para a internet".

Vamos frisar o alerta de Flusser (1999): "as memórias eletrônicas podem armazenar todas as informações que antes deveriam ser armazenadas pelo cérebro humano. O cérebro agora está livre para fazer outras coisas. As pessoas não terão mais que memorizar fatos, mas aprenderão como armazenar, relembrar e variar dados". E diz mais: "Memórias eletrônicas podem ser facilmente reescritas. Isso permite a compilação disciplinada e crítica das informações adquiridas". A compreensão da maneira como os humanos funcionam na transmissão de informações, reflete Flusser, "exige uma nova antropologia: se no passado pensávamos que a capacidade de armazenar informações é o que nos torna humanos, agora podemos ver que os computadores podem fazer a mesma coisa".

Afinal, "se o GPT-3 pode escrever notícias aparentemente confiáveis, talvez possa escrever notícias falsas convincentes; se pode redigir artigos de opinião, talvez possa redigir tweets enganosos" (Buchanan et al. 2021).

Caso os adversários optem por buscar a automação em suas campanhas de desinformação, "acreditamos que implantar um algoritmo como o GPT-3 está dentro da capacidade de governos estrangeiros, especialmente os que entendem de tecnologia como China e Rússia" (Buchanan et al. 2021). Vai ser mais difícil, mas quase certamente possível, para esses governos aproveitarem a potência computacional necessária para treinar e executar tal sistema, caso desejem fazê-lo.

O GPT-3 provou ser tão poderoso quanto limitado. Quando devidamente solicitada, a máquina escreve de forma "versátil e eficaz, mas, no entanto, é restrita pelos dados nos quais foi treinada. Sua escrita é imperfeita, mas suas desvantagens, como a falta de foco na narrativa e uma tendência a adotar pontos de vista extremos – são menos significativas ao criar conteúdo para desinformação" (Buchanan et al., 2021).

Mil e uma técnicas, que passam por detecção de rostos em fotos e sumarização de textos, aproximam a máquina do humano em discernimento. Como acertadamente observa O'Neil, "esses avanços em linguagem natural abriram um filão de possibilidades para os anunciantes. Os programas 'sabem' o que uma palavra significa, ao menos o bastante para associá-la com certos comportamentos e resultados, ao menos alguma das vezes" (2021, pp. 122-123). A autora prossegue: "Impulsionados em parte por esse crescente domínio da língua, os anunciantes podem sondar padrões mais profundos. Um programa de publicidade pode começar com os detalhes mais comuns de demografia e geografia". E completa sinalizando que, no curso de semanas e meses, "ele começa a aprender os padrões das pessoas em que está mirando e fazer previsões acerca de seus próximos passos. Passa a conhecê-las. E se for um programa predatório, afere suas fraquezas e vulnerabilidades e persegue o caminho mais eficiente para explorá-las".

Ainda assim, os algoritmos podem "reconhecer a linguagem escrita à mão e os padrões quase tão bem quanto os humanos e até mesmo completar algumas tarefas melhor do que eles. Eles são capazes de descrever o conteúdo de fotos e vídeos" (Helbing et al., 2017). "Não há expressão mais avançada da razão iluminista do que um robô", elucubra Bucci (2021). "Um robô é a prova 'viva' de que a razão iluminista se tornou capaz de fabricar seres finalmente racionais" e "sintetiza um escritor artificial, dotado de pura capacidade argumentativa, desprovido de paixões, de afetos e de sentimentos" e "escreve fluentemente na linguagem dos humanos" (p. 120). É o que podemos constatar nessas narrativas das máquinas com acentuada vertigem só de pensar.

Deepfake áudio e *deepfake* vídeo

A sociedade dataficada passou a ouvir falar das denominadas FN, mais extensivamente, no arco dos últimos cinco anos, quando se deu tamanho espalhamento pernicioso em sites impostores, nas redes sociais e em mensageiros instantâneos. A propagação viral sobreveio por meio de textos com informações inverídicas e, em dadas ocasiões, mal-intencionadas. Quase imediatamente, as imagens (de modo geral, acompanhando textos, para melhor atrair a leitura), que nem sempre seguiam a linha da fraude, também passaram, cada vez mais, a reforçar o mesmo intuito: o de agir de maneira dissimulada, iludir ou mesmo tapear, afinal, a falsidade não é evidente aos olhos comuns da maioria (Prado, 2021b, p. 47).

Como um extremo das FN na era cibernética, sucedeu-se um paroxismo: o tipo de FN no formato de vídeo, a chamada *deepfake* (DF), tecnicamente mais complicada de produzir. Nela, como em qualquer material videofônico, une-se o texto, a imagem (estática ou em movimento) e o áudio. Edita-se de forma a deturpar, tirar do contexto, degenerar etc., na intenção maior de provocar ainda mais a já instalada desordem informacional. Contudo, paralelamente à DF de vídeo, a mais conhecida e disseminada, surgiu a DF de áudio, cujo foco são as manipulações de voz (pré-gravadas) disponibilizadas na rede, com a possibilidade de emparelhar a ruídos (burburinhos para simular ambientes, lugares, momentos etc.), colhidos exclusivamente ou retirados de bancos de som digitais. Desse modo, transitaram entre os formatos que deterioram e confundem a audiência, junto à qual as FN superabundam, para se unir ao obscurantismo comunicacional e a todo desvio e riscos que ele causa (Prado, 2021b, p. 47).

Em 2010, Hinton e seus estudantes "ajudaram a Microsoft, a IBM e o Google a ampliarem os limites do reconhecimento de voz. Depois, fizeram algo parecido com reconhecimento de imagem" (Metz, 2019).

O avanço de Hinton no campo do reconhecimento de imagem baseou-se num algoritmo desenvolvido por LeCun. No final de 2013, o Facebook contratou o professor da Universidade de Nova York para montar um laboratório de pesquisa em torno da ideia. Bengio resistiu a ofertas para juntar-se a um dos gigantes da alta tecnologia, mas as pesquisas que ele supervisionou em Montreal ajudaram no avanço de sistemas destinados a compreender a linguagem natural e a tecnologia que pode gerar fotos falsas indistinguíveis das reais (Metz, 2019).

Humanos, máquinas e coisas deflagram a miríade das FN no espaço numérico e, motivados por crenças e com aversão à irritação, muitos aceitam como verdade absoluta tudo o que lhes é dito. É axiomático escrutinar o problema no modo contínuo. A partir da propaganda incutida nos meios desde os idos de 1800, analógicos, portanto, e na era digital, transformando linguagem em códigos, passando pela avalanche (e perpetuação) do spam, dos intrusos cookies de rastreamento e das buscas (consideradas inofensivas em seu início) aos memes, a retórica é usada para a enganação. O que dizer da computação cognitiva que tenta imitar estilos de escrita e fala? Aonde querem chegar? Sem contar aqueles que fazem *deepfake news*. Onde está a ética?

É urgente olhar além dos produtos fake em si para buscar maneiras de resguardar a ética na cacofonia informacional. Não se trata de bláblálá sem propósito, ao contrário. Neste ínterim, "*deepfake* é o termo atualmente usado para descrever mídia fabricada produzida com inteligência artificial", em definição de Yuezun Li, Ming-Ching Chang e Siwei Lyu (citado por Wardle, 2018) que traçam uma breve explicação: "Ao sintetizar diferentes elementos de arquivos de vídeo ou áudio existentes, a IA permite métodos relativamente fáceis para a criação de 'novos' conteúdos, nos quais os indivíduos parecem falar palavras e realizar ações que não são baseadas na realidade". Wardle (2018), por sua vez, norteia o que vem acontecendo com a prática fake, alertando ser provável que vejamos esses tipos de mídia sintética utilizadas com maior frequência em campanhas de desinformação à medida que tais técnicas se tornem mais rebuscadas.

A ênfase na "mídia sintética, coloquialmente conhecida como *deepfakes*, está em ascensão, com avanços na geração de texto, imagens e vídeo sintéticos, demonstrando o progresso da IA, mas também destacando o potencial para uso antiético ou perigoso", aponta o relatório *Artificial Intelligence Index Report 2021*. Não à toa, os desafios éticos dos envolvidos em aplicações em IA se tornaram um ponto central, haja vista o crescimento de artigos que mencionam ética e palavras-chave relacionadas, entre 2015 e 2020, embora o número médio de títulos de artigos com a mesma correspondência nas principais conferências de IA ainda permaneça baixo ao longo dos anos (HAI, 2021, p. 128). Trata-se da heurística ao avesso, quando se descobrem os não fatos. Segue-se um resumo da história de quem cunhou a expressão *deepfake* por Ronaldo Gogoni:

> Em dezembro de 2017, um usuário do Reddit utilizando ferramentas de Inteligência Artificial e Aprendizado de Máquina de código aberto, como o Keras e o TensorFlow (esse último, do Google), criou um algoritmo para treinar uma rede neural a mapear o rosto de uma pessoa no corpo de outra, frame por frame. Ao invés de usar edição manual como antes, o usuário através da ferramenta (que recebeu o nome de Deep Fake) precisa apenas de uma fonte para reconhecer o modelo do rosto da "vítima", mapear a estrutura da cabeça-destino e fazer a sobreposição. O software é capaz de ajustar a movimentação do vídeo original ao novo rosto e isso inclui expressões faciais e movimentos labiais (Gogoni, 2017).

Conforme definição de Michael K. Spencer (2019), DF são, essencialmente, identidades falsas criadas com o DL, "por meio de uma técnica de síntese de imagem humana baseada na IA", a qual é "usada para combinar e sobrepor imagens e vídeos preexistentes e transformá-los em imagens ou vídeos 'originais', utilizando a tecnologia de GAN (Generative Adversarial Network, ou rede geradora antagônica)". O autor acrescenta que, desde 2019, "também estamos vendo uma explosão de faces fake, através das quais a IA é capaz de conjurar pessoas que não existem na realidade, e que têm um certo fator de influência" (Spencer, 2019). Amanhã, mistura de rostos existentes criarão rostos sintetizados como pãozinho quente saindo do forno.

Os DF podem ser categorizados nos seguintes tipos: "i) troca de rosto; ii) dublagem; iii) fantoche-mestre; iv) rosto síntese e manipulação de atributos; e v) *deepfakes* de áudio", conforme Momina Masood, Marriam Nawaz, Khalid M. Malik, Ali Javed, Aun Irtaza (2021, p. 1). Especificamente sobre os DF de áudio, "também conhecido como clonagem de voz", constata-se que "se concentra na geração da voz do locutor usando técnicas de DL para retratar o locutor dizendo algo que não disse" (Malik; Malik; Baumann citados por Masood et al., 2021, p. 2).

O uso estratégico de recursos visuais na desinformação é "provavelmente motivado pela premissa de que as imagens são uma representação direta da realidade e, como tal, são percebidas como mais críveis do que formas de comunicação mais abstratas, como as palavras", explicam Paul Messaris e Linus Abraham (2001, citados por Hameleers et al., 2020, p. 297). Os autores vão adiante: "Essa qualidade realista das fotos significa que o público pode desconfiar menos da desinformação na forma multimodal do que na forma textual. A desinformação multimodal pode, portanto, ser percebida como mais confiável do que a desinformação textual". Testar tal proposição é especialmente importante atualmente, "uma vez que a manipulação de imagens (e até mesmo a manipulação de vídeos) está se tornando mais fácil com a ampla disponibilidade de softwares de edição de imagens". Como consequência, enviesa o curso das atitudes humanas.

Na verdade, a comunicação visual tem uma longa história como ferramenta de propaganda (Bagchi, 2016), e um crescente corpo de pesquisas aponta para o papel crucial dos recursos visuais ao lado do texto na comunicação política multimodal (Graber, 1990). Muito deste trabalho está relacionado ao enquadramento visual e multimodal – a capacidade integrativa de imagens ao lado do texto para destacar um aspecto saliente de uma questão (de Vreese, 2005; Entman, 1993; Grabe

& Bucy, 2009) – que pode ter um impacto ainda mais forte no público do que apenas dicas textuais (Powell, Boomgaarden, de Swert, & de Vreese, 2015) (Hameleers et al., 2020, p. 283).

Definimos desinformação visual com base em Hameleers et al. (2020, p. 283): "uso de imagens por agentes de desinformação para apresentar deliberadamente uma imagem enganosa ou fabricada da realidade. Como as pessoas tendem a ser menos críticas aos recursos visuais (Wardle, 2017), é importante avaliar o impacto da desinformação multimodal".

Seguimos as conceituações existentes sobre falsidade comunicativa com base em intenções e facticidade – por exemplo, as classificações de Tandoc Jr. et al. (2017) e Wardle (2017) –, adicionando o componente multimodal, para distinguir diferentes formas de desinformação visual:

>Emparelhar imagens reais com textos enganosos (descontextualização);
>Cortar ou descontextualizar os recursos visuais para tornar certos aspectos das questões mais salientes de uma forma direcionada a um objetivo (ressignificação);
>Manipular recursos visuais para apresentar uma realidade diferente (tratamento visual);
>Fabricar conteúdo combinando imagens manipuladas com texto manipulado (manipulação multimodal) (Hameleers et al., 2020, p. 281).

Central para o papel dos recursos visuais na desinformação é "sua indicialidade (Messaris & Abraham, 2001). Isso descreve a qualidade real dos recursos visuais, pois eles são uma representação direta de objetos físicos e eventos no ambiente não mediado, enquanto as palavras são símbolos abstratos que não têm nenhuma semelhança física com seus referentes (Grabe & Bucy, 2009)" (Hameleers et al., 2020, p. 284). "Ao ler, deve-se extrair significado semântico dos símbolos escritos e, em seguida, criar uma reconstrução imaginária de um evento. Em contraste, a adição de uma imagem a um texto fornece um 'índice' da realidade e empresta uma qualidade evidencial inerente a uma história", destacam Messaris e Abraham (2001 citado por Hameleers et al., 2020, p. 284). Contudo, na visão de Dolf Zillmann, Rhonda Gibson e Stephanie Sargent (1999, citados por Hameleers et al., 2020), a explicação pode influenciar a percepção da audiência sobre os acontecimentos noticiosos e, assim, induzir os leitores a ignorar o fato de que as imagens são construções artificiais feitas pelo homem. Nesses casos, quando usados na desinformação, os recursos visuais adquirem um poder propagador de falsidades porque são vistos, mesmo que à contraluz, como mais confiáveis do que textos.

Deepfake de áudio: mídia sintética de clonagem e geração de voz usa técnicas de DL

Ao acompanhar o avanço do hábito de ouvir (e gravar) áudios que circulam em abundância nos mensageiros instantâneos e nos *audiocasts*, era de se esperar que a audiofonia ganhasse corpo no espectro das DF. "Ao contrário dos vídeos *deepfake*, menos atenção foi dada à detecção de *deepfakes* de áudio. Nos últimos anos, a clonagem de voz também se tornou muito sofisticada", consideram Masood et al. (2021, p. 2). Eles alertam que "a clonagem de voz não é apenas uma ameaça à verificação automática de sistemas de *speakers*, mas também para sistemas controlados por voz implantados nas configurações da Internet das Coisas". Dizem, ainda, que a clonagem de voz tem "tremendo potencial para destruir a confiança pública e capacitar criminosos para manipular negociações comerciais ou privadas".

Não há pesquisas publicadas recentemente sobre geração e detecção de DF com foco em geração e detecção de modalidades de áudio, conforme Masood et al. (2021, p. 3) sinalizam: "A maioria das pesquisas existentes se concentra apenas em revisão de imagens DF e detecção de vídeo". Embora todas as categorias de multimídia falsa "(ou seja, notícias falsas, imagens falsas e áudio falso) possam ser fontes de desinformação, espera-se que DF baseados em audiovisual sejam muito mais devastadores. Este dano não se limita a visar indivíduos; em vez disso, DF podem ser usados para manipular eleições ou criar situações belicistas".

Além disso, vozes sintético-falsas, alertam os autores, "tornaram-se uma ameaça crescente aos sistemas biométricos de voz e estão sendo usados para fins maliciosos, como ganhos de políticos, notícias falsas e golpes fraudulentos etc. Uma síntese de áudio mais complexa poderia combinar o poder da IA e edição manual" (Masood et al., 2021, p. 15).

Modelos de síntese de voz alimentados por rede neural como Tacotron, do Google (um modelo de síntese de fala de ponta a ponta), Wavenet ou AdobeVoco, podem gerar vozes sintéticas e falsas, mas com sons realistas convincentes, que se assemelham à voz da vítima "a partir da entrada de texto para fornecem uma experiência de interação aprimorada entre humanos e máquinas, como a primeira etapa. Mais tarde, um software de edição de áudio, por exemplo Audacity, pode ser usado para combinar as diferentes peças de áudios originais e sintetizados para criar áudios mais poderosos" (Masood et al., 2021, p. 15).

> "WaveNet, desenvolvido pela DeepMind, em 2016, utiliza formas de onda de áudio brutas usando recursos acústicos, ou seja, espectrogramas, por meio de uma estrutura generativa que é treinada na fala gravada real. WaveNet é um modelo autorregressivo probabilístico que funciona determinando a distribuição de probabilidade do sinal acústico atual usando as probabilidades de amostras geradas" (Masood et al., 2021, p. 15).

Masood et al. (2021, p. 15) continuam a explicar o processo: "Os modelos paramétricos enfatizam a extração de recursos acústicos a partir das entradas de texto fornecidas e convertendo-as em um sinal de áudio usando os *vocoders*". São resultados interessantes de texto para fala e são paramétricos, "devido ao desempenho aprimorado de parametrização de fala, modelagem do trato vocal e a implementação de redes neurais profundas evidentemente mostram o futuro da produção de fala artificial".

Uma abordagem promissora para melhorar as habilidades da IA, destaca Hao (2021a), é expandir seus sentidos: "atualmente, IA com visão computacional ou reconhecimento de áudio pode sentir coisas, mas não pode 'falar' sobre o que vê e ouve usando algoritmos de linguagem natural". Mas "e se você combinasse essas habilidades em um único sistema de IA? Poderiam esses sistemas começar a ganhar inteligência semelhante à humana?" (Hao, 2021a).

Afinal, "um robô que pode ver, sentir, ouvir e se comunicar pode ser um assistente humano mais produtivo?" Hao justifica que as IAs "com múltiplos sentidos ganharão uma maior compreensão do mundo ao seu redor, alcançando uma inteligência muito mais flexível" (TEN ..., 2021).

Não é exatamente uma platitude, tem intenção bem nefasta. "*Deepfakes* de áudio são uma nova forma de ataque cibernético, com o potencial de causar graves danos a indivíduos devido a técnicas de síntese de voz altamente sofisticadas" (Masood et al., 2021, p. 7), por exemplo, golpes financeiros falsos assistidos por áudio "que aumentaram significativamente em 2019 devido à progressão em tecnologia de síntese de voz".

Yeung, em sua contribuição ao relatório sobre IA e o impacto nos padrões públicos, do *Committee on Standards in Public Life*, é taxativa ao dizer que não é adequado empregar "argumentos jurídico-técnicos para 'remendar' uma base legal 'implícita', dado que o poder, a escala e a intromissão dessas tecnologias criam sérias ameaças aos direitos e liberdades de indivíduos e para as bases coletivas de nossas liberdades democráticas" (Grohman, 2020). Tecnologias de IA como reconhecimento facial violam os direitos humanos. A regulação é urgente em todos os cantos do mundo para melhor verificá-lo através de nossos olhos.

Sobre leis de liberdade da informação, Morozov (2018, p. 112) afirma que "vivemos em uma era de profunda assimetria epistêmica. A hipervisibilidade do cidadão como indivíduo, monitorado por todo tipo de dispositivo inteligente, é acompanhada da crescente hiperinvisibilidade de todos os outros agentes".

"A falta de parâmetros legais deixa em aberto uma lacuna jurídica, regulatória e ética, com as más consequências que o uso de sistemas de IA sem governança pode trazer", relata o guia *Recomendações de governança: uso de IA do poder público* (Transparência Brasil, 2020, p. 5). Ao se discutir e propor recomendações de governança para o uso de algoritmos de IA, "é importante considerar a avaliação de riscos envolvendo ameaças reais e potenciais a direitos e ao espaço cívico, buscando alinhar promoção de inovação e tecnologia com responsabilidade pública e transparência" (p. 10).

Como vimos com os autores que se debruçam sobre o tema e nos despertam à crítica, as *deepfakes*, tanto de áudio quanto de vídeo, configuram-se como as mais nocivas peças de desinformação, pois enganam mais facilmente os crédulos e até mesmo quem é esperto e sabe que as redes e os sites falsos estão repletos delas acaba caindo no dito conto do vigário. De início, quem prestava mais atenção, podia ver sinais da manipulação, como os lábios levemente borrados ao proferir inverdades nos vídeos ou sinais de fala mal cortada, falta de nexo entre frases, excesso de cortes, de pausas etc. Com o passar do tempo, as produções foram se tornando mais precisas e estão cada vez mais parecidas com suas vítimas. Por outro lado, as ferramentas também vão melhorando em usabilidade, como é praxe, ficando mais fácil de serem manuseadas, dando a oportunidade de mais serelepes aproveitá-las.

Não se pode ignorar, assim, a necessidade de: 1) na educação, estimular jovens e adultos, por meio de alfabetização midiática, a adquirirem consciência, visão e ouvido crítico perante as *deepfakes* e a todo tipo de FN que assolam o ciberespaço; 2) nas agências de checagem, desmascarar a desinformação, com trabalho árduo que parece não ter fim, um calvário, porque, enquanto se desmascara uma FN, outras chegam em seu lugar; 3) na Academia e nas empresas, pesquisar e realizar experimentos que procurem outras formas de armazenar conteúdo, a fim de que não seja adulterado, como, por exemplo, em plataformas *blockchain*; e 4) dedicar esforços a fazer com que a sociedade possa entender o material que lhes chega e obter proximidade para participar da elaboração de leis de regulamentação, para que não esbarremos em censura e em ameaças à ampla liberdade de expressão. Portanto, registrar o perigo das *deepfakes* serve, ao menos, como precaução para que continuemos a pensar maneiras de ações contra elas, de impedi-las e, assim, nos esforçar em mitigar o estrago que fazem na cultura democrática.

> Ferramentas como "*Fact Check*", do Google, "*Fact checking*", do *Duke Reporters' Lab*, PolitiFact Texas, International Fact Checking Network, da *Poynter, Full Fact*, da Inglaterra, *Chequeado*, da Argentina, entre outras. "Uma pesquisa realizada durante as eleições presidenciais na Argentina em 2019 e lançada no final de fevereiro [de 2021] mostrou que o *fact-checking* é eficiente para reduzir a disseminação de notícias falsas, ainda que não mude a opinião da maioria das pessoas. O estudo foi feito por Ernesto Calvo, professor de governo e política da Universidade de Maryland (EUA), e Natalia Aruguete, da Universidade Nacional de Quilmes (Argentina). O que o estudo prova é que, mesmo quando continuam pensando o que pensavam, as pessoas decidem não se expor e confrontar algo que foi dado como falso. Ao invés de publicar com a mesma velocidade que você compartilharia algo, porque gosta, porque coincide com o seu pensamento, se o [agência de checagem] *Chequeado* publicou que é falso, você tende a fazer isso menos. Ou seja, diminui o compartilhamento de conteúdo falso após uma intervenção do *Chequeado*', disse a diretora executiva e jornalística da organização, Laura Zommer, à *LatAm Journalism Review* (2018)."

9.
EXTREMISMOS NA DINÂMICA PATOLÓGICA DA DESINFORMAÇÃO

> "As informações que interessam ao veloz capitalismo de dados não são mais apenas os rastros de nossas ações e interações (cliques, curtidas, compartilhamentos, visualizações, postagens), mas também sua "tonalidade" psíquica e emocional. É esta economia psíquica e afetiva que alimenta as atuais estratégias de previsão e indução de comportamentos nas plataformas digitais (e eventualmente fora delas)" (Fernanda Bruno, 2018).

Infelizmente, no maquinismo do tempo atual, "os modelos que maximizam o engajamento também favorecem a controvérsia, a desinformação e o extremismo: em poucas palavras, as pessoas simplesmente gostam de coisas ultrajantes. Às vezes, isso inflama as tensões políticas existentes", ressalta Hao (2021a). A comunicação política é o processo de colocar informações, tecnologia e mídia a serviço do poder. "Cada vez mais, os atores políticos estão automatizando esses processos, por meio de algoritmos que obscurecem motivos e autores e ainda alcançam imensas redes de pessoas por meio de laços pessoais entre amigos e familiares".

A regra é clara sobre os algoritmos que sustentam os negócios do Facebook: "foram concebidos para fazer com que as pessoas partilhem e se envolvam com o máximo de conteúdo possível, mostrando-lhes coisas que mais provavelmente ficariam indignadas ou excitadas" (Hao, 2021a).

A amplificação fabricada ocorre quando o "alcance ou disseminação da informação é reforçado através de meios artificiais. Isso inclui a manipulação humana e automatizada de resultados de mecanismos de pesquisa e listas de tendências e a promoção de determinados links ou hashtags em mídias sociais" (Wardle, 2017b). "Existem listas de preços online para diferentes tipos de amplificação, incluindo preços para gerar votos falsos e assinaturas em pesquisas online e petições, e o custo de *downranking* conteúdo específico de resultados de pesquisas" (Gu; Yarochkin; Kropotov, 2017, citado por Wardle, 2017b).

Hao (2021a) cita Hany Farid, que colabora com o Facebook para entender a desinformação baseada em imagem e vídeo na plataforma: "Quando você está no negócio de maximizar o engajamento, não está interessado na verdade".

Como dito antes, o Google, empresa de aura onipresente, "é fundamentado na compreensão e tradução de texto, busca de informações e identificação de preferências – atividades tipicamente humanas e que são capturadas por computadores. Ou seja, é baseada em técnicas desenvolvidas na área de IA" (Cozman, 2017). Mas, ao extremar as preferências, cometem-se extrapolações. Tanto que uma investigação do *The Wall Street Journal,* no início de 2017, "descobriu que o algoritmo de recomendação do YouTube (do Google) tendia a levar os espectadores ao conteúdo extremista, sugerindo versões mais ousadas do que quer que estivessem assistindo – uma maneira de prender a atenção deles".

Zuboff considera que "o Facebook sabe há muitos anos que seus algoritmos de personalização de conteúdos foram responsáveis pelo surgimento de inúmeros grupos extremistas" (citada por Barbosa, 2021). A autora acrescenta que, visando ao aumento do engajamento, os algoritmos exibiam conteúdos mais violentos, já que são os que mobilizam as pessoas. Segundo ela, cerca de 64% das associações a grupos extremistas nos últimos anos, são resultado direto das ferramentas de recomendação do Facebook.

Com o algoritmo, "é exequível lidar com toda a gama de conteúdo problemático de formas mais sutis. O YouTube 'rebaixa algoritmicamente' vídeos provocantes e vexatórios para que não apareçam nas listas dos mais assistidos ou na página inicial gerada para novos usuários", diz Gillespie (2014).

Ao que consta até então, o Twitter "não censura conteúdos profanos de tuítes, mas ele os remove da avaliação algorítmica que determina quais termos figuram nos Trending Topics" (Gillespie, 2014). Estamos vivendo a censura invisível das plataformas.

> Os padrões específicos pelos quais as informações são excluídas ou incluídas nos bancos de dados e depois gerenciadas de maneiras particulares são reminiscências dos debates do século XX (TUSHNET, 2008). Trata-se de discussões sobre as formas em que as decisões feitas pela mídia comercial sobre o que deve ser sistematicamente deixado de fora e quais categorias de fala simplesmente não se qualificam podem moldar a diversidade e o caráter do discurso público (Gillespie, 2014).

Em 2017, Chris Cox, diretor de produtos do Facebook, formou uma força-tarefa para entender o quanto maximizar o envolvimento do usuário no Facebook estava contribuindo para a inflamar as tensões ocasionadas pela polarização política. "Ele descobriu que realmente havia uma correlação e que reduzir a polarização significaria prejudicar o engajamento". Em um documento de meados de 2018, propôs várias soluções, "como ajustes nos algoritmos de recomendação para sugerir uma gama mais diversificada de grupos para as pessoas participarem. Mas reconheceu que algumas das ideias eram 'anticrescimento'. A maioria das propostas não avançou e a força-tarefa se desfez" (Gillespie, 2014).

> Eles podiam rastrear facilmente a intensidade com que os usuários concordavam ou discordavam em diferentes questões, com que conteúdo

gostavam de se envolver e como suas posturas mudaram como resultado. Independentemente do problema, os modelos aprenderam a alimentar os usuários com pontos de vista cada vez mais extremos (Gillespie, 2014).

Entre narrativas plantadas, a desinformação e o discurso de emoções de ódio a provocar rixa evoluem constantemente, conforme Hao (2021a): "Novas falsidades surgem; novas pessoas e grupos tornam-se alvos. Para detectar as coisas antes que se tornem virais, os modelos de moderação de conteúdo devem ser capazes de identificar novos conteúdos indesejados com alta precisão".

Mas os modelos de aprendizado de máquina não funcionam dessa forma. Um algoritmo que aprendeu a reconhecer a negação do Holocausto não consegue detectar imediatamente, digamos, a negação do genocídio de Rohingya. Deve ser treinado em milhares, muitas vezes até milhões, de exemplos de um novo tipo de conteúdo antes de aprender a filtrá-lo. Mesmo assim, os usuários podem aprender rapidamente a enganar o modelo fazendo coisas como alterar o texto de uma postagem ou substituir frases incendiárias por eufemismos, tornando sua mensagem ilegível para a IA, embora ainda óbvia para um humano. É por isso que novas teorias da conspiração podem rapidamente sair do controle, e em parte porque, pode persistir na plataforma (Hao, 2021a).

Incrível imaginar que algo tão tosco como as teorias conspiratórias, como ruídos de fundo, ganham seguidores. "Enquanto isso, os algoritmos que recomendam esse conteúdo ainda funcionam para maximizar o engajamento", complementa Hao (2021a) e finaliza: "Isso significa que cada postagem tóxica que escapa dos filtros de moderação de conteúdo continuará a ser empurrada para cima no feed de notícias e promovida para atingir um público maior". Tal como um tsunami de mensagens fraudulentas.

Mas o problema poderia ser muito mais profundo do que isso. A sociedade deveria estar atenta a outra reviravolta: a possibilidade de que atores nefastos tentassem atacar sistemas de IA ao introduzir deliberadamente preconceitos neles, contrabandeando dentro dos dados que ajudam esses sistemas a aprender. Isso poderia introduzir uma nova dimensão preocupante para ataques cibernéticos, campanhas de desinformação ou a proliferação de notícias falsas (Douglas Yeung, 2018).

Ataques de viés algorítmico também poderiam ser usados para avançar com mais facilidade as agendas ideológicas, ressalta Yeung (2018), que acrescenta: "Se os grupos de ódio ou as organizações de defesa política quiserem segmentar ou excluir pessoas com base em raça, sexo, religião ou outras características, os algoritmos tendenciosos poderiam fornecer a justificativa ou meios mais avançados para fazê-lo diretamente", sem contar a propagação do medo, em muitos casos. Quando nos deparamos com algoritmos de gênero, raciais etc. é de revirar os olhos!

"Injetar parcialidade deliberada na tomada de decisão algorítmica pode ser devastadoramente simples e eficaz. Isso pode envolver a replicação ou aceleração de fatores pré-existentes que produzem viés", observa Yeung (2018).

Muitos algoritmos já são alimentados com dados tendenciosos. Os atacantes poderiam continuar a usar esses conjuntos de dados para treinar algoritmos, com o conhecimento prévio do viés que eles continham. A negação plausível que isso permitiria é o que torna esses ataques tão insidiosos e potencialmente eficazes (Yeung, 2018).

"Os agressores iriam surfar as ondas de atenção treinadas em preconceitos na indústria de tecnologia, exacerbando a polarização em torno de questões de diversidade e inclusão", completa Yeung (2021). É importante trazer o texto dos princípios de IA sobre impacto social da Academia de Inteligência Artificial de Pequim quando afirma que o desenvolvimento da IA "deve refletir a diversidade e a inclusão e ser projetado para beneficiar o maior número possível de pessoas, especialmente aquelas que seriam facilmente negligenciadas ou sub-representadas nos aplicativos de IA" (Ethics..., 2019, p. 8). E ainda: "Encoraja-se o estabelecimento de plataformas abertas de inteligência artificial para evitar monopólios de dados ou plataforma". Evitar esses monopólios é a aspiração na qual a discussão esquenta pelo mundo.

Bom frisar que neste século, para Srnicek (2017, p. 13), a plataforma emergiu como um novo modelo de negócio "capaz de extrair e controlar uma quantidade imensa de dados, e com essa mudança vimos o surgimento de grandes empresas monopolistas. Hoje, o capitalismo nas economias de renda alta e média é cada vez mais dominado por essas empresas". Poderiam usar os dados para voltar os olhos para a economia verde, no entanto.

Renato Rocha Souza (2019, p. 578) resume bem como nos encontramos com os "excessos informacionais e as tecnologias que os promovem" com o surgimento da internet e, com ela, a web – e seus marcos, a partir do 2.0 –, as redes sociais digitais e a internet das coisas.

> Se pensarmos a relação da sociedade com estes estoques de informações disponíveis, poderíamos imaginar processo inegável de democratização, tanto pela maior disponibilidade e acesso aos meios de comunicação, através da popularização das tecnologias; quanto pelo alcance a uma gama mais significativa e diversificada da produção cultural da humanidade. Tal panorama, em tese, dificultaria o controle das informações, pois as fontes hoje são tantas e tão variadas que os vieses deveriam ser mais explícitos e facilmente contornáveis (Souza, 2019, p. 578).

Paradoxalmente, especula Souza (2019), estabelecer parâmetros para julgar a qualidade da informação é cada vez mais complexo, justamente porque nenhuma amostra é mais expressiva diante do todo, e o fenômeno da rápida obsolescência faz com que o conhecimento produzido seja cada vez mais datado.

É possível notar que, estando os algoritmos embutidos em diversos aparelhos digitais de uso cotidiano – e se ampliando ainda mais com o avanço da Internet das Coisas (*Internet of Things* – IoT) –, poderemos perceber que isso representa um aspecto relevante da cultura contemporânea. Como aponta Uricchio (2017, citado por Silva, 2017), frenéticos sistemas estão emergindo utilizando algoritmos como filtros, moldando nosso acesso ao repertório cultural; como intermediários que ajudam a determinar o que será e o que não será produzido; como forças semiautônomas de produção, estes sistemas estão escrevendo textos, compondo música ou filmes; estão sendo dinamicamente sedimentados de modo veloz e sem grandes reflexões sobre seus impactos no longo prazo. Lembramos que tudo isso não é algo exógeno à humanidade: trata-se de procedimentos determinados por agentes e instituições reais (não por uma máquina extraterrestre poderosa), que fizeram escolhas e optaram por determinados padrões e protocolos de interação.

Em artigo no jornal *The New York Times*, Tüfekçi (2018) descreveu como se dá essa dinâmica no YouTube. A ligação entre IA e o modelo de negócio do Google/YouTube leva à "busca permanente e incessante da atenção dos usuários – quanto mais tempo as pessoas permanecem na plataforma, maior o potencial de receita publicitária. Daí por que os algoritmos sugerem novos vídeos e os exibem automaticamente".

Tüfekçi (2018) descreve vários testes que podem ser repetidos por qualquer pessoa. Por exemplo, "em buscas por conteúdo informativo normal, plataformas como o YouTube sugerem nas barras laterais vídeos cada vez mais radicalizados e conspiratórios. Ou seja, o usuário termina exposto a esse tipo de produto mesmo que não esteja procurando por ele". É perceptível que existem denúncias, mas, muitas vezes, demoram a serem retiradas ou são ignoradas.

O autor compreende ainda que grupos atuantes nas redes, os quais se interessam por promover a desordem informacional, notaram essas propriedades dos algoritmos nas plataformas. "Também perceberam que é possível direcionar conteúdo para públicos específicos. A coleta de dados de usuários da internet permite determinar com precisão as suscetibilidades a vários tipos de mensagem" (Tüfekçi, 2018). É o que vemos nas raspagens de dados que elencamos anteriormente.

Meias-verdades seguem escalando no ambiente do ciberespaço, tornando-o cada vez mais propenso à toxicidade oriunda da maldade humana.

Design e design centrado no ser humano

Parece óbvio, por acaso não seria? Enfim, serve de alicerce para as questões candentes centrar o design no ser humano, como em situações de reconhecimento das atividades dos usuários. Reconhecimento também da chamada *first-person perception*.

> Os sistemas de IA não devem injustificadamente subordinar, coagir, enganar, manipular, condicionar ou agrupar humanos. Em vez disso, eles devem ser projetados para aumentar, complementar e capacitar as habilidades cognitivas, sociais e culturais humanas. A alocação de funções entre humanos e sistemas de IA deve seguir os princípios de design centrado no ser humano (*human centered design*) e deixar oportunidades significativas para a escolha humana (Ethics..., 2019, p. 8).

Baumer (citado por Ames, 2018) "usa intervenções baseadas em design para considerar mais ativamente como as pessoas percebem algoritmos e explorar as desconexões entre esses entendimentos 'leigos' e como os algoritmos são realmente implementados". Usando três técnicas de design centradas no ser humano – design especulativo, design participativo e enquadramento teórico – para estudos de algoritmos, Baumer defende de modo convincente a mudança do foco exclusivo no desempenho para métricas mais centradas no ser humano na avaliação de algoritmos. "Quando discussões sobre viés algorítmico frequentemente assumem que algoritmos podem resolver os problemas que os algoritmos criam, tal ressignificação se torna especialmente importante" (Ames, 2018).

"Os tipos de coisas que algoritmos comumente usados tornam (mais facilmente) possíveis, e os tipos de lógicas institucionais que eles incorporam ao processo, tiveram impactos que vão além de apenas uma empresa", argumentam Caplan e boyd (citados por Ames, 2018). Usando o exemplo do Facebook para examinar a disseminação do sensacionalismo, FN e outras formas de propaganda – conteúdo da web que provou ser bastante interessante e, portanto, lucrativo para publicidade online –, esses autores demonstram que as normas que os algoritmos impõem (como manchetes de caça-cliques cativantes, recomendações mais extremas de artigos relacionados e mecanismos fáceis para viralizar) podem acabar "homogeneizando indústrias inteiras em sua busca de otimização para o algoritmo (e para fins lucrativos)" (Ames, 2018).

"Por meio da coleta de informações sobre a atividade de um indivíduo, os agentes de desinformação têm um mecanismo pelo qual podem direcionar os usuários com base em suas postagens, curtidas e histórico de navegação" (Ghosh, 2018 citado por Wardle, 2018). Nessa cautela, "um temor comum entre os pesquisadores é que, à medida que os perfis psicológicos alimentados pela mineração de dados se tornam mais sofisticados, os usuários podem ser alvos com base em quão suscetíveis eles são a acreditar em certas narrativas falsas".

"É evidente que é mais fácil encher o ar com falsas verdades", conjectura Timothy Snyder (2018), que escreve livros sobre Putin e Trump, e afirma que eles têm medo dos jornalistas "e os odeiam porque eles compreendem algo que nós também temos que entender: que os fatos são o que temos de contar para sermos livres. Se não contarmos os fatos, se não acreditarmos neles, somos apenas vítimas do lixo que houver por aí e nos agradar mais", avisa Snyder. Exatamente junk news mesmo.

Tais modos de se conhecer acabam por normatizar "o sistema automatizado e algoritmizado de curadoria de conteúdo, fazendo emergir uma cultura do algoritmo, isto é, uma cultura na qual a relação entre um objeto do conhecimento e uma mente cognoscente é feita por um sistema mediador algorítmico", diz Cardoso (2019).

A dimensão epistêmica dos algoritmos envolve, de todo modo, a lógica algorítmica e a lógica do conhecimento humano. De um lado, os conhecimentos mediados por algoritmos dependem de escolhas feitas por máquinas (escolhas automatizadas, procedimentadas, regradas e criadoras de regras). No entanto, tais máquinas foram projetadas por humanos, e muitas vezes tiveram, ao menos em parte do seu projeto, a intenção de representar o julgamento humano. Como a própria ideia de inter-ação sugere, todas as agências compõem o mesmo social reticular, na medida em que algoritmos de rastreamento, filtro, classificação, antecipação etc. estão conectadas às ações humanas em uma ecologia própria do sociotécnico, isto é uma mente-matéria expandida e em expansão como máquina de conhecimento (Cardoso, 2019).

"A IA também continuará bastante essencial porque, para o futuro previsível, os computadores não conseguirão igualar os humanos em sua capacidade de raciocinar abstratamente sobre situações do mundo real", acredita Jordan (2018). Precisaremos, atenta o autor, "de interações bem pensadas entre humanos e computadores para resolver nossos problemas mais prementes. Vamos querer que os computadores desencadeiem novos níveis de criatividade humana, não que substituam a criatividade humana".

A ideia de que irão hackear nossa mente ainda parece catastrofismo, mas é algo que pode estar no panorama do emaranhado dos humanos, animais, máquinas e coisas. "O maior perigo reside no nível político, no tocante à ascensão das ditaduras digitais, ou seja, governos e regimes totalitários controlando todos o tempo todo", constata Harari (citado por Kachani, 2019). A equação é muito simples, frisa o autor parecendo dar margens alegóricas ao que diz: "Conhecimento biológico multiplicado por processamento de dados resulta em hackeamento de seres humanos. A fusão da biologia com a tecnologia pode resultar em dados suficientes para hackear milhões. São algoritmos que vão te entender melhor do que você mesmo se entende".

Com poder para manipular seus sentimentos e substituir completamente suas decisões. Eles não precisam te conhecer perfeitamente – para hackear só é preciso conhecê-lo um pouco melhor. O que já é razoável porque você mesmo não se conhece tão bem. O cérebro humano é limitado. Não seremos capazes de entender o algoritmo e suas decisões, não teremos essa capacidade de processar dados. Corremos o risco de perder o controle sobre nossas vidas e a capacidade de entender as políticas públicas. Hoje, neste momento, vários governos e corporações estão tentando hackear você. Querem saber mais a seu respeito para poderem vender produtos ou política (Harari citado por Kachani, 2019).

Não é preciso ser um politicólogo para verificar essa configuração grotesca que se dá no âmbito dos governos, como ressalta Harari. Os tracejamentos estão expostos, escancarados. Aliás, como desenvolvedores estabelecem o algoritmo para tomada de decisão, ainda que virtualmente automatizados? Definições de parâmetros, reconhecimento de padrões, cálculos, alinhamento de valores, inteligência conectiva aumentada? As questões permanecem.

Razão tem Wiener, o pai da cibernética, ao prever que, no futuro, "com o desenvolvimento das mensagens e das ferramentas de comunicação, as mensagens entre homens e máquinas, entre máquinas e homens e entre máquinas e máquinas estão fadadas a ter um papel cada vez mais importante" (citado por Gunkel; Trento; Gonçalves, 2017). Para esse autor, nas relações sociais, "em um futuro não tão distante, o computador e os sistemas relacionados, como os robôs detentores de corpo e os algoritmos desprovidos de corpo, não serão mais meros instrumentos de ações comunicativas de humanos ou meio pelo qual humanos se comunicam entre si" (Wiener citado por Gunkel; Trento; Gonçalves, 2017).

As consequências desfavoráveis, como incidentes nos quais os algoritmos ampliam preconceitos sociais em torno de gênero, raça etc., merecem precaução. Gunkel complementa: "Ocuparão, em vez disso, a posição de outro ator social com quem alguém comunica ou interage. Para que ocupem essa posição, nós inevitavelmente precisaremos buscar e identificar questões fundamentais relacionadas à responsabilidade social e à ética" (Gunkel; Trento; Gonçalves, 2017).

Em primeira instância, as FN foram determinantes em 2016, quando das eleições norte-americanas com sobrecarga de desinformação. Sobre alavancagens de conteúdo extremista no YouTube, Clive Thompson (2020), da revista *Wired*, relembra quando, "na estufa da temporada eleitoral de 2016 nos Estados Unidos, os observadores argumentaram que as recomendações do YouTube direcionavam os eleitores para um conteúdo cada vez mais extremo". O repórter também relata que "pensadores da conspiração e agitadores de direita publicaram falsos rumores sobre o colapso mental iminente de Hillary Clinton e envolvimento em uma quadrilha de pedófilos de pizzaria inexistente", então assistiram, continua "com alegria, enquanto seus vídeos decolavam na coluna Up Next do YouTube. Um ex-engenheiro do Google chamado Guillaume Chaslot codificou um programa web scraper para ver, entre outras coisas, se o algoritmo do YouTube tinha uma inclinação política". Chaslot então descobriu que: "As recomendações favoreciam fortemente Trump, bem como o material antiClinton. O sistema de tempo de exibição, em sua opinião, estava otimizando para quem estivesse mais disposto a contar mentiras fantásticas".

À medida que 2016 passava e o prazo de bilhões de horas se aproximava, os engenheiros começaram a trabalhar demais. As recomendações haviam se tornado o motor do YouTube, responsável por impressionantes 70% de todo o seu tempo de exibição. [...] Goodrow atingiu a meta: em 22 de outubro de 2016, algumas semanas antes da eleição presidencial, os usuários assistiram a 1 bilhão de horas de vídeos no YouTube (Thompson, 2020).

Depois da eleição de 2016, a indústria de tecnologia entrou em processo de acerto de contas, informa o repórter. "Os críticos ataram-se ao algoritmo do Facebook para impulsionar discursos conspiratórios e martelaram o Twitter por permitir a entrada de falanges de bots russos. O escrutínio do YouTube surgiu um pouco mais tarde" (Thompson, 2020).

O YouTube possui políticas que proíbem certos tipos de conteúdo, como pornografia ou discurso de incentivo à violência, conta Thompson (2020). "Para caçar e excluir esses vídeos, a empresa usa 'classificadores' de IA – código que detecta automaticamente vídeos que violam a política ao analisar, entre outros sinais, as manchetes ou as palavras faladas em um vídeo". Trata-se de um código que "o *YouTube* gera usando sua fala automática – software para texto. Eles também tinham moderadores humanos que analisavam vídeos que a IA sinalizou para exclusão".

O funcionamento interno de qualquer sistema do Google "são segredos bem guardados. Os engenheiros temem que, se revelarem muito sobre como qualquer algoritmo funciona – especialmente um desenvolvido para rebaixar o conteúdo –, estranhos possam aprender a superá-lo" (Thompson, 2020).

> Para criar um classificador de IA que pode reconhecer conteúdo de vídeo limítrofe, você precisa treinar a IA com muitos milhares de exemplos. Para obter esses vídeos de treinamento, o YouTube teria que pedir a centenas de humanos comuns para decidir o que parecia duvidoso e, em seguida, alimentar suas avaliações e esses vídeos para a IA, para que pudesse aprender a reconhecer o que parece duvidoso (Thompson, 2020).

Um dos exemplos de pedido para os humanos participarem é a categoria que pergunta se um vídeo é "impreciso ou enganoso". Em seguida, pede-se ao avaliador para verificar todas as categorias possíveis de absurdos factuais que podem se aplicar, como

> "teorias da conspiração não comprovadas", "informações demonstrativamente imprecisas", "conteúdo enganoso", "lenda urbana", "história fictícia ou mito" Ou "contradiz consenso de especialistas bem estabelecido." Cada avaliador gasta cerca de 5 minutos avaliando cada vídeo, além do tempo que leva para assisti-lo, e são incentivados a fazer pesquisas para ajudar a entender seu contexto (Thompson, 2020).

O ideal é catalisar pesquisas nesse campo. Thompson (2020) reporta que há a tentativa de reduzir o preconceito potencial entre os avaliadores humanos, ficando de olho em escolher pessoas de diferentes localidades, idades, gênero e raça. De culturas e, especialmente, de sotaques variados também deveriam entrar. O classificador AI não produz uma resposta binária; não diz se um vídeo é ou não "limítrofe" desenvolve o autor. "Em vez disso, ele gera uma pontuação, um peso matemático que representa a probabilidade de o vídeo se aproximar do limite. Esse peso é incorporado à recomendação geral AI e se torna um dos muitos sinais usados ao recomendar o vídeo para um usuário específico.

"Os gurus da alta tecnologia e os profetas do Vale do Silício estão criando uma nova narrativa universal que legitima a autoridade de algoritmos e o big data. Como dito anteriormente, esse novo credo é chamado de 'dataísmo'", conta Harari (assim como outros que também usam o vocábulo dataísmo) em artigo no *Financial Times*. Em sua forma extrema, os proponentes da visão de mundo dataísta "percebem o universo inteiro como um fluxo de dados, veem os organismos como pouco mais do que algoritmos bioquímicos e acreditam que a vocação cósmica da humanidade é criar um sistema de processamento de dados abrangente – e então fundir-se em isso" (Harari, 2016).

Tecnopolítica e o *mind hack*

"Hoje estamos obcecados não com as coisas, e sim com informações e dados, ou seja, não-coisas. Hoje somos todos infômanos", reflete Han (2021) e cita Jean-François Lyotard em *"The Tensor"* (1985): "A 'coisa' sempre pode ser tratada como um sinal. O sinal é um código que precisa ser decodificado para recuperar informações". E continua: "A 'coisa' substitui a 'informação', que pode significar: 1) O sinal substitui o que significa. 2) A própria significação é feita de signos, por isso só obtemos referências cruzadas. Todos os signos são substitutos uns dos outros".

O número de países em que governos e partidos políticos recorrem ao serviço de empresas privadas para manipular a opinião pública nas redes sociais escalou em 2020, como aponta um relatório da Universidade de Oxford, no Reino Unido. A pesquisa identificou que, em ao menos 48 países, companhias são contratadas para operar redes de desinformação ou de contas fajutas nas plataformas digitais, em um negócio que movimentou 60 milhões de dólares desde 2009. Os autores do estudo integram um grupo da universidade britânica que, desde 2016, mapeia a ação global de "tropas virtuais" ligadas a atores políticos que disseminam a prática de propaganda computacional na internet – isto é, o uso de algoritmos, automação e contas operadas por humanos para espalhar informações e propagandas mentirosas nas redes sociais. "Estas empresas frequentemente usam contas falsas, identificam audiências para microdirecionamento, ou utilizam *bots* e outras estratégias para estimular a tendência de certas mensagens políticas", aponta o relatório 2020 *Industrialized Disinformation: Global Inventory of Organized Social Media Manipulation*.

Yeung, em entrevista a Rafael Grohman (2020), usa o termo "regulação algorítmica" para se referir aos sistemas de governança regulatória que tomam decisões com base em algoritmos, nos quais a "tomada de decisão algorítmica" se refere ao uso de sistemas de conhecimento gerados por algoritmos para executar ou informar decisões.

> Para esse fim, adotei uma visão ampla dos termos "regulação" e "governança regulatória", referindo-me a tentativas intencionais de gerenciar riscos ou alterar comportamentos, a fim de alcançar algum objetivo pré-definido. Consequentemente, como a regulação também é adotada por atores e entidades estatais e não estatais, o mesmo ocorre com a regulação algorítmica. Por exemplo, o Facebook regula o comportamento de postagens e visualizações dos usuários por meio de sistemas de tomada de decisão baseados em algoritmos a fim de otimizar os retornos para a empresa, da mesma forma que uma autoridade da área de transporte público pode regular o movimento dos veículos para otimizar o fluxo de tráfego (Yeung citada por Grohman, 2020).

Otimizar, nesse caso, é não tirar o olho para descobrir coisas. "Há muitas maneiras pelas quais alguém pode tentar classificar diferentes 'formas' de regulação algorítmica, dependendo dos objetivos da construção de um esquema de classificação", explana Yeung (citada por Grohman, 2020).

Uma forma que sugiro que pode ser útil para refletir sobre as capacidades e os desafios normativos gerados por esses sistemas ao distinguir amplamente sistemas reativos (que acionam uma resposta automatizada com base na análise algorítmica de dados históricos) dos sistemas preventivos (que agem preventivamente com base na avaliação algorítmica de dados históricos para inferir previsões sobre o comportamento futuro). No entanto, uma abordagem mais refinada pode ser adotada por meio da compreensão da regulação como um processo cibernético que envolve os três componentes principais de qualquer sistema de controle: modos de estabelecer padrões, metas ou alvos ("configuração padrão"), modos de coletar informações ("coleta de informações") e modos de impor esses padrões, uma vez que o desvio é identificado no sentido de alterar os comportamentos, de forma a atender aos padrões necessários ("aplicação e modificação de comportamento"). Assim, várias formas de regulação algorítmica podem ser identificadas (Yeung citada por Grohman).

Embora o termo "regulação algorítmica" tenha sido popularizado pelo empresário do Vale do Silício Tim O'Reilly, em 2013, a ideia de que algoritmos computacionais podem ser compreendidos como uma forma de ordenação social foi proposta há algum tempo pelo sociólogo Aneesh em 2009, no contexto de uma etnografia em que buscou entender como os trabalhadores indianos prestavam serviços de TI a uma empresa dos Estados Unidos (Yeung citada por Grohman, 2020).

Nesse contexto, Yeung propõe uma definição formal de regulação algorítmica para se referir aos sistemas de tomada de decisão que regulam um domínio de atividade no sentido de gerenciar riscos ou alterar comportamentos por meio de uma contínua geração computacional de conhecimento "a partir de dados diretamente coletados e emitidos (em tempo real de forma contínua) de vários componentes dinâmicos pertencentes ao ambiente regulado, a fim de identificar e, se necessário, refinar automaticamente (ou refinar rapidamente) as operações do sistema para atingir uma meta pré-definida" (Yeung citada por Grohman, 2020).

O direito à proteção de dados compreende, como um de seus elementos principais, o estabelecimento de instrumentos que visem reduzir o risco aos cidadãos que o tratamento de seus dados pode lhes causar. Conforme Keller e Doneda (2020),

> Para tal, procura impedir que dados pessoais sejam tratados sem que haja um objetivo consistente e fundamentado. E quando cabível, este tratamento deve ser reduzido ao mínimo necessário para que o seu objetivo seja alcançado, além de ser proporcional aos interesses e direitos envolvidos. O tratamento de dados pessoais é, portanto, atividade que implica risco e assim deve ser considerada. Se um determinado objetivo puder ser alcançado sem dados pessoais ou com um conjunto reduzido destes, estas opções sempre deverão ser privilegiadas em relação à sua utilização em larga escala (Keller; Doneda, 2020).

Achille Mbembe (2016) reflete que, nesta nova paisagem, o conhecimento "será definido como conhecimento para o mercado. O próprio mercado será re-imaginado como o mecanismo principal para a validação da verdade. Como os mercados estão se transformando cada vez mais em estruturas e tecnologias algorítmicas, o único conhecimento útil será algorítmico" e completa de forma contundente: "Em vez de pessoas com corpo, história e carne, inferências estatísticas serão tudo o que conta. As estatísticas e outros dados importantes serão derivados principalmente da computação".

Em entrevista à plataforma Digilabour, questionada sobre o que significa resistências algorítmicas, Kaun (2020) alega que os algoritmos podem significar muitas coisas diferentes, como vários comentaristas e pesquisadores têm apontado (e cita por exemplo, Taina Bucher). Consequentemente, as resistências algorítmicas podem e devem significar essas muitas coisas diferentes. "Pode ser tudo, desde empregar e seguir a lógica algorítmica das mídias sociais para obter visibilidade para causas políticas" até mesmo "formas de desconexão e rejeitar plataformas de mídias sociais a fim de resistir à governança algorítmica" (Kaun, 2020). A pesquisadora ainda completa: "As resistências algorítmicas também podem significar tentar reparar falhas, deficiências ou imperfeições da classificação algorítmica sem necessariamente alterar o algoritmo como tal".

Em artigo publicado com Velkova, Kaun (2019) destacou que essas práticas midiáticas de reparo a partir do projeto midiático ativista *World White Web*, de Johanna Burai, ao aplicarem sistematicamente táticas de SEO – para aparecerem nas primeiras páginas –, alteram os resultados tendenciosos da pesquisa de imagens do Google e trazem diversidade para o conteúdo. "Para nós, esse exemplo destaca uma maneira específica de se relacionar com formas cada vez mais dominantes de governança algorítmica. Obviamente, é apenas uma maneira de 'resistir' aos algoritmos". Deveria haver, ressalta Kaun, "uma infinidade de práticas, incluindo um trabalho de *advocacy* em direção a políticas de transparência e de explicação sobre tomadas de decisão algorítmicas".

É sempre bom olhar longe, mas, vejam os números:

O brasileiro está mais alerta sobre fake news – mas ficou paranoico
Oito em cada dez brasileiros (79%) consideram a disseminação de "fake news" como sendo um problema grave, segundo pesquisa dos institutos Ideia e Vero, que entrevistaram 2.000 pessoas em todo o país em julho [de 2021]. A fatia é maior entre os sem religião e os com ensino superior (88%), mas se mantém alta entre todos os grupos socioeconômicos e todas as regiões. Facebook e WhatsApp também foram os canais percebidos como mais impactados por notícias falsas dentre as redes sociais (Carolina Riveira, 2021).

10.
USO DA TECNOLOGIA COM MAIS TECNOLOGIA CONTRA O PODER DESINFORMADOR

> "Quanto mais os bancos de dados registram sobre cada um de nós, menos existimos" (Marshall McLuhan).

Na internet dos humanos, e em plena virada do não humano, muitos de nossos direitos e liberdades dependem das mil e uma questões do regime de atenção e do poder da computação, tal como o rastreamento de nossos dados em modo ininterrupto efetivando de quando em quando a IA e, com ela, a fissura da mestria algorítmica.

Santaella (2018a, p. 27) frisa que não é suficiente considerar os intermediários da informação, pensando a mídia de legado ou as mídias sociais "como os únicos responsáveis pelos problemas". Ao contrário, "é uma tarefa coletiva, nada fácil, que reclama por ações criativas como antídotos à propaganda enganadora, às falas de ódio, aos conteúdos preconceituosos e às notícias falsas". A autora dá ênfase ao "tipo mais prejudicial nesse elenco falsificador", que pode ser encontrado "nas propagandas intencionalmente enganadoras com a finalidade de promover pontos de vista tendenciosos, quase sempre para alimentar causas e programas políticos". Ela complementa:

"Justamente esse campo de atuação e decisão de que dependem os destinos da democracia nesta era do pós-digital" (p. 35).

Não negamos a importância de alertas de pensadores como Paul Virilio (2001) e sua "política do pior", quando avisa, entre outros perigos, o do controle social que pode estar embutido nas redes telemáticas ou da promoção publicitária da ilusão sobre o que a tecnologia sugere. Porém, esse perigo não pode impedir a fruição do ciberespaço e de suas qualidades, entre elas a inteligência coletiva, que a interconexão e as comunidades virtuais suscitam, como apregoa Lévy (2000), mesmo sendo o ciberespaço uma bolha cibernética tirânica, como prevê Virilio (citado por Prado, 2009).

"A inteligência coletiva é constantemente mobilizada ao longo de uma cadeia indissoluvelmente econômica, intelectual e afetiva ('o desejo')", elucida Lévy (2000, p. 62). O conceito de "inteligência coletiva", tal como foi proposto por Lévy (2000-1990), refere-se a um tipo de inteligência que emerge a partir da colaboração de vários indivíduos. Tal inteligência não poderia ser alcançada por um indivíduo isolado. Para ele, as novas tecnologias digitais e em rede podem estimular e valorizar a emergência da inteligência coletiva.

Na outra ponta, Virilio afirma que "a informação que deveria ser 'democrática' não o é mais. Caímos, então, nos mecanismos clássicos da propaganda" (Prado, 2009, p. 54). De fato, isso ocorre na internet, em que se observa a proliferação de canais distribuindo padronizações pasteurizadas. Virilio, em seu livro *The Information Bomb* (2000), inicia uma nova discussão desenvolvendo uma analogia sobre a guerra. Na sua visão, a guerra tem três etapas que correspondem às três dimensões da matéria: massa, energia e informação – que ele chama de bomba informática. Virilio esclarece que o elemento primordial da terceira fase da guerra foi a informação, capaz de destruir culturas. Em suma, o autor aponta para a capacidade destrutiva da informação, não mais vista como instrumento de libertação (Prado, 2009, p. 54).

> A informação já existia em formas anteriores de guerras, com a espionagem ou a propaganda, com o reforço da fé religiosa nas Cruzadas.

Mas hoje a dimensão informativa se torna primordial nos conflitos. Infelizmente, não é mais um instrumento de libertação. Albert Einstein dizia existirem três tipos de bombas: a bomba atômica, a bomba da informação e, para ele num futuro, a bomba demográfica. Estamos hoje atravessando o momento da explosão da bomba da informação, da bomba da informática. Esta última é bem mais perigosa que a bomba da informação, porque na época os computadores não estavam tão desenvolvidos. Agora, com a interatividade, com a comunicação on-line, assistimos à fusão de opiniões (Virilio, 2003 citado por Prado, 2009, p. 55).

É interessante notar que Virilio, em sua crítica à padronização de opiniões, revela o quanto a democracia parece impossível. Ele chama essa fase de sincronização das emoções, pois, além da padronização das opiniões, os meios de comunicação, com suas transmissões ao vivo, favorecem as emoções simultâneas. No entanto, para o autor, a democracia pela emoção pode ter efeitos devastadores, tal como foram os vistos no uso que os nazistas fizeram de emissoras de rádio em transmissões simultâneas por toda a Alemanha (Prado, 2009, p. 55).

É triste constatar aquilo que a internet provocou na conjuntura da informação. Antes, é preciso enfatizar que, além do lado positivo de poder atestar um espaço numérico aberto à espécie humana (minimamente letrada e que queira ocupar tal espaço), às máquinas (as postas em funcionamento e as autônomas) e às coisas (manuseadas ou não), suas consequências mais profícuas são a capacidade (até o momento infinita) de armazenar conhecimento e com este suscitar a engenhosidade algorítmica para resolver problemas complexos. Nesse ínterim, ao proveito mundano entre internautas, o que se sobressai é a aptidão em ampliar largamente a transmissão, a transferência e a troca de saberes (Prado, 2019b, p. 57).

Todavia, eis o ponto no qual, lamentavelmente, a cibercultura degringola. Ao dar voz a todos, até mesmo aos bisonhos, o que, por um lado, sempre foi e continua sendo positivo por democratizar a participação de qualquer um, por outro, traz à tona todo tipo de mediocridade, incoerência e ambiguidade. Nessa esteira, a pequenez moral surge com a desordem da informação, a notícia fabricada e, consequentemente, fraudulenta (Prado, 2019b, p.57).

É necessário esclarecer que, antes da internet, os problemas que foram aqui levantados já existiam, porém sem a celeridade que a tecnologia numérica faz emergir. Assim, nas últimas décadas, tais questões ainda surgiram no campo da cultura informativa com maior intensidade – próprio da rede –, como hipóteses não verificadas, manipulação de fatos e histórias inventadas, somadas à falta de escrúpulos e à ausência ética com o consequente contágio na opinião pública, muitas vezes com modo de pensar arbitrário ou como na definição (filosofia) do dicionário *Houaiss*: "crença adotada como verdade pelo senso comum sem qualquer reflexão a respeito de sua validade, de seus pressupostos e dos meios pelos quais foi obtida" (Prado, 2019b, p. 58).

Nesse sentido, as possíveis consequências disso são induções a erros, má-fé, chance para a patifaria agir, falsificação da realidade para contemplar interesses escusos. Ou seja, no lugar de apenas apresentar suas crenças, as opiniões viram julgamentos coletivos corrosivos que levam ao ódio quando não conseguem impor suas verdades (mesmo duvidando ou sabendo que são mentiras) (Prado, 2019b, p. 58). Pode ser apenas olho turvo ou displicência mesmo.

> A percepção, tal como a memória, é seletiva, baseando-se em associações emotivas (Berlo, 1985; Littlejohn, 1978). Grosso modo, percebemos bem o que queremos perceber e percebemos as coisas como as queremos perceber, conduzidos pela emoção mais do que pela razão. Recorde-se, a propósito, que António Damásio (1994) sustenta que é a emoção que nos leva à decisão, não a razão (Sousa, 2006, p. 29).

Em suma, aplica-se a computação afetiva e, por isso mesmo, "é fácil entender a ojeriza que muitos sentem à propaganda, à publicidade e às relações públicas nas sociedades democráticas. Esse sentimento expressa a desconfiança e a reação defensiva das pessoas que se percebem como vítimas da mídia e da manipulação da informação", como reflete Wainberg (2018, p. 154, citado por Prado, 2019b, p. 58). Pode-se acrescentar a desconfiança nos políticos.

No caso das máquinas, o homem por trás delas, entre tantas outras iniciativas, cria ferramentas para a análise de dados (pessoais e de empresas) rumo a conhecer em detalhes os alvos analisados. A partir da justificativa de traçar o perfil com precisão e no intuito de direcioná-lo ao que de melhor lhes caberia, publicitários invadem a privacidade dos internautas e fornecem (ou empurram) produtos para o consumo, conforme conveniência. De início, parecia um serviço e cada vez mais raspavam os dados para adequar aos gostos e costumes do público, como se estivessem fazendo uma boa ação. Aos poucos, conheciam mais sobre os perfilados do que eles próprios (Prado, 2019b, pp. 58-59).

Na questão de possivelmente "melhorar" (só que não) algo para as pessoas, Morozov (2018) ironiza e questiona. "Graças à rastreabilidade de tudo, podemos projetar melhor, aperfeiçoar melhor, governar melhor, conhecer melhor. Os dividendos da vigilância aumentam a eficiência. Poupam recursos, prolongam vidas. Seus benefícios são reais" (Watkins, 2018). "Em função disso, não deveríamos nos perguntar se os dividendos da vigilância nos permitem governar melhor ou conhecer melhor? Caberia indagar: melhor que o quê?".

Wardle ressalta que o que realmente a preocupa são "os memes hiperpartidários compartilhados entre pares em espaços fechados [e até criptografados, como o WhatsApp] de mensagens como grupos no Facebook, WhatsApp, Snapchat e Instagram Stories" (Wardle, 2018) e demonstra os motivos: "À medida que passamos mais tempo nesses tipos de espaços online, habitados por amigos e familiares mais próximos, acredito que somos ainda mais suscetíveis a essas mensagens emotivas e desproporcionalmente visuais".

Na visão de Connor (2013, citado por Wainberg, 2018), trata-se da representação agregada das emoções dos indivíduos. "Afinal, entes coletivos não sentem. Esta é uma propriedade da pessoa. Esse resultado foi verificado também no Facebook (Kramer, 2012). Comprovou-se ainda que certo estado emocional é partilhado entre os membros de um *cluster*" (Kramer et al., 2014; Ferrera, 2015 citados por Wainberg, 2018). Os algoritmos, por meio de mapeamento de rede com os nossos dados, conseguem fazer esses agrupamentos.

Um parênteses para falar dos stories (uma cópia do Snapchat [lançado em setembro de 2011] com fotos que se autoexcluem em alguns segundos ou em 24 horas), que por serem evanescentes, parecem dar permissão, entre aspas, para forjar a vida real. De repente, se alguém viu, já passou, fica mais difícil de constatar, tanto para mentirinhas quanto para FN bem perniciosas.

É assim que as mentes são infectadas por um esquema desmesurado de memes, comenta Wainberg (2018): "Análise empírica mostra ainda que usuários da rede tendem a seguir certas normas sociais em suas repetidas interações nos chats, algo que resulta num determinado tom emocional dos canais" (Garas et al., 2012, citado por Wainberg, 2018, p. 152).

IA & Filosofia – Empirismo. Doutrina segundo a qual todo conhecimento provém unicamente da experiência, limitando-se ao que pode ser captado do mundo externo, pelos sentidos, ou do mundo subjetivo, pela introspecção, sendo geralmente descartadas as verdades reveladas e transcendentes do misticismo, ou aprioristicas e inatas do racionalismo (*Houaiss*).

Há que se ressaltar o contrário com os algoritmos, ou seja, eles não sentem emoção, não ficam distraídos, cansados etc. (mas, tem um porém: não podemos esquecer que máquinas quebram ou morrem ao seu jeito), além de se lembrar de uma de suas características fundamentais: a velocidade com que trabalham, competindo pela atenção dos usuários, sendo que a velocidade nas criações dos memes chega a ser ainda maior. Alguns lançam olhares tortos aos memes, mas há que conviver com eles, não devemos fechar os olhos, fazem parte da linguagem atual.

"Mas expressão não é informação"

Em contraposição, Dominique Wolton em entrevista a Luís Miguel Queirós (2016), em entrevista ao *Publico.pt* enfatiza que a velocidade da internet e das redes sociais "está a devorar a liberdade de informação e que o jornalismo não deveria mergulhar nessa voragem. A internet é ótima para nos exprimirmos, mas expressão não é informação, é algo muito mais fácil".

O pensador torna a velocidade problemática na medida em que não se tem tempo para checagens fundamentais, o que, obviamente, concordamos, sobretudo quando tratamos de iniciantes, mas não nos impede de tentar achar vias de soluções. "Pertenço a uma tradição democrática favorável ao aumento da informação", não nega Wolton, "e todos nós, investigadores, jornalistas, políticos, achávamos que mais informação era mais verdade: toda a luta pela liberdade de informação, desde o século XVII, foi concebida a partir dessa premissa" (citado por Queirós, 2016). Entretanto "ninguém antecipou que o aumento da velocidade e a pressão da concorrência implicariam riscos, e que a informação ao vivo, que julgávamos mais próxima da verdade, podia afinal errar muito, porque não há tempo para verificar", pondera Wolton. Ele levanta as questões dos rumores e das teorias da conspiração, quando não se pensou que, quanto mais informação existisse, tanto mais rumores teríamos, porque "os homens são complicados".

Outra surpresa de Wolton foi a constatação de que todos os canais de informação falam das mesmas coisas ao mesmo tempo e "a crescente concorrência entre eles não tem servido para alargar o campo da informação" (citado por Queirós, 2016). Nesse caso, apesar de concordarmos com estas "mesmas coisas ao mesmo tempo", diversos jornalistas estão produzindo especiais para, exatamente, sair desse lugar-comum e oferecer aos leitores- internautas um conteúdo que vai além do que a maioria está publicando, utilizando contextos, outros vieses, mais pontos de vista e lançando mão das ferramentas digitais móveis para alargar as informações da mesmice, da qual reclama Wolton.

Bom frisar que é preciso redobrar a checagem do material que vem de não profissionais, até porque eles não têm preocupações éticas. Como alerta Wonton: separar expressão de informação – ao se referir às redes sociais – é função do jornalista. "Ele deve olhar para a internet como um novo meio de expressão e ter consciência de que, enquanto canal de informação, exige um trabalho de verificação" e acentua que a última coisa de que os jornalistas não podem esquecer "é que a informação é algo de valioso e difícil, que deve ser produzida por profissionais" (Wolton citado por Queirós, 2016).

Assim, uma das mudanças cruciais do jornalismo na internet é o seu modo de circulação, ou seja, a velocidade com que a informação circula. O que não muda no jornalismo, seja na web ou fora dela, é o esquema da produção do noticiário: o planejamento da reportagem, a pesquisa do tema, a procura das fontes, das personagens, a apuração, a checagem, a identificação, a captação das informações, a redação, a revisão (seja feita pelo próprio repórter ou pelo editor) e a edição (Prado, 2011, p. 48).

Ao usurpar as plataformas sociais, a indústria da desinformação (que inclui as FN, mas não se resume a elas) tem alcance incomparavelmente superior ao da imprensa. Essa forma contemporânea de mentira massiva e poderosa infecta como um vírus os organismos da democracia. A desinformação industrializada – cada vez mais a serviço quase que exclusivo das falanges de extrema direita – corrói os meios legítimos de que dispomos para registrar aquilo que Hannah Arendt definiu como "verdade factual" (Bucci, 2020).

> Como se vê, não precisamos de uma resposta definitiva sobre a natureza da mentira ou da verdade na Filosofia para entender o estrago causado pela desinformação. Basta-nos entender o valor da verdade dos fatos, essa pequena forma de verdade cotidiana simples, que todos percebemos. Onde vigora a desinformação, a sociedade perde a capacidade coletiva de constatar e nomear os fatos – e quando essa capacidade se dissolve, a política fica inviável e a democracia, impossível (Bucci, 2020).

Nessa aceleração tecnológica desmedida, diversas questões ficam em aberto, como a da regulação de dados e dos algoritmos de IA e o quanto qualquer tipo de governança ou regulamentação pode esbarrar na censura, à luz da liberdade de expressão, mas essas somente são urgentes quando é para resguardar a ética na cacofonia informacional – do mero deslize à deturpação das *deepfakes*, estabelecendo como articular a desinformação. Em qual base filosófica podemos mapear digitalmente, enquanto a tecnologia nos invade, para o bem e para o mal. No entanto, dentro do *zeitgeist*, a incomunicação com a intensidade da desinformação replicada pelos descontentes, mal-informados por meio de conteúdos que perdem cada vez mais o sentido nas redes sociais ou, quando informados, de forma enganadora, em meio a uma desigualdade digital que perpetra uma guerra de informação – e no espaço da internet, podemos chamar de guerra cibernética –, causando implicações fatais para a estremecida democracia.

A principal fonte de arquivos do Facebook do *The Wall Street Journal*, para uma série investigativa baseada em documentos internos do Facebook, revelou sua identidade: Frances Haugen, uma ex-gerente de produto da empresa que se manifestou depois de ver a liderança do Facebook priorizar repetidamente o lucro em vez da segurança (Hao, 2021b). Em maio deste ano [2021], ela havia reunido relatórios e pesquisas internas na tentativa de demonstrar conclusivamente que o Facebook havia deliberadamente escolhido não corrigir os problemas em sua plataforma.

Em 5 de outubro de 2021, Haugen testemunhou ao Senado norte-americano sobre o impacto do Facebook na sociedade, reiterando muitas das descobertas da pesquisa interna e implorou ao Congresso para agir. "Acredito que os produtos do Facebook prejudicam as crianças, alimentam a divisão e enfraquecem nossa democracia. Uma mídia social mais segura, respeitadora da liberdade de expressão e mais agradável é possível", disse Haugen culpando particularmente o algoritmo do Facebook e as decisões de design de plataforma por muitos de seus problemas. O Facebook "decide como direcionar os anúncios e classificar o conteúdo com base em centenas de algoritmos.

Alguns desses algoritmos revelam as preferências do usuário e aumentam esse tipo de conteúdo em seu feed de notícias" (Hao, 2021b).

Outros servem para detectar tipos específicos de conteúdo impróprio, como nudez, spam ou manchetes *clickbait*, e excluí-los ou empurrá-los para baixo no feed. Todos esses algoritmos são conhecidos como algoritmos de aprendizado de máquina. Antes de o Facebook começar a usar algoritmos de aprendizado de máquina, as equipes usavam táticas de design para aumentar o engajamento. Eles experimentavam coisas como a cor de um botão ou a frequência das notificações para fazer com que os usuários voltassem à plataforma. Mas os algoritmos de aprendizado de máquina criam um loop de feedback muito mais poderoso. Eles podem não apenas personalizar o que cada usuário vê, mas também continuar a evoluir com a mudança de preferências do usuário, sempre mostrando a cada pessoa o que os manterá mais engajados (Hao, 2021b).

Como um vírus informacional, "durante seu depoimento, Haugen repetidamente voltou à ideia de que o algoritmo do Facebook incita desinformação, discurso de ódio e até violência étnica", relata Hao (2021b). Enquanto não houver regulação em quem ocasiona danos as pessoas, os espasmos de ódio e o desprezo à verdade continuarão, sem atenuantes, infelizmente.

Plataforma *blockchain* pode ser uma possibilidade

Em plena era de retrocesso e de desconfiança entre pessoas e instituições, especialmente as democráticas, a sociedade se vê à frente de um novo esquema de confiar seus dados: plataformas que alardeiam privacidade com as informações valiosas de seus indivíduos e empresas. Trata-se de um dos temas mais quentes da atualidade de que nós, da comunicação e da cultura, não podemos prescindir nos colocar em diálogo permanente até seu completo entendimento. Entre prós e contras – próprios de uma tecnologia recente –, concluímos que, mesmo as pessoas fora da área estrita da economia, melhor dizendo, da nova economia, precisam ao menos dar início a uma reflexão crítica.

Não é próprio de nossa cultura ficar checando deslizes, falhas e até mesmo fraudes. Sempre ficamos na dependência de mediadores de nossas transações. Mas parece uma pseudologia quando são plantadas exatamente para fazer com que os checadores fiquem desmentindo, ou seja, desviando a atenção para outras checagens. Assim, a proposta é que se comece a escrutinar os meandros de funcionamentos de plataformas que se afirmam seguras, sem ataques de hackers (do mal), sem cobranças de altas taxas de intermediação, bem como sem os atravessadores nos sistemas em que fornecemos nossos arquivos. Aliás, arquivos de toda sorte, como documentos e outros, que necessitam de um mínimo de privacidade, na esfera econômica e fora dela, já que a rede *blockchain* ultrapassa questões meramente financeiras (Prado, 2020, p. 114).

A hipótese é que esse tipo de plataforma numérica pode vir a ser confiável e infalível à medida que os hackers (do bem) possam ser remunerados o suficiente (não apenas com criptomoedas) no intento de oferecer o empenho necessário para desfazer possíveis bugs e ataques daqueles que vão tentar tirar vantagens nas empreitadas de menor porte, mais suscetíveis a deixar brechas (Prado, 2020, p. 114).

"Descobertas recentes unificaram os campos da ciência da computação e da teoria da informação no campo da teoria algorítmica da informação", conta Nick Szabo (1996).

> A informação é usada para descrever as estruturas culturais da ciência, instituições legais e de mercado, arte, música, conhecimento e crenças. A informação também é usada para descrever as estruturas e processos de fenômenos biológicos e fenômenos do mundo físico. A aplicação mais óbvia de informações é para os domínios de engenharia de computadores e comunicações (Szabo, 1996).

Ao falar em arte, é preciso pontuar que, na cibercultura também aparece a ciberarte que propõe, entre outras bandeiras, a obra aberta e a autoria coletiva (Prado 2012, p. 34). Na medida da exatidão informativa, "tal método nos daria uma medida de conteúdo de informação absoluta, a quantidade de dados que precisa ser transmitida na ausência de qualquer outro conhecimento *a priori*. O método de descrição que atende a esses critérios é a complexidade de Kolmogorov: o tamanho do programa mais curto (em bits) que, sem dados adicionais, calcula a sequência e termina" (Szabo, 1996).

Em 2008, no auge da crise financeira mundial e da bolha imobiliária, foi criado um sistema econômico alternativo na internet, seguro para transferir itens de valor denominado "protocolo de confiança". A inovação foi alardeada como uma rede sem burocracia, controlada e verificada pelos próprios participantes por meio de uma estrutura de dados chamada *blockchain* – um registro de transações como um grande arquivo que serve para catalogar, rastrear, certificar, autenticar informações e objetos de valor acessível aos usuários interessados. As transações são armazenadas em blocos que estão acorrentados um ao outro. Trata-se de um banco de dados e uma cadeia de blocos (como diz o nome) que sempre carrega um conteúdo junto a uma impressão digital. O processo é que o bloco posterior vai conter a impressão digital do anterior mais o próprio conteúdo e, com essas duas informações, gerar a própria impressão digital e assim por diante. "O autor tira uma impressão digital do documento (sua *hash*) e criptografa com sua chave privada. Assim, é suficiente para receber o documento para descriptografar com a chave pública do remetente a impressão digital (garante o remetente) e compara com a impressão do documento cuja autenticidade a ser verificado (garante o conteúdo do documento)", explicam Mathieu Quiniou e Christophe Debonneuil (2019).

> [...] é possível acessar essa base de dados pelo computador e ver uma negociação que ocorreu entre duas pessoas: uma na China e outra na Alemanha, por exemplo. Os detalhes sobre quem são os envolvidos não é possível saber, pois tudo é criptografado. Mas dá para saber que aquela transação ocorreu e que ela está gravada na *blockchain* para sempre.

E falamos para sempre no sentido literal. Afinal, não é possível desfazer ou alterar uma transação após ela ser inserida no sistema (Toro, 2019).

Entre as dinâmicas informacionais, "a criptografia permite que duas pessoas troquem mensagens sem que essas mensagens sejam interceptadas por terceiros. Isto consiste em determinar um algoritmo para criptografar as mensagens e outro para decifrá-los. A criptografia é uma disciplina fundamental para entender o desenvolvimento de *blockchains*" (Quiniou; Debonneuil, 2019). Na visão dos editores da *MIT Technology Review* (2018), *blockchain* é "uma estrutura matemática para armazenar dados de uma maneira quase impossível de falsificar. Pode ser usado para todos os tipos de dados valiosos". Em definição de 2019,

> Um *blockchain* é um banco de dados criptográfico mantido por uma rede de computadores, cada um dos quais armazena uma cópia da versão mais atualizada. Um *blockchain protocol* é um conjunto de regras que determina como os computadores na rede, chamados nós [futuros mineradores] devem verificar novas transações e adicioná-las ao banco de dados. O protocolo emprega criptografia, teoria dos jogos e economia para criar incentivos para os nós trabalharem para proteger a rede em vez de atacá-la para ganho pessoal. Se configurado corretamente, este sistema pode tornar extremamente difícil e caro adicionar transações falsas, mas relativamente fácil de verificar as transações válidas (MIT..., 2021).

Em suma, o fato incontroverso é que, "enquanto a tecnologia *blockchain* tem sido muito elogiada por sua segurança, ela pode ser bastante vulnerável sob certas condições", alerta Mike Orcutt (2019). Ele acrescenta que, às vezes, a execução de má qualidade pode ser "responsabilizada, ou erros de software não intencionais. Outras vezes, é mais uma área cinzenta – o resultado complicado de interações entre o código, a economia da *blockchain* e a cobiça humana. Isso é conhecido em teoria desde o início da tecnologia" (Orcutt, 2019).

Vemos um afã de otimismo que precisa ser discutido ao longo das ocorrências sobre transparência, responsabilidade e limites do anonimato. Por enquanto, o discurso é de que "a corrupção e as violações dos direitos humanos muitas vezes prosperam em ambientes de sigilo, assimetria de informação e canais de comunicação opacos". Em contraste, "*blockchains* são projetados para trazer transparência total aos nós no sistema, de forma que cada pedaço de informação pode ser rastreado até sua origem e seguido com facilidade", dizem Walid Al-Saqaf e Nicolas Seidler (2017, p. 9).

Algoritmos de consenso formam a base das tecnologias de rede *blockchain*

"Os algoritmos de consenso são capazes de diferenciar todas as categorias de consenso que existam na *blockchain*", atesta Lucas Lamounier (2018), do *101 Blockchains*. É a rede que movimenta informação para milhões e milhões de pessoas promovendo facilidades, cuja arquitetura é inteligente e projetada com os algoritmos de consenso, que é o ponto inicial dessa arquitetura. Os algoritmos de consenso deflagram um processo de tomada de decisão para um grupo, no qual cada indivíduo constrói e apoia a decisão que funcionará para o todos do grupo (Lamounier, 2018). "É uma forma de resolução na qual os indivíduos precisam apoiar a decisão da maioria, de forma consensual, quer tenham gostado ou não. Os modelos de consenso da *Blockchain* são métodos projetados para criar igualdade e justiça no mundo online". Os sistemas de consenso usados para esse acordo são também chamados de "teorema de consenso". São os algoritmos de consenso que "tornam a natureza das redes *blockchain* tão versáteis. Sim, não há um único algoritmo de consenso da *blockchain* que possa afirmar ser perfeito, mas essa é a beleza da tecnologia que imaginamos – a constante mudança para podermos aprimora-los".

É nesse contexto que, entre os que estudam tecnologias *blockchain*, a visão de criação de redes de informação descentralizadas pode "transformar por completo a forma com que negócios serão feitos daqui para frente", ou seja, se atualmente a internet é considerada a forma mais eficiente de compartilhar informação com pessoas do mundo todo de forma veloz, a plataforma *Blockchain* pode oferecer uma "nova proposta". Não necessariamente é preciso nos ater às transações que envolvam dinheiro e ativos financeiros. Acredita-se ser possível utilizar esse novo sistema para também arquivar e compartilhar música, arte, votos, documentos etc. (Toro, 2019).

Entre diversos exemplos de como a tecnologia *blockchain* pode ser utilizada, destaca-se "para detectar a corrupção nos círculos do governo e limitar os abusos de poder de maneiras que os métodos tradicionais de contabilidade não podem" (Al-Saqaf; Seidler, 2017, p. 9). Ao permitir que jornalistas e outros grupos de interesse público tenham acesso a dados públicos sobre a *blockchain*, "os direitos humanos podem ser um grande beneficiário. Os dados podem ser usados como irrefutáveis evidências para expor práticas criminosas dentro do estado e, portanto, proteger membros vulneráveis da comunidade". É importante notar que o grau e a implementação da transparência podem variar de uma *blockchain* para outra. "Nas *blockchains* autorizados, é possível manter partes dos dados transparentes para alguns nós, mantendo o restante oculto. Isso pode ser crucialmente importante para algumas empresas e serviços que dependem de confidencialidade nos dados de transação".

Ao utilizar a tecnologia *blockchain*, as transações eletrônicas poderão ser verificadas/registradas automaticamente a partir dos nós presentes na rede por meio do algoritmo criptográfico, conforme Kareline Staut (2018), que acrescenta: "sem qualquer tipo de intervenção humana, autoridade central ou qualquer ponto de controle que poderia interferir no processo, ou seja, qualquer tipo de entidade centralizada".

Em tempos de superexcitação em tornar tudo autônomo, dentro da "cultura do faça você mesmo", na progressiva usabilidade de códigos e na intenção de se apoderar da fricção entre rede – descentralizada que garante um mínimo de privacidade – e mundo, o propósito da plataforma *Blockchain* teria, assim, de acordo com Al-Saqaf; Seidler (2017), "transparência, igualdade e autonomia são algumas das características da tecnologia *blockchain* que poderiam facilitar o progresso em áreas como identidade online, tráfico humano, corrupção, fraude, participação democrática e liberdade de expressão".

Disso se conclui, com Szabo (1996), que a teoria da informação algorítmica "é uma síntese abrangente da ciência da computação e da teoria da informação. Suas ressonâncias e aplicações vão muito além de computadores e comunicações para campos tão diversos quanto a matemática, a indução científica e a hermenêutica" (Szabo, 1996).

Existe um movimento de profissionais da imprensa à procura de um futuro sustentável e transparente para restaurar a confiança no jornalismo. Com o uso mais intenso das redes sociais, o público passa a preferir acompanhar o noticiário em páginas personalizadas e entre seus pares. Consequentemente, o jornalismo como um todo perde audiência. Uma audiência datafwicada, no entanto. Em plena era da pós-verdade, com as FN reinando nas redes e em sites que imitam o jornalismo, grande parte do público foge do contraditório e prefere acreditar em quem bajula suas crenças, por ser mais confortável. Um conforto psíquico, como estarmos nas nossas bolhas.

O desígnio maior dos envolvidos nesse movimento é ratificar a prática de um jornalismo ético – para pôr abaixo a desinformação – e independente, o que contribui para não se prender a determinados donos de empresas de comunicação com diretrizes comerciais de interesses escusos. Veja só não são só interesses comerciais, esses, entendemos. São os e s c u s o s!

Como uma espécie de "nova economia", em um modelo de negócio alternativo, aposta-se na *blockchain* e em criptomoeda, cujos usos são registrados em um "livro-razão digital" – um sistema de registro de transações e blocos – compartilhado e constantemente atualizado. De um lado, tenta-se garantir o sustento dos jornalistas, para que possam ser remunerados e trabalhar livremente, dissociados de politicagens, e, de outro, experimenta-se a segurança em publicar em uma plataforma (que se diz) inviolável, afugentando aqueles que querem conteúdo para distorcer e produzir informações fraudulentas.

É preciso escrutinar soluções direcionadas que empregam a tecnologia *blockchain* para jornalistas armazenarem metadados, tornando-os seguros. Não será arrolada, aqui, a parte que diz respeito à economia sustentável do ecossistema de notícias quando monetizável com o uso de criptomoedas, *tokens* e outras formas de remuneração (micropagamentos, *crowdsourcing*, financiamento por fundações etc.) tanto dos jornalistas quanto dos usuários que monitoram o conteúdo e recebem por isso. Nosso foco é a rede global de um serviço universal e descentralizado, voltado a armazenar, além dos bits de dados, identidades e credenciais verificáveis, com o registro sequencial de todas as atividades de interesse de uma conexão de usuários formada por jornalistas, editores, checadores de fatos, designers, desenvolvedores e aqueles que consomem e apoiam o trabalho jornalístico. Assim, nossa atenção será voltada à transparência em publicar em um lugar que potencialmente garante segurança dos dados, ou seja, das informações.

Conceitos na esfera da *blockchain*

Blockchain é uma corrente de blocos criptografados e vinculados. Cada bloco contém informações rastreáveis e inalteráveis, garantindo um sistema à prova de fraudes e ataques. É um sistema que, segundo consta, torna as informações imutáveis, impossibilitando, assim, qualquer tipo de ato que sirva para ludibriar pessoas.

No caso do jornalismo, é determinante saber que uma plataforma de *blockchain* é resistente à modificação dos dados que nela são contidos, o que também é útil quando é preciso proteger o conteúdo noticioso de adulterações e de censura. A vantagem dos dados armazenados em uma *blockchain* é que eles são registrados e validados por outros usuários, que podem ser humanos ou computadores, ajudando na verificação, reforça Emily Yarwood (2019). Uma característica eficaz da tecnologia é que "o conteúdo não é armazenado em um site centralizado, no qual fica vulnerável a ataques cibernéticos, mas em acumuladores descentralizados, o que impossibilita qualquer modificação, porque existem muitos deles", explica Marcela Kunova (2019).

Há diferentes definições que aclaram o sentido e o desempenho da *blockchain*. Ignacio De León (2019) argumenta ser uma tecnologia "para registro distribuído, simultâneo e indelével de dados. É feito de maneira criptografada, em blocos de informações que se sobrepõem aos blocos anteriores, criando 'cadeias' invioláveis de informações".

Os registros são feitos a cada etapa, permitindo uma rastreabilidade em tempo real e possibilitando ajustes no processo somente antes de sua conclusão. Além disso, soluções em *blockchain* têm a capacidade de produzir bancos de dados escaláveis (Rastreabilidade... , 2020). Em suma, *blockchain* é um banco descentralizado de dados no qual nada pode ser adicionado ou modificado sem o consentimento de todos os participantes (Kunova, 2019).

Seguindo essas premissas, a rede de computadores ponto a ponto resulta em tecnologia – o livro-razão digital – que "evita invasões, porque cria um protocolo de verificação através da reprodução de informações em vários nós, em vez de sua centralização em um único ponto controlado pelo *gatekeeper* ou administrador da rede", dificultando em muito um ataque de crackers. Essa tecnologia assegura possibilidades para a proteção – para tanto, é preciso criptografar o documento, criar um *hash* e o registro da propriedade intelectual (PI), como evidência, seja na fase de registro, seja em uma disputa judicial. A *blockchain* também pode ser usada para fins de autenticação e proveniência na detecção e na recuperação de produtos falsificados e roubados (De León, 2019).

> O *hash* é uma impressão digital do arquivo. Tecnicamente, é uma cadeia de caracteres de comprimento fixa calculada a partir do arquivo pela ação de uma função chamada "função *hash*". É impossível recuperar o arquivo de seu *hash*. Dois arquivos diferentes têm dois *hashes* diferentes. Como resultado, *hashes* são uma excelente maneira de certificar a autenticidade de um arquivo. Na maioria das vezes, tanto em espaço de

memória quanto em confidencialidade, apenas os *hashes* dos dados são armazenados na *blockchain* e não os dados em si (Quiniou; Debonneuil, 2019, p. 27).

Trata-se de uma cadeia que qualquer usuário pode ver, a qualquer momento, com a possibilidade de verificar quem e quando inseriu os dados, bem como de onde vieram. Por causa desses atributos, a *blockchain* permite que os jornalistas "sejam pagos, publicados, reconhecidos e confiáveis. Pagamentos instantâneos, preservando a autenticidade do trabalho do jornalista contra plágio e validação de uma comunidade confiável", esclarece Troy Norcross, cofundador da plataforma *Blockchain Rookies* (citado por Yarwood, 2019).

Portanto, considera-se que parte do êxito da *blockchain* recai exatamente em ser uma plataforma baseada em "blocos" distribuídos, que registram todas as alterações (um pouco como um histórico de documentos, o que faz a *Wikipedia*), garantindo, assim, que o registro seja praticamente impossível de ser destruído. O registro (a veracidade da informação) pode ser validado por jornalistas cadastrados. E como a validação precisa de um consenso entre os agentes da *blockchain*, isso garantiria que as informações sejam validadas conforme padrões éticos e morais (Blockchain, 2022). Tais padrões são de praxe entre os profissionais, mas não o são entre usuários sem preocupações de ordem valorativa.

Então, a hipótese de que na *blockchain* o material jornalístico está assegurado e, assim, não pode ser alterado por atores inescrupulosos que produzem FN é, de um lado, corroborada; de outro, no entanto, com a possibilidade de qualquer usuário entrar para produzir e publicar conteúdo, cai-se no mesmo problema da internet como um todo, na qual a desordem informacional impera em redes sociais e em *sites* de pseudojornalismo, alastrados em câmeras de eco.

De qualquer forma, de acordo com a plataforma Publiq, essa tecnologia tem "o potencial de trazer mais transparência ao processo de publicação, uma vez que os dados sobre todos os participantes e todas as informações sobre qualquer coisa publicada são armazenados na *blockchain*. Para sempre". Isso pode "dissuadir os criadores de conteúdo de postarem 'notícias falsas'" (Kunova, 2019).

A proposta desse tipo de plataforma objetiva inspirar e restabelecer a confiança dos usuários não somente em reputação institucional, profissional ou de teor pessoal, mas também por meio de criptografia, uma vez que textos e imagens publicados em um sistema baseado em *blockchain* são marcados com informações sobre origem, modificação, tempo de publicação e assim por diante. Os leitores podem consultar e verificar sua autenticidade (Blockchain, 2022) sob transparência, já que o banco de dados guardado nos servidores é aberto e distribuído.

Quando são buscadas soluções, a rede *blockchain* se candidata como possível alternativa ao combate à disseminação das FN. A utilização da tecnologia possibilita criar uma rede descentralizada de revisores de notícias, podendo recompensá-los de acordo com critérios selecionados, que podem ser desde a agilidade com que a notícia é revisada, o feedback mais completo ou ainda se aquele revisor indicou outros profissionais. Tudo isso de uma forma segura à prova de falhas e com possibilidade de auditoria. A transparência, aliada à criptografia, permite que as informações sejam publicadas, mas garantindo níveis de permissionamento de acesso (Rastreabilidade..., 2020).

Pontos cruciais: como se proteger e ainda impedir a censura

"Cada vez mais utilizada em publicações digitais, a tecnologia *blockchain* pode ser usada com bastante eficácia para que jornalistas e empresas de comunicação consigam evitar a censura, principalmente dos governos autoritários, e garantir o relato de denúncias sobre corrupção e crime organizado, por exemplo", reforça texto publicado no portal da Associação Nacional de Jornais (Tecnologia..., 2018).

É uma proteção que se deve aprimorar, haja vista que nenhum dado é apagado nas soluções em *blockchain*, o que faz com que a informação possa ser rastreada. Também se possibilita derrotar a censura porque, uma vez publicada, a notícia não pode ser removida ou alterada.

Um ponto de extrema importância é relativo à publicidade programática: os sistemas de compra e estatística baseados em *blockchain* podem trazer transparência a um ecossistema muitas vezes fraudulento. Origens de anúncios podem ser visíveis e relatórios de estatísticas se tornam praticamente incontestáveis.

"Com a *blockchain*, podemos relatar, sem medo, os poderosos interesses especiais das empresas, e arquivar nosso trabalho na [plataforma] *Ethereum* impede que nosso banco de dados seja comprado por um ator ruim ou um bilionário", diz David Moore, cofundador da plataforma Sludge. "Podemos oferecer aos leitores a garantia tecnológica mais forte possível de que nossos relatórios são os mesmos de quando os publicamos", acrescenta (With 100 ..., 2019).

Observações sobre uso de *blockchain*

Importa-nos mais compreender algumas das inúmeras possibilidades que as ferramentas digitais possibilitam para ampliarmos e indexarmos conteúdo (tanto para produzir e editar quanto para consumir). Uma maneira de metamorfosear o padrão de vivência com base na comunicação ampliada em tempo ubíquo, o tempo da simultaneidade, com o mesmo sinal captado por todos.

Uma plataforma descentralizada visando a usar a tecnologia *blockchain* em nome do jornalismo é louvável e tornar as informações de uma rede independente de redações mais confiáveis é preponderante em tempos de baixa reputação por causa da desinformação desembestada. É imprescindível lembrar que qualquer integrante ou usuário da cadeia pode ter acesso ao banco de dados, mas justifica-se que soluções auditáveis, produzidas, trocadas e analisadas continuamente, devem também entrar em modo de redobrada vigilância constante.

Crawford (2021) mostra o outro lado da IA, dando ênfase aos custos planetários, em seu projeto lançado em 2018 e em livro deste ano: *Atlas of AI: Power, Politics, and the Planetary Costs of Artificial*

Intelligence (*Yale University Press*, 2021), nos quais estuda como os sistemas de IA estão remodelando o mundo em direção a uma governança antidemocrática e aumento da desigualdade. "Muitos dos livros que foram escritos sobre inteligência artificial falam sobre realizações técnicas muito limitadas de uma compreensão muito distorcida da inteligência artificial como sistemas puramente técnicos que são de alguma forma objetivos e neutros" (Crawford, 2021). A pesquisadora quis fazer algo diferente, como entender realmente como a IA é feita no sentido mais amplo. "Isso significa olhar para os recursos naturais que o impulsionam, a energia que ele consome, o trabalho oculto em toda a cadeia de abastecimento e as grandes quantidades de dados que são extraídos de cada plataforma e dispositivo que usamos todos os dias" (Crawford, 2021).

"IA não é nem artificial nem inteligente"

Ao fazer isso em sua tese, Crawford (2021) queria abrir essa compreensão da IA como "nem artificial nem inteligente. É o *oposto* de artificial. Vem das partes mais materiais da crosta terrestre e do trabalho de corpos humanos, e de todos os artefatos que produzimos, dizemos e fotografamos todos os dias". Nem é inteligente, diz taxativamente. Ela ainda reforça que "há um grande pecado original no campo, onde as pessoas presumiram que os computadores são de alguma forma como cérebros humanos e se apenas os treinarmos como crianças, eles irão lentamente crescer e se tornar esses seres sobrenaturais".

"A inteligência artificial é um oximoro. Tudo o que é verdadeiramente inteligente nunca é artificial, e tudo o que é artificial nunca é inteligente", reforça Floridi (2020).

A verdade é que, graças a extraordinárias invenções e descobertas, a sofisticadas técnicas estatísticas, à queda do custo da computação e à imensa quantidade de dados disponíveis, hoje, pela primeira vez na história da humanidade, somos capazes de realizar em escala industrial artefatos capazes de resolver problemas ou executar tarefas com sucesso, sem a necessidade de serem inteligentes. Esse descolamento é a verdadeira revolução (Floridi, 2020).

Em um pressentido de realidade material, a pesquisadora acredita que isso é algo realmente problemático semelhante a quando "compramos essa ideia de inteligência quando, na realidade, estamos apenas olhando para formas de análise estatística em escala que têm tantos problemas quanto os dados que são fornecidos" (Crawford, 2018).

Crawford (2018) conta que uma das viradas para ela foi em 2016, com o início de um projeto chamado *"Anatomy of an AI System"*, com Vladan Joler. Eles se encontraram em uma conferência sobre IA habilitada por voz. "Tentávamos desenhar com eficácia o que é necessário para fazer um Amazon Echo funcionar. Quais são os componentes? Como ele extrai dados? Quais são as camadas do *pipeline* de dados?".

Eles perceberam que, para entender isso, é preciso "entender de onde vêm os componentes. Onde os chips foram produzidos? Onde estão as minas? Onde ele é fundido? Onde estão os caminhos logísticos e a cadeia de abastecimento?" Os pesquisadores rastrearam o "fim da vida útil desses dispositivos". Contam onde o lixo eletrônico está localizado, ou seja, em lugares como Malásia, Gana e Paquistão. Com esse projeto de pesquisa de dois anos para rastrear "essas cadeias de suprimento de material do berço ao túmulo. "São sistemas que produzem mudanças geomórficas profundas e duradouras para nosso planeta, bem como aumentar as formas de desigualdade de trabalho que já temos no mundo" (Crawford, 2018).

Então, isso me fez perceber que eu tinha que mudar de uma análise de apenas um dispositivo, o Amazon Echo, para aplicar esse tipo de analítica a todo o setor. Isso para mim foi uma grande tarefa, e é por isso que *Atlas of AI* levou cinco anos para ser escrito. Há uma grande necessidade de ver o que esses sistemas realmente nos custam, porque raramente fazemos o trabalho de entender suas verdadeiras implicações planetárias (Crawford, 2018).

É preciso não ficar transfixado na tecnocracia, ainda que seja inevitável ir além da esfera da supremacia dos técnicos quando se trata de política da informação, nem é uma questão de meramente sensacionalizar. "A outra coisa que eu diria que tem sido uma verdadeira inspiração é o crescente campo de acadêmicos que estão fazendo essas perguntas mais amplas sobre trabalho, dados e desigualdade", diz Crawford (2018), que pensa em "Ruha Benjamin, Safiya Noble, Mar Hicks, Julie Cohen, Meredith Broussard, Simone Brown – a lista continua". Ela vê isso como "uma contribuição para esse corpo de conhecimento, trazendo perspectivas que conectam meio ambiente, direitos trabalhistas e proteção de dados".

Insta destacar que a internet dos humanos, na simbiose com a tecnologia, nos coloca diante de dúvidas sobre o futuro. "Na história do *homo sapiens*, a nossa ciência só melhorou e a tecnologia ficou muito poderosa. Não queremos algo tão poderoso fora de controle, armas nucleares são um exemplo disso", elucubra Max Tegmark ao jornal *O Estado de S. Paulo* em entrevista a Bruno Romani, 2021). O pesquisador do MIT complementa: "Se as nossas democracias forem abaladas, e as empresas de tecnologia tomarem o comando, a gente pode nunca se recuperar novamente. Certamente não queremos uma IA com a qual um humano pudesse dominar o mundo".

"Deveria ser óbvio o fato de que os dados – e os serviços de inteligência artificial que eles ajudam a estabelecer – vão se constituir em um dos terrenos cruciais dos embates geopolíticos deste século" (Watkins, 2018). Até agora, os principais competidores são bem conhecidos – os Estados Unidos e a China –, mas é bem provável que outros países, como a Rússia e a Índia, irão buscar estar no pelotão de frente.

É evidente e salta à vista, mas é bom deixar registrado para suscitar debates para freio ético, o que assegura Morozov (2018, p. 61):

"Plataformas, em geral, são parasitárias e dependem de relações sociais e econômicas já existentes, não produzem nada por si mesmas, apenas rearranjam elementos e fragmentos desenvolvidos por outros".

Teremos de construir uma forma de resistência, mas ela está muito distante. Ela poderá vir da regulação democrática que seja capaz de, em primeiro lugar, quebrar os monopólios e, em segundo lugar, impedir a apropriação desleal, pelos algoritmos, dos dados e da configuração do nosso desejo. O que essas empresas fazem é mercadejar com o que há de mais íntimo e mais pessoal. Isso é intolerável se queremos viver numa sociedade civilizada. É verdade que a tecnologia nos trouxe e nos traz coisas maravilhosas, mas a tecnologia aprisionada pela ganância do capital rebaixa a dignidade humana a um patamar selvagem, que não podemos aceitar. Uma rebelião digital é urgentemente necessária (Bucci, 2021).

O jornalismo está em crise escancarada, não é de hoje, ou seja, crises e crises passam por ele desde a chegada da internet e a falta de modelo de negócio, não apenas porque perdeu o pé das tecnologias ou demorou para virar digital, mas, principalmente, porque a política passou a desprezar a veracidade dos fatos, que é o centro de gravidade da função jornalística como instrumento democrático.

No epicentro dessa turbulência, jornalistas ainda precisam se debruçar com a questão das FN em diversas facetas, a exemplo do relatório preliminar da CPI da Pandemia, apresentado pelo relator, o senador Renan Calheiros (MDB-AL), em outubro de 2021. Entre as críticas de todos os lados, em editorial de 20 de outubro de 2021, intitulado "Sem checadores, CPI da Pandemia produz aberração conceitual ao definir 'notícia falsa'", Natália Leal, CEO da Agência Lupa, comenta que, ao afirmar que "se considerará 'notícia falsa o texto, áudio, vídeo ou imagem não ficcional que, de modo intencional e deliberado, (...) tenha o potencial de ludibriar o receptor quanto à veracidade do fato', o relator da comissão cria uma aberração conceitual", afirmando ainda "que em nada contribuiu para a discussão das soluções possíveis para esse problema.

Como dito há muito tempo por diferentes atores envolvidos nessa discussão, ao conceituar 'fake news' corre-se o risco de criar conceitos amplos demais, com diferentes interpretações", e segundo ela, "que podem punir todos os usuários de redes sociais da mesma forma, sejam eles simples ingênuos em grupos de WhatsApp, sejam integrantes de uma verdadeira indústria que lucra – e muito – com a exploração dos conteúdos falsos" e completa: "Também se corre o risco de censura e ameaças à liberdade de expressão que não condizem com a democracia brasileira" (Leal, 2021). Seria mais certeiro fazer das tripas coração para atacar a indústria das FN. Legisladores discutem, inclusive, as limitações da liberdade de expressão. Axiomaticamente, um ponto a ser aprofundado que merece outro livro.

> O relatório torna públicos alguns dados que foram compartilhados pelo ministro Alexandre de Moraes, no âmbito do Inquérito das Fake News, como detalhes sobre o funcionamento do chamado Gabinete do Ódio, a rede de disparos em massa de fake news baseada no Palácio do Planalto, com ramificações na mídia e no Congresso. O relatório destaca a omissão dos órgãos públicos de comunicação na missão de combater boatos e a desinformação e denuncia que os mesmos tiveram papel ativo no processo de criação e distribuição de notícias falsas. O texto comenta a dificuldade de punição dos responsáveis por falta de base legal. "Ressalta-se que a ausência de lei em vigor para punir a disseminação de fake news dificulta as sanções a quem cria e dissemina notícias falsas" (Desinformante, 2021).

Logo após a divulgação do relatório, Renan Calheiros teve o desprazer de tuitar: "Bolsonaro, ao vivo nas redes, disse que a vacina contra Covid provoca Aids. Isso não é apenas fake news, é mais do que uma simples mentira – isso é terrorismo de Estado. A Justiça precisa frear essa loucura". Por mais essa associação falsa, dentre muitas, esperamos esse freio, sim. Obviamente, os cientistas e os médicos da Sociedade Brasileira de Infectologia repudiaram o despautério. O Facebook tirou essa live semanal do ar de seus aplicativos alegando FN. Anteriormente, em março de 2021, o Facebook havia bloqueado um vídeo infame em que Bolsonaro falava a favor da cloroquina como tratamento para Covid-19, o que não teve eficácia comprovada cientificamente. Há quem diga que são cortinas de fumaça em formato de chiliques para distrair a todos de assuntos reais que o envolvem.

Como registro importante dos nossos cibertempos: a série *The Facebook Papers* – relatórios internos encaminhados à Comissão de Valores Mobiliários (SEC, na sigla em inglês) dos Estados Unidos e fornecidos ao Congresso americano de forma redigida pelo consultor jurídico de Frances Haugen, ex-funcionária da empresa – traz os efeitos nocivos da plataforma Facebook (agora, a empresa-mãe chama-se Meta). As versões editadas foram revisadas por um consórcio de 17 organizações de notícias. A coleção de documentos mostra como o CEO do Facebook, Mark Zuckerberg, "sabe, em detalhes agudos, que suas plataformas estão repletas de falhas que causam danos, muitas vezes de maneira que apenas a empresa entende completamente", aponta Jeff Horwitz, do *Wall Street Journal* (2021). Essa é a conclusão central de uma série do *Wall Street Journal*, "com base em uma revisão de documentos internos do Facebook, incluindo relatórios de pesquisa, discussões *on-line* com funcionários e rascunhos de apresentações para a alta administração".

Hao (2021b) relembra que as denúncias reafirmaram o que grupos da sociedade civil vêm dizendo há anos: "a amplificação algorítmica do Facebook de conteúdo inflamatório, combinado com seu fracasso em priorizar a moderação de conteúdo fora dos Estados Unidos e da Europa, alimentou a disseminação de discursos de ódio e desinformação". Hao (2021b) frisa "desestabilizando perigosamente países ao redor do mundo. Mas há uma peça crucial faltando na história. O Facebook não está apenas ampliando a desinformação. A empresa também está financiando".

Uma investigação do *MIT Technology Review*, baseada em entrevistas com especialistas, análises de dados e documentos que não foram incluídos nos *Facebook Papers*, descobriu que o Facebook e o Google estão pagando milhões de dólares de publicidade para financiar agentes *clickbait*, alimentando a deterioração dos ecossistemas de informação em torno do mundo (Hao, 2021b).

Um relatório interno do Facebook recomenda que a empresa investigue a grande circulação de conteúdo violento na plataforma e em seu aplicativo de mensagens WhatsApp no Brasil. De acordo com o texto, a percepção no país é a de que a circulação de conteúdo violento é muito maior no Facebook e no WhatsApp do que em plataformas como Instagram, TikTok e Twitter, conforme reportagem de Mello e Lucas Alonso, da Folha (2021). O documento, de julho de 2020, aponta que, no Brasil, também existe a percepção de que "desinformação, linguagem política incendiária, bullying e exploração de crianças são problemas muito maiores no Facebook do que em outras plataformas". O texto afirma que "as declarações e mensagens políticas são o tipo de desinformação com maior alcance na plataforma no Brasil, na percepção das pessoas". Outro documento tornado público por Haugen e obtido pela Folha mostra que "o Facebook, apesar das promessas de combate à desinformação que pode ameaçar eleições, ainda resiste a pagar o preço político para aplicar suas regras. Ainda assim, o texto ressalva que tudo isso "respeitou a *'white list'* política, para limitar riscos de relações públicas".

A chamada "*white list*" desobriga determinadas figuras públicas de cumprir as regras de comunidade – que proíbem, por exemplo, desinformação em relação à Covid, incitação a violência, nudez não consensual e ameaças à integridade eleitoral. Na prática, enquanto usuários "normais" podem ser suspensos ou penalizados por violar essas normas, os membros da lista têm o conteúdo analisado por equipes que revisam as decisões e, muitas vezes, liberam a postagem (Mello; Alonso, 2021).

Sem formar a espuma de praxe, imagino Santaella (2021) falando firme que devemos evitar: a) o presentismo ("perder-se no presente em si, um presente sem passado e sem futuro e lembrar que vivemos num *continuum*"); b) um olhar anacrônico sobre o presente, ou seja, enxergá-lo com categorias mentais envelhecidas e obsoletas ("pensar dentro de esquemas antigos, com métodos antigos, mas com nomes pretensamente novos"); e c) a retórica da crítica, ou seja, a crítica pela crítica ("que não leva a nada, não tem poder de transformar as condições criticadas").

CONSIDERAÇÕES NO *ZEITGEIST*

> "Estudamos a ciência em ação e não a ciência ou a tecnologia pronta; para isso, ou chegamos antes que fatos e máquinas tenham se transformado em caixas pretas, ou acompanhamos as controvérsias que as reabrem" (Bruno Latour).

Por mais que, ao longo deste texto, as consequências e os resultados foram arrolados em suas interdisciplinaridades, sumariá-los neste final é apropriado. Com as implicações éticas da instalada tecnologia de big data – e seu gerenciamento –, a qual, apesar de ter surgido na década de 1960, foi, nos últimos anos, fundante da emergência na sociedade da comunicação – em grande parte pelo *melting pot* da internet (descentralizada e livre) –; e a sobrecarga da desinformação sistêmica com larga gama de infiltrações, sobretudo no espaço numérico, na qual, entre a turbulência informacional no cerne da ideologia da IA, as FN são as que mais dominaram a interatividade e a análise de sentimentos e, assim, suscita atenção e fruição em recuperar algumas das principais cenografias, para lançarmos mão de um conceito latouriano:

1) Como se dão, produzidas para causar danos; como as opiniões são mineradas; quem as produz; de que maneira o público ajuda a propagá-las; e quando se deu o estopim.
2) Qual o seu funcionamento; de onde pegam, como recriam e deturpam as informações (submetidas mais de forma involuntária do que consciente); se há falhas de filtro.
3) Onde existe dinâmica disseminativa; em quais plataformas são trafegadas e quais ambientes próprios são criados para difundi-las; como formam a polarização.
4) Quem está por trás, ou seja, quem tem interesse nesse espalhamento; e por quê.

Em um segundo momento, além da mera indexação semântica dos dados de FN, constatar que:

1) A partir do monitoramento e da extração de dados pessoais e comerciais (legais ou ilegais), é feito o tratamento, a segmentação, o armazenamento e a análise dos dados e rastros colhidos para separar, escolher, controlar e vigiar os tipos de públicos-alvo.
2) As informações das pessoas e empresas são usadas para formar novas informações, desta vez, fraudulentas, servindo-se de outras informações que podem ser do passado para descontextualizá-las da época em que foram lançadas, para editar apenas o que é bombástico, retirando possíveis explicações ou até mesmo para contradizê-las etc.; a partir daí a moderação automatizada de conteúdo é contínua.
3) São articuladas e viralizadas onde a maioria do público-alvo está e faz eco: nas redes sociais e em mensageiros conversacionais instantâneos, especialmente no submundo do WhatsApp e em sites impostores exclusivos para abrigar FN e teorias de conspiração.
4) Neste estudo, que se ateve ao espectro eleitoreiro, são os políticos, marqueteiros e, por tabela, seus seguidores; porque a

intenção deles é fazer exposição seletiva partidária, atacar os adversários, modular o pensamento de eleitores e ganhar eleição.

Em uma terceira fase, apesar do esforço de recuperação de informação, desdobra-se:

1) Com o auxílio da lógica dos algoritmos de IA, o público é separado em bolhas para receber informações falsas e, assim, ter seu comportamento modulado. Aproveitam para aprofundar as crenças embutidas em cada um, as quais são arraigadas de tal forma que ficam cegos para os fatos e acabam compartilhando as FN por quererem acreditar que são verdadeiras, porque vão ao encontro de suas crendices; humanos, não humanos, ciborgues, bots etc. auxiliam esse excesso.
2) Criam-se formas de narrativas que imitam o estilo jornalístico de redação e até mesmo copiam a arquitetura de sites para fingirem ser sites de jornalismo e, assim, enganar melhor os incautos; porém, utilizam-se do formato sensacionalista para chamar mais atenção da audiência, provocar excitação e emocioná-la.
3) As plataformas, por sua vez, passam a direcionar publicidade e fazem vista grossa para a disrupção provocada pelas FN (ecoando discursos de ódio), por serem um filão de impulsionamento e engajamento do público; assim, até ajudam na recomendação das barbaridades e, só de vez em quando, alardeiam que bloquearam páginas ou perfis.
4) Constata-se que tudo começa com a publicidade e propaganda política, que desde os tempos analógicos promovem FN nas campanhas de candidatos políticos

Em um quarto momento, é possível ponderar sobre a maré da desinformação que:

1) É preciso investir em uma ampla educação midiática democrática, ou aprendizagem de mídia ou media literacy, seja o nome que for, para que *pari passu* desde crianças comecem a saber

diferenciar o que é verdadeiro ou falso, desenvolvendo espírito crítico para desconfiar do que lhes é facilmente oferecido tanto na circulação quanto no bloqueio ao acesso à informação. Destarte, guias e manuais estão disponíveis mundo afora. Precisamos enganar os algoritmos, praticar o desaprendizado de máquina. Não aceitar facilmente suas recomendações, fazer coisas que, normalmente, não faríamos para tentar confundi-los para que percam força.

2) Agências de checagem existem antes das FN, mas escalaram e ganharam esforço triplicado para checar o que vem sendo proliferado como se fosse verdade. Ajudam, mas não dão conta da velocidade e da quantidade, ou seja, da escala em que as FN atingem as pessoas. A IA se utiliza de robôs, os chamados *bots*, que ampliam multiplicando a reprodução das FN e com eles não se consegue competir.

3) Até o momento, as leis brasileiras contra as FN – e tudo o que vem na cola dela, como a capilaridade das *deepfakes* – ainda não foram implementadas nem foram discutidas amplamente com os representantes da sociedade (como foi o Marco Civil da Internet, por cerca de quatro anos, por exemplo) para vigorarem, enquanto as leis de proteção de dados engatinham. Tentativas não vão faltar, vide CPI das fake news, porém, não chegam a deter a sordidez de seu impacto. De qualquer forma, é perigoso determinar o que é fake ou o que é verdade e não cair em patrulhismo, em censura ou poda da liberdade de expressão; aliás, é por causa dela que muitos fraudadores se pegam para incutir mentiras por serem "livres" para se expressar; afinal, não é um teorema.

4) Para que os agentes por trás da indústria de FN tenham, ao menos, dificuldade em usar as informações jornalísticas, uma das soluções possíveis é usar plataforma descentralizada e criptografada como *blockchain*. Porém, ainda estão sendo testadas para garantir privacidade e imutabilidade de conteúdo. Necessita debate acadêmico.

Em tempo: o projeto de lei – PL 21/2020 – que cria o marco regulatório da inteligência artificial no Brasil foi aprovado em setembro de 2021 pela Câmara dos Deputados, com 413 votos a favor e 15 contra. O próximo passo será a análise pelo Senado. Há que ressaltar que a aprovação foi rápida, podemos dizer precipitada, já que a primeira audiência pública na Comissão de Ciência e Tecnologia, Comunicação e Informática (CCTCI) ocorreu apenas três meses antes, ou seja, sem tempo hábil para que a sociedade pudesse discutir os pormenores. Se compararmos com o Marco Civil da Internet, citado aqui anteriormente, aprovado em 2014 com 32 artigos, provocou debate durante cerca de cinco anos (sendo três anos na Câmara) e recebeu mais de 800 sugestões. Aos olhos do público geral, o procedimento de abertura para a discussão e seu resultado fez dele uma referência mundial.

Necessitamos de medidas anti-concentração de plataformas de redes sociais – com o Facebook e agregados (Instagram e WhatsApp) dominando –, de buscadores (quer dizer, buscadores vírgula porque o Google impera sem deixar para nenhum outro) e de vídeos com o YouTube (também pertencente ao Google), liderando de longe para tentar quebrar os monopólios dessas duas big techs. O ideal é ter uma política antitruste para deixar vir concorrentes à altura.

Portanto, mesmo com educação midiática significativa, um projeto de longo prazo, ainda que com o trabalho de formiguinhas com olho vivo das agências de checadores – algo imprescindível, apesar de alertar apenas parte de quem segue os usuários e não conseguir ir aos mesmos lugares que os bots por motivos óbvios: volume e rapidez –, sabemos que o contradiscurso não basta. O ideal é aplicar a inteligência de rebanho e, de quebra, entender o esquema dos algoritmos o bastante para tentar enganá-los e, com isso, perderem força.

Mesmo que rebaixem ou derrubem sites e perfis de má-fé aqui e ali, estes voltam de novo. Portanto, é inevitável e fundamental que possamos debater a justiça dos dados, as leis que vão reger quem provoca a desordem informacional. Talvez punições para quem estarrece com FN. Ainda que possamos testar plataformas que alardeiam que vão deixar nossos dados seguros, como *blockchain*, o custo da mineração acarretado é outro problema que precisamos pensar. Aliás, como cobrar transparência das plataformas? Quem disse que elas querem ser transparentes? Por enquanto, nos resta cuidar da ética atacada pelos ignorantes que acham que jornalistas produzem FN; da falta de ética quando imputam dados enviesados nos algoritmos de IA, quando aplicam biometria facial; e acabar, de uma vez por todas com a distorção ética por trás da propaganda a influenciar incrédulos como se quisessem "melhorar o relacionamento das pessoas" com o antiético agenciamento do algoritmo preditivo, quando, em silêncio e de forma pervasiva, é usado para forçar produtos ou induzir atitudes. Exigir transparência é crucial. É absolutamente preciso abrir os olhos. Não devemos subestimar, pois, são balelas na amplitude do estrago e desestabilização da democratização da informação.

Seria adorável trazer soluções, resoluções, ideias para mitigar nosso estado da arte. Estamos em um beco sem saída, ao menos a curto prazo, mas não devemos considerar apenas um hype e nem ceder a ele, porque as big techs vão continuar a existir, monopolizando, noves fora, reforçando o capitalismo de dados que traz na rabeira o capitalismo de plataformas (Srnicek 2017; Sadowski 2019) extraindo nossos dados (sensíveis ou não) para gerar conhecimento e comercializá-los, ao bel-prazer, a propagandistas ou indústrias de consumo, políticos, governos, entre outros; vão continuar a perseverar na mediação dos relacionamentos – é bom lembrar que as pessoas gostam de se expor, achar e interagir ao trocar ideias –, na detecção de comunidades virtuais – que fazem bem aos solitários, aos que querem fugir do mundo real, aos impedidos de ter mobilidade e mesmo apenas quem quer divulgar o que faz no dia a dia. A tal sociedade da exposição não é só fantasiosa. Um saldo da era da selfie dos infonautas que exacerbou isso num grau de progressão geométrica criando sucessivos *spin-offs*. Assunto para o campo da psicologia decifrar, no entanto.

Dentro da ideologia do dataísmo – que dá poder às ciências exatas na explicação dos nossos tempos; ou da economia dos dados, que os chama de *commodities*; da sociedade dataficada, com dados críticos ou não, cada vez mais sem volta; do capitalismo da vigilância, no qual se busca atinar com nossos altos e baixos, além de escanear rostos e qualquer expressão que surgir –, os dados seguirão solicitados e às vezes exigidos. As pessoas, porém, não vão interromper esse fluxo, vão continuar dando de mão beijada. Até porque elas são donas de seus dados e deliberam sobre eles (até assinam os termos de uso sem ler). Sem saberem, seus dados passam por um processo incontrolável de raspagem, mediação de teias, imputação para o aprendizado de máquina, entre outros procedimentos consolidados nesses tempos bicudos.

Se quem recolhe, humano ou drone, monta questionários, entrevista os dados, etiqueta tudo e programa os algoritmos com seleção fina de dados está inserido em uma equipe com diversidade, atendendo todo o tipo de pessoa, isso é algo que devemos persistir na exigência, para ao menos reduzir o viés preconceituoso, pois não dá para culpar a cultura, simplesmente. Não dá para permanecer em tamanha opacidade algorítmica, mas também sabemos que os proprietários não têm o menor interesse em abrir a caixa-preta deles. Por que raios abririam? Em última análise, diminuir o fornecimento dos dados poderá ajudar a conter a espionagem, tanto quando usados negativamente, como para fins propagandísticos e de modulação do pensamento alheio. Mas, para dar certo, isso teria de expandir sua ação coletiva, a qual não vislumbramos ainda. A intenção deste estudo não é ser presciente, nem uma panaceia para os diversos problemas envolvidos e nem acreditar ingenuamente na serendipidade cotidiana, mas, sim, como uma espécie de cartilha para iniciantes, no desígnio de abrir considerações que só se plenifica ao atingir mais pessoas em novos rumos e diferentes estudos. Enquanto isso não acontece, e o estouro dos dados e a intrusão da desinformação persistem atravancando a cibercultura democrática, a resposta peremptória é sim, os algoritmos vão nos dominar.

REFERÊNCIAS

ABBAGNANO, N. *Dicionário de Filosofia*. 6ª ed. São Paulo: WMF Martins Fontes, 2007

AGUIAR, I. "Estamos sonambulando em direção a uma crise de informação [Entrevista com Claire Wardle]". *Revista Veja*. 29 jun. 2018. https://bit.ly/3uBm3kY

AGUADED, I; ROMERO-RODRÍGUEZ, L. M. "Mediamorfosis y desinformación en la infoesfera: Alfabetización mediática, digital e informacional ante los cambios de hábitos de consumo informativo". *Education the Knowledge Society*, v. 16, n. 1 (abr. 2015), pp. 44-57. https://bit.ly/3u2vHOC

AKRICH, M. "La Description des objets techniques". In: AKRICH, M.; CALLON, M.; LATOUR, B. *Sociologie de la traduction*: Textes fondateurs. Paris: Transvalor, 2006

AL-KHALILI, J. "O sábio que introduziu algarismos arábicos no Ocidente e nos salvou de multiplicar CXXIII por XI". *BBC Brasil*. 29 nov. 2020. https://bbc.in/3K4lN4i

AL-SAQAF, W.; SEIDLER, N. "Blockchain technology for social impact: opportunities and challenges ahead". *Journal of Cyber Policy*. Londres: (nov. 2017). https://www.researchgate.net/publication/321012025

ALVES, C. "Ramonet: A opinião pública não quer verdades, quer confirmar crenças". GGN. *Vermelho*. 25 dez. 2018. https://bit.ly/3wY4MFz

ALVES, I; TOLEDO, R. "Há empresas de desinformação profissionais que estão sendo contratadas para espalhar informações falsas, diz Craig Silverman". *Congresso Abraji* [site]. 11 set. 2020. https://bit.ly/3DpA7SJ

AMES, M. G. "Deconstructing the algorithmic sublime". *Big Data & Society*, v. 5, n. 1 (29 maio 2018). https://bit.ly/3uM5LWo

AMODEI, D.; HERNANDEZ, D. "AI and Compute"". *Open AI Blog*. 16 maio 2018. https://blog.openai.com/ai-and-compute/

ANDERSON, C.W.; BELL, E.; SHIRKY, C. "Jornalismo pós-industrial: adaptação aos novos tempos". *Revista de Jornalismo ESPM*. São Paulo: n. 5 (abr./maio/jun. 2013), pp. 32-89

ANDRADE, K. V. G. *A verdade na propaganda eleitoral*: Fake news e mentiras televisionadas no 2º turno da eleição presidencial de 2018. 2019. Monografia (Bacharelado em Publicidade e Propaganda) – Centro de Artes e Comunicação, Universidade Federal de Pernambuco, Recife, 2019. https://bit.ly/3qSQkdX

ARAÚJO, C. A. A. "Correntes teóricas da ciência da informação". *Revista IBICT*. Ci. Inf., Brasília, DF, v. 38, n. 3 (set./dez. 2009), pp. 192-204. https://bit.ly/3qVpJNr

ARAÚJO, W. F. "Os algoritmos da comunicação: uma abordagem de processos computacionais como objeto de estudo da comunicação". *Anais do 40º Congresso Brasileiro de Ciências da Comunicação*. Curitiba: Intercom, 2017. https://bit.ly/3DxBuyG

ARBIX, G. "A transparência no centro da construção de uma IA ética". *Novos Estudos Cebrab*. São Paulo: v. 39, n. 2 (maio/ago. 2020), pp. 395-413. https://bit.ly/3IXnkb0

ARENDT, H. *Verdade e política* [1964/1967]: *Entre o passado e o futuro*. Trad. Mauro W. Barbosa. São Paulo: Perspectiva, 1972

AUST, S; KRÜGER, C.; SCHOLZ, M. "Snowden: 'A janela para debater nossa atitude ante a tecnologia está se fechando'". *El País*. Moscou, 13 set. 2019. https://bit.ly/3qU6B2f

AUTOMATED INSIGHTS. Site. s.d. https://automatedinsights.com/

BAKSHY, E.; MESSINGAND, S.; ADAMIC, L. "Exposure to ideologically diverse news and opinion on Facebook". *Science*, v. 348, n. 6239 (5 jun. 2015), pp. 1130-1132. https://bit.ly/3LDDKqL

BARBOSA, D. "Coleta de dados por *Google* e *Facebook* criou 'capitalismo de vigilância', diz Shoshana Zuboff". *O Globo*. 7 mar. 2021. http://glo.bo/3iRCu7q

BARCELLOS, Z. R. et al. "Jornalismo das Coisas". *Anais do 40º Congresso Brasileiro de Ciências da Comunicação*. Curitiba: Intercom, 2017. https://bit.ly/38qWkV7

REFERÊNCIAS

BEIGUELMAN, G. "Curadoria de conteúdo é o lugar do humano na internet". *UOL*. 21 fev. 2016. https://bit.ly/3wUjf5m

BELL, E.; OWEN, T. "The Platform Press: How Silicon Valley reengineered journalism". *Columbia Journalism Review*. 29 mar. 2017. https://bit.ly/3NAqHZc

BENKLER, Y.; FARIS, R.; ROBERTS, H.. *Network Propaganda*: Manipulation, Disinformation, and Radicalization in American Politics. Nova York: Oxford University Press, 2018

BENTES, A. (2019). *A gestão algorítmica da atenção: enganchar, conhecer e persuadir*. In: Polido, F., Anjos, L., Brandão, L. (Ed/s.). *Políticas, internet e sociedade*. Belo Horizonte: Iris (Instituto de Referência em Internet e Sociedade). pp. 222-234

BLOCKCHAIN no jornalismo: a tecnologia para combater as fake news. *Maven*. 15 fev. 2022. https://bit.ly/3tSB42K

BLOG Open AI. *GPT-2: 1.5B Release*. 5 nov. 2019a. https://bit.ly/3iPxNej

BLOG Open AI. *Better Language Models and Their Implications*. 14 fev. 2019b. https://openai.com/blog/better-language-models/

BOLTANSKI, L; CHIAPELLO, E. *O novo espírito do capitalismo*. São Paulo: Martins Fontes, 2009

BOLTER, J. D.; GRUSIN, R. *Remediation*: Understanding New Media. Cambridge, MA: MIT Press, 2002

BOOTH, R.; TRAVIS, A.; GENTLEMAN, A. "Leave donor plans new party to replace Ukip: possibly without Farage in charge". *The Guardian*. 29 jun. 2016. https://bit.ly/384K4cr

BOREL, B. "Fact-checking won't save us from fake news". *FiveThirtyEigth*. New York, 4 jan. 2017. http://53eig.ht/3rhupvu

BOSTROM, N. *Superintelligence*: Paths, Dangers, Strategies. Oxford: Oxford University Press, 2014. *E-book*

BOYD, D. "The Messy Fourth Estate". *Gen Medium*. 20 jun. 2018. https://bit.ly/3LwPMSU

BREVINE, B.; PASQUALE, F. "Revisiting the Black Box Society by rethinking the political economy of big data". *Big Data & Society*. 20 out. 2020. https://bit.ly/376hGq5

BROUSSARD, M. *Artificial Unintelligence*: How Computers Misunderstand the World. Cambridge, MA: MIT Press, 2018

BROUWER, L .E .J. (26 fev. 2020). Stanford Encyclopedia of Philosophy. https://stanford.io/3K9fRr6

BRUN, E. F. (15 mar. 2011). O cão de guarda da sociedade. Observatório da Imprensa. https://bit.ly/3iRE3Ck

BRUNO, F. *Máquinas de ver, modos de ser*: vigilância, tecnologia e subjetividade. Porto Alegre: Sulina, 2013

BRUNO, F. G.; BENTES, A. C. F.; FALTAY, P. "Economia Psíquica dos Algoritmos e Laboratório de Plataforma: Mercado, Ciência e Modulação do Comportamento". *Revista Famecos*. Porto Alegre, v. 26, n. 3 (set./dez. 2019), pp. 1-21. https://bit.ly/3J0Fadb

BRUNO, F.; SANTAELLA, L.; FELINTO, E. "Teoria Ator-Rede e Cibercultura: diálogos I". *Anais V Simpósio Nacional ABCIBER*. Florianópolis, 16-18 nov. 2011. https://bit.ly/3iT53kQ

BUCCI, E. *Sobre ética e imprensa*. São Paulo: Companhia das Letras, 2000

BUCCI, E. "O lugar da publicidade na liberdade de imprensa". *Observatório da Imprensa,* ano 22, n. 1175 (8 set. 2015a). https://bit.ly/3NBXEVe

BUCCI, E. "Censura: uma inconstitucionalidade e uma disfunção". *Revista Eptic*, v. 17, n. 3 (set./dez. 2015b). https://bit.ly/3tTad6r

BUCCI, E. "A luta livre contra a imprensa". *O Estado de S. Paulo*. São Paulo, 6 jul. 2017. http://bit.ly/3mCQq4D

BUCCI, E. "Não sabem o que é 'news' e querem caçar 'fake news'". *O Estado de S. Paulo*. São Paulo, 24 maio 2018a. http://bit.ly/3h3Wh1w

BUCCI, E. "Pós-política e corrosão da verdade". *Revista USP*. São Paulo, n. 116 (jan./mar. 2018b), pp. 19-30. https://bit.ly/3DvzOph

BUCCI, E. *Existe democracia sem verdade factual?* São Paulo: Estação das Letras e Cores, 2019

BUCCI, E. "O que é desinformação?". *O Estado de S. Paulo*. São Paulo, 4 jun. 2020, p. 2A. https://bit.ly/3DtjBRB

BUCCI, E. *A superindústria do imaginário*: como o capital transformou o olhar em trabalho e se apropriou de tudo que é visível. São Paulo: Editora Grupo Autêntica, 2021

BUCCI, E.; AUGUSTO JR., S. N. "A liberdade de imprensa e a liberdade na publicidade". *Comunicação, Mídia e Consumo*. São Paulo, ano 9, v. 9, n. 24 (maio 2012), pp. 33-48. https://bit.ly/3Luhgsh

BUCHANAN, B.; LOHN, A.; MUSSER, M.; SEDOVA, K. "Truth, Lies, and Automation How Language Models Could Change Disinformation". *CSET*. maio 2021. https://bit.ly/3iTY1vW

REFERÊNCIAS

ETHICS Guidelines for Trustworthy AI European Commission. *High Level Group on Artificial Intelligence*. 2019. https://bit.ly/36CDnhD

BURKOV, A. *The hundred-page machine learning book*. Quebec: Andriy Burkov, 2019

BURSZTYNSKY, J. "TikTok says 1 billion people use the app each month". *CNBC*. 27 set. 2021. https://cnb.cx/3708SBW

CADWALLADR, C. "Fresh Cambridge Analytica leak 'shows global manipulation is out of control'". *The Guardian*. 4 jan. 2020. https://bit.ly/3DpG421

CADWALLADR, C.; GRAHAM-HARRISON, E. "Revealed: 50 million Facebook profiles harvested for Cambridge Analytica in major data breach". *The Guardian*. 17 mar. 2018. https://bit.ly/3DrpOgM

CALDAS, E. "Deep learning vai muito além de reconhecer gatos e cachorros em fotos". *Época Negócios*. Rio de Janeiro, 25 out. 2017. http://glo.bo/3iSrkz2

CAPURRO, R.; HJORLAND, B.; CARDOSO, A. M. P.; TRAD., M. G. A. F.; AZEVEDO, M. A. "O conceito de informação". *Perspectivas em Ciência da Informação*, v. 12, n. 1 (2007). https://bit.ly/372mzjE

CARDOSO, T. *Humanidades digitais e agenciamento algorítmico*. 23 mar. 2019. https://bit.ly/3tX0qfX

CASTELLS, M. "Castells propõe outra democracia". *Outras palavras*. 18 jul. 2011. https://bit.ly/3u2of65

CASTELLS, M. O poder da comunicação. Trad. Vera Lúcia Mello Joscelyne. 1ª ed. São Paulo/Rio de Janeiro: Paz e Terra. 2015

CASTRO, J. C. L. "Redes sociais como modelo de governança algorítmica". *Matrizes*. São Paulo, v.12, n. 2 (maio/ago. 2018). https://bit.ly/35qxl2S

CDEI – Center for Data Ethics and Innovation. *Online targeting:* Final report and recommendations. 4 fev. 2020. https://bit.ly/35unclU

CGI – Comitê Gestor da Internet no Brasil. *Internet, democracia e eleições*: guia prático para gestores públicos e usuários. São Paulo: CGI/NICbr, 2018. https://bit.ly/3LsVGV8

CHARNEY, T. "Seriously: what do you do for people?". *NiemanLab*. dez. 2018. https://bit.ly/3wTyyey

CHENEY-LIPPOLD, J. "Categorization: Making Data Useful". *In: We Are Data*: Algorithms and The Making of Our Digital Selves. Nova York: NYU Press, 2017, pp. 37–92. https://doi.org/10.2307/j.ctt1gk0941.5

CHERUBINI, F.; NIELSEN, R. K. "Editorial Analytics: How News Media are Developing and Using Audience Data and Metrics." *Reuters Institute for the Study of Journalism*. 2016. https://bit.ly/374Qyrd

CHRISTIN, A. "Algoritmos e métricas no trabalho de jornalistas e influenciadores". *Digilabour*, n. 94 (nov. 2020a). https://bit.ly/3qSiB4f

CHRISTIN, A. *Metrics at Work*: Journalism and the Contested Meaning of Algorithms. Princenton: Princeton University Press, 2020b

CHOWDHURY, R.; BELLI, L. "Examining algorithmic amplification of political content on Twitter". *Blog Twitter.* 21 out. 2021. https://bit.ly/3uIZeMf

CHRISTOFOLETTI, R. "Quanto custará ao jornalismo aceitar o dinheiro de Google e Facebook?". *Observatório da Imprensa*. 18 ago. 2020. https://bit.ly/3JZcDpP

CIANCONI, R. B.; LOTTI, Y. M. "Do panopticon ao panspectron: uma reflexão sobre as mediações de poder e a materialidade da informação". *Liinc em Revista*. Rio de Janeiro, v.12, n.2 (nov. 2016), pp. 243-257. https://bit.ly/3tUNreF

COLOMBO, S. "As pessoas esperam que as notícias venham até elas, diz editor do Washington Post. [Entrevista de Martin Baron]". *Folha de S. Paulo*. 10 out. 2016. https://bit.ly/3qRR8Q9

COLOMÉ, J. P. (20 out. 2021). O Facebook conhece tanto os seus gostos que pode mostrar um anúncio só para você. El País Brasil. https://bit.ly/3DzsuJl

COMMON, M.; NIELSEN, R. K. "How to respond to disinformation while protecting free speech". *Reuters Institute*. 19 fev. 2021. https://bit.ly/3DqvvM7

COMO funcionam os algoritmos? *O Estado de S. Paulo*. 1 jan. 2018. https://bit.ly/3uKWLkw

Coordinated Inauthentic Behavior. Facebook. https://bit.ly/3NBhCz8

CORNU, D. *Jornalismo e verdade*: para uma ética da informação. Lisboa: Instituto Piaget, 1998

COX, M.; ELLSWORTH, D. *Application-controlled demand paging for out-of--core visualization*. 1997, pp. 235-244. https://bit.ly/3tTkvDB

COZMAN, F. "Inteligência Artificial: uma utopia, uma distopia". *Teccogs*: Revista Digital de Tecnologias Cognitivas. São Paulo, n. 17 (jan-jun. 2018), pp. 32-43. https://bit.ly/3Lw9zSm

COZMAN, F. A inevitável vitória da Inteligência Artificial. *Estado da Arte*. São Paulo, 19 out. 2017. https://bit.ly/3iUj8ye

CRAWFORD, K.; PAGLEN, T. "Excavating AI: The Politics of Training Sets for Machine Learning". *The AI Institute.* Nova York, 19 set. 2019. https://excavating.ai

CRAWFORD, K.; JOLER, V. "Anatomy of an AI System: The Amazon Echo as an Anatomical Map of Human Labor, Data and Planetary Resources". *AI Now Institute and Share Lab.* Nova York, 7 set. 2018. https://anatomyof.ai/

CRUZ-STEFANI, K. (2021). Amor complexo e o ciberespaço. São Paulo: Estação das Letras e Cores

DAHLBERG, L. "Rethinking the fragmentation of the cyberpublic: from consensus to contestation. *In*: *New Media & Society,* v. 9, n. 5 (2007), pp. 827-847. https://bit.ly/372nReC

DE LEÓN, I. "¿Cuánto cuesta cuidar un secreto por 100 años?". *Puntos sobre la i.* 5 nov. 2019. https://bit.ly/3wNk9jY

DELANDA, M. *The Use of Genetic Algorithms in Art* [Conference paper]. 8 jun. 2012. https://bit.ly/3qQzE6M

DELEUZE, G. *Diferença e Repetição.* Editora Paz e Terra, 2018

DESINFORMANTE. "O que (mais) diz o capítulo sobre fake news do relatório da CPI da Pandemia". *Desinformante.* 2021. https://bit.ly/3Nyo1v4

DIGILABOUR. "Tecnopolítica, racionalidade algorítmica e mundo como laboratório. Entrevista com Fernanda Bruno. *Instituto Humanitas Unisinos.* 2 nov. 2019. https://bityli.com/1l7Zmz

DIGILABOUR. "Inteligência Artificial no Jornalismo: entrevista com Diakopoulos". *Digilabour.* 20 set. 2019a. https://bit.ly/3JVpb1j

DI FELICE, M. *A cidadania digital.* São Paulo: Paulus Editora, 2021

DOLAN, K.; WANG, J.; PETERSON-WITHORN, C. Forbes World's Billionaires List: The Richest in 2021. *Forbes.* 2021. https://bit.ly/35v1iPq

DOMINGO, D.; MASIP, P.; MEIJER, I. "Tracing Digital News Networks". *Digital Journalism,* v. 3, n. 1 (2014), pp. 53-67. https://bit.ly/3JZpuZ1

DORSCHEL, R. "Discovering needs for digital capitalism: The hybrid profession of data Science". *Big Data & Society – Journal Sage Pub.* 15 set. 2021. https://bit.ly/3tV6tS9

EDELMAN Trust Barometer: Cycle of distrust threatens action on global challenges. (2022). https://bit.ly/3Dpx3WF

ESTADÃO Conteúdo. "Redes sociais usam algoritmos e ajudam a formar 'bolhas políticas'". *Época Negócios.* 27 mar. 2016. http://glo.bo/3JQLgOJ

FACHIN, P. A relação entre o ser humano e a técnica é o alicerce para projetar o futuro civilizatório. Entrevista especial com Dora Kaufman. *Instituto Humanitas Unisinos*. 9 jun. 2020. https://bit.ly/3qQI0vs

FACHIN, P. "Estética, ética e políticas universais: os desafios da promoção da cidadania no metaverso [Entrevista especial com Francisco Pimenta]. *Instituto Humanitas Unisinos*. 25 ago. 2021. https://bit.ly/3KcTeC9

FINN, E. *What algorithms want*: imagination in the age of computing. Cambridge, MA: MIT Press, 2017

FLORIDI, L. What the Near Future of Artificial Intelligence Could Be. *Philos. Technol.* 32, 1–15 (2019). https://bit.ly/3qXBliO

FLORIDI, L. "Should we be afraid of AI?". *Aeon*. 9 maio 2016. https://bit.ly/3NBVIMl

FLORIDI, L. "Introduction – The Importance of an Ethics-First Approach to the Development of AI". *In:* (ed.). *Ethics, Governance, and Policies in Artificial Intelligence:* Philosophical Studies Series, vol 144 (3 nov. 2021). https://bit.ly/3wSvMpL

FLORIDI, L. (2013). The Onlife Manifesto Being Human in a Hyperconnected Era. Springer Open. Oxford Internet Institute University of Oxford Oxford, Oxfordshire United Kingdom

FLORIDI, L. (28 out. 2020). IHU Unisinos. Ser humano e inteligência artificial: os próximos desafios do onlife. Entrevista com Luciano Floridi. https://bit.ly/3DqAhci

FLUSSER, W. "Memories". *In*: DRUCKREY, T.; ARS Electronica (eds.). *Ars Electronica*: Facing the Future. Cambridge: MIT

FORTES, V. B. "Os direitos de privacidade na internet e a proteção de dados pessoais: uma compreensão conceitual para os direitos fundamentais". *In*: REIA, J.; FRANCISCO, P. A.; BARROS, M.; MAGRANI, E. (orgs.). *Horizonte presente*: tecnologia e sociedade em debate. Rio de Janeiro: FGV Direito; CTS Livros, 2019. https://bit.ly/3uIG1uf

FRANÇA, V. V. O objeto e a pesquisa em comunicação: uma abordagem relacional. In Pesquisa em Comunicação: Metodologias e práticas acadêmicas. MOURA, Cláudia Peixoto de e VASSALLO DE LOPES, Maria Immacolata (orgs.). 2016

FRANCO, J. R. Algoritmos da internet favorecem criação de bolhas sociais. *Uai*. 28 jul. 2017. https://bit.ly/3K2vkZN

G1. Globo.com. (1 dez. 2021). Mais de um terço da população mundial não tem conexão com a internet, segundo a ONU. http://glo.bo/3tvwil3

GABARDO, A. C. "Análise de redes sociais, um texto introdutório". *Imasters*. 16 mar. 2015. https://bit.ly/3tTfRFR

GABRIEL, M. "Inteligência Artificial vs Inteligência Humana: porque 'together is better'". *Futuro dos Negócios*. 6 dez. 2020. https://bit.ly/3NFe8Mg

GABRIEL, M. "Sua marca não conseguirá ser melhor do que o conteúdo que ela produz". *Martha Gabriel [Blog]*. 6 jan. 2012. https://bit.ly/3DqQiPq

GALA, A.C.O.S., BALDI, V. (2019). Quem averigua as notícias, os algoritmos ou jornalistas. A lógica crítica de C. S. Peirce como processo de identificação de uma fake news. Ámbitos – Revista Internacional de Comunicación, Sevilla, n. 46, p. 241-260. https://bit.ly/3qWLoou

GALASSI, V. "Fake news: livro traz propostas para o enfrentamento real do problema". *CUT*. Distrito Federal, 9 jun. 2021. https://bit.ly/3NDcquB

GALINDO, C. "Facebook e Apple poderão ter o controle que a KGB nunca teve sobre os cidadãos". [Entrevista com Yuval Noah Harari]. *El País*. 3 nov. 2016. https://bit.ly/3wSVc6F

GALLOWAY, S. Os quatro: Apple, Amazon, Facebook e Google – o segredo dos gigantes da tecnologia. Rio de Janeiro: Alta Books, 2020

GALLOWAY. A R. Protocol: How Control Exists after Decentralization. Cambridge: The MIT Press, 2004

GILLESPIE, T. "The politics of 'platforms'". *New Media & Society*. v. 12, n. 3 (maio- 2010). https://bit.ly/36MSO6Q

GILLESPIE, T. "Can an algorithm be wrong?". *Limn*, n. 2 (mar. 2012). https://bit.ly/3IXqFXV

GILLESPIE, T. "The relevance of algorithms". *In*: GILLESPIE, T.; BOCZKOWSKI, P.; FOOT, K. (eds.). *Media technologies:* essays on communication, materiality, and Society. Cambridge, MA: MIT Press, 2014, pp. 167-194

GILLESPIE, T. "A relevância dos algoritmos". *Revista Parágrafo*. São Paulo, v. 6, n. 1 (jan. 2018), pp. 95-121. https://bit.ly/3qV0rin

GILLESPIE, T.; SEAVER, N. "Critical Algorithm Studies: a Reading List". *Social Media Collective*, 2016. https://bit.ly/3LuchI1

GOGONI, R. "O que é deep fake e porque você deveria se preocupar com isso". *Tecnoblog*. 2017. https://bit.ly/3iQ93T9

GOMES, W. "Precisamos falar sobre o lugar de fala". *Revista Cult*. 9 ago. 2019. https://bit.ly/3uIImoW

GRAEFE, A. "Guide to automated journalist". *Columbia Journalism Report.* 7 jan. 2016. https://bit.ly/3K4Fn0E

GRAGNANI, J. "Como identificar os diferentes tipos de fakes e robôs que atuam nas redes". *BBC Brasil.* Londres, 16 dez. 2017. https://bbc.in/36L8MOH

GRIJELMO, A. "A arte de manipular multidões". *El País.* 28 ago. 2017. https://bit.ly/36NIF9T

GROHMAN, R. Regulação algorítmica: entrevista com Karen Yeung". *Digilabour.* 14 mar. 2020. https://bit.ly/3uMoRvt

GRUSIN, R. "Radical Mediation". *Critical Inquiry,* v. 42, n. 1 (2015), pp. 124-148. https://bit.ly/35rhFfJ

GUILLOUX-NEFUSSI, S. "Google, Facebook... Amazon: regulação ou concentração monopolista". *Instituto Humanitas Unisinos.* 15 jun. 2018. https://bit.ly/3JWjErC

GUNKEL, D. J.; TRENTO, F. B.; GONÇALVES, D. N. "Comunicação e inteligência artificial: novos desafios e oportunidades para a pesquisa em comunicação". *Galáxia.* São Paulo, n. 34 (jan./abr. 2017), pp. 5-19. https://bit.ly/3LyGfuq

HAI – Human-Centered Artificial Intelligence. *Artificial Intelligence Index Report 2021.* Stanford University. 2021. https://stanford.io/3IQT4yx

HAMELEERS, M.; POWELL, T. E.; VAN DER MEER, G. L. A. T; BOS, L. "A Picture Paints a Thousand Lies? The Effects and Mechanisms of Multimodal Disinformation and Rebuttals Disseminated via Social Media". *Political Communication,* v. 37, n. 2 (5 feb. 2020), pp. 281-301. https://bit.ly/3K2UPKv

HAN, B. *No enxame: perspectivas do digital.* Petrópolis: Vozes, 2019

HAO, K. "How Facebook got addicted to spreading misinformation". *MIT Technology Review.* 11 mar. 2021a. https://bit.ly/3iOHhq6

HAO, K. How Facebook and Google fund global misinformation. *MIT Technology Review.* 20 nov. 2021b. https://bit.ly/3qOd3HV

HAO, K. "Stop talking about AI ethics. It's time to talk about power. [Entrevista com Kate Crowford]". *Mit Technology Review,* 23 apr. 2021c. https://bit.ly/3wQc4Ld

HARARI, Y.N. "Yuval Noah Harari on big data, Google and the end of free will". *Financial Times.* 26 aug. 2016. https://on.ft.com/3uN3dr2

HARARI, Y. N. *21 lições para o século 21.* São Paulo: Companhia das Letras, 2018

REFERÊNCIAS

HARBOUR, B. G. "Yanis Varoufakis: Na UE há tanta democracia quanto oxigênio na Lua: zero". *El País*. 13 mar. 2021. https://bityli.com/RrN963

HELBING, D. et al. "Will Democracy Survive Big Data and Artificial Intelligence?". *Scientific American*. 25 fev. 2017. https://bit.ly/3uMizfs

HERN, A. "New AI fake text generator may be too dangerous to release, say creators". *The Guardian*. 14 fev. 2019. https://bit.ly/3wU4TC2

HOLANDA, A. *Traduzindo o jornalismo para tablets com a Teoria Ator-Rede*. Tese (Doutorado) – Programa de Pós-Graduação em Comunicação e culturas contemporâneas, Universidade Federal da Bahia (UFBA), Salvador, 2014. https://bit.ly/3tX2aWz

HONORATO, L. "Demi Getschko: Assim Como a Liberdade de Expressão, Responsabilidade Deve Ser Ampla e Total". *Revista ComCiência*. 9 out. 2021. https://bit.ly/3JZzqC2

HORWITZ, J. (1 out. 2021). The Facebook Files. The Wall Street Journal. https://on.wsj.com/3NAMGPz

HOUAISS, A. *Grande Dicionário Houaiss da Língua Portuguesa*. https://bit.ly/3uIjfCv

IBM – International Business Machines. *Get started with artificial intelligence*. 14 jun. 2021. https://ibm.co/3tTxBks

IFCN – International Fact-Checking Network. *The commitments of the code of principles*. s.d. https://bit.ly/3Lt5gr9

IFLA – International Federation of Library Associations and Institutions. "How To Spot Fake News". *IFLA*. 13 mar. 2017. https://bit.ly/3IW0AIC

Industrialized Disinformation: 2020 Global Inventory of Organized Social Media Manipulation. Samantha Bradshaw, Hannah Bailey & Philip N. Howard. "Industrialized Disinformation: 2020 Global Inventory of Organized Social Media Manipulation." (2021) Oxford, UK: Programme on Democracy & Technology. demtech.oii.ox.ac.uk. 26 pp. https://bit.ly/3IXlgzK

INSTITUTO ARAPYAÚ. *Comunicação na era digital*: o desafio de buscar relevância em meio ao ruído. abr. 2015. https://bit.ly/3DwHlV4

Internetlab abre chamada para projetos de pesquisa sobre técnicas de manipulação em redes sociais. (18 jan. 2021). https://bit.ly/3IQu6zz

INTRONA, L. "Algorithms, governance, and governmentality: on governing academic writing". *Science, Technology & Human Values*, v. 41, n. 1 (jan. 2016), pp. 17-49. https://bit.ly/3v3plhh

JENSEN, J. L. "Democracy in the age of digital feudalism". *Emerald Publishing*. Dinamarca, 7 dez. 2020. https://bit.ly/3tVmlE7

JOHNSON, E. "Don't break up facebook: replace Mark Zuckerberg, says former security boss Alex Stamos". *Vox.* 24 maio. 2019. https://bit.ly/3LwVAvH

JOLER, V.; PETROVSKI, A. "Facebook Algorithmic Factory (1): Immaterial Labour and Data Harvesting". *Facebook Research.* 21 ago. 2016. https://bit.ly/3qQWrPU

JONES, T. M. Um guia para iniciantes sobre inteligência artificial, aprendizado de máquina e computação cognitiva. *IBM Developer.* New York, 6 jan. 2017. https://ibm.co/3JWzF0I

JORDAN, M. "Inteligência artificial: a revolução ainda não aconteceu". *ComCiência.* 3 dez. 2018. https://bit.ly/3x1rjB0

PRETZ, K. "Stop Calling Everything AI, Machine-Learning Pioneer Says Michael I. Jordan explains why today's artificial-intelligence systems aren't actually inteligente". *IEEE Spectrum.* 31 mar. 2021. https://bit.ly/3uHdrJv

JOSÉ, G. "Jornalismo automatizado: o jornalismo das coisas?". *LabCon.* 4 dez. 2017. https://bit.ly/3wYhjZo

JOSEPHI, B. "Profissionalismo jornalístico na era digital". *Brazilian Journalism Research*, v. 12, n. 3 (2016). https://bit.ly/387A0PW

JUNGK, I. "Simondon: uma perspectiva ontoepistemológica para a contemporaneidade". 2017. *Blog Transobjeto.* https://bit.ly/3LuyN3v

KACHANI, M. "Algoritmos entendem você melhor do que você mesmo se entende" [Entrevista com Yuval Noah Harari]. *O Estado de S. Paulo.* 5 nov. 2019. https://bit.ly/3tSqtoq

KAUFMAN, D. A ética e a inteligência artificial. *Fundação Astrogildo Pereira.* 22 dez. 2017. https://bit.ly/3IXKeiP

KAUFMAN, D. "O protagonismo dos algoritmos de Inteligência Artificial: observações sobre a sociedade de dados". *Teccogs:* Revista Digital de Tecnologias Cognitivas, n. 17 (jan./jun. 2018), pp. 44-58. https://bit.ly/3uK6NCn

KAUN, A. "Resistências algorítmicas: entrevista com Anne Kaun". *Digilabour.* 21 fev. 2020. https://bit.ly/3wVBNlK

KELLER, C.I.; DONEDA, D. "Mirando em fake news e acertando em vigilância". *JOTA: Opinião & Análise.* 24 jun. 2020. https://bit.ly/3qUqV3I

KOOPMAN, C. "The Algorithm and the Watchtower". *The New Inquiry.* 29 set. 2015. https://thenewinquiry.com/the-algorithm-and-the-watchtower/

KOOPMAN, C. "How Democracy Can Survive Big Data". *New York Times*. 22 mar. 2018. https://nyti.ms/3wUJKrk

KOOPMAN, C. *How We Became Our Data*: A Genealogy of the Informational Person. Chicago: University of Chicago Press, 2019

KOOPMAN, C. "The Political Theory of Data: Institutions, Algorithms, & Formats in Racial Redlining". *Political Theory*. 22 jul. 2021. https://bit.ly/3qUFN1K

KOTLER, P., KELLER, K. L. *Administração de Marketing*. 14ª ed. São Paulo: Pearson, 2012

KUNOVA, M. "Why do journalists need to care about blockchain?". *Journalism.co.uk*. 31 jan. 2019. https://bit.ly/3v3Hc7N

LAFRANCE, A. "Facebook, a maior autocracia do mundo?". *Outras palavras*. 5 out. 2021. https://bit.ly/387kJyy

LAMOUNIER, L. "Algoritmos de Consenso: A Raiz Que Sustenta a Tecnologia Blockchain". *101 Blockchains*. 4 out. 2018. https://bit.ly/3LtojBF

Latam Journalism Review. (2 nov. 2018). Fact-checking and data journalism: register now for our free online course in Spanish with Laura Zommer. Knight Center. https://bit.ly/3Lv3EwX

LATOUR, B. "The powers of association'. *In*: LAW, J. (ed.). *Power, Action and Belief*: a new Sociology of Knowledge? New York: Routledge; Kegan Paul, 1986, pp. 264-280

LATOUR, B. *Jamais fomos modernos*: ensaio de antropologia simétrica. São Paulo: Editora 34, 2005

LATOUR, B. "Como terminar uma tese de sociologia: pequeno diálogo entre um aluno e seu professor (um tanto socrático)". *Cadernos de Campo*. São Paulo, v. 15, n. 14-15 (2006). https://bit.ly/35vVFAw

LATOUR, B. *An Inquiry into Modes of Existence: An Anthropology of the Moderns*. Cambridge, Massachusetts; London, England: Harvard University Press, 2013

LATOUR, B. On technical mediation. *Common knowledge*, [s. l.], v. 3, n. 2, p. 29–64, 1994

LATOUR, B. *Reagregando o social*: uma introdução à teoria do Ator-Rede. Salvador; Bauru: Edufba; Edusc, 2012

LATOUR; JENSEN; BOULLIER; GRAUWIN; VENTURINI (2012a). The Whole is Always Smaller Tan Its Parts — How Digital Navigation May Modify Social Theory. British Journal of Sociology, v. 63, n. 4. Revista Parágrafo. Jul./dez. 2015. v. 2, n. 3. https://bit.ly/3tUzm0x

LEAL, N. "Editorial: Sem checadores, CPI da Pandemia produz aberração conceitual ao definir 'notícia falsa'". *Agência Lupa*. 20 out. 2021. https://bit.ly/3LxJLpe

LEAL, L. F. S.; MORAES FILHO, J. F. "Inteligência artificial e democracia: Os algoritmos podem influenciar uma campanha eleitoral? Uma análise do julgamento sobre o impulsionamento de propaganda eleitoral na internet do Tribunal Superior Eleitoral". *Direitos Fundamentais & Justiça*, Belo Horizonte, ano 13, n. 41 (jul./dez. 2019), pp. 343-356. https://bit.ly/3NArKs7

LEÃO, L.; PRADO, M. "Música em fluxo: programas que simulam rádios e a experiência estética em redes telemáticas". *Revista Líbero*. São Paulo, n. 20 (dez. 2007). https://bit.ly/3tWs5xy

LEE, K. (2018). AI superpowers: China, Silicon Valley, and the new world order. Boston: Houghton Mifflin Harcourt

LEMOS, A.; PASTOR, L. "Performatividade algorítmica e experiências fotográficas: uma perspectiva não-antropocêntrica sobre as práticas comunicacionais nos ambientes digitais". *Lumina*, v. 12, n. 3 (set./dez. 2018), pp. 147-166. https://bit.ly/3qRurvM

LEVINE, Y. *Surveillance Valley*: The Secret Military History of the Internet. Nova York: PublicAffairs, 2018

LÉVY, P. *As tecnologias da inteligência*: o futuro do pensamento na era da informática. São Paulo: Editora 34, 2000 [1990]

LGPD Brasil. *O que muda com a nova Lei de Dados Pessoais?* s.d. https://bit.ly/3tXNF4s

LIPPMANN, W. *Opinião Pública*. Tradução e Prefácio: Jacques A. Wainberg. Editora Vozes: Petrópolis, 2008

LORENZ, T. "Personal branding is more powerful than ever". *NiemanLab*. dez. 2018. https://bit.ly/35tg0q1

MACHADO, R. "Fake news e o triunfo do reducionismo. [Entrevista com Rafael Zanatta]. *Revista do Instituto Humanitas Unisinos Online*, São Leopoldo. 23 abr. 2018. http://bit.ly/37DbGTe

MADHAVAN, S.; STURDEVANT, M.; KIENZLE, R. "Introduction to machine learning". *IBM Developer*. 4 dez. 2019. https://ibm.co/3LAgs5p

MAGRANI, E.; MIRANDA, P.R. "O uso de social bots em campanhas eleitorais e os desafios para a democracia". *MIT Technology Review*. 6 dez. 2021. https://bit.ly/3uLCNpz

MAI, J. E. "Big data privacy: The datafication of personal information". *The Information Society*, v. 32, n. 3 (2016), pp. 192-199

MALINI, F.; CIARELLI, P.; MEDEIROS, J. "O sentimento político em redes sociais: big data, algoritmos e as emoções nos tweets sobre o impeachment de Dilma Rousseff". *Liinc Revista*. Rio de Janeiro, v. 13, n. 2 (nov. 2017), pp. 323-342. https://bit.ly/3wYSywm

MANNING, C. "Artificial Intelligence Definitions". *Stanford University*: Human-Centered Artificial Intelligence. set. 2020. https://stanford.io/3DsPwkZ

MANOVICH, L. *The language of new media*. Cambridge: MIT Press, 2001

MANOVICH, L. "Novas mídias como tecnologia e ideia: dez definições". *In*: LEÃO, L. (org.). *O chip e o caleidoscópio*: reflexões sobre as novas mídias. São Paulo: Senac, 2005

MANOVICH, L. "Can We Think Without Categories?". *Digital Culture & Society*, v. 4, n. 1 (2018a), pp. 17-28. https://bit.ly/3IYDpNE

MANOVICH, L. "100 Billion Data Rows per Second: Media Analytics in the Early 21st Century". *International Journal of Communication*, n. 12 (2018b), pp. 473-488. https://bit.ly/3LtXL39

MANOVICH, L. (2013a). Software takes command. London, UK: Bloomsbury

MANOVICH, L. (2013b, dez. 16). The algorithms of our lives. The Chronicle of Higher Education. https://bit.ly/3uMkosK

MANS, M.; CAPELAS, B. "Saiba como os algoritmos das redes sociais podem mudar a política". *O Estado de S. Paulo*. 27 mar. 2016. https://bit.ly/3740Isr

MARCONDES FILHO, C. "Hora de reescrever as teorias da comunicação". *Questões Transversais*, v. 7, n. 14 (jul./dez. 2019). https://bit.ly/3iUz3fX

MARWICK, A.; KUO, R.; CAMERON, S. J.; WEIGEL, M. "Critical Disinformation Studies: A Syllabus". *CITAP – Center for Information, Technology, & Public Life*. University of North Carolina at Chapel Hill, 2021. https://citap.unc.edu/critical-disinfo

MASSIS, D. "Somos cada vez menos felizes e produtivos porque estamos viciados na tecnologia [Entrevista com Marta Peirano]". *BBC News Mundo*. 23 fev. 2020. https://bit.ly/3uNrYDu

MASOOD, M. et al. "Deepfakes Generation and Detection: State-Of-The-Art, Open Challenges, Countermeasures, and Way Forward". *Arxiv*, Cornell University. 25 fev. 2021. https://bit.ly/3NCZuov

MBEMBE, A. "A era do humanismo está terminando". *Instituto Humanitas Unisinos*. 24 jan. 2017. https://bit.ly/3iUiZek

MCLUHAN, M. *Os meios de comunicação como extensões do homem*. São Paulo: Cultrix, 2007

MEDON, F. Inteligência artificial e coronavírus: prevenção e combate ao vírus e à solidão. *JOTA Info*. 31 mar. 2020. https://bit.ly/3J1Xfrj

MEJIAS, U. A; COULDRY, N. "Datafication". *Internet Policy Review*, v. 8, ed. 4 (29 nov. 2019). https://policyreview.info/concepts/datafication

MELLO, P. C. "Abrindo a caixa-preta das redes sociais". *Folha de S. Paulo*. 7 fev. 2020. https://bit.ly/3IWld7w

MELLO, P. C.; ALONSO, L. "Relatório do Facebook alerta para circulação de violência, mas empresa não prioriza Brasil". *Folha de S. Paulo*. 6 nov. 2021. https://bit.ly/3NCHryX

MELLO, P. C.; BALAGO, R. Bolsonaro acusa mídia tradicional de fake news em documento para cúpula da democracia de Biden. *Folha de S. Paulo*. Nova York, 3 dez. 2021. https://bit.ly/3J1XsL7

MELLO, P. C. (29 set. 2017) Notícias falsas ameaçam imprensa, diz reitor de jornalismo de Columbia. https://bit.ly/38bP4Mp

METZ, C. Três pioneiros da inteligência artificial ganham principal prêmio da computação: Pesquisadores desbravaram o uso de redes neurais. *O Estado de S. Paulo*. 1 abr. 2019. http://bit.ly/35c0awL

MIR, R.; DOCTOROW, C. "Facebook's attack on research is everyone's problem". *Electronic Frontier Foundation*. 12 aug. 2021. https://bit.ly/38k2c2j

MIT Technology Review. *10 Breakthrough Technologies 2021*. 2021. https://bit.ly/38k2k1N

MITTAL, A. "Insight into a few basic deep learning algorithms". *Nerd For Tech – Medium*. 11 mar. 2021. https://bit.ly/3wUgd0P

MOLINARO, C. A.; SARLET, I. W. "Breves notas acerca das relações entre a sociedade em rede, a internet e o assim chamado estado de vigilância". *In:* SALOMÃO, G.; LEMOS, R. (coords.). *Marco Civil da Internet*. São Paulo: Atlas, 2014

MOORI, R. G.; KIMURA, H.; ASAKURA, O. K. "Aplicação do algoritmo genético na gestão de suprimentos". *INMR – Innovation & Management Review*. São Paulo, v. 7, n. 2 (abr./jun. 2010), p. 171-192. https://bit.ly/3DqWFm5

MOROZOV, E. *Big Tech*: a ascensão dos dados e a morte da política. São Paulo: Ubu, 2018

NEWMAN, N; FLETCHER, R.; LEVY, D. A. L.; KALEGEROPOULOS, A.; NIELSEN, R. K. "Digital News Report 2018". *Reuters Institute*. 2018.

https://s3-eu-west-1.amazonaws.com/media.digitalnewsreport.org/wp-content/uploads/2018/06/digital-news-report-2018.pdf

NEWMAN, N; FLETCHER, R.; KALEGEROPOULOS, A.; NIELSEN, R. K. "Digital News Report 2019". *Reuters Institute*. 2019. https://bit.ly/3IVtKHR

NEWMAN, N; FLETCHER, R; SCHULZ, A.; ANDI, S.; NIELSEN, R. K. "Digital News Report 2020". *Reuters Institute*. 2020. https://bit.ly/376lKGQ

NICKERSON, R. S. "Confirmation Bias: A Ubiquitous Phenomenon in Many Guises". *Review of General Psychology*, v. 2, n. 2 (1 jun. 1998), pp. 175-220. https://bit.ly/3J2tfMf

NOBLE, S. U. *Algorithms of Oppression*: How Search Engines Reinforce Racism. New York: University Press, 2018

NOBLE, S. U. "Google and the Misinformed Public". *The Chronicle*. 15 jan. 2017. https://bit.ly/3uJHKzt

NUNOMURA, E. "Respeitosamente vândala. [Entrevista com Ivana Bentes]". *Cult*. São Paulo, n. 188 (mar. 2014)

OECD – Organisation for Economic Co-operation and Development. "Recommendation of the Council on Artificial Intelligence". *OECD Legal Instruments*. 21 maio 2019. https://bit.ly/3JWxSbH

OECD – Organisation for Economic Co-operation and Development. "Artificial Intelligence". *OECD [site]*. https://bit.ly/377GE8x

Olhar Digital. (6 fev. 2019). Repórteres robôs são tendência no jornalismo diário em grandes veículos. https://bit.ly/35rPr4v

O'NEIL, C. *Algoritmos de destruição em massa*: Como o big data aumenta a desigualdade e ameaça a democracia. s.l: Rua do Sabão. 2021

O'REILLY, T. "Open Data and Algorithmic Regulation". *In:* GOLDSTEIN, B.; DYSON, E. (eds.). *Além da transparência:* dados abertos e o futuro da inovação cívica, 2013. https://bit.ly/3NDDmKP

O'REILLY, T. *What Is Web 2.0:* Design Patterns and Business Models for the Next Generation of Software. 30 set. 2005. https://bit.ly/387RCew

ORCUTT, M. "Once hailed as unhackable, blockchains are now getting hacked". *MIT Technology Review*. 19 fev. 2019. https://bit.ly/3DtEo7A

OREMUS, W. "The First News Report on the L.A. Earthquake Was Written by a Robot". *Slate*. 17 mar. 2014. https://bit.ly/3uCUwzC

OWEN, T. "The Violence of Algorithms". *Foreign Affairs*. 25 maio 2015. https://fam.ag/3jaNAEJ

PARISER, E. *O filtro invisível*: o que a internet está escondendo de você. São Paulo: Zahar, 2012

PASCUAL, M. G. (2019). Quem vigia os algoritmos para que não sejam racistas ou sexistas? https://bit.ly/3tWFd5O

PASQUALE, F. *The black box society*: The secret algorithms that control money and information. Cambridge: Harvard University Press, 2015

PATRIZIO, A. "8 mitos sobre inteligência artificial e a realidade por trás deles". *CIO*. 30 jan. 2020. https://bit.ly/36E6vFi

PEIRCE, C. S. *A fixação da crença*. [Popular Science Monthly, n. 12, p. 1-15, nov. 1877]. Tradução de Anabela Gradim Alves, Universidade da Beira Interior. https://bit.ly/3Dt0UNL

PEPP, J.; MICHAELSON, E.; STERKEN, R. "Why we should keep talking about fake news". *Inquiry*. 2019

PEREIRA, A. P. (12 maio 2009). O que é um algoritmo. Tecmundo. https://bit.ly/3DsRIJc

PERON, A. E. R. "Vaticínios punitivos: os algoritmos preditivos e os imaginários de ordem e cidadania". *ComCiência*. 6 dez. 2018. https://bit.ly/373HHWM

PICCININI, G. "The First Computational Theory of Mind and Brain: A Close Look at Mcculloch and Pitts's 'Logical Calculus of Ideas Immanent in Nervous Activity'". *Synthese*, n. 141 (2004), pp. 175-215. https://bit.ly/3wSmIkC

PODER 360. *Bolsonaro ultrapassa 1 milhão de inscritos no Telegram e comemora*. 9 out. 2021. https://bit.ly/3NCiPq0

PRADO, M. *Audiocast nooradio:* redes colaborativas de conhecimento. 2009. Dissertação (Mestrado em Comunicação e Semiótica) – Pontifícia Universidade Católica de São Paulo, São Paulo, 2009. https://bit.ly/3Dwb6Fy

PRADO, M. *Webjornalismo*. Rio de Janeiro: LTC, 2011

PRADO, M. Por uma nova experiência de rádio em tempos de redes sociais e hipermobilidade. Doutorado. 2012. Programa de pós-graduação em Comunicação e Semiótica da Pontifícia Universidade Católica de São Paulo (PUC-SP)

PRADO, M. *Ciberativismo e noticiário*: da mídia torpedista às redes sociais. Rio de Janeiro: Alta Books, 2015

PRADO, M. "Redes sociais digitais e a esfera pública: "fake news" e a manipulação da opinião coletiva". *In:* MARTÍNEZ-ÁVILA, D.; SOUZA, E. A.;

GONZALEZ, M.E.Q. (eds.). *Informação, conhecimento, ação autônoma e Big Data*: continuidade ou revolução? Marília, SP: Oficina Universitária; Cultura Acadêmica, 2019a. pp. 165-184. https://bit.ly/3tWFPIx

PRADO, M. "Inteligência artificial na cultura informativa e algoritmos de enganação". *In:* SANTAELLA, L. (org.). *Inteligência artificial & redes sociais.* São Paulo: Educ, 2019b. p. 57-72

PRADO, M. "Blockchain como antídoto às fake News". *In:* SANTAELLA, L. (org.). *A expansão social do blockchain.* São Paulo: Educ, 2020

PRADO, M. (2021a). La credibilidad periodística en jaque: conexión entre propaganda y fake news. *Ámbitos. Revista Internacional De Comunicación*, (53), 216–230. https://doi.org/10.12795/Ambitos.2021.i53.12

PRADO, M. (2021b). Deepfake de áudio: manipulação simula voz real para retratar alguém dizendo algo que não disse. TECCOGS – Revista Digital de Tecnologias Cognitivas, n. 23, jan./jun. 2021, p. 45-68

PRESS, G. "A Very Short History of Artificial Intelligence (AI)". *Forbes.* 30 dez. 2016. https://bit.ly/3LC3K6d

PRESS, G. "A Very Short History of Data Science". *Forbes.* 28 maio 2013. https://bit.ly/3K1DvW8

PRESSLAND. "Why Are We Doing This?" *Pressland*, s.d. https://bit.ly/3iR8W9F

QUEIRÓS, L. M.. "O jornalismo trocou a grandeza da oferta pela tirania da procura [Entrevista com Dominique Wolton]. *Publico.pt.* 1 nov. 2016. https://bit.ly/3tU79Hq

QUINIOU, M.; DEBONNEUIL, C. *Glossary blockchain.* Paris: Unesco; Chaire Unesco Iten; Les Editións de l'immateriel, 2019

REIS, L. F. "Conte algo que não sei. [Entrevista com Bruno Latour]". *O Globo.* Rio de Janeiro, set. 2014. http://glo.bo/3Lr5miM

RESTREPO, J.D.; BOTELLO, L.M. *Ética Periodística en la Era Digital.* Washington, D.C.: ICFJ, 2018. https://bit.ly/37HljAo

RIBEIRO, G. F. "Raspar o Tacho: Coleta maciça de todos nossos dados públicos virou 'mina de ouro' de empresas, hackers e políticos. *Tilt UOL.* São Paulo, 13 nov. 2020. https://bit.ly/396h1Cm

RIVEIRA, C. "O brasileiro está mais alerta sobre fake news – mas ficou paranoico". *Exame.* 11 ago. 2021. https://bit.ly/3tWIWAd

ROBREDO, J. Sobre arquitetura da informação. Texto ampliado da comunicação apresentada na Sessão Arquitetura da Informação do III Workshop

Internacional em Ciência da Informação. Brasília DF, 1-2 de setembro de 2008. Revista Ibero-americana de Ciência da Informação (RICI), v. 1 n. 2, p. 115-137, jul./dez. 2008. https://bit.ly/3qVJLav

RODRIGUES, R.; CARVALHO, C. "Os algoritmos já controlam a nossa vida". *Notícias Magazine.* 4 abr. 2017. https://bit.ly/3wOGoGe

RUDNITZKI, E. Martin Moore: "Se não fizermos nada, vamos caminhar para a democracia das plataformas". *Agência Pública.* São Paulo, 22 out. 2019. https://bit.ly/3h6GTBv

RUSSEL, S; NORVIG, P. *Artificial Intelligence*: A Modern Approach. 3ª ed. London: Pearson, 2009

SÁ, N. Afastar a aplicação do direito na internet é entusiasmo anacrônico, diz especialista [entrevista com Ricardo Campos]. *Folha de S. Paulo.* São Paulo, 23 set. 2020. http://bit.ly/3pdxAmm

SADOWSKI, J. "When data is capital: Datafication, accumulation, and extraction". *Big Data & Society*, v. 6, n. 1 (2019). https://bit.ly/3NFf2rW

SAMPAIO, J. L. "Nunca os seres humanos foram tão explorados quanto agora", diz Eugênio Bucci. *O Estado de S. Paulo.* São Paulo, 15 jul. 2021b. https://bit.ly/3wUvuig

SANCHEZ, S. A. La esfera pública en la era de la hipermediación algorítmica: noticias falsas, desinformación y la mercantilización de la conducta. *Hipertext.net*, n. 17 (nov. 2018), pp. 74-82. https://bit.ly/3wSJ4Ta

SANTAELLA, L. *A ecologia pluralista da comunicação:* conectividade, mobilidade, ubiquidade. São Paulo: Paulus, 2010

SANTAELLA, L. *Comunicação ubíqua*: Repercussões na cultura e na educação. São Paulo: Paulus, 2013

SANTAELLA, L. *A pós-verdade é verdadeira ou falsa?* São Paulo: Estação das Letras e Cores, 2018a

SANTAELLA, L. (2016). Prefácio do livro Comunicação digital na era da participação, de Pollyana Ferrari. Editora Rafi. Ebook: https://bit.ly/3J0CIn4

SANTAELLA, L. "Breve aceno à pós-verdade". *Sociotramas.* 13 ago. 2018b. https://bit.ly/3iVCYsW

SANTAELLA, L. (org.). *Inteligência Artificial & Redes Sociais*. São Paulo: Educ, 2019

SANTAELLA, L.; CARDOSO, T. "Para inteligir a complexidade das redes". *Revista Famecos.* Porto Alegre, v. 21, n. 2 (maio/ago. 2014), pp. 742-765. https://bit.ly/36GmSRI

SANTAELLA, L.; LEMOS, R. *Redes sociais digitais*: a cognição conectiva do Twitter. São Paulo: Paulus, 2010

SANTAELLA, L; NÖTH, W. *Estratégias semióticas da publicidade*. São Paulo: Cengage Learning, 2010

SCHELLER, F. Após cinco anos, Apple volta a ser marca mais valiosa do mundo. *O Estado de S. Paulo*. 26 jan. 2021. https://bit.ly/3tWnMlD

SEAVER, N. "The nice thing about context is that everyone has it". *Media, Culture & Society*, v. 37, n. 7 (24 ago. 2015), pp. 1101-1109. https://bit.ly/3NFGXZ1

SCHLEMMER, C. "Speed is not everything: How News Agencies use Audience Metrics". *Reuters Institute for the Study of Journalism*. 2016. https://bit.ly/3NHzHvM

SEAVER, N. "Algorithms as culture: some tactics for the ethnography of algorithmic systems". *Big Data & Society*, v. 4, n. 2 (jul./dez. 2017), pp. 1-12. https://bit.ly/3Dr2srE

SEAVER, N. "Captivating algorithms: Recommender systems as traps". *Journal of Material Culture*, v. 24, n. 4 (2019), pp. 421-436. https://bit.ly/376JYjW

SEAVER, N. "Seeing like an infrastructure: avidity and difference in algorithmic recommendation". *Cultural Studies*, v. 35, n. 4-5 (2021), pp. 771-791. https://bit.ly/3wTX8vz

SECO, R. "Por Que Você Curtiu: Como Funciona o Mecanismo Para Capturar Sua Atenção". *El País Brasil*. https://bit.ly/3wSKDAw

SETZER, V. "Dado, informação, conhecimento e competência". *IMEUSP*. 25 maio 2015. https://bit.ly/2LK62Gv

SETZER, V. "IA: Inteligência Artificial ou Imbecilidade Automática? As máquinas podem pensar e sentir?". *Departamento de Ciência da Computação, Universidade de São Paulo, Brasil*. 4 nov. 2009. https://bit.ly/3iQZZ0b

SHANNON, C. E. "A Mathematical Theory of Communication. [Reprinted with corrections from]". *The Bell System Technical Journal*, v. 27 (jul./out. 1948), pp. 379–423, 623–656. https://bit.ly/3NCpali

SHNURENKO, I; MUROVANA, T; KUSHCHU, I. *Artificial Intelligence*: Media and Information Literacy, Human Rights and Freedom of Expression. Moscou; Hove: UNESCO IITE; TheNextMinds, 2020. https://bit.ly/3Lw9Kx1

SHOEMAKER, P.; VOS, T. Teoria do Gatekeeping: Seleção e construção da notícia. Porto Alegre: Penso, 2011

SILVA, A. R. da. "A ética do intelecto: entrevista com Lucia Santaella". *Intexto*. Porto Alegre, n. 50 (set./dez. 2020), pp. 4-22. https://bit.ly/36PN7oy

SILVA, S. P. (2017). Algoritmos, comunicação digital e democracia. Dimensões Culturais e Implicações Políticas nos Processos de Big Data. In Cultura digital, internet e apropriações políticas Experiências, desafios e horizontes (MEHL; SILVA, orgs.) 10.24328/2017/5473.004/02. https://bit.ly/3LxBtgV

SILVA, A. R.; ARRUDA, M. Uma metodologia ecológica para análise de bolhas algorítmicas. Comunicação & Inovação, v.19, n. 41 (set./dez. 2018), pp. 100--114. https://bit.ly/3tVeoyI

SILVEIRA, S. A. *Tudo sobre tod@s*: Redes digitais, privacidade e venda de dados pessoais. São Paulo: Edições Sesc, 2017

SILVEIRA, S. A. "Regulação algorítmica e os estados democráticos". *Com Ciência*. 6 dez. 2018. https://bit.ly/3tWLQVD

SILVEIRA, S. A.; SILVA, T. R. "Controvérsias sobre danos algorítmicos: discursos corporativos sobre discriminação codificada". *Revista Observatório,* v. 6, n. 4 (1 jul. 2020). https://bit.ly/3wYOJXR

SIMONITE, T. The Wired Guide to Artificial Intelligence. Wired. 01 fev. 2018. https://bit.ly/36EotYd

SIQUEIRA, A. H. *Arquitetura da Informação*: Uma proposta para fundamentação e caracterização da disciplina científica. 2012. Tese (Doutorado em Ciência da Informação) – Universidade de Brasília, Brasília, 2012. https://bit.ly/3NHKZQG

SMITH, M. A. "Conectando o poder das redes sociais". *In:* RECUERO, R; BASTOS, M.; ZAGO, G. *Análise de redes para mídia social.* Porto Alegre: Sulina, 2015, pp. 9-19 [Coleção Cibercultura]

SNOWDEN, E. *Eterna vigilância.* São Paulo: Planeta, 2019

SNYDER, T. (16 out. 2018). Timothy Snyder: "A Internet se sai bem manipulando as pessoas". El País Brasil. https://bit.ly/36GzKHw

SOUSA, J. P. *Elementos de Teoria e Pesquisa da Comunicação e dos Media.* 2ª ed. Porto, 2006

SOUSA, D. "62% dos brasileiros não sabem reconhecer fake news, diz pesquisa". *Canal Tech.* 13 fev. 2020. https://bit.ly/3Ds2HCX

SOUSA, M.; RIBEIRO, R. "Caminhabilidade nas cidades brasileiras: muito além das calçadas". *In:* REIA, J.; FRANCISCO, P. A.; BARROS, M.; MAGRANI, E. (orgs.). *Horizonte presente*: tecnologia e sociedade em debate. Rio de Janeiro: FGV Direito; CTS Livros, 2019. https://bit.ly/38kxtlJ

SOUZA, R. R. (2019). Horizonte presente: tecnologia e sociedade em debate. Org

REIA, J.; FRANCISCO, P. A. P.; BARROS, M.; MAGRANI, E. https://bit.ly/3iVOtAC FGV DIREITO RIO - CTS: Livros

SPENCER, M. K. "Deep fake, a mais recente ameaça distópica". *Outras Palavras*. 30 maio 2019. https://bit.ly/3NHr1VZ

SRNICEK, N. *Platform capitalism*. Cambridge: Polity Press, 2017

STAUT, K. "Saiba o que são os contratos inteligentes e como eles funcionam na prática". *Jus.com.br*. set. 2018. https://bit.ly/3wUfkp7

STRAY, J. "The Curious Journalist's Guide to Data". *Tow Center for Digital Journalism at Columbia Journalism School*. 24 mar. 2016. https://bit.ly/35tOY1V

SUNSTEIN, C. *Republic*: Divided democracy in the age of social media. Princeton: University Press, 2017

SZABO, N. Introduction to Algorithmic Information Theory. 1996. https://bit.ly/3uK4Bef

TABACH, J. Site traz planos de aula, e-books e cursos gratuitos sobre educação midiática. *Canal do Ensino*. s.d. https://bit.ly/3781fJT

TABLEAU. *Meet the world's leading analytics platform [site]*. s.d. https://www.tableau.com/

TANDOC JR., E. C.; JENKINS, J.; CRAFT, S. "Fake News as a Critical Incident in Journalism". *Journalism Practice,* v. 13 (2019), pp. 673-689. https://bit.ly/3DBPrf6

TANDOC JR., E. C.; LIM, Z. W.; LING, R. "Defining 'Fake News'". *Digital Journalism*. 2017. https://bit.ly/3NFT6x0

TARDE, G. Les lois de l'imitation. Paris: Kimé Éditeur, 1895

TECNOLOGIA blockchain ajuda o jornalismo a combater censura, mas não soluciona o problema das notícias falsas. *Associaçao Nacional de Jornais*. 22 ago. 2018. https://bit.ly/3LBzmZD

ROMANI, B. "Temo que a inteligência artificial saia do controle", diz pesquisador do MIT [Entrevista com Max Tegmark]". *O Estado de S. Paulo*. 7 maio 2021. https://bit.ly/3JXZr4L

THE MEDIA Manipulation Casebook. "Recontextualized media". *Media-manipulation*. 2020. https://bit.ly/35w37M2

THOMPSON, C. "YouTube's Plot to Silence Conspiracy Theories". *Wired*. 18 set. 2020. https://bit.ly/3NCmYKG

TORO Investimentos. "Blockchain: O que é a tecnologia dos Bitcoins". *Blog Toro Investimentos*. 21 jan. 2019. https://bit.ly/3Lye3bm

TRANSPARÊNCIA BRASIL. *Recomendações de Governança*: uso de Inteligência Artificial pelo Poder Público. fev. 2020. https://bit.ly/3iR6YGq

TRAQUINA, N. *Teorias do jornalismo*: porque as notícias são como são. 2ª ed. Florianópolis: Insular, 2005

TÜFEKÇI, Z. "How social media took us from Tahrir Square to Donald Trump: To understand how digital technologies went from instruments for spreading democracy to weapons for attacking it, you have to look beyond the technologies themselves". *Technoloy Review*. 14 ago. 2018. https://bit.ly/3uKuIS9

TURING, A. M. "Computing Machinery and Intelligence". *Mind*, v. LIX, n. 236 (1 out. 1950), pp. 433-460. https://bit.ly/3Du2eA6

VAN DIJCK, J. "Datafication, dataism e dataveillance: Big Data between scientific paradigm and ideology". *Surveillance & Society*, v. 12, n. 2 (9 mai. 2014), pp. 197-208. https://doi.org/10.24908/ss.v12i2.4776

VARELA, A. "O reinado feudal do algoritmo. Entrevista com Cédric Durand". *Instituto Humanitas Unisinos*. 24 ago. 2021

VELKOVA, J.; KAUN, A. (2019) Algorithmic resistance: media practices and the politics of repair, Information, Communication & Society, 24:4, 523-540, https://bit.ly/3iV6MWy

VIEIRA, A. *Projeto dè Lei nº 2.630, de 2020*. Institui a Lei Brasileira de Liberdade, Responsabilidade e Transparência na Internet. [Lei das Fake News]. Brasília: Senado, 2020. https://bit.ly/3iR6twb

VINCENT, J. "OpenAI has published the text-generating AI it said was too dangerous to share". *The Verge*. 7 nov. 2019a. https://bit.ly/3qS5ksE

VINCENT, J. "AI researchers debate the ethics of sharing potentially harmful programs". *The Verge*. 21 fev. 2019b. https://bit.ly/3NHc9H5

VICENT, Mauricio. "Ignacio Ramonet: 'El poder que no sepa adaptarse a las redes sociales será el gran perdedor'". *El País*. 11 jan. 2021. https://bit.ly/3iTVKAZ

VIRILIO, P. "Da política do pior ao melhor das utopias e à globalização do terror. [Entrevista concedida a Juremir Machado da Silva]". *Revista Famecos*, Porto Alegre, n. 16, dez. 2001

VOSOUGHI, S.; ROY, D.; ARAL, S. "The spread of true and false news online". *Science*. Washington (USA), v. 359, n. 6.380, 9 mar. 2018, pp. 1146-1151. http://science.sciencemag.org/content/359/6380/1146.full.

W3C. Brasil. https://www.w3c.br/Padroes/WebSemantica

WAINBERG, J. A. "Mensagens fakes, as emoções coletivas e as teorias conspiratórias". *Galáxia*. São Paulo, n. 39 (set./dez. 2018), pp. 150-164. https://bit.ly/36EzfxD

WAKEFIELD, J. "'Tenho sangue nas mãos': a ex-funcionária do Facebook que denuncia responsabilidade da rede em campanhas de manipulação". *BBC News*. 16 set. 2020. http://bbc.in/34xyTV3

WARDLE, C. "Fake news. It's complicated". *First Draft News*. 2017. http://bit.ly/3paIFnV

WARDLE, C. "Information disorder: The essential glossary". *Journalists Resourse*. 23 jul. 2018. https://bit.ly/3NBOgkd

WARDLE, C.; DERAKSHAN, H. "Information Disorder: Toward an interdisciplinary framework for research and policymaking". *Council of Europe*. 2017. https://bit.ly/3Kb2wy8

WARDLE, C.; GREASON, G.; KERWIN, J.; DIAS, N. "Information Disorder, Part 1: The Essential Glossary". *First Draft Footnotes*. 9 jul. 2018. https://bit.ly/3qTlRMS

WATKINS, E. A. "Guide to Advertising Technology". *Columbia Journalism Review*. 4 dez. 2018. https://bit.ly/36GKyp4

WATSON, S. M. "Feeds Will Open Up To New User-Determined Filters". *NiemanLab*. 2017. https://bit.ly/3tUy8Tg

We Are Social. Digital 2021. Global Overview Report. https://bit.ly/3DrSiqE

WIENER, N. *Cibernética e Sociedade*. São Paulo: Cultrix, 1967

WIKIPEDIA. *Algoritmo*. s.d. https://pt.wikipedia.org/wiki/Algoritmo

WIKIPEDIA. *IFIP – International Federation for Information Processing*. s.d. https://bit.ly/3iTPtFx

WIKIPEDIA. *PageRank*. s.d. https://pt.wikipedia.org/wiki/PageRank

WITH 100 newsrooms on board, Civil launches blockchain-based publishing platform. WNIP, 8 mar. 2019. https://bit.ly/3ITFpa1

WOJCIK, S. et al. "Bots in the twittersphere". *Pew Research Center*. 9 abr. 2018. https://pewrsr.ch/3xb1leP

WU, T. "A arriscada abordagem americana para a Inteligência Artificial". *O Estado de S. Paulo* [New York Times]. 26 out. 2019. https://bit.ly/36Z30sF

WURMAN, R. S. *Information Architects*. Nova York: Graphic Incs., 1997

YARWOOD, E. "The double-edged sword of blockchain". *Newsrewired*. 6 mar. 2019. https://bit.ly/3JX2KsB

YEUNG, D. (19 out. 2018). When AI Misjudgment Is Not an Accident https://bit.ly/3iRzRlJ

YEUNG, K. "Leading Birmingham expert contributes to review on Artificial Intelligence". *University of Birmingham*. 13 fev. 2020. https://bit.ly/3uNpjd0

YEUNG, K. "Algorithmic regulation: A critical interrogation". *Regulation & Governance*, v. 12, n. 4 (2018), pp. 505-523. https://bit.ly/3LwijId

ZANINI, Fábio (ed.). "Relatório final da CPI deve apontar Carlos Bolsonaro como articulador de rede de fake news". *Folha de S. Paulo*. 10 out. 2021. https://bit.ly/36QbVga

ZUBOFF, S. *The Age of Surveillance Capitalism*: The Fight for a Human Future at the New Frontier of Power. New York: Public Affairs, [2015] 2019